面向 21 世纪电子商务专业核心课程系列教材
全国高等院校电子商务联编教材

电子商务与现代物流
E-Business and Morden Logistics

张　铎　林自葵　编著

北 京 大 学 出 版 社

Peking University Press

内 容 提 要

本书作为电子商务专业教材，主要从电子商务与现代物流的关系入手，系统介绍电子商务环境下如何开展现代物流管理。首先介绍现代物流基础知识和物流的基本功能，通过探讨电子商务与物流的关系，引出物流模式，对物流管理、企业物流管理进行详尽的论述，强调物流信息技术和物流信息管理的重要性，结合电子商务下的物流特点，引出供应链管理概述，介绍几种主要的供应链管理方法。

本书不仅可以作为电子商务专业本专科学生、MBA 学生的教材，亦可供从事电子商务或物流管理的有关人员使用。

图书在版编目（CIP）数据

电子商务与现代物流/张铎，林自葵主编．—北京：北京大学出版社，2002.1
（面向 21 世纪电子商务专业核心课程系列教材）
ISBN 978-7-301-05027-9

I. 电… II. 张… III. 电子商务－关系－物资流通－高等学校－教材 IV. F252

中国版本图书馆 CIP 数据核字（2001）第 039936 号

书　　　名：	电子商务与现代物流
著作责任者：	张铎　林自葵
责 任 编 辑：	黄庆生　王登峰
标 准 书 号：	ISBN 978-7-301-05027-9/TP · 0535
出　版　者：	北京大学出版社
地　　　址：	北京市海淀区成府路 205 号　100871
电　　　话：	邮购部 62752015　发行部 62750672　编辑部 62765126　出版部 62754962
网　　　址：	http://www.pup.cn
电 子 信 箱：	xxjs@pup.pku.edu.cn
印　刷　者：	三河市博文印刷有限公司
发　行　者：	北京大学出版社
经　销　者：	新华书店
	787 毫米×1092 毫米　16 开本　20 印张　510 千字
	2002 年 1 月第 1 版　2020 年 7 月第 16 次印刷
定　　　价：	38.00 元

未经许可，不得以任何方式复制或抄袭本书之部分或全部内容。
版权所有，侵权必究
举报电话：010－62752024；电子信箱：fd@pup.pku.edu.cn

面向 21 世纪电子商务专业核心课程系列教材
编 委 会

顾 问

王其文（北京大学光华管理学院副院长，博导）

丁秋林（南京航空航天大学计算机应用研究所所长，博导）

编委会主任

宋 玲（信息产业部信息化推进司司长、中国电子商务协会理事长）

编委会副主任

谢新洲（北京大学新媒体与网络传播系主任，教授）

张会生（信息产业部信息化推进司综合处处长、中国电子商务协会副理事长）

编委会成员

张宝泰（信息产业部信息化推进司发展处处长、中国电子商务协会副理事长）

洪京一（信息产业部信息化推进司基础处处长）

刘 航（信息产业部信息化推进司综合处副处长）

赖茂生（北京大学信息管理系副主任、博导）

马费成（武汉大学信息管理学院院长、博导）

张 进（南京审计学院博士后）

总 策 划
姚国章

副总策划
王曰芬　黄建康

策划编辑
黄庆生

编写人员（按姓氏笔划排序）

丁晟春（南京理工大学）　　　　王曰芬（南京理工大学）
王立松（南京航空航天大学）　　王全胜（南京大学）
傅铅生（南京航空航天大学）　　甘利人（南京理工大学）
伍琳瑜（南京邮电学院）　　　　刘　玉（南京审计学院）
李世收（南京工业大学）　　　　汪　群（河海大学）
陈　兵（南京航空航天大学）　　张忠林（南京理工大学）
张　铎（北方交通大学）　　　　张　楚（北京邮电大学）
邵兵家（重庆大学）　　　　　　陆敬筠（南京工业大学）
罗正军（南京航空航天大学）　　林自葵（北方交通大学）
姚国章（南京邮电学院）　　　　姚志国（审计署南京特派办）
徐月芳（南京航空航天大学）　　高富平（华东政法学院）
钱旭潮（河海大学）　　　　　　钱红燕（南京航空航天大学）
黄建康（南京审计学院）　　　　盛晓白（南京审计学院）
潘　郁（南京工业大学）

丛书总序

王其文（2002年1月）

以互联网为核心的信息技术正在对人类社会的发展、进步和繁荣起着越来越重要的影响。以互联网在经济活动中的应用为本质特征的电子商务已经渗透到社会生活的方方面面，成为推动新世纪世界经济增长的重要力量。

在我国，电子商务的发展在经历了"概念炒作"的第一阶段和"DOT COM 公司竞相涌现"的第二阶段后，目前已基本进入理性发展的第三阶段。这一阶段的主要特征是：大量的传统企业作为电子商务发展的主角，通过网络和其他信息技术在生产经营活动各个环节中的应用，以达到降低生产成本、提高效率、开拓市场和服务客户等目的，继而提高企业的市场适应能力和竞争实力。

在经历了长达十五年之久的艰苦谈判以后，中国加入 WTO 最终变成了现实。对数以千万计的中国企业来说，"入世"为它们打开国际市场的同时，也对它们的生存、发展带来了前所未有的挑战，惟有审时度势、苦练内功、不断提升企业的核心能力，适应世界经济全球化的需要，才能在日益加剧的国际、国内竞争中赢得更为广阔的发展空间。发展电子商务是中国企业迎接"入世"挑战，增强企业实力的必然选择。从未来的发展趋势看，网上市场已成为另一个"WTO"，没有电子商务这张入场券，企业必将被排斥在"网络 WTO"之外。不要低估这个虚拟的"WTO"的作用，实际上，经济全球化的发展越是深入，它的作用和地位就越是突出。尽管加入"网络 WTO"不需要漫长的等待和繁琐的程序，但需要每一个企业切切实实的行动。

制约中国电子商务发展的因素有多种，但我认为，最关键的还是缺乏适应电子商务发展要求的高素质、复合型人才，"入世"的冲击将使这一问题更加表面化。可喜的是，培养高层次电子商务人才已受到我国政府和各高校的普遍重视。2001 年第一批经国家教育部批准的 13 所高校，如北方交通大学、北京邮电大学、南京理工大学、南京审计学院等已经正式开始招收"电子商务"专业本科生。有关高校在 MBA 人才培养上也增加了电子商务研究方向的比重，有的高校已经开始通过网上远程教育的方式培养电子商务的专门人才，如重庆大学、华南理工大学、厦门大学等。作为高等教育发展的后起之秀，目前国内有很多高职高专的院校把培养电子商务应用型人才作为自己的责任，这几年的招生规模在不断扩大。此外，电子商务自学考试和各种形式的在职培训以及职业技能教育对培养各种层次的电子商务人才也起着不可或缺的作用。可以说，在还没有成熟的国际经验可以借鉴的情况下，我国电子商务专业人才的培养已经有了一个良好的开端。但是，我们也应看到，目前我国在电子商务人才培养方面还存在诸多的不足，如课程设置、教材与实验室建设、师资配备等许多方面离高层次、复合型的电子商务人才培养要求还存在不小的差距。

在电子商务教材建设方面，目前市场上已经有多种，不同的版本都各具特色，为中国电子商务教育的发展起到了重要的推动作用。摆在读者面前的这一套由北京大学出版社组织编写的"面向 21 世纪电子商务专业核心课程系列教材"的特色体现在以下三个方面：

第一，系列教材的课程设置较为全面、科学。全套教材一共有 12 种，分别是：《计算机网络技术》、《电子商务原理》、《电子商务网站设计与管理》、《电子商务数据库技术》、《企业信息化建设与管理》、《电子商务与企业管理》、《电子商务法》、《电子商务与现代物流》、《网络安全与电子商务》、《网络营销与管理》、《网络金融学》和《电子商务案例》，基本涵盖了电子商务学科发展的各个方面，既可以作为电子商务本、专科专业学生的教材，也适合 MBA、经济管理类专业的硕士生和本科生选用，对高职、高专的学生来说，可以选用其中的数种，舍去一部分较难的内容，同样是一套合适的教材。

第二，作者队伍阵容强大。系列教材的 20 余位作者来自国内十余所大学和政府机构，不少是近年来活跃在电子商务教学与科研领域的专家、教授，其中将近一半具有博士学位或为在读博士，具有一定的学术造诣。来自不同学校和机构的各位作者自始至终秉着"信任、合作、创新、发展"的原则，视推动我国电子商务教育发展为己任，充分发扬了良好的团队精神。是他们的精诚团结和卓有成效的工作才完成了这项有意义的任务，为读者奉献上了有价值的作品。

第三，有较大的创新之处。在电子商务学科建设方面，国际上也没有完全成熟的经验，尽管有各类商业性的培训，但在课程设置和教学内容等方面明显缺乏系统性和科学性。本系列教材在课程设置、内容安排上有较大的创新，较好地把信息技术和经济管理的基本理论紧密结合起来，内容深入浅出，融会贯通，不但适合课堂教学，而且也适合学生自学。

这套教材虽有 12 本之多，但只是集中在培养电子商务专业人才的一个方面——电子商务技术的层面。作为一个从事电子商务的高素质、复合型人才，管理学领域的基础知识应该是他们的基本功，比如生产作业管理、财务会计、市场营销、人力资源管理、组织行为、战略管理等。这些内容有些包括在本套系列教材的章节中，有些因为已经有了多种现成的教材，所以系列教材选题时不是面面俱到，而是集中在国内的教材比较缺乏的课程上。

当然，作为一套颇具新意的电子商务专业教材，肯定会有一些不足之处，比如还缺乏有关电子商务实验的课程，另外在吸收国外同行的学术研究成果方面也显不够。相信在教师和学生的使用过程中还会发现不少问题，希望各位作者充分把握学科的发展趋势，注意吸收国内外最新的研究成果，最大限度地考虑读者的各种需求，在再版时进一步完善。

丛 书 介 绍

　　由全国十余所大学 20 多位专家、学者共同参与编写的"面向 21 世纪电子商务专业核心课程系列教材"今天终于与读者见面了,我们怀着欣喜和不安的心情期待着广大读者的评判。喜的是,经过全体参编人员历时一年的艰苦努力总算有了一个满意的结果;不安的是,尽管我们已经尽了最大的努力,但我们知道,离读者的需要和社会的发展还存在不小的差距,我们还需要继续坚持不懈的努力。

　　组织编写这套教材的目的是为了适应信息技术的发展需要,推动中国经济和社会的信息化进程,加快中国电子商务的发展步伐,促进高层次、高素质、复合型的电子商务专业人才的培养。众所周知,中国加入 WTO 后,国内市场国际化的进程将大大加快,参与世界经济全球化的程度也将大大深入。在新形势下,如何提升我国的综合国力和增强我国企业的国际竞争力,已成为各级政府和相关企业共同面临的紧迫任务。国际、国内的实践证明,发展电子商务是推动国民经济发展、促进社会繁荣、进步的重要举措,共同推进中国电子商务的发展已成为各级政府和广大企业的共识。发展电子商务的关键是人才,培养电子商务人才的重点在于教育。而教材建设在电子商务教育中又起着十分重要的作用。北京大学出版社把电子商务专业教材建设作为一项重要任务,组织了这样一套有价值、有特色、有创新的适合于电子商务专业本、专科专业教学,同时也适用于 MBA、经济管理类专业硕士生、本科生学习电子商务知识的教材。

　　本系列教材一共有 12 种,每一种的主要内容如下:

　　《计算机与网络技术》作为电子商务技术基础课,主要包括计算机硬件基础及系统结构、常用外设和接口、计算机多媒体技术、计算机网络基础和综合布线等四部分。除了介绍一般的计算机组成原理外,还包含了当前最新的计算机接口、外部设备和计算机网络等实用技术,是一本通俗易懂、注重实用的教科书。

　　《电子商务原理》的目的是全面介绍电子商务的应用和相关技术。全书分别介绍了电子商务的概念、发展历史及其对社会经济的影响,电子商务的机理与运行模式,电子商务的网络基础——Internet 和 WWW,电子商务的安全技术,电子商务的支付技术,电子商务物流,电子数据交换标准——EDI 和电子商务交换标准,最后探讨了企业电子商务应用战略。

　　《电子商务网站设计与管理》在介绍电子商务应用系统工作流程与电子商务网站类型、结构及功能的基础上,概括了电子商务网站设计与管理的总体思路;详细地阐述了电子商务网站规划的意义和具体内容;介绍了电子商务网站运行的技术环境和当前流行的网站开发技术与工具;全面地论述了电子商务网站内容设计的流程、网页的构建过程、网站管理的具体内容和管理系统的建立。此外,本书还介绍了几种典型的电子商务网站的解决方案和功能结构;最后以一个实际企业为例,全面而具体地讲解了电子商务网站设计与管理的实践操作。

　　《电子商务数据库技术》全面地介绍了信息管理的模型以及关系数据库的相关理论、

基于 Web 的数据库技术的基本概念、开发方法和工作内容。重点阐述 SQL 语言和集成开发工具、数据库设计方法和开放数据库互联（ODBC）技术等基础知识，详细地介绍了当前流行的关系数据库管理系统主要技术内容，并通过实验教学和案例分析，为读者全面了解数据库技术在电子商务中的应用，运用计算机网络从事商业活动，应用、维护和开发电子商务网站打下坚实的基础。

《电子商务与企业管理》着重讨论了三个问题：电子商务对企业管理的影响；电子商务在企业管理中的应用；适应电子商务发展的企业管理变革。全书的内容包括：概论、电子商务与企业组织结构变革、电子商务与企业竞争力、电子商务与人力资源管理、网络财务管理、虚拟企业管理、电子化采购管理、电子商务服务管理、电子商务与供应链管理、电子商务与客户关系管理、电子商务与知识管理、电子商务与业务流程重组、电子商务与企业文化建设。本书内容新颖、实用性强，较好地把 IT 技术和经济管理的基本理论结合了起来，有一定的创新。

《电子商务与现代物流》主要从电子商务与现代物流的关系入手，系统地介绍了在电子商务环境下如何开展现代物流管理。首先介绍了现代物流基础知识和物流的基本功能，通过探讨电子商务与物流的关系，引出物流模式，对物流管理、企业物流管理作了详尽的论述，强调了物流信息技术和物流信息管理的重要性，结合电子商务条件下的物流特点，介绍了供应链管理的基本知识和几种主要的供应链管理方法。

《电子商务法》的内容分成三篇：第一篇，电子商务法基础，主要论述什么是电子商务法、网站及其责任和电子商务的主体；第二篇，电子商务基本法律制度，包括数据电文的法律制度、签名认证法律制度、电子合同及其不同类型的在线交易法律调控的法律制度；第三篇，电子商务相关法律问题，主要涉及消费者保护、个人资料保护、不正当竞争、法律救济等与电子商务密切相关的法律问题。

《网络安全与电子商务》主要围绕保障电子商务活动的安全性进行展开，这些保障措施包括网络安全技术、信息加密技术和电子支付安全技术。该书包括三部分：第一部分为计算机网络安全基础，主要介绍 TCP/IP 协议，网络安全的基本概念，常见的网络攻击与防范手段；第二部分介绍了密码学基础，主要包括密码学的基本概念，现代加密技术，密钥管理技术和鉴别与认证，并穿插介绍了 DES 算法、RSA 算法和数字签名技术等内容；第三部分着重电子商务中支付安全的研究，重点剖析了 SSL 协议和 SET 协议，并以某图书批销系统为例，说明在具体的电子商务应用中保障其安全性所采取的各种措施。

《网络营销与管理》的出发点有两个，一是传统企业如何利用互联网开展市场营销活动；二是互联网企业如何利用市场营销方法规划并发展自己的业务。全书从网络营销特征、网络营销环境、顾客网络购买分析、网络调研、网络目标市场选择、网站策略、顾客策略、成本策略、渠道策略、网络沟通等方面讨论网络与营销的整合，形成网络营销体系。

《网络金融学》讨论了以下问题：网络经济与网络金融的关系；网上银行基本知识；银行 CALL CENTER（呼叫中心）应用；网上证券业务；网上保险业务；其他网络金融业务；电子货币；网络金融安全；网络金融法规建设；网络金融对传统金融理论的冲击。作为电子商务应用的重要领域，金融业的电子商务发展颇受关注，本书深入浅出，全面讨论了与网络相关的各种金融问题。

《企业信息化建设与管理》从信息系统开发与信息资源利用的双重角度，介绍了企业信息化建设与管理的问题。全书包括三个部分，第一部分主要介绍了有关信息化管理的基础知识，具体包括信息、信息资源、信息资源开发与管理、信息化与信息化管理、企业信息化建设与管理任务等方面的内容；第二部分主要介绍了企业信息化建设的内容，具体叙述了计算机网络建设、网站建设、数据库建设、办公自动化系统建设、制造企业的生产作业信息化管理、进销存业务信息化管理、财务信息化管理、人力资源的信息化管理、知识管理系统、ERP、BPR、DSS、CRM 以及电子商务等有关内容；第三部分主要介绍了企业外部信息资源的开发方法，具体涉及客户信息资源的开发、市场信息资源的开发、网络信息资源的开发以及竞争信息资源的开发。

《电子商务案例》包含上、中、下三篇。上篇为"行业电子商务发展案例"，主要提供了零售业、国际贸易业、银行业、证券业、保险业、旅游业、航空业、汽车制造业和医药业的电子商务发展研究报告，并对各行业的典型案例作了详细介绍；在该篇的"其他行业"部分对邮政、铁路运输、农业、化工、安全认证和移动电子商务等行业的电子商务应用典型案例进行了介绍。中篇为"企业电子商务案例"，分别从不同角度、不同层次的企业电子商务应用出发，精选了 20 余个案例进行分析，案例的类型有企业电子商务基础应用、ERP、网络营销、网上交易、EDI 和综合电子商务应用等。下篇为"电子政务理论与案例"，全面、系统地分析了电子政务的基本理论，提供了国内外多种形式的电子政务案例。

在整套系列教材的编写过程中，作者参考了大量的国内外优秀的文献，部分已在教材的不同位置进行了标注，有的因为出处不详等原因无法标注，敬请原作者谅解。在此，谨向各位文献的原作者和提供文献的各类媒体致以最诚挚的谢意。

在长达一年的书稿编写过程中，我们得到了来自各界的帮助与支持。北京大学出版社的各位领导自始至终给予了指导与支持；各位作者参编学校的领导和同事都给予了不同形式的关心、合作和帮助；编委会顾问北京大学光华管理学院王其文教授和南京航空航天大学计算机应用研究所所长、博士生导师丁秋林教授给编委会工作给予了很多建设性的指导，王其文教授还在百忙之中欣然作序；南京审计学院院长助理张进博士、经济学系主任兼电子商务研究所所长盛晓白教授、电子商务教研室主任兼电子商务研究所副所长黄建康副教授、经济学系刘玉老师等给教材编写工作予以了大力的支持；IBM 中国有限公司大学合作部的李晶晖经理、教育专员曹晶小姐也给予了相应的帮助；兄弟院校各位专家、教授对我们的关心、帮助和指导无法一一列举。在此，一并表示最衷心的感谢。

我们恳切希望各位读者对我们的教材提出中肯的批评，也希望各位专家、学者能给予更多的指导和帮助。

"面向 21 世纪电子商务专业核心课程系列教材"编委会
2002 年 1 月

前　言

随着电子商务的飞速发展，现代物流在电子商务中的重要性越来越被人们所关注，可以说，电子商务向传统物流提出了挑战。由于通过互联网，客户可以直接面对销售商并获得个性化服务，所以传统的物流渠道必须重组，以消除不必要的流通环节。电子商务的"零距离"很难被带入流通领域，物流始终是电子商务的瓶颈问题之一。因为，对于多数产品和服务来说，仍然要经由商品实体化的流通渠道。如何实现在用户点击后，迅速组织物流服务，满足电子商务环境下用户的购物需求，是许多电子商务网站正在逐步探索的问题。

物流作为电子商务发展的重要瓶颈之一，已引起了全世界的广泛重视。在我国，物流也已经引起党和政府的高度重视。

2001年3月15日由第九届全国人民代表大会第四次会议批准的《中华人民共和国国民经济和社会发展第十个五年计划纲要》中指出："积极引进新型生态和技术，推进连续经营、物流配送、代理制、多式联运、改造提升传统流通业、运输业和邮政服务业。"为"十五"期间中国物流业的发展制订了宏伟的蓝图，为发展中国物流业提出了政策依据。

2001年3月2日，国家经贸委、铁道部、交通部、信息产业部、对外贸易经济合作部、中国民用航空总局联合下发了《关于加快我国现代物流发展的若干意见》。这是中国政府发布的有关现代物流业发展的第一个政策性、指导性文件，具有很深远和现实的意义，标志着中国的物流业在经过一段时间的准备之后开始起航。

经国家经贸委、民政部批准，国务院同意，成立了"中国物流与采购联合会"，2001年4月20日正式挂牌。中国物流与采购联合会是目前带中国字头的第一个跨行业、跨部门的物流业行业组织，将全力以赴推动中国物流业的发展与开展物流业的行业自律。

发展现代物流已列入国务院有关部委的工作日程。发展现代物流已列入2001年国家计委、国家经贸委、铁道部、交通部、民航总局、国家邮政局、科学技术部、国务院研究室、国务院发展研究中心等部门的议事日程。

许多省市已制订城市物流规划。深圳市于2000年9月28日第一个在全国推出《深圳市"十五"及2015年现代物流业发展规划》，市政府把发展现代物流业作为深圳三大支柱产业之一，规划建设8个物流园区。上海市出台了《上海市"十五"现代物流产业发展规划》。着重发展3类物流和5个物流园区。天津市从2000年开始着手研制"天津市现代物流发展纲要"，力争成为中国及东北亚地区重要的物流及信息枢纽。

世界银行经济学家华尔诚先生2000年7月17日在国家计委宏观研究院作学术报告时指出："降低关税不会对中国经济造成那么大的冲击，因为目前中国的实际关税比名义关税要低得多。对中国冲击比较大的是服务业的开放。中国通讯业、银行、保险、物流等行业的效率低，参与国际竞争的能力比较弱，迫切需要提高。"联合国驻华系统总协调员、联合国开发计划署驻华代表处代表柯斯汀·莱特娜女士指出："物流及供应链管理正迅速成为全球，包括中国在内的商业领域中最为核心的问题。""中国对其物流业的发展已作出很大投入，然而，这一产业的发展仍然缓慢，难于适应全面发展的市场经济的需要和电子商务发展的需要。"（在 2000 年现代物流与电子商务国际研讨会上的致词），过去大家都比较关注通讯业、银行、保险，物流并没有引起太多的注意，但华尔诚先生和莱特娜女士讲的的确是一个客观事实。

物流并不仅仅是制约电子商务的瓶颈问题，它与一个国家的国民经济建设息息相关，如何建立现代物流体系，加强对物流的现代化管理，使其适应电子商务的需求，已成为当前开展电子商务企业及机构不可回避的焦点问题。

本书作为电子商务专业教材，主要从电子商务与现代物流的关系入手，系统介绍电子商务环境下如何开展现代物流管理。首先介绍现代物流基础知识和物流的基本功能，通过探讨电子商务与物流的关系，引出物流模式，对物流管理、企业物流管理进行详尽的论述，强调物流信息技术和物流信息管理的重要性，结合电子商务下的物流特点，引出供应链管理概述，介绍几种主要的供应链管理方法。不仅为从事电子商务的人员提供现代物流方面的知识，也为从事物流管理的人员提供电子商务方面的知识。

本书由北方交通大学张铎、林自葵等编写。张铎编写第 5 章、第 6 章、第 9 章和第 10 章；林自葵编写第 1 章、第 2 章、第 7 章和第 8 章；王耀球编写第 3 章、第 4 章；参加本书编写的还有张成海、田源、孙宏雁、徐杰等人；本书由北方交通大学物流科学研究所博士生导师詹荷生教授审定。

本书在编写过程中，参考或引用了许多专家学者的资料，作者已尽可能地在参考文献中列出，谨在此对他们表示衷心的感谢，也有些资料引用了而由于疏忽没有指出资料出处，若有此类情况发生，表示万分歉意。

由于时间仓促和水平所限，书中难免有不妥之处，敬请读者批评指正。

编 者

2002 年 1 月

目 录

丛书总序
丛书介绍
前言

第1章 现代物流基础 1
  1.1 物流概念的产生与发展 1
    1.1.1 物流的概念 1
    1.1.2 物流的历史发展 3
    1.1.3 物流在近代的发展 4
  1.2 物流系统与要素 5
    1.2.1 物流系统 5
    1.2.2 物流系统的5S目标 6
    1.2.3 物流系统分类 6
    1.2.4 物流系统的功能要素 7
    1.2.5 物流系统的物质基础要素 8
  1.3 物流与商流、信息流的关系 9
    1.3.1 物流与商流的关系 9
    1.3.2 物流、商流和信息流之间的关系 9
  1.4 物流在社会生产及再生产中的地位与作用 10
    1.4.1 物流是国民经济的动脉系统 10
    1.4.2 物流是生产过程不断进行的前提条件 10
    1.4.3 物流是保证商流顺畅进行，实现商品价值和使用价值的物质基础 11
    1.4.4 物流技术的发展是决定商品生产规模和产业结构变化的重要因素 11
    1.4.5 物流合理化是提高宏观经济效益和微观经济效益的重要源泉 11
  1.5 现代物流与我国的现状 12
    1.5.1 传统物流与现代物流 12
    1.5.2 现代物流发展趋势 14
    1.5.3 我国物流的现状 15
  1.6 思考题 15

第2章 物流基本功能 16
  2.1 运输 16
    2.1.1 运输的概念 16
    2.1.2 运输的意义 16

2.1.3 运输方式 17
2.1.4 运输合理化 20
2.2 保管 24
2.2.1 保管的含义 24
2.2.2 保管的重要性 25
2.2.3 保管的任务 25
2.2.4 保管应遵循的基本原则 26
2.2.5 影响库存商品变化的因素 27
2.2.6 库存商品的损耗 28
2.3 装卸搬运 29
2.3.1 装卸搬运的含义 29
2.3.2 装卸搬运的作用 29
2.3.3 装卸搬运作业分类 30
2.3.4 装卸搬运的基本原则 30
2.3.5 装卸搬运设施和设备 31
2.3.6 装卸搬运合理化 32
2.4 包装 35
2.4.1 包装的概念 35
2.4.2 包装在物流中的作用 35
2.4.3 包装的基本功能 36
2.4.4 包装的类型 37
2.4.5 包装器材 37
2.4.6 包装器材的选择原则 39
2.5 流通加工 40
2.5.1 流通加工的含义 40
2.5.2 流通加工的作用 40
2.5.3 流通加工的内容 42
2.5.4 流通加工合理化 43
2.6 思考题 45

第 3 章 电子商务与物流的关系 46
3.1 电子商务对物流活动的影响 46
3.1.1 电子商务是一场商业大革命 46
3.1.2 电子商务将把物流业提升到前所未有的高度 47
3.1.3 物流需求的新变化 48
3.1.4 物流服务空间的拓展 49
3.1.5 对物流时效性的要求 51
3.1.6 对物流环节的影响 51
3.1.7 电子商务促进物流技术水平提高 52
3.2 物流对电子商务的影响 52

  3.2.1 物流业是电子商务的支点 52
  3.2.2 物流现代化是电子商务的基础 54
  3.2.3 物流是实施电子商务的关键 55
  3.2.4 物流是电子商务的重要组成部分 56
  3.2.5 物流是电子商务概念模型的基本要素 57
  3.2.6 物流是实现电子商务中跨区域物流的重点 58
 3.3 电子商务形势下物流业的发展趋势与策略 60
  3.3.1 发展趋势 60
  3.3.2 发展策略 62
 3.4 思考题 64

第4章 物流模式 65
 4.1 传统物流模式所面临的问题 65
  4.1.1 传统物流模式所带来的问题 65
  4.1.2 传统物流运作所面临的挑战 69
 4.2 配送与配送中心 70
  4.2.1 配送 70
  4.2.2 电子商务下的配送 76
  4.2.3 配送中心 81
  4.2.4 配送合理化 85
 4.3 第三方物流 88
  4.3.1 第三方物流概念 88
  4.3.2 国内外第三方物流状况 90
  4.3.3 第三方物流与物流一体化 92
  4.3.4 第三方物流企业与客户关系 93
  4.3.5 适合中国国情的第三方物流模式 94
 4.4 新型物流 96
  4.4.1 第四方物流 96
  4.4.2 电子物流 99
  4.4.3 绿色物流 103
 4.5 思考题 106

第5章 物流管理 107
 5.1 物流管理的核心内容 107
  5.1.1 物流成本管理 107
  5.1.2 物流质量管理 108
  5.1.3 库存管理 112
  5.1.4 信息管理 117
  5.1.5 物流标准化 122
 5.2 物流企业管理 124
  5.2.1 物流企业概述 124

5.2.2　物流企业管理的基本原理 128
　　　5.2.3　物流企业业务管理 132
　　　5.2.4　物流企业财务管理 138
　5.3　思考题 142

第6章　企业物流 143
　6.1　生产物流 143
　　　6.1.1　生产物流概述 143
　　　6.1.2　生产物流类型与特征 145
　　　6.1.3　生产物流计划 146
　　　6.1.4　生产物流控制 147
　6.2　供应物流与销售物流 150
　　　6.2.1　供应物流和销售物流的地位与作用 150
　　　6.2.2　供应物流 150
　　　6.2.3　销售物流 153
　6.3　回收物流与废弃物流 156
　　　6.3.1　回收物流与废弃物流概述 156
　　　6.3.2　回收物流与废弃物流技术 159
　6.4　思考题 160

第7章　物流信息技术 161
　7.1　条码技术 162
　　　7.1.1　条码基础 162
　　　7.1.2　条码的特点 165
　　　7.1.3　条码技术的发展 165
　　　7.1.4　商品条码 167
　　　7.1.5　物流条码 170
　　　7.1.6　二维条码 174
　7.2　射频技术 177
　　　7.2.1　无线射频的概念 177
　　　7.2.2　射频识别系统的组成 178
　　　7.2.3　数据通信 180
　　　7.2.4　射频识别系统的特点与分类 181
　　　7.2.5　射频识别技术在我国的应用前景 182
　7.3　电子数据交换（EDI）技术 185
　　　7.3.1　基本概念 185
　　　7.3.2　EDI 的特点 187
　　　7.3.3　EDI 标准 188
　　　7.3.4　EDI 的组成与工作过程 190
　　　7.3.5　实现 EDI 的环境和条件 193
　　　7.3.6　EDI 的安全问题 194

        7.3.7 EDI 业务的发展趋势 197
        7.3.8 案例：EDI 在进出口通关业务中的应用 198
    7.4 GPS/GIS 技术 199
        7.4.1 全球定位系统（GPS）概念 200
        7.4.2 GPS 系统组成 200
        7.4.3 GPS 系统特点 202
        7.4.4 GPS 应用 202
        7.4.5 地理信息系统（GIS）的概念 204
        7.4.6 GIS 的组成 204
        7.4.7 GIS 的功能 205
        7.4.8 GIS 在物流应用 205
    7.5 思考题 206

第 8 章 物流信息管理 207
    8.1 信息与系统 207
        8.1.1 信息的概念 207
        8.1.2 信息的类型与特征 209
        8.1.3 信息的功能 211
        8.1.4 系统的概念 213
        8.1.5 系统的特性 214
        8.1.6 系统的一般模型 215
        8.1.7 系统方法 217
    8.2 信息系统 217
        8.2.1 信息系统概念 218
        8.2.2 信息系统的结构 218
        8.2.3 信息系统开发 221
    8.3 物流信息系统 229
        8.3.1 物流信息 229
        8.3.2 物流信息与物流的关系 231
        8.3.3 物流信息系统 232
    8.4 信息系统资源管理 237
        8.4.1 信息系统的运行管理 237
        8.4.2 信息系统的安全管理 240
    8.5 思考题 245

第 9 章 供应链管理基础 246
    9.1 供应链管理概述 246
        9.1.1 供应链与供应链管理 246
        9.1.2 实现供应链管理的流程与职能 250
        9.1.3 供应链管理模式分析 252
        9.1.4 供应链管理与传统企业管理 255

9.2 供应链管理中的物流管理...256
9.2.1 供应链管理与物流管理...257
9.2.2 物流管理的基本功能...259
9.2.3 物流管理的目标...261
9.3 供应链管理中的物流运作技术...261
9.3.1 第三方物流系统...261
9.3.2 卖方管理库存...262
9.3.3 计算机辅助订货（CAO）...263
9.3.4 通过式运输...264
9.3.5 POS...265
9.4 供应链管理现状与问题...265
9.4.1 供应链管理的现状与分析...265
9.4.2 我国供应链管理面临的问题...268
9.4.3 我国供应链管理的对策分析...272
9.5 思考题...275

第 10 章 供应链管理方法...276
10.1 快速反应（QR）...276
10.1.1 快速反应的概念...276
10.1.2 QR 的产生背景...277
10.1.3 实施 QR 成功的条件...278
10.1.4 实施 QR 的收益...279
10.1.5 QR 的最新发展...280
10.2 有效客户反应（ECR）...282
10.2.1 ECR 的概念...282
10.2.2 实施 ECR 的原则与要素...284
10.2.3 实施 ECR 的效益...285
10.2.4 ECR 的实施方法...286
10.2.5 ECR 与 QR 的比较...286
10.3 电子订货系统（EOS）...287
10.3.1 EOS 流程...287
10.3.2 EOS 业务过程...290
10.3.3 EOS 与物流管理...291
10.3.4 EOS 的效益与发展趋势...293
10.4 企业资源计划（ERP）...295
10.4.1 MRP 是 ERP 的核心功能...296
10.4.2 MRP 是 ERP 的重要组成...297
10.4.3 ERP 同 MRP 的区别...297
10.4.4 ERP 的核心管理思想...299
10.5 思考题...301

参考文献...302

第1章　现代物流基础

物流是个十分现代而许多人又不太了解的概念。由于它对商品生产、商品流通和商品消费的影响日益明显而引起了各方面的重视。最简单地说，物流就是物的流动。这个概念经历了漫长的发展历程，并且还在不断地创新。

1.1　物流概念的产生与发展

1.1.1　物流的概念

物流的定义很多，大多是各有各的侧重，因而各有各的片面性。一种提法是，物流是物质资料从供给者到需求者的物理性运动，主要是创造时间价值和场所价值，有时也创造一定加工价值的活动。

物流并不是"物"和"流"的一个简单组合，不是指实物基本运动规律，也不是从哲学意义研究运动的永久性。牛顿运动三大定律，是从自然观点出发，简单地将物看成自然的物而将运动看成力学体系的运动，这种运动是物流科学体系中机械装备运动操作的基本原理，但都不是"物流"。"物"和"流"的组合，是一种建立在自然运动基础上的、高级的运动形式。其互相联系，也不是在单纯物体与物体之间寻找运动的规律，而是在经济目的和实物之间、在军事目的和实物之间、甚至在某种社会目的和实物之间，寻找运动的规律。因此，物流不仅是上述限定条件下的"物"与"流"的组合，而且更重要的在于，是限定于军事、经济、社会条件下的组合，是从军事、经济、社会角度来观察物的运动，达到某种军事、经济、社会的要求。而这一要求主要是通过创造的时间价值和场所价值来体现的。从定义的描述看，也不排除物流在创造一定加工附加价值方面的贡献。

在2001年颁布的《物流术语》国家标准中，物流（Logistics）的定义是：物品从供应地向接收地的实体流动过程。根据实际需要，将运输、储存、装卸、搬运、包装、流通加工、配送、信息处理等基本功能实施的有机结合。

那么，怎么理解物流所创造的实践价值、场所价值和加工附加价值呢？

1. 时间价值

"物"从供给者到需要者之间有一段时间差，由于改变这一时间差创造的价值，称做"时间价值"。时间价值通过物流获得的形式有以下几种：

（1）缩短时间创造价值。

缩短物流时间，可获得多方面的好处，如减少物流损失，降低物流消耗，增加物的周转，节约资金等。马克思从资本角度早就指出过："流通时间越等于零或近于零，资本的职能就越大，资本的生产效率就越高，它的自行增值就越大"。（《马克思恩格斯全集》第 24 卷、第 142 页）。这里，马克思所讲的流通时间完全可以理解为物流时间，因为物流周期的结束是资本周转的前提条件。这个时间越短，资本周转越快，表现出资本的较高增值速度。现代物流学着重研究的一个课题，就是如何采取技术的、管理的、系统的等方法来尽量缩短物流的宏观时间和有针对性地缩短微观物流时间，从而取得高的时间价值。从全社会物流的总体来看，加快物流速度，缩短物流时间，是物流必须遵循的一条经济规律。物流和一般力学运动的一个重大区别就是它不是简单地按自然科学规律所发生的运动，而是能动地取得时间价值的运动形式。

（2）弥补时间差创造价值。

经济社会中，需要和供给普遍地存在着时间性差异。可以有很多例证，例如，粮食生产有严格的季节性和周期性，即使人类已有了改造自然的能力，创造人工条件使粮食种植不受季节影响，但周期性仍是改变不了的。这就决定了粮食的集中产出，但是人们的消费是一年 365 天，天天有所需求，因而供给和需求之间出现时间差。又如，水泥工厂一旦点火，生产就必须连续进行，每时、每天都在生产产品，但是其消费却带有一定时间的集中性。尤其在地球南北两个近极区，建筑施工有很强季节性，存在适合施工季节的集中需求，这也出现了时间差。再如，凌晨磨制的鲜豆浆在上午出售；前日采摘的菜、果在次日出售等，都说明供给与需求之间存在时间差，可以说这是一种普通的客观存在，正是有了这个时间差，商品才能取得自身最高价值，才能获得十分理想的效益。但是商品本身是不会自动弥合这个时间差的，如果没有有效的方法，集中生产出的粮食除了当时的少量消耗外，就会损坏掉、腐烂掉，而在非产出时间，人们就会找不到粮食吃；如果没有有效的方法，集中施工季节就会出现水泥供给不足，造成停工待料，而其他不消费季节生产出的水泥便会无处可放，最终损失掉。

物流便是以科学的系统方法来弥补或者有时是改变这种时间差，以实现其"时间价值"。

（3）延长时间差创造价值。

第（1）个问题讲的是物流总体和不少具体物流遵循"加速物流速度，缩短物流时间"这一规律，以尽量缩小时间差来创造价值，尤其是对物流的总体而言，更是要遵循这一规律。但是，在某些具体物流中也存在人为地、能动地延长物流时间来创造价值的情况。例如，配合待机销售的物流便是一种有意识地延长物流时间、有意识增加时间差来创造价值的。当然，一般来讲，这是一种特例，不是普遍的规律现象。

2. 场所价值

"物"从供给者到需求者之间有一段空间差异。供给者和需求者之间往往处于不同的场所，由于改变这一场所的差别，创造的价值被称做"场所价值"。物流创造场所价值是由现代社会产业结构、社会分工所决定的，主要原因是供给和需求之间的空间差，商品在不同地理位置有不同的价值，通过物流将商品由低价值区转到高价值区，便可获得价值差，即"场所价值"。有以下几种具体形式：

（1）从集中生产场所流入分散需求场所创造价值。

现代化大生产的特点之一，往往是通过集中的、大规模的生产以提高生产效率，降低成本。在一个小范围集中生产的产品可以覆盖大面积的需求地区，有时甚至可覆盖一个国家乃至若干个国家。通过物流将产品从集中生产的低价位区转移到分散于各处的高价位区有时可以获得很高的利益。例如，现代生产中钢铁、水泥、煤炭等原材料生产往往以几百万甚至几千万吨的大量生产规模聚集在一个地区，汽车生产有时也可达百万辆以上，这些产品、车辆都需通过物流流入分散需求地区，物流的"场所价值"也依此决定。

（2）从分散生产场所流入集中需求场所创造价值。

和上面相反的情况在现代社会中也不少见，例如粮食是在一亩地一亩地上分散生产出来的，而一个大城市的需求却相对大规模集中，一个大汽车厂的零配件生产也分布得非常广，但却集中在一个大厂中装配，这也形成了分散生产和集中需求，物流便依此取得了场所价值。

（3）从甲地生产流入乙地需求创造场所价值。

现代社会中供应与需求的空间差比比皆是，十分普遍，除了大生产所决定的之外，有不少是自然地理和社会发展因素决定的，例如农村生产粮食、蔬菜而与城市消费不在同一地点，南方生产荔枝而与各地消费不在同一地点，北方生产高粱而与各地消费不在同一地点等。现代人每日消费的物品几乎都是在相距一定距离甚至十分遥远的地方生产的。这么复杂交错的供给与需求的空间差都是靠物流来弥合的，物流也从中取得了利益。这就是与一般力学运动十分不同的取得"场所价值"的运动。

3. 加工附加价值

有时，物流也可以创造加工附加价值。加工是生产领域常用的手段，并不是物流的本来职能。但是，现代物流的一个重要现代特点，是根据自己的优势从事一定补充性的加工活动，这种加工活动不是创造商品主要实体，形成商品主要功能和使用价值，而是带有完善、补充、增加性质的加工活动，这种活动必然会形成劳动对象的附加价值。虽然在创造加工附加价值方面，物流不是主要责任者，其所创造的价值也不能与时间价值和场所价值比拟，但这毕竟是现代物流有别于传统物流的重要方面，也更是有别于简单力学运动的重要方面。

1.1.2 物流的历史发展

物流最原始、最根本的含义是物的实体运动。从这一方面来讲，物流的历史存在和人类历史一样久远。古代发展最好的一种物流活动，就是仓储活动。另外，运输活动也发展较好。而现在，对物流考察的重点已从实体运动本身转向了在此基础上建立的物流科学、物流技术、物流系统、物流管理等诸多内容。

物流是随流通的出现而发展的。人类社会出现商品生产之后，生产和消费便逐渐分离，诞生了联结生产和消费的中间环节——流通。随着工业文明的崛起，社会生产和消费规模越来越大，流通对生产的反作用就越来越突出。产需分离越来越大，分工越来越彻底，就必须依靠流通来弥合越来越大的分工和分离。这就促使了流通的迅速发展，物流也就在这一发展中成长起来。

从 20 世纪初至 60 年代，人们提出了"物流"的概念，但仍不清晰。物流概念源于美国。美国的早期物流含义，是实物配送（Physical Distribution，以下简称 PD，也可直译为实物分配），其实物是指与产品销售有关的输出物流，不包括物料供应（输入物流）。到 20 世纪初期，随着经济危机的频繁发生，美国经济衰退、产品滞销、企业利润下降，企业界逐渐开始重视物流管理在经济发展中的作用，逐步实行输出物流（PD）和输入物流（Material Management）一体化的物流管理制度，称之为 Modern Logistics（现代物流）。物流的概念就产生于这个时期。所以，初期的物流不具有明确的内涵，常常被视为同运输近似的概念，它是在社会发展的过程中不断完善的。

一战期间，英国有位勋爵成立了"即时送货股份有限公司"，公司宗旨是在全国范围内把商品及时送达批发商、零售商以及用户的手中。这是人类社会早期的系统性的物流活动。20世纪30年代，美国销售协会最早对物流进行了定义："PD是包含于销售之中的物质资料和服务于从生产地点到消费地点流动过程中，伴随的种种经济活动。"

二战期间，美国根据军事上的需要，在军火的战时供应中，首先采用了 Logistics Management（后勤管理）这一概念，对军火的运输、补给、调配等进行全面管理，对战争的胜利起到了保障作用。二战后，后勤学逐渐形成了单独的学科，并不断发展为"后勤工程"（Logistics Engineering）、"后勤分配"（Logistics of Distribution）等学科。1963年，韦勃斯特把后勤定义为"军事装备物资、设施与人员的获取、供给和运输"。1970年，美国空军在一份技术报告中对后勤学的含义表述为"除了军需物资的订购、生产计划、采买、库存管理、配给、输送、通用外，还包括规格化、品质管理等军事作战行动所必需的资料管理。"后勤管理的方法后来被引入到工业部门和商业部门，被人们称为"工业后勤"和"商业后勤"。其定义中包括下列一些业务活动：原材料的流通、产品分配、运输、购买与库存控制、贮存、用户服务等。这时的后勤一词已经不仅是军事上的含义了，已经等同或接近于现代物流。

1.1.3 物流在近代的发展

20世纪50年代末，PD概念被介绍到日本，目前使用的"物流"一词，是日语"物的流通"的简称。当时，日本正处于经济的高速成长期，生产规模的迅速扩大导致流通基础设施严重不足。于是，加强道路、港口和铁路等流通基础设施建设，实现运输手段的大型化、专用化和高速化，以提高货物的处理能力以及商品供应效率就成为当时的迫切任务。因此，流通技术便成为人们关心的重点。60年代初，以日本效率协会为中心的一些专家对将PD作为"流通技术"的理解提出了不同意见，认为偏离了PD的原意。到60年代中期正式翻译成"物的流通"，70年代初又简称为"物流"。

对"物的流通"（PD）最一般的理解是，物流是商品流通的一个侧面，与其相对应的概念是商流，二者共同构成商品的流通活动。商流的任务是完成商品所有权从卖方到买方的转移，而物流的目的是完成商品实体从卖方到买方的转移，克服商品生产和消费之间存在的空间和时间距离，创造空间效用和时间效用。在日本物流最初是指销售物流，即站在个别企业的角度看，限制在销售领域的范畴。以后扩展到采购供应和生产领域。

在物流概念被认识以前，与物资实体位移相关的运输、保管和装卸搬运等活动是分散在生产、销售和采购部门进行个别管理，重视的是个别功能的最优化。但是，在确立了"大量生产大量流通"的体制，迎来了高速增长期之后，在商品实体移动方面就遇到了两个重要障碍。其一是，在高速增长期增大的物流量超过了企业商品的供应能力。也就是说，要处理迅速扩大的物流量，处于分散管理状态下的各个部门就表现出能力的局限性。更为严重的情况是，顾客无法收到订购的商品，即便可以收到，送货期也被延长，因此加大了成本支出。第二个问题是，在物流活动上所支出的成本显著上升。物流原本是一个高劳动密集型的部门，加之高速成长期劳动力费用上涨，导致物流活动的成本支出明显加大。这说明在"物流"以前的时期，与商品实物移动相关的活动缺乏专门化的组织协调，处于非效率状态之中。上述问题在高速成长期之前，由于企业的物流量尚且不多，并且存在着丰富的劳动力，因而并未显现出来。但是，以前的做法却无法适应高速成长期带来的环境变化，内在的非效率性便逐渐表现出来。在这样的背景之下，物流概念开始为人们所关注，并广泛推广开来。

1962 年美国经营学专家德鲁克（PF Druker）在《财富》杂志上发表的一篇题为"经济的黑大陆"的文章中指出，消费者所支出的商品价格的约 50%是与商品流通活动有关的费用，物流是降低成本的最后领域。当时，企业物流以外领域的活动已经得到明显改善，随着技术水平和内部管理的加强，生产和销售领域内降低成本的空间越来越小，而在生产和销售领域以外的运输、仓储、配送、库存等物流环节上却大有潜力。于是，在企业经营决策者层面上，对物流的认识普遍得到提高，开始把寻求成本优势和差别化优势的视角转向物流领域，物流被视为"第三利润的源泉"，对物流各项功能活动的管理由过去的分散管理开始向系统化、集成化方向转变。通过物流功能的最佳组合，在保证物流服务水平的前提下，实现物流总成本的最低化成为现代物流的重要特征。

由此可见，物流不单纯是伴随着物资流动而发生的各种活动的总称，而是在对这些活动的相互关系作出调整，作为一个有机整体和一个系统来进行管理的必要性得到充分认识的基础上产生的概念。

对于企业而言，物流问题的起因，是由于存在着过剩物流成本，通过物流活动的效率化可以降低物流成本，从而为企业的利润增长作出贡献。在经历了降低成本阶段后，开始进入促进企业收益增长的阶段，即通过向顾客提供满意的物流服务带动销售收入增长的阶段。到了这个阶段，物流系统的目的不只是局限在物流费用的最小化上，而是通过提供最为适宜的物流服务，实现收益——费用的最大化。第三个阶段则是从长远的和战略的观点去思考物流在企业经营中的定位，将物流从日常事务的管理系统水准升华到经营结构的水准，建立起战略物流的新理念，将物流作为提高企业竞争能力的战略资源。

从物流业者的立场去观察和注意物流问题，形成现代物流意识是在 20 世纪 60 年代中期以后的 10 年间的事情。在这 10 年中，物流业者为了适应环境变化开始了种种思考。如果说物流业者对物流问题的认识是与物流意识的深化程度相联系的话，那么，物流业者对现代物流的认识要落后于工商业者。工商业者在 20 世纪 60 年代中期开始便十分明确地意识到了物流问题，并且积极地致力于物流问题的解决。而物流供给方的步伐明显滞后，物流业者物流意识的普遍化是在 1973 年石油危机以后长期衰退过程中出现的。各个运输、仓储业者从 20 世纪 60 年代后期开始，物流意识逐步提高，将向物流业转移作为战略目标，并反映在企业的事业经营上。这种认识上的差异也是影响物流业者的收益性和安定性的重要因素。物流问题的不断深化同物流业者的意识程度无关，但与物流业者在经营方面的关联度却在不断加深。换句话说，现代物流意识的强弱，关系到物流业者经营方向和发展战略的制定。

1.2 物流系统与要素

1.2.1 物流系统

物流贯穿于社会物质的生产、分配、交换、流通一直到消费、废弃的全过程，具有运输、储存、包装、搬运装卸、流通加工、配送、信息处理等诸环节，也称为物流的各个子系统。物流是由这些子系统构成的物流大系统。物流系统完全具备一般系统的条件，有自己的运动规律和发展阶段。因此，物流系统是指在一定的时间和空间里，对其所从事的物流事务和全过程作为一个整体处理，以系统的观点，系统工程的理论和方法进行分析研究，以实现其空间和时间的经济效益。

物流子系统是指构成物流系统的各功能子系统。主要包括：运输子系统、储存子系统、装卸搬运子系统、包装子系统、流通加工子系统、配送子系统及信息子系统。从系统论观点看，物流系统形成及运行的基本条件是：

（1）系统整体是由各子系统组成的有机整体，而不是各子系统简单的算术相加，或者说系统的整体功能大于各系统功能之和；

（2）物流系统内各子系统之间，存在着有机联系和相互作用，使系统保持相对稳定；

（3）各子系统具有自身的构成系统的结构，这种结构保障系统的有序性，从而使系统具有特定的功能；

（4）物流系统整体又是社会经济大系统的子系统。社会经济系统构成物流系统的外部环境，外部环境的制约是物流系统形成、存在和发展的条件。

1.2.2 物流系统的 5S 目标

（1）优质服务（Service）：无缺货，无损伤和丢失现象，且费用便宜。

（2）迅速及时（Speed）：按用户指定的时间和地点迅速送达。

（3）节约空间（Space Saving）：发展立体设施和有关的物流机械，以充分利用空间和面积，缓解城市土地紧缺的问题。

（4）规模适当（Scale Optimization）：物流网点的优化布局，合理的物流设施规模、自动化和机械化程度。

（5）合理库存（Stock Control）：合理的库存策略，合理控制库存量。

1.2.3 物流系统分类

按照物流在社会再生产过程中不同阶段的活动范围和业务性质，一般可将物流系统划分为 5 种类型：

1. 供应物流

是指从物资（主要指生产资料）供给者，经过采购、运输、储存、加工、分类或包装、搬运装卸、配送，直到购买者拥有并收到物资过程的物流；

2. 生产物流

是指从原材料采购、运输、储存；车间送料、装卸搬运、半成品（零部件）流转；成品分类拣选、包装、入库，一直到产品送到中间商或消费者手中全过程的物流，也称工厂物流；

3. 销售物流

是指生产工厂或商业企业（批发和零售），从商品采购、运输、储存、装卸搬运、加工、包装、拣选、配送、销售，直到顾客收到商品过程的物流；

4. 回收物流

指伴随货物运输或搬运中的包装容器、装卸工具及其他可再用的旧杂物的回收、分类、再加工及复用过程的物流；

5. 废弃物流

是指伴随某些厂矿的产品生产，同时或共生的副产物（如钢渣、炉灰、煤矸石等）、废弃物，以及生产和生活消费中的废弃物（如垃圾）等的收集、分类、处理过程的物流。

1.2.4 物流系统的功能要素

物流系统的功能要素指的是物流系统所具有的基本能力，这些基本能力有效地组合、联结在一起，便成了物流的总功能，便能合理、有效地实现物流系统的总目的。物流系统的功能要素一般认为有运输、储存保管、包装、装卸搬运、流通加工、配送、物流信息等，如果从物流活动的实际工作环节来考查，物流由上述 7 项具体工作构成。换句话说，物流能实现以上 7 项功能。

1. 运输功能要素

包括供应及销售物流中的车、船、飞机等方式的运输，生产物流中的管道、传送带等方式的运输。对运输活动的管理要求选择经济技术效果最好的运输方式及联运方式。合理确定运输路线，以实现安全、迅速、准时、价廉的要求。

2. 包装功能要素

包括产品的出厂包装、生产过程中在制品、半成品的包装以及在物流过程中换装、分装、再包装等活动。材料包装活动的管理，根据物流方式和销售要求来确定。以商业包装为主，还是以工业包装为主，要全面考虑包装对产品的保护作用、促进销售作用、提高装运率的作用、包拆装的便利性以及废包装的回收及处理等因素。包装管理还要根据全物流过程的经济效果，具体决定包装材料、强度、尺寸及包装方式。

3. 装卸功能要素

包括对输送、保管、包装、流通加工等物流活动进行衔接活动，以及在保管等活动中为进行检验、维护、保养所进行的装卸活动。伴随装卸活动的小搬运，一般也包括在这一活动中。在全物流活动中，装卸活动是频繁发生的，因而是产品损坏的重要原因。对装卸活动的管理，主要是确定最恰当的装卸方式。力求减少装卸次数，合理配置及使用装卸机具，以做到节能、省力、减少损失、加快速度，获得较好的经济效果。

4. 保管功能要素

包括堆存、保管、保养、维护等活动。对保管活动的管理，要求正确确定库存数量，明确仓库以流通为主还是以储备为主，合理确定保管制度和流程，对库存物品采取有区别的管理方式，力求提高保管效率。降低损耗，加速物资和资金的周转。

5. 流通加工功能要素

又称流通过程的辅助加工活动。这种加工活动不仅存在于社会流通过程中，也存在于企业内部的流通过程中。所以，实际上是在物流过程中进行的辅助加工活动。企业、物资部门、商业部门为了弥补生产过程中加工程度的不足。更有效地满足用户或本企业的需求，更好地衔接产需，往往需要进行这种加工活动。

6. 配送功能要素

是物流进入最终阶段，以配货、送货形式最终完成社会物流并最终实现资源配置的活动。配送活动一直被看做运输活动中的一个组成部分，看成是一种运输形式。所以，过去未将其独立作为物流系统实现的功能，未看成是独立的功能要素，而是将其作为运输中的末端运输对待。但是，配送作为一种现代流通方式，集经营、服务、社会集中库存、分拣、装卸搬运于一身，已不仅是一种送货运输所能包含的，所以在本书中将其作为独立功能要素。

7. 物流信息处理功能要素

在物流过程中，伴随着物流的进行，产生大量的、反映物流过程的有关输入、输出物流的结构、流量与流向、库存动态、物流费用、市场情报等信息并不断传输和反馈，形成物流信息。同时，应用计算机进行加工处理，获得实用的物流信息，这将有利于及时了解和掌握物流动态，协调各物流环节，有效地组织好物流活动。

上述功能要素中，运输及保管分别解决了供给者及需要者之间场所和时间的分离。分别是物流创造"场所效用"及"时间效用"的主要功能要素，因而在物流系统中处于主要功能要素的地位。

1.2.5 物流系统的物质基础要素

物流系统的建立和运行，需要有大量技术装备手段，这些手段的有机联系对物流系统的运行有决定意义。这些要素对实现物流的某一方面的功能也是必不可少的。要素主要有：

1. 物流设施

它是组织物流系统运行的基础物质条件，包括：物流站、场，物流中心、仓库，物流线路，建筑、公路、铁路、港口等。

2. 物流装备

它是保证物流系统开动的条件，包括仓库货架、进出库设备、加工设备、运输设备、装卸机械等。

3. 物流工具

它是物流系统运行的物质条件，包括包装工具、维护保养工具、办公设备等。

4. 信息技术及网络

它是掌握和传递物流信息的手段，根据所需信息水平不同，包括通讯设备及线路、传真设备，计算机及网络设备等。

5. 组织及管理

它是物流网络的"软件"，起着联结、调度、协调、指挥其他各要素的作用，以保障物流系统目的的实现。

1.3 物流与商流、信息流的关系

1.3.1 物流与商流的关系

物流和商流是从商品流通职能中引申和分解而来的。就生产资料流通来说，商流是指生产资料商品在流通买卖中发生形态变化的过程，即由货币形态转化为商品形态，以及由商品形态转化为货币形态的过程；物流是指生产资料商品物理移动的过程，即伴随商流过程发生的产品从生产地到消费地的移动过程。

商流和物流是同一个生产资料流通过程中相伴发生的两个方面，表现在流通领域中生产资料商品的价值和使用价值的运动，因此商流和物流是互相依存的关系。但是，商流和物流又有不同的内容、特点和规律性，因此可以把商流和物流作为两个独立的范畴加以研究。

一般来讲，商流和物流是前后继起的运动。在商品经济的条件下，商流是物流的前提，而物流是商流的继续和完成。只有通过商流，才能实现产品所有权、支配权、使用权的转移；而在商流的基础上必须通过物流才能实现产品由生产领域向消费领域的运动。因此，物流要受商流的制约，而商流要靠物流来完成。它们之间的相互关系，主要表现在：

（1）商流反映一定生产关系，决定着生产资料流通的社会性质，也决定着物流的社会性质。

（2）流通的实质是实现商品价值和使用价值，商流是实现商品价值形式的更替，物流是实现商品使用价值位置的变换，它们共同保证商品价值和使用价值在流通领域顺利地实现。

（3）商流的价值运动方向和规模，决定着物流的使用价值运动的方向和规模，而物流的交通运输、储存、保管、包装等条件，也制约着商流交换中人们彼此接触的范围和广度。

（4）商流阻塞、停滞会直接涉及物流的顺畅与发展，而物流阻塞、不通畅也会直接影响商品到达消费者手中的速度和商品价值实现的时间，影响商流的发展。

1.3.2 物流、商流和信息流之间的关系

物流、商流和信息流是从商品流通内部结构描述流通过程的概念，称为流通过程中的"三流"。物流、商流和信息流之间关系极为密切，可以说，失去了其中任何一"流"，另外两"流"都不会长期存在下去。三"流"是互为依存的前提条件，又是互为依存的基础。

具体表现在：

（1）信息流是由商流和物流引起并反映其变化的各种信息、情报、资料、指令等在传送过程中形成的经济活动。因此，信息是具有价值和使用价值的。没有信息流，商流和物流就不能顺利地进行。

（2）信息流既制约着商流，又制约着物流，它为商流和物流提供预测和决策依据。同时，信息流又是将商流和物流相互沟通，完成商品流通的全过程。

（3）三流之间相辅相成，紧密联系，互相促进。因此，三流不仅有利于提高流通企业的经济效益，而且也有利于提高社会效益。

流通过程的信息流，从其信息的载体及服务对象来看，又可分成物流信息和商流信息两类。两类信息中，有一些是交叉的、共同的，又有许多是商流或物流特有的，非共同的信息。商流信息主要包含与进行商品交易有关的信息，如资源信息、价格信息、市场信息、资金信息、合同信息、需求信息、付款结算信息等。物流信息则主要是输入、输出物流的结构、流向与流量、库存储备量、物流费用、市场动态等信息。商流中的商品交易、供需合同等信息，不但提供了商品交易的结果，也提供了物流的依据，是两种信息流主要的交汇处。而物流信息中的库存量信息，不但是物流的结果，也是商流的依据，还是两种信息流的交汇处。所以，物流信息不仅作用于物流，也作用于商流，是流通过程不可缺少的预测和决策依据。因此，在商品经济条件下，迅速、准确、完整地掌握商流信息和物流信息就成为企业、部门、地区和国家经济是否能够持续、快速、健康发展的重要前提。

1.4 物流在社会生产及再生产中的地位与作用

物流在国民经济中占有重要地位，对社会生产和再生产起着重要作用。归纳起来，主要表现在以下几个方面。

1.4.1 物流是国民经济的动脉系统

物流联结社会生产各个部分，使之成为一个有机整体。任何一个社会（或国家）的经济，都是由众多的产业、部门、企业组成的，这些企业又分布在不同的城市和地区，属于不同的所有者，它们之间相互供应其产品用于对方的生产性消费和生活性消费，它们互相依赖而又互相竞争，形成极其错综复杂的关系。物流就是维系这些复杂关系的纽带和血管。特别是现代科学技术的发展和新技术革命的兴起，引起和正在导致经济结构、产业结构、消费结构的一系列变化。这样众多的企业和复杂多变的产业结构，以及成千上万种产品，必须依靠物流把它们联结起来，就像血管把人的身体各个部分联结起来成为一个有机整体。

1.4.2 物流是生产过程不断进行的前提条件

社会生产的重要特点是它的连续性，这是人类社会得以发展的重要保证。一个社会不能停止消费，同样也不能停止生产。而连续不断的"再生产之流"总是以获得必要的生产资料并使之与劳动力相结合而开始的。一个企业的生产要不间断地进行，一方面必须按照生产需要的数量、质量、品种、规格和时间不间断地供给原料、材料、燃料和工具、设备等生产资料；另一方面，又必须及时地将产成品销售出去。也就是说，必须保证物质资料不间断地流入生产企业，经过一个生产过程的加工后又不间断地流出生产企业。比如钢材，是冶金企业的产品，它经过流通过程的交换，再转化为生产要素进入机器制造企业，成为制造机器的原料、材料；机床是机器制造企业的产品，经过流通过程再进入另一生产过程不断地发挥作用，继续不断地再生产劳动工具和其他生产资料及消费品。同时，在生产企业内部，各种物质资料也需要经过流动，在各个生产场所和工序间相继传送，使它们经过一步步的深加工后成为价值更高、使用价值更大的新产品。这些厂外物流和厂内物流如果出现故障，生产过程就必然要受到影响，甚至会使生产停滞。因此，无论厂外物流和厂内物流，都是生产过程不断进行的前提条件。

1.4.3 物流是保证商流顺畅进行，实现商品价值和使用价值的物质基础

在商品流通中，商流和物流是前后继起的活动。商流是物流的前提，而物流是商流的继续和完成。商流的目的在于实现商品的所有权、支配权、使用权的转移；而物流是在商品交换过程中实现商品由生产地向消费地的运动。因此，物流畅通无阻，就可以使商品顺利地完成向消费者的转移。如果没有物流，商品的所有权、支配权、使用权也就无法转移，商品的价值和使用价值运动也就无法实现。

从加速商品实物形态的转移过程同实现商品价值和使用价值的关系来说，它们之间的一致性是，商品实物形态的转移过程是同商品价值和使用价值实现过程相伴随的，相互之间存在密切的联系。商品实物形态的转移过程越快，商品周转速度也越快，流通费用也减少，就可以在最短的规定时间内以最少的周转费用，把商品从生产者手中转移到消费者手中。这一方面保证了商品的及时销售和连续有节奏的再生产过程所需的物质要素能及时得到补偿，即保证了商品使用价值的及时实现；另一方面也保证了商品销售能及时地获得货币收入，来补偿生产费用和为社会提供所创造的产品的价值，即保证了商品价值的及时实现。可以这样说，没有物流过程，也就无法完成商品的流通过程，包含在商品中的价值和使用价值就不能实现。

1.4.4 物流技术的发展是决定商品生产规模和产业结构变化的重要因素

商品生产的发展要求生产社会化、专业化和规模化。但是，没有物流技术的相应发展，这些要求是难以实现的。例如，钢铁、水泥、木材等量大、体重的产品，只有在铁路、公路和水运有了一定发展的情况下才可能发展成为大量生产、大量消费的大行业。因此，加快物流技术的发展有利于社会生产分工和专业化发展，有利于生产力布局和产业结构的变化，有利于采用新技术、新工艺、新材料，使生产水平和产品质量越来越高。总之，物流技术的发展，从根本上改变了产品的生产和消费条件，为经济的发展创造了重要的前提。而且，随着物流现代化水平的提高，物流对生产发展的这种促进作用就越为明显。

1.4.5 物流合理化是提高宏观经济效益和微观经济效益的重要源泉

物流组织是否合理，直接决定着生产过程是否能够顺利进行，决定着商品价值和使用

价值是否能得以实现。同时，物流费用是构成生产成本和流通成本的重要组成部分。商品流通领域占用的社会资金多少和经济效果如何，直接关系到整个社会经济效益的水平。一般来说，在社会生产条件不变的情况下，物流合理化程度越高，周转速度越快，这无疑提高了社会生产的经济效益；另一方面，物流作为一个经营活动的领域，如能不断消除多余的流通环节，压缩不合理的销售储备，减少流通费用，相应地会增加流通纯收入，从而还会增加国家财政收入。这些，都有利于提高社会经济效益。因此，搞好物流，提高物流合理化水平，无论对于提高物流企业经济效益和宏观经济效益都有重大作用。

1.5 现代物流与我国的现状

随着市场经济的发展，流通的作用越来越重要，商品流通包括商流、物流、信息流与资金流，"是商品所有者的全部相互关系的总和"。在"97 亚太国际物流会议"上，一些中外著名人士指出，中国如何较快构筑一个可以将必要的商品，按必要的数量，以必要性的方式，必要的时间，供应到必要的地点的高效率的物流体系，是国民经济发展中不可回避的一个重大课题，我国国民经济的现代化，离不开流通的现代化，而流通的现代化离不开物流的现代化。

1.5.1 传统物流与现代物流

传统物流，一般是指商品在空间与时间上的位移，以解决商品生产与消费的地点差异与时间差异。主要包括运输、包装、仓储加工配送等。物流可以分为两大类，即宏观物流与微观物流。宏观物流亦称社会物流，即社会再生产各过程之间、国民经济各部门之间以及国与国之间的实物流通。随着生产力的发展，生产专业化程度的提高，使得商品货物在国民经济各部门、各企业之间交换关系越来越复杂，社会物流的规模也越来越大。宏观物流的状况如何，直接影响国民经济的效益。微观物流亦称企业物流。具体讲，可分为：供应物流，生产物流，销售物流，回收物流，废弃物物流等。微观物流的状况如何，直接影响一个企业的经济效益。

我国一般工业品从产品出厂经过装卸、储存、运输等各个物流环节到消费者手中的流通费用占商品价格的 50%左右。而新鲜水果、易变质食品、某些化工产品的流通费用有的高达商品售价的 70%。我国汽车零配件的生产，其加工装配时间仅占 2%，而 96%的时间是原材料、零配件的储存、装卸和搬运时间。自 1979 年以来，英国物料搬运中心多次进行全国性的调查表明，物流费用占整个国民经济总支出的 39%，在生产与流通领域，物流费用占总支出的 63%。美国《企业物流》报道，20 世纪 80 年代以来美国企业年平均支付的物流费已超过总销售收入的 25%。所以，一些发达国家把降低流通费用，特别是物流费用，作为利润的第三源泉，作为提高整个国民经济效益的重要措施，一种新的经济增长点。

进入 20 世纪 90 年代，传统物流已向现代物流转变，整体物流概念是一个较为现代化的流通领域概念，也就是通常所说的现代物流。现代物流包括运输的合理化、仓储自动化、包装标准化、装卸机械化、加工配送一体化、信息管理网络化等。现代物流具有如下特征：

1. 物流反应快速化

物流服务提供者对上游、下游的物流配送需求的反应速度越来越快，前置时间越来越短，配送间隔越来越短，物流配送速度越来越快，商品周转次数越来越多。

2. 物流功能集成化

现代物流着重于将物流与供应链的其他环节进行集成，包括物流渠道与商流渠道的集成、物流渠道之间的集成、物流功能的集成、物流环节与制造环节的集成等。

3. 物流服务系列化

现代物流强调物流服务功能的恰当定位与完善以及系列化。除了传统的储存、运输、包装、流通加工等服务外，现代物流服务在外延上向下扩展至市场调查与预测、采购及订单处理，向下延伸至配送、物流咨询、物流方案的选择与规划、库存控制策略建议、货款回收与结算、教育培训等增值服务；在内涵上则提高了以上服务对决策的支持作用。

4. 物流作业规范化

现代物流强调功能、作业流程、作业、动作的标准化与程式化，使复杂的作业变成简单的易于推广和考核的动作。

5. 物流目标系统化

现代物流从系统的角度统筹规划一个公司整体的各种物流活动，处理好物流活动与商流活动及公司目标之间、物流活动与物流活动之间的关系，不求单个活动的最优化，但求整体活动的最优化。

6. 物流手段现代化

现代物流使用先进的技术、设备和管理为销售提供服务，生产、流通、销售规模越大、范围越广，物流技术、设备和管理越现代化。计算机技术、通讯技术、机电一体化技术、语音识别技术等得到普遍应用。世界上最先进的物流系统运用了 GPS（全球定位系统）、卫星通讯、射频识别装置（RF）、机器人，实现了自动化、机械化、无纸化和智能化，如 20 世纪 90 年代中期，美国国防部（DOD）为在前南斯拉夫地区执行维和行动的多国部队提供的军事物流后勤系统就采用了这些技术，其技术之复杂与精尖堪称世界之最。

7. 物流组织网络化

为了保证对产品促销提供快速、全方位的物流支持，现代物流需要有完善、健全的物流网络体系，网络上点与点之间的物流活动保持系统性、一致性，这样可以保证整个物流网络有最优的库存总水平及库存分布，运输与配送快速、机动，既能铺开又能收拢。分散的物流单体只有形成网络才能满足现代化生产与流通的需要。

8. 物流经营市场化

现代物流的具体经营采用市场机制，无论是企业自己组织物流，还是委托社会化物流企业承担物流任务，都以"服务-成本"的最佳配合为总目标，谁能提供最佳的"服务-成本"组合，就找谁服务。国际上既有大量自办物流相当出色的"大而全"、"小而全"的例子，也有大量利用第三方物流企业提供物流服务的例子，比较而言，物流的社会化、专业化已经占到主流，即使是非社会化、非专业化的物流组织也都实行了严格的经济核算。

9. 物流信息电子化

由于计算机信息技术的应用，现代物流过程的可见性（Visibility）明显增加，物流过程中库存积压、延期交货、送货不及时、库存与运输不可控制等风险大大降低，从而可以加强供应商、物流商、批发商、零售商在组织物流过程中的协调和配合以及对物流过程的控制。

1.5.2 现代物流发展趋势

1. 现代物流系统化趋势

以往的传统物流是指产品出厂后包装、运输、装卸和仓储活动等。而现代物流特点表现在"系统化"，它与包装、装卸、存储、配送、流通加工、物流信息处理等综合地、有机地结合在一起，作为一个系统来管理。这种系统化概念使社会物流与企业物流有机结合在一起，它从采购物流开始，经过生产物流，再进入销售物流，最后还要考虑回收物流和废弃物流。从而形成了一种良性的系统化物流循环。物流的系统化可以大大节约流通费用，提高流通的效率与效益。

2. 现代物流的信息化趋势

由于全球经济的一体化趋势，当前的物流业正向全球化、网络化和信息化方向发展，使商品与生产要素在全球范围内以空前的速度自由流动。EDI技术与国际互联网的应用，使物流效率的提高更多地取决于信息管理技术；电子计算机的普及和条形码技术的普遍应用则提供了更多的需求和库存信息，提高了信息管理科学水平，使产品在各种需求层面上的流动更加容易和迅速。

3. 物流中心、批发中心、配送中心的社会化趋势

随着市场经济和社会化的发展，一方面专业化分工越来越细，另一方面各专业之间的合作越来越密切。生产企业与零售行业所需的原材料、中间产品、最终产品大部分由不同的物流中心、批发中心与配送中心提供，以实现少库存和零库存。现代物流的社会化趋势是社会经济活动发展的必然结果。

4. 仓储、运输的现代化与综合体系化趋势

现代物流离不开运输与仓储。仓储现代化则要求高度机械化、自动化、标准化，以组织高效的人、机、物系统；而运输现代化要求建立铁路、公路、水路、空运与管道的综合运输体系，这是物流现代化的必要条件。所以北美和欧洲的一些发达国家在现代物流战略思想下都倾全力于港口、码头、机场、铁路、高速公路、仓库等建设，大力改进运输方式和包装方式，大幅度降低材料、产品或商品的流通费用，全面地提高物质资料的流通效率。

5. 物流与商流、信息流一体化趋势

按照一般的流通规律，商流、物流、信息流是三流分离的。商流可以使物质资料的使用价值得以实现，经过商流，物质资料就变更了所有权；物流解决的是物质资料从其生产地

域向其消费地域的位移，无法变更物质资料的所有权；信息流解决的是流通主体之间的信息传递。

在现代社会中，由于不同的材料、产品或商品的转移形成不同的流通方式与营销形态，为了适应这一变化，目前，世界上有许多发达国家的物流中心、配送中心已基本实现了商流、物流和信息流的统一。此外，代理制的推行也使现代物流更趋科学、合理，因为这种方式的流通体制更有助于实行三流合一。

1.5.3 我国物流的现状

几年来，我国物流技术有了一定的发展，但从整体上看，企业的设施建设大多数是单一方式的扩能建设，软硬件不配套，整体协作性不强，未形成网络，缺少物流业的管理能力。陆上场站重复建设、设施短缺、能力分散、功能单一、信息不灵，组织化程度低，发展缓慢。具体表现在：

（1）改革开放以来，国家加大了交通运输建设的投入，铁路、公路、航空、管道运输能力以及散装水泥率、集装箱运输率、包装标准化率大大提高，由于信息技术的推广应用，使流通管理、物流、商流、信息流的现代化水平有所提高，全国商品信息网络系统初具规模，商品商场监控预测系统初步建立，提高了引导生产、引导消费的能力。

（2）国家对物流基础设施投入不足，目前我国的交通运输、仓储的现代化水平还不高，配送中心、集装箱运输、散装水泥等发展还比较慢，商品在物流过程中的破损率高，流通费用大。

（3）物流专业化程度低，许多国有企业继续搞"大而全"、"小而全"，产、供、销一体化，仓储运输一条龙，有的工厂有自己的大型车队，甚至远洋船队，物流过程浪费惊人。由于物流专业化程度低，很难为中外合资或外商独资企业的产品在中国提供综合性物流服务，也很难使社会物流与企业物流一体化。

（4）由于还存在条块分割、部门分割，运输、仓储内贸、外贸都自成体系，使全社会物流不能成为一个整体。在这样的体制与机制下很难发展跨部门的综合性物流服务，也很难从国外引进新型的物流管理技术。

（5）商品的社会库存量过大，占用过多的流动资金。

1.6 思 考 题

1. 什么是物流？物流的价值如何体现？
2. 什么是物流系统？物流系统的目标是什么？
3. 物流系统包含哪些要素？
4. 现代物流有哪些特征？

第 2 章 物流基本功能

物流的基本职能活动，包括运输、保管、装卸、包装、流通加工以及与其相联系的物流信息处理。它们相互联系，构成物流系统的功能组成要素。

2.1 运　　输

2.1.1 运输的概念

运输（Transportation）的定义是：用设备和工具，将物品从一地点向另一地点运送的物流活动。其中包括集货、分配、搬运、中转、装入、卸下、分散等一系列操作。

运输是人和物的载运及输送。本书中专指"物"的载运及输送。它是在不同地域范围间（如两个城市、两个工厂之间，或一个大企业内相距较远的两车间之间），以改变"物"的空间位置为目的的活动，对"物"进行空间位移。和搬运的区别在于，运输是较大范围的活动，而搬运是在同一地域之内的活动。

2.1.2 运输的意义

1. 运输是物流的主要功能要素之一

按物流的概念，物流是"物"的物理性运动，这种运动不但改变了物的时间状态，也改变了物的空间状态。而运输承担了改变空间状态的主要任务，运输是改变空间状态的主要手段，运输再配以搬运、配送等活动，就能圆满完成改变空间状态的全部任务。

在现代物流观念未诞生之前，甚至就在今天，仍有不少人将运输等同于物流，其原因是物流中很大一部分责任是由运输担任的，是物流的主要部分，因而出现上述认识。

2. 运输是社会物质生产的必要条件之一

运输是国民经济的基础和先行。马克思将运输称之为"第四个物质生产部门"，是将运输看成生产过程的继续，这个继续虽然以生产过程为前提，但如果没有这个继续，生产过程则不能最后完成。所以，虽然运输的这种生产活动和一般生产活动不同，它不创造新的物质产品，不增加社会产品数量，不赋予产品以新的使用价值，而只变动其所在的空间位置，但这一变动能使生产继续下去，使社会再生产不断推进，所以将其看成一种物质生产部门。运输作为社会物质生产的必要条件，表现在以下两方面：

（1）生产过程中，运输是生产的直接组成部分，没有运输，生产内部的各环节就无法联结。

（2）在社会上，运输是生产过程的继续，这一活动联结生产与再生产，联结生产与消费，联结国民经济各部门、各企业，联结着城乡，联结着不同国家和地区。

3. 运输可以创造"场所效用"

场所效用的含义是：同种"物"由于空间场所不同，则其使用价值的实现程度不同，其效益的实现也不同，由于改变场所而最大限度发挥其使用价值，最大限度提高产出投入比，这就称之为"场所效用"。通过运输，将"物"运到场所效用最高的地方，就能发挥"物"的潜力，实现资源的优化配置。从这个意义来讲，也相当于通过运输提高了物的使用价值。

4. 运输是"第三个利润源"的主要源泉

（1）运输是运动中的活动，它和静止的保管不同，要靠大量的动力消耗才能实现这一活动，而运输又承担大跨度空间转移之任务，所以活动的时间长、距离长、消耗也大。消耗的绝对数量大，其节约的潜力也就大。

（2）从运费来看，运费在全部物流费中占最高的比例，一般综合分析计算社会物流费用，运输费在其中占接近 50%的比例，有些产品运费高于产品的生产费。所以节约的潜力是很大的。

（3）由于运输总里程大，运输总量巨大，通过体制改革和运输合理化可大大缩短运输吨公里数，从而获得比较大的节约。

2.1.3 运输方式

货物运输按运输设备及运输工具的不同，可以有多种不同的运输方式：

1. 公路运输

这是主要使用汽车，也使用其他车辆（如人、畜力车）在公路上进行货客运输的一种方式。公路运输主要承担近距离、小批量的货运和水运、铁路运输难以到达地区的长途、大批量货运及铁路、水运优势难以发挥的短途运输。由于公路运输有很强灵活性，近年来，在有铁路、水运的地区，较长途的大批量运输也开始使用公路运输。公路运输主要优点是灵活性强，公路建设周期短，投资较低，易于因地制宜，对收到站设施要求不高。可以采取"门到门"运输形式，即从发货者门口直到收货者门口，而不需转运或反复装卸搬运。公路运输也可作为其他运输方式的衔接手段。公路运输的经济半径，一般在 200 公里以内。

2. 铁路运输

这是使用铁路列车运送客货的一种运输方式。铁路运输主要承担长距离、大数量的货运，在没有水运条件地区，几乎所有大批量货物都是依靠铁路，这是在干线运输中起主力运输作用的运输形式。

铁路运输优点是速度快，运输不大受自然条件限制，载运量大，运输成本较低。主要缺点是灵活性差，只能在固定线路上实现运输，需要以其他运输手段配合和衔接。铁路运输经济里程一般在 200 公里以上。

3. 水运

这是使用船舶运送客货的一种运输方式。水运主要承担大数量、长距离的运输，是在干线运输中起主力作用的运输形式。在内河及沿海，水运也常作为小型运输工具使用，担任补充及衔接大批量干线运输的任务。

水运的主要优点是成本低，能进行低成本、大批量、远距离的运输。但是水运也有显而易见的缺点，主要是运输速度慢，受港口、水位、季节、气候影响较大，因而一年中中断运输的时间较长。水运有以下 4 种形式：

（1）沿海运输。是使用船舶通过大陆附近沿海航道运送客货的一种方式，一般使用中、小型船舶。

（2）近海运输。是使用船舶通过大陆邻近国家海上航道运送客货的一种运输形式，视航程可使用中型船舶，也可使用小型船舶。

（3）远洋运输。是使用船舶跨大洋的长途运输形式，主要依靠运量大的大型船舶。

（4）内河运输。是使用船舶在陆地内的江、河、湖、川等水道进行运输的一种方式，主要使用中、小型船舶。

4. 航空运输

这是使用飞机或其他航空器进行运输的一种形式。航空运输的单位成本很高，因此，主要适合运载的货物有两类，一类是价值高、运费承担能力很强的货物，如贵重设备的零部件、高档产品等；另一类是紧急需要的物资，如救灾抢险物资等。

航空运输的主要优点是速度快，不受地形的限制。在火车、汽车都达不到的地区也可依靠航空运输，因而有其重要意义。

5. 管道运输

这是利用管道输送气体、液体和粉状固体的一种运输方式。其运输形式是靠物体在管道内顺着压力方向移动而实现的，和其他运输方式的重要区别在于，管道设备是静止不动的。

管道运输的主要优点是，由于采用密封设备，在运输过程中可避免散失、丢失等损失，也不存在其他运输设备本身在运输过程中消耗动力所形成的无效运输问题。另外，运输量大，适合于大且连续不断运送的物资。

6. 联合运输

联合运输（Combined Transport）的定义是：一次委托，由两家以上运输企业或用两种以上运输方式共同将某一批物品运送到目的地的运输方式。

联合运输又简称联运，是指两个或两个以上的运输企业，根据同一运输计划，遵守共同的联运规章或签订的协议，使用共同的运输票据或通过代办业务，组织两种以上运输工具或两程以上的运输衔接，以及产供运销的运输协作，联合实现货物或旅客的全程运输。联运是一种综合性运输组织工作，对挖掘运输潜力，发挥各种运输方式的优势，组织合理运输，加快商品流通，提高社会经济效益，更好地为货主、旅客和国民经济建设服务，具有重要作用，因而是交通运输发展的必然趋势，运输组织工作的发展方向。

根据联运的定义，联运形式多种多样，仅就五种运输方式中两种方式间相互组合，可能的联运形式就有 15 种。其中常见的有 6 种，即公铁联运、铁水联运、公航联运、公水联运、公管（道）联运、水管（道）联运等。常见的 3 种运输方式联运形式有：公铁水联运、公铁航联运、公水航联运等。同一种运输方式两程以上联运形式的典型代表是公路零担运输、海江河联运。我国的联运形式主要有干线联运、海江河联运、地方干支线联运、产供运销一条龙运输、水路道路联运、集装箱联运、铁路专用线联运、旅客联运等。

（1）干线联运

干线联运是指铁路与沿海、长江和若干内河的联运，也称水陆干线联运。这种联运形式主要承担大宗货物如煤炭、粮食、矿石、木材、钢铁等货物的运输，其完成的货物运输量居所有联运方式之首，是我国最主要的一种联运形式。铁道部、交通部于1961年颁发了《铁路和水路货物联运规则》，后经几次补充、修改，对水陆联运工作的组织原则，办理联运货物的车站、港口和换装地点，联运货物的种类和数量，联运货物的运输计划、运送条件、换装作业，以及商务事故处理等，都作了明确的规定。其特点是：一个计划，一次托运，一票到家，一次收费，统一理赔，全程负责。

（2）地方干支线联运

地方干支线联运是指港、站枢纽所在城市组织的铁路、公路、内河、沿海相衔接的联合运输。干线，一般是指办理联运的铁路、沿海、长江等干线；支线一般是指各省、自治区、直辖市开办营运业务的地方公路和内河支流。干支线联运以交通枢纽城市为中心，以港站为依托，向内陆延伸，以网点为基础，组成联运网络。各联运企业间开展代理业务，对货主受理整车（批）、零担（零星）货物，实行一次托运，一次结算，上门取货，全程负责；向运输企业办理托运、中转、接取送达手续。

（3）城乡集散联运

城乡集散联运是指以市（地）或县级城市为中心，外接干线、内联县乡镇，面向农村，为一个地区、一个县的货物集散而组织的联运网络，它是地方干支线联运的基础。办理城乡联运，一般是在市（地）或县线城市建立联运企业，在辖域内组建联运网点，具体办理联运业务。其特点是：就地托运，就地制票，就地结算，分段计费，一票到底，全程负责，并负责代办托运、代办中转、接取送达等业务。

（4）产供运销一条龙运输

产供运销一条龙运输是指按某类产品的生产、供应、运输、销售等活动的规律，统一组织协调而形成的跨运输方式、跨区域的联合运输。它是在水陆干线联运基础上发展起来的一种综合运输形式。20世纪60年代后期，我国以大连港为枢纽，组成上海-大连-东北三省的"三六九"百杂货一条龙运输线，后来又逐步推广到"三三线"（上海-天津-北京、河北、内蒙）、"三三九线"（上海-长江沿岸六省）、"三七二线"（上海-青岛-胶济沿线）等，在百杂货运输领域发挥了积极的作用。

（5）驮背式运输

驮背式运输也称背负式运输，是国外常见的一种公铁联运形式。其运作方法是：先将集装箱装在挂车上，挂车连集装箱再一起装在铁路平板车上，列车到站后，集装箱不用换装，即可用牵引车直接拖挂送到收货人仓库。这种联运形式50年代初出现后，得以较快发展。例如，美国在1955年，拥有这种挂车不足20万辆，80年代初，发展到200多万辆。这些挂车有的属于货主单位，有的属于铁路公司或汽车货运公司，成为美国铁路货运中仅次于煤炭的第二大运量。

（6）水上滚装运输

这是驮背式公铁联运形式在水路运输上的应用。方法是先将汽车挂车或铁路货车装到轮船上，轮船运抵目的港口后，由牵引车或铁路机车直接拖带挂车或铁路货车将货物运送最终目的地。滚装运输在一些发达国家有所发展，我国"八五"期间曾计划建立大连至烟台海上滚装运输系统。与这种联运方式相似的还有滚装航空运输，是将挂车装在机舱内，是一种公路航空联运形式。

（7）铁路专用线联运

铁路专用线联运是指利用铁路专用线组织货物联运的形式。我国大、中城市交通枢纽和厂矿企业集中的地区，都建有较多的铁路专用线。20世纪70~80年代，我国运力十分紧张，一些铁路专用线单位与附近厂矿企业，通过协商，实行"一家管，大家用"或"共管共用"的办法，既提高专用线的利用效率，又解决了附近厂矿企业的运输问题，是缓解运力紧张的一个途径，得到国家的支持，并在许多地方推广起来。这种形式，在产权不变的原则下，可以采用租用的办法或组成管理委员会，统一受理专用线沿线发、到货物，统一调配运力、统一结算运费，使一条专用线变成多家厂矿企业货物的装卸点，且有利于集中使用装卸劳力，发展装卸机械，实行容器、仓库共用，发展装卸、搬运、保管综合服务。

2.1.4 运输合理化

所谓合理运输，是指在实现社会产销联系的过程中，选取运距短、运力省、运费低、速度快的最佳运输线路和运输方式所组织的货物运输。合理运输是从宏观经济考虑问题，即从国民经济的全局出发，考虑用于全社会货物运输的活劳动和物化劳动是否最省，而不能局限于某地区、某部门或某企业的利益，也不能局限于某种运输方式某项技术经济指标的优劣。

组织合理运输，不仅可以节省运输能力，发挥各种运输方式的优势，提高运输效率，而且可以减少货物的中转环节和装卸次数，减少货物损耗，缩短货物在途时间，加速货物周转，节省运输费用，提高社会经济效益。

组织合理运输，就是按照客观经济规律的要求和运输活动的特点，正确区分合理与不合理的界限，减少以至消除不合理运输。

1. 不合理运输

不合理运输是在现有条件下可以达到的运输水平而未达到，从而造成了运力浪费、运输时间增加、运费超支等问题的运输形式。目前我国存在主要不合理运输形式有：

（1）返程或起程空驶：空车无货载行驶，可以说是不合理运输的最严重形式。在实际运输组织中，有时候必须调运空车，从管理上不能将其看成不合理运输。但是，因调运不当，货源计划不周，不采用运输社会化而形成的空驶，是不合理运输的表现。造成空驶的不合理运输主要有以下几种原因：

- 能利用社会化的运输体系而不利用，却依靠自备车送货提货，这往往出现单程重车，单程空驶的不合理运输。
- 由于工作失误或计划不周，造成货源不实，车辆空去空回，形成双程空驶。
- 由于车辆过分专用，无法搭运回程货，只能单程实车，单程回空周转。

（2）对流运输。也称"相向运输"、"交错运输"，指同一种货物，或彼此间可以互相代用而又不影响管理、技术及效益的货物，在同一线路上或平行线路上作相对方向的运送，而与对方运程的全部或一部分发生重叠交错的运输称对流运输。已经制定了合理流向图的产品，一般必须按合理流向的方向运输，如果与合理流向图指定的方向相反，也属对流运输。

在判断对流运输时需注意的是，有的对流运输是不很明显的隐蔽对流，例如不同时间的相向运输，从发生运输的那个时间看，并无出现对流，就可能作出错误的判断，所以要注意隐蔽的对流运输。

（3）迂回运输。是舍近取远的一种运输。可以选取短距离进行运输而不办，却选择路程较长路线进行运输的一种不合理形式。迂回运输有一定复杂性，不能简单判断，只有当计划不周、地理不熟、组织不当而发生的迂回，才属于不合理运输，如果最短距离有交通阻塞、道路情况不好或有对噪音、排气等特殊限制而不能使用时发生的迂回，不能称不合理运输。

（4）重复运输。本来可以直接将货物运到目的地，但是在未达目的地之处，或目的地之外的其他场所将货卸下，再重复装运送达目的地，这是重复运输的一种形式。另一种形式是，同品种货物在同一地点一面运进，同时又向外运出。重复运输的最大毛病是增加了非必要的中间环节，这就延缓了流通速度，增加了费用，增大了货损。

（5）倒流运输。是指货物从销地或中转地向产地或起运地回流的一种运输现象。其不合理程度要甚于对流运输，其原因在于，往返两程的运输都是不必要的，形成了双程的浪费。倒流运输也可以看成是隐蔽对流的一种特殊形式。

（6）过远运输。是指调运物资舍近求远，近处有资源不调而从远处调，这就造成可采取近程运输而未采取，拉长了货物运距的浪费现象。过远运输占用运力时间长、运输工具周转慢、物资、占压资金时间长，远距离自然条件相差大。又易出现货损，增加了费用支出。

（7）运力选择不当。未选择各种运输工具优势而不正确地利用运输工具造成的不合理现象，常见有以下若干形式：

- 弃水走陆。在同时可以利用水运及陆运时，不利用成本较低的水运或水陆联运，而选择成本较高的铁路运输或汽车运输，使水运优势不能发挥。
- 铁路、大型船舶的过近运输。不是铁路及大型船舶的经济运行里程却利用这些运力进行运输的不合理做法。主要不合理之处在于火车及大型船舶起运及到达目的地的准备、装卸时间长，且机动灵活性不足，在过近距离中利用，发挥不了运速快的优势。相反，由于装卸时间长，反而会延长运输时间。另外，和小型运输设备比较，火车及大型船舶装卸难度大、费用也较高。
- 运输工具承载能力选择不当。不根据承运货物数量及重量选择，而盲目决定运输工具，造成过分超载、损坏车辆及货物不满载、浪费运力的现象。尤其是"大马拉小车"现象发生较多。由于装货量小，单位货物运输成本必然增加。

（8）托运方式选择不当。对于货主而言，在可以选择最好托运方式时而未选择，造成运力浪费及费用支出加大的一种不合理运输。例如，应选择整车未选择，反而采取零担托运，应当直达而选择了中转运输，应当中转运输而选择了直达运输等都属于这一类型的不合理运输。

上述的各种不合理运输形式都是在特定条件下表现出来，在进行判断时必须注意其不合理的前提条件，否则就容易出现判断的失误。例如，如果同一种产品，商标不同，价格不同，所发生的对流，不能绝对看成不合理，因为其中存在着市场机制引导的竞争，优胜劣汰，如果强调因为表面的对流而不允许运输，就会起到保护落后、阻碍竞争甚至助长地区封锁的作用。类似的例子，在各种不合理运输形式中都可以举出一些。

再者，以上对不合理运输的描述，主要就形式本身而言，是从微观观察得出的结论。在实践中，必须将其放在物流系统中去做综合判断，在不做系统分析和综合判断时，很可能出现"效益背反"现象，比如单从一种情况来看避免了不合理，做到了合理，但它的合理却使其他部分出现不合理。所以只有从系统角度综合进行判断才能有效地避免"效益背反"现象，从而优化全系统。

2. 运输合理化的影响因素

由于运输是物流中最重要的功能要素之一，物流合理化在很大程度上依赖于运输合理化。运输合理化的影响因素很多，起决定性作用的有 5 方面因素，称作合理运输的"五要素"：

（1）运输距离。在运输时，运输时间、运输货损、运费、车辆或船舶周转等运输的若干技术经济指标，都与运距有一定比例关系，运距长短是运输是否合理的一个最基本因素。缩短运输距离从宏观、微观上都会带来好处。

（2）运输环节。每增加一次运输，不但会增加起运的运费和总运费，而且必须要增加运输的附属活动，如装卸、包装等，各项技术经济指标也会因此下降。所以，减少运输环节，尤其是同类运输工具的环节，对合理运输有促进作用。

（3）运输工具。各种运输工具都有其使用的优势领域，对运输工具进行优化选择，按运输工具特点进行装卸运输作业，最大限度发挥所用运输工具的作用，是运输合理化的重要一环。

（4）运输时间。运输是物流过程中需要花费较多时间的环节，尤其是远程运输，在全部物流时间中，运输时间占绝大部分，所以，运输时间的缩短对整个流通时间的缩短有决定性的作用。此外，运输时间短，有利于运输工具的加速周转，充分发挥运力的作用，有利于货主资金的周转，有利于运输线路通过能力的提高，对运输合理化有很大贡献。

（5）运输费用。前文已言及运费在全部物流费中占很大比例，运费高低在很大程度上决定整个物流系统的竞争能力。实际上，运输费用的降低，无论对货主企业来讲还是对物流经营企业来讲，都是运输合理化的一个重要目标。运费的判断，也是各种合理化实施是否行之有效的最终判断依据之一。

3. 运输合理化的有效措施

长期以来，我国劳动人民在生产实践中探索和创立了不少运输合理化的途径，在一定时期内、一定条件下取得了效果。

（1）提高运输工具实载率。实载率有两个含义：一是单车实际载重与运距之乘积和标定载重与行驶里程之乘积的比率，这在安排单车、单船运输时，是作为判断装载合理与否的重要指标；二是车船的统计指标，即一定时期内车船实际完成的货物周转量(以吨公里计)占车船载重吨位与行驶公里之乘积的百分比。在计算时车船行驶的公里数，不但包括载货行驶，也包括空驶。

提高实载率的意义在于：充分利用运输工具的额定能力，减少车船空驶和不满载行驶的时间，减少浪费，从而求得运输的合理化。

我国曾在铁路运输上提倡"满载超轴"，其中"满载"的含义就是充分利用货车的容积和载重量，多载货，不空驶，从而达到合理化之目的。这个做法对推动当时运输事业发展起到了积极作用。当前，国内外开展的"配送"形式，优势之一就是将多家需要的货和一家需要的多种货物实行配装，以达到容积和载重的充分合理运用，比起以往自家提货或一家送货车辆大部分空驶的状况，这又是运输合理化的一个进展。在铁路运输中，采用整车运输、合装整车、整车分卸及整车零卸等具体措施，都是提高实载率的有效措施。

（2）采取减少动力投入，增加运输能力的有效措施求得合理化。这种合理化的要点是，少投入、多产出，走高效益之路。运输的投入主要是能耗和基础设施的建设，在设施建设已定型和完成的情况下，尽量减少能源投入，是少投入的核心。做到了这一点就能大大节约运费，降低单位货物的运输成本，达到合理化的目的。如：

水运拖排和拖带法。竹、木等物资的运输，利用竹、木本身浮力，不用运输工具载运，采取拖带法运输，可省去运输工具本身的动力消耗从而求得合理；将无动力驳船编成一定队形，一般是"纵列"，用拖轮拖带行驶，可以有比船舶载乘运输运量大的优点，求得合理化。

顶推法。是我国内河货运采取的一种有效方法。将内河驳船编成一定队形，由机动船顶推前进的航行方法。其优点是航行阻力小，顶推量大，速度较快，运输成本很低。

汽车挂车。汽车挂车的原理和船舶拖带、火车加挂基本相同，都是在充分利用动力能力的基础上，增加运输能力。

（3）发展社会化的运输体系。运输社会化的含义是发展运输的大生产优势，实际专业分工，打破一家一户自成运输体系的状况。一家一户的运输小生产，车辆自有，自我服务，不能形成规模，且一家一户运量需求有限，难于自我调剂，因而经常容易出现空驶、运力选择不当（因为运输工具有限，选择范围太窄）、不能满载等浪费现象，且配套的接、发货设施，装卸搬运设施也很难有效地运行，所以浪费颇大。实行运输社会化，可以统一安排运输工具，避免对流、倒流、空驶、运力不当等多种不合理形式，不但可以追求组织效益，而且可以追求规模效益，所以发展社会化的运输体系是运输合理化的非常重要的措施。

（4）开展中短距离铁路公路分流，"以公代铁"的运输。这一措施的要点，是在公路运输经济里程范围内，或者经过论证，超出通常平均经济里程范围，也尽量利用公路。这种运输合理化的表现主要有两点：一是对于比较紧张的铁路运输，用公路分流后，可以得到一定程度的缓解，从而加大这一区段的运输通过能力；二是充分利用公路从门到门和在中途运输中速度快且灵活机动的优势，实现铁路运输服务难以达到的水平。

我国"以公代铁"目前在杂货、日用百货运输及煤炭运输中较为普遍，一般在 200 公里以内，有时可达 700~1000 公里。山西煤炭外运经认真的技术经济论证，用公路代替铁路运至河北、天津、北京等地是合理的。

（5）尽量发展直达运输。直达运输是追求运输合理化的重要形式，其对合理化的追求要点是通过减少中转过载换载，从而提高运输速度，省却装卸费用，降低中转货损。直达的优势，尤其是在一次运输批量和用户一次需求量达到了一整车时表现最为突出。此外，在生产资料、生活资料运输中，通过直达，建立稳定的产销关系和运输系统，也有利于提高运输的计划水平，考虑用最有效的技术来实现这种稳定运输，从而大大提高运输效率。

特别需要一提的是，如同其他合理化措施一样，直达运输的合理性也是在一定条件下才会有所表现，不能绝对认为直达一定优于中转。这要根据用户的要求，从物流总体出发做综合判断。如果从用户需要量看，批量大到一定程度，直达是合理的，批量较小时中转是合理的。

（6）配载运输。是充分利用运输工具载重量和容积，合理安排装载的货物及载运方法以求得合理化的一种运输方式。配载运输也是提高运输工具实载率的一种有效形式。

配载运输往往是轻重商品的混合配载，在以重质货物运输为主的情况下，同时搭载一些轻泡货物，如海运矿石、黄沙等重质货物，在仓面捎运木材、毛竹等，铁路运矿石、钢材等重物上面搭运轻泡农、副产品等，在基本不增加运力投入情况下，在基本不减少重质货物运输情况下，解决了轻泡货的搭运，因而效果显著。

（7）"四就"直拨运输。"四就"直拨是减少中转运输环节，力求以最少的中转次数完成运输任务的一种形式。一般批量到站或到港的货物，首先要进分配部门或批发部门的仓库，然后再按程序分拨或销售给用户。这样一来，往往出现不合理运输。

"四就"直拨，首先是由管理机构预先筹划，然后就厂或就站（码头）、就库、就车（船）将货物分送给用户，而勿需再入库了。

（8）发展特殊运输技术和运输工具。依靠科技进步是运输合理化的重要途径。例如，专用散装及罐车，解决了粉状、液状物运输损耗大，安全性差等问题；袋鼠式车皮，大型半挂车解决了大型设备整体运输问题；"滚装船"解决了车载货的运输问题，集装箱船比一般船能容纳更多的箱体，集装箱高速直达车船加快了运输速度等，都是通过用先进的科学技术来实现合理化。

（9）通过流通加工，使运输合理化。有不少产品，由于产品本身形态及特性问题，很难实现运输的合理化，如果进行适当加工，就能够有效解决合理运输问题，例如将造纸材在产地预先加工成干纸浆，然后压缩体积运输，就能解决造纸材运输不满载的问题。轻泡产品预先捆紧包装成规定尺寸，装车就容易提高装载量；水产品及肉类预先冷冻，就可提高车辆装载率并降低运输损耗。

2.2　保　　管

2.2.1　保管的含义

保管（Storage）的定义是：对物品进行保存并对其数量、质量进行管理控制的活动。

物质资料的生产和消费之间，在时间、空间、数量、品种等方面总是存在一定的差异。为了消除这些差异，必须要建立一定的储备。有了商品储备必然要求相应的商品保管。商品保管是物流的主体，它包括对商品进行合理的储存和科学的养护。商品储存是将商品按照一定的原则存放在适宜的场所和位置；商品养护是按照一定的要求对商品进行必要的保养和维护。商品的储存和养护是相互联系、相互制约的统一体，必须辩证地处理好两者的关系，既要搞好储存又要重视养护。只储存不养护或重储存轻养护都是有害的。

如前所述，商品保管不单是储存，而且要进行养护，这是事物发展的客观规律所决定的。辩证唯物主义认为，世上一切事物，都在不停地运动、发展、变化着。运动是绝对的，静止是相对的，库存商品当然也不例外。库存商品看上去好像是静止不变的，但实际上则不然，它每一瞬间都在运动着、变化着。因为这种变化是从微观到宏观、从量变到质变、从隐蔽到明显，所以在一段时间内，商品发生的轻微变化，凭人的感官是觉察不到的，只有发展到一定程度才能被发现。

库存商品变化的原因，有内因和外因两个方面。内因是商品本身所固有的特性，主要是物理和化学性质。外因是指外界自然因素的影响，如温度、湿度等。内因是变化的根据，外因是变化的条件，外因通过内因而起作用。

库存商品的变化是有规律的，它不以人的主观意志为转移，但其规律是能够被人们所认识的。商品保管就是在认识和掌握库存商品变化规律的基础上，灵活有效地运用这些规律，采取相应的技术和组织措施，削弱和抑制外界因素的影响，最大限度地减缓库存商品的变化，以保存商品的使用价值和价值。

2.2.2 保管的重要性

商品保管的质量直接关系到国家和企业财产的完整与安全，如果对库存商品不能进行合理的存储和科学的养护，就会使商品发生质量上的变化和数量上的损耗，降低甚至丧失其使用价值，就会给国家和企业造成经济上的损失。特别是由于对库存商品保管不当或失误，引起燃烧、爆炸等重大事故，其损失更是巨大。这种损失绝不仅限于仓储设施和库存商品本身的价值，它还会直接损害消费者利益。尤其是生产资料的变质和损失，会影响物资供应，致使生产单位的生产不能正常进行，甚至停工待料，这种间接损失远远大于商品本身的损失。

此外，加强商品保管在我国更有特殊意义。由于我国库存商品数量大、在库时间长、周转比较缓慢，仓储设施陈旧落后，保管条件差，加上我国幅员辽阔，地理气候条件复杂，都对商品保管不利，所以商品保管的任务更为艰巨，加强商品保管就显得更为重要。

2.2.3 保管的任务

商品保管的基本任务是，根据商品本身的特性及其变化规律，合理规划并有效利用现有仓储设施，采取各种行之有效的技术与组织措施，确保库存商品的质量与安全。其具体任务包括以下几方面：

1. 规划与配备仓储设施

仓储设施是进行商品保管的物质技术基础，是组织商品保管活动的必要条件。仓储设施主要包括仓库建筑物和有关保管设备。对仓储设施要有全面规划，包括库区的平面布局、仓库建筑物的结构特点和保管设备类型等的确定。

2. 制定商品储存规划

商品储存规划是根据现有仓储设施和储存任务，对各类、各种商品的储存在空间和时间上作出全面安排。如分配保管场所，对保管场所的布置，建立良好的保管秩序。合理的储存规划是进行科学养护的前提。

3. 提供良好的保管条件

各种商品由于具有不同的物理化学性质，所以要求相应的保管条件。这种保管条件主要是通过创造适宜的保管环境来实现的。即为商品保管创造一个温湿度适宜，有利于防锈、防腐、防霉、防虫、防老化、防火、防爆的小气候。

4. 进行科学的保养与维护

库存商品由于受外界自然因素的影响，总是要发生某些变化，为此应采取一定的防治措施，抑制其变化，减少损失。如金属涂油防锈、有机物的防霉与救治、仓库害虫的杀灭、机电设备的检测与保养等。

5. 掌握库存商品信息

商品保管，一方面是对商品实体的保管，另一方面还要对商品信息进行管理。信息流和物流是密不可分的，信息流是物流的前提。在商品保管中，实物和信息两者必须一致。库存商品信息管理，主要包括各种原始单据、凭证、报表、技术证件、账卡、图纸、资料的填制、整理、保存、传递、分析和运用。

6. 建立健全必要的规章制度

商品保管不但是一项技术工作，而且也是一项组织工作，除采取必要的技术措施外，还应采取适当的组织措施。建立健全有关商品保管的规章制度就是一个重要方面，如岗位责任制、经济责任制、盘点制、奖惩制等。

2.2.4 保管应遵循的基本原则

商品保管是一项比较复杂的综合性工作。为了以较少的劳动消耗来高质量地完成商品保管任务，在实际工作中应遵循以下基本原则：

1. 质量第一

商品保管的根本目的就是保持商品原来的使用价值和价值，以优质产品满足社会生产和人们生活的需要。因此，商品保管必须把提高商品保管质量放在首位，保证库存商品质量良好、数量正确、齐全配套、账物相符，达到用户和货主满意。

2. 预防为主

为了避免或减少库存商品在保管中的质量劣化和数量损耗，应积极采取预防措施，有效地控制商品质量和数量的变化，把质量事故消灭在萌芽状态，以防患于未然，这样可以收到事半功倍的效果。

3. 讲究科学

商品保管要讲究科学，就是严格按照事物的客观规律办事。即根据库存商品本身的物理、化学特性及其变化规律，采取相应的保管措施，并利用外界的自然因素（如温度、湿度等）的变化规律，为商品保管创造一个适宜的外部环境。商品保管要从实效出发，切忌形式主义。

4. 提高效率

在商品保管工作中应努力提高各方面的效率。要充分发挥人的积极性和主观能动性，不断提高劳动生产率；充分有效地利用各种仓储设施，提高仓库利用率和设备利用率；合理制定储备量，加速商品周转，减少资金占用等。

5. 确保安全

在商品保管工作中，确保安全非常重要。它包括商品安全、仓储设施安全和人身安全。必须采取有效措施防盗、防破坏、防火、防爆、防洪、防雷击、防毒等。

2.2.5 影响库存商品变化的因素

库存商品发生变化的原因有内因和外因，对此必须全面了解，方能掌握库存商品变化的规律。

1. 影响库存商品变化的内因

商品在储存期间发生各种变化，起决定作用的是商品本身的内在因素。如化学成分、结构形态、物理化学性质、机械及工艺性质等。

（1）化学成分

不同的化学成分及其不同的含量，既影响商品的基本性质，又影响商品抵抗外界自然因素侵蚀的能力。如普通低碳素钢中加入少量的铜和磷的成分，就能有效地提高其抗腐蚀性能。

（2）结构形态

构成商品的原材料，其材料结构分为微观结构与宏观结构。微观结构又分为晶体结构和非晶体结构。商品的形态主要分为固态、液态和气态。不同的结构形态会产生不同形式和不同程度的变化。

（3）物理化学性质

商品的物理化学性质是由其化学成分和组织结构所决定的。物理性质主要是指：挥发性、吸湿性、水溶性、导热性等；化学性质主要是指：化学稳定性、燃烧性、爆炸性、腐蚀性等。这些都是商品发生变化的决定性因素。

（4）机械及工艺性质

商品的机械性质，是指强度、硬度、韧性、脆性、弹性等。商品的工艺性质，是指其加工程度（毛坯、半毛坯、成品）和加工精度等。不同的加工程度和加工精度的产品，在同等条件下，其变化的程度是不一样的。

（5）包装状况

包装虽然不是产品本身的构成部分，但它却是商品流通过程中产品的载体。大部分商品都有包装，其主要功能是保护商品，包装形式、包装材料、包装技法等，对商品的变化都会产生一定的影响。

2. 影响库存商品变化的外因

影响库存商品变化的外界因素很多，从大的方面可分为自然因素和社会因素两大类。这里主要介绍自然因素。

（1）温度

适当的温度是商品发生物理变化、化学变化和生物变化的必要条件。温度过高、过低或急剧变化，都会对某些商品产生不良影响，促使其发生各种变化。如易燃品、自燃品，温度过高容易引起燃烧；含有水分的物质，在低温下容易结冻失效；精密仪器仪表在温度急剧变化的情况下会影响其准确性。

（2）湿度

大气湿度对库存商品的变化影响最大。大部分商品怕潮湿，但也有少数商品怕干燥。过分潮湿或干燥，会促使商品发生变化。如金属受潮后锈蚀，水泥受潮后结块硬化。木材、竹材及其制品，在过于干燥的环境中，易开裂变形。

（3）日光

日光实际上是太阳辐射的电磁波，按其波长，可分为紫外线、可见光和红外线。紫外线能量最强，对商品的影响最大，如它可促使高分子材料老化、油脂酸败、着色物质褪色等。可见光与红外线能量较弱，它被物质吸收后变为热能，加速商品发生物理化学变化。

（4）大气

大气是由干洁空气、水汽、固体杂质所组成。空气中的氧、二氧化碳、二氧化硫等，对商品都会产生不良影响，大气中的水汽会使湿度增大；大气中的固体杂质、特别是其中的烟尘危害也很大。

（5）生物及微生物

影响商品变化的生物，主要是指仓库害虫、白蚁、老鼠、鸟类等，其中以虫蚀鼠咬危害最大。微生物主要是霉菌、木腐菌、酵母菌、细菌等。如霉菌会使很多有机物质发霉，木腐菌使木材、木制品腐朽。

2.2.6 库存商品的损耗

库存商品由于受自然因素的影响，会发生各种变化，其变化的结果是商品本身的损耗。商品损耗的原因是多方面的，因此商品损耗也有多种类型。

马克思在论述"机器和大工业"时，谈到机器的磨损，提出了机器的有形损耗和无形损耗的理论。指出："机器的有形损耗有两种。一种是由于使用，就像铸币由于流通而磨损一样。另一种是由于不使用，就像剑入鞘不用而生锈一样。在后一种情况下，机器的磨损是由于自然作用。但是，机器除了有形损耗外，还有所谓无形损耗。只要同样结构的机器能够更便宜地再生产出来，或者出现更好的机器同原有机器相竞争，原有机器的交换价值就会受到损失。在这两种情况下，即使原有机器还十分年轻和富有生命力，它的价值也不再由实际物化在其中的劳动时间来决定了。因此，它或多或少地贬值了。"马克思的这一精辟论述，虽然是针对工业生产中的机器而言，但这一理论同样适用于库存商品。

库存商品毫无疑问存在着由于不使用而产生的有形损耗。按其损耗的原因又分为两种情况，一是异常损耗，一是自然损耗。所谓异常损耗是由于非正常原因，如对商品保管不善、装卸搬运不当、管理制度不严所造成的锈蚀、变质、破损、丢失、燃烧等有形损耗。所谓自然损耗，是指商品在储存过程中，由于受自然因素的影响，本身发生物理或化学变化，所造成的不可避免的自然减量。其主要表现为：干燥、风化、挥发、粘结、散失、破碎等。

商品的自然损耗是不可避免的，但其损耗量的大小也必须有一个标准。损耗量在规定的标准之内是合理的，若超出规定的标准，则视为不合理的损耗。衡量商品的自然损耗是否合理的标准就是自然损耗率。它是指在一定时间内和一定条件下某种商品的损耗量与该商品库存量的百分比。商品的自然损耗受多种因素的影响，如商品的类别品种、包装、状态、储存地点、保管条件、保管季节、在库时间等。具体情况不同，其自然损耗率有很大的不同。

所以应分别按照不同的情况，根据长期积累的历史统计资料，进行综合分析和计算，制定出不同商品在不同时间不同条件下的自然损耗率。

库存商品除存在有形损耗外，同样存在无形损耗。特别是机电产品，由于更新换代比较快，新的产品出现后，库存同种原产品就会贬值甚至报废。如电子器件，由电子管发展到晶体管、又由晶体管进一步发展到集成电路。由原来体积大、性能差、耗电多、价钱高的产品，发展到体积小、性能好、耗电少、价钱便宜的新产品，从而使老产品在库贬值，造成无形损耗。库存商品的无形损耗所造成的损失是巨大的，必须给以足够的重视。从某种意义上讲，减少库存商品的无形损耗比减少其有形损耗更为重要。

2.3 装卸搬运

2.3.1 装卸搬运的含义

装卸（Loading and Unloading）的定义是：指物品在指定地点以人力或机械装入运输设备或卸下。搬运（Handling/Carrying）的定义是：在同一场所内，对物品进行水平移动为主的物流作业。

装卸搬运是指在同一地域范围内进行的、以改变货物存放状态和空间位置为主要内容和目的的物流活动。严格地说，装卸和搬运是两个不同的概念，所谓装卸主要指的是货物在空间上所发生的以垂直方向为主的位移，主要是改变货物与地面之间的距离；而搬运则是指货物在小范围内发生的短距离的水平位移。两者有区别又有联系，因为货物在空间上发生绝对的、完全的垂直位移和水平位移的情况是少有的。多种情况下是两者的复合。有时以垂直位移为主（即装卸）；有时以水平位移为主（即搬运）；有时两者同时进行或交替进行，这些则统称为装卸搬运。

2.3.2 装卸搬运的作用

装卸搬运是介于物流各环节（如运输、储存等）之间起衔接作用的活动。它把物资运动的各个阶段联结成为连续的"流"，使物流的概念名副其实。它把各种运输方式连接起来，形成各种运输网络，极大地发挥其功能。装卸搬运分布在物流活动的各个环节、各个方面。据典型调查，我国机械工业每生产1吨产品，平均需进行252吨次的装卸搬运，其成本为加工成本的15.5%。因此，它是物流的一个重要功能要素，构成物流系统的一个子系统。由此可见，装卸搬运是物流活动得以进行的必要条件，在全部物流活动中占有重要地位，发挥着重要作用。具有重要的技术经济意义。主要表现在以下几方面：

1. 装卸搬运直接影响物流质量

因为装卸搬运是使货物产生垂直和水平方向上的位移，货物在移动过程中会受到各种外力的作用，如振动、撞击、挤压等，容易使货物包装和货物本身受损。如损坏、变形、破碎、散失、流溢等。装卸搬运损失在物流费用中占有一定的比重。

2. 装卸搬运直接影响物流效率

物流效率主要表现为运输效率和仓储效率。在货物运输过程中，完成一次运输循环所需时间，其中在发运地的装车时间和在目的地的卸车时间占有不小的比重。特别是在短途运输中，装卸车时间所占比重更大，有时甚至超过运输工具运行时间。所以缩短装卸搬运时间，不但对加速车船和货物周转具有重要作用，而且有利于疏站疏港。在仓储活动中，装卸搬运效率对货物的收发速度和货物周转速度产生直接影响。同时，装卸搬运组织与技术对仓库利用率和劳动生产率也有一定影响。

3. 装卸搬运直接影响物流安全

由于物流活动是物的实体的流动，在物流活动中确保劳动者、劳动手段和劳动对象的安全非常重要。装卸搬运特别是装卸作业，货物要发生垂直位移，不安全因素比较多。实践表明物流活动中发生的各种货物破失事故、设备损坏事故、人身伤亡事故等，相当一部分是在装卸过程中发生的。特别是一些危险品，在装卸过程中如违反操作规程进行野蛮装卸，很容易造成燃烧、爆炸等重大事故。

4. 装卸搬运直接影响物流成本

装卸搬运是劳动力借助于劳动手段作用于劳动对象的生产活动。为了进行此项活动，必须配备足够的装卸搬运人员和装卸搬运设备。由于装卸搬运作业量比较大，它往往是货物运量和库存量的若干倍，所以所需装卸搬运人员和设备的数量亦比较大，即要有较多的活劳动和物化劳动的投入，这些劳动消耗要计入物流成本，如能减少用于装卸搬运的劳动消耗，就可以降低物流成本。

2.3.3 装卸搬运作业分类

装卸搬运作业是一个完整的系统，它由劳动力（装卸搬运人员）、装卸搬运设施和设备、货物、车船库等"硬件"系统和工艺（作业方法及流程）、信息、管理等"软件"系统组成，同时还需要有保障系统。因此，通常可根据作业场所和作业特点对其进行分类：

（1）按作业场所，流通领域的装卸搬运主要分为铁路装卸、港口装卸和场库装卸三大类。铁路装卸是指在铁路车站进行的装卸作业。它包括汽车在铁路货物和站台旁的装卸作业；铁路仓库和堆场的堆码、拆取、分拣、配货、中转作业；铁路车辆在货场及站台的装卸作业；服务于装卸搬运的辅助作业，如加固、清扫、揭盖篷布、移动车辆、计量等作业。港口装卸是指在港口进行的各种装卸作业，主要是码头、船舶的装卸搬运作业。场库装卸是指在用户的货场、仓库进行的装卸作业，即铁路车辆和汽车在厂矿或储运业的仓库、堆场、集散点等处进行的装卸作业。

（2）按操作特点，流通领域的装卸搬运作业可分为：堆码拆取作业，分拣配货作业和挪动移位作业。

2.3.4 装卸搬运的基本原则

装卸搬运的基本原则是指装卸搬运活动应当遵循的原则或要求达到的目标。根据装卸搬运活动的特征和作用，为了提高装卸搬运作业的效率和经济效益，在长期实践中总结出装卸搬运的基本原则，可以归纳为：

1. 减少环节，简化流程

是指根据物流规律，设法取消、合并装卸搬运环节和次数，杜绝重复性、不必要作业；必须进行的作业，尽可能流水作业。

2. 文明装卸，科学运营

是指杜绝"野蛮装卸"，保证货物、装卸设施、设备安全；针对不同的装卸作业，科学组织管理。

3. 集中作业，集散分工

主要是指装载点和卸载点要尽量集中，同一类货物尽量集中在一起。"集散分工"是指成件货物集装化作业，粉粒状袋装货物散装化作业，要作为装卸搬运作业的两个发展方向。

4. 协调兼顾，标准通用

是指装卸搬运与其他物流环节之间、装卸搬运各工序之间，要相互协调，实行通用标准化管理。

5. 步步活化，省力节能

主要指提高装卸搬运工序之间的装卸活性。

6. 巧装满载，牢固稳定

是指充分利用运输工具的装载利用率；货物装上车船或在货场、仓库堆码要稳固，减少货损。

上述原则都是一些基本性要求。但落实起来涉及面广，难度很大，也不是装卸搬运行业自身所能解决的。应当从物流系统的整体上统筹规划，合理安排，各个环节要紧密配合，才有助于这些原则落实。

2.3.5 装卸搬运设施和设备

装卸搬运设施和设备是进行装卸搬运作业的劳动工具或物质基础，其技术水平是装卸搬运作业现代化的重要标志之一。装卸搬运设施主要包括存仓、漏斗。装车隧洞、卸车栈桥、高路基、装卸线、固定站台、活动站台、照明、动力、维修、工休设施、防疫、计量检验、保洁设施等。装卸搬运设备的制造已经产业化，西方和日本一般称为搬运机械制造业，我国称为起重运输机械制造业，都在机械工业上占有相当的比重，为装卸搬运作业提供各种机械设备。

为便于管理，通常按其用途和结构进行分类。按装卸机械的用途主要分为：单件作业用设备、集装作业用设备和散装作业用设备三大类。按结构则分为起重机械、输送机械、工业车辆、专用机械四大类。

按结构分类的主要装卸搬运设备有：

（1）起重机械类。主要包括：

① 较小起重设备：葫芦、绞车；

② 升降机：电梯、升降机；
③ 起重机：桥式类型起重机、门式类型起重机、臂式类型起重机、梁式类型起重机等。本类设备的特点是：间歇动作，重复循环，短时载荷，升降运动。

（2）输送机械类
① 有牵引构件的输送机：带式输送机、板式输送机、悬挂输送机、斗式提升机、自动快梯、板式提升机、链式输送机等；
② 无牵引构件的输送机：螺旋输送机、振动输送机、辊子输送机等；
③ 气力输送装置：分为悬浮式和推送式两种气力输送装置。这类设备的特点是：连续动作，循环运动，持续载荷，路线固定。

（3）工业车辆类
① 叉车：前移式叉车、插腿式叉车、平衡式叉车、跨车、侧叉等；
② 单斗装载机；
③ 牵引车；
④ 挂车、底盘车。这类设备的特点是：在轮式无轨底盘上装有起重、输送、牵引或承载装置，进行流动作业。

（4）专用机械类：翻车机、堆取料机、堆垛机、拆垛机、分拣专用机械设备、集装箱专用装卸机械、托盘专用装卸机械、船舶专用装卸机械、车辆专用装卸机械等。这类设备的特点是：带专用取物装置的起重、输送机械与工业车辆相结合，一般进行专门作业。

2.3.6 装卸搬运合理化

装卸搬运只能改变劳动对象的空间位置，而不能改变劳动对象的性质和形态，即不能提高也不能增加劳动对象的使用价值。但装卸搬运必然要有劳动消耗，包括活劳动消耗和物化劳动消耗。这种劳动消耗量要以价值形态追加到装卸搬运对象的价值中去，从而增加了产品和物流成本。因此，应科学地、合理地组织装卸搬运过程，尽量减少用于装卸搬运的劳动消耗。

1. 减少装卸次数

装卸次数是指产品生产和流通过程中，发生装卸作业的总次数。对企业物流而言，在产品的生产过程中，从原材料进厂卸车到产成品入库待运，要发生若干次装卸作业。对社会物流而言，从产成品装车发运到直接进入消费，一般要经过若干环节，也要发生多次装卸。具体到任何一个物流据点，如物流中心、配送中心、中转仓库等，在整个作业流程中，都要发生多次装卸作业。

合理装卸的主要内容之一，就是尽量减少装卸次数。减少装卸次数就意味着减少装卸作业量，从而减少装卸劳动消耗，节省装卸费用。同时，减少装卸次数，还能减少货物损耗、加快物流速度、减少场地占用和装卸事故。

影响装卸次数的因素很多，但主要是两个方面，一是物流设施和设备，二是作业组织与调度。

（1）物流设施、设备对装卸次数的影响

厂房、库房等建筑物的结构类型、结构特点及建筑参数，对装卸次数会产生直接影响。如厂房、库房选择地上、单层建筑，有足够的跨度和高度，库门尺寸与进出库机械设备的外廊尺寸相适应。装卸运输设备能自由进出，直接在车间或库房内进行装卸，以减少二次搬运。

物流设备的类型与配套，对装卸次数也会产生影响。如选择灵活机动、适应性强、作业范围广、既能装卸又能搬运的叉车，配以托盘进行出入车间和出入库的作业，可减少装卸次数。又如采用动态电子秤，将电子秤安装在起重机上，在装卸作业的同时，就完成了检斤作业，省去了单独的检斤作业环节，从而减少了装卸作业次数。

（2）装卸作业组织调度工作对装卸次数的影响

在物流设施、设备一定的情况下，装卸作业组织调度工作水平，是影响装卸次数的主要因素。如组织联合运输，使各种运输方式在同一种运输方式、在不同运输工具之间紧密衔接，在中途转运时卸车（船）与装车（船）一次完成，即货物不落地完成运输方式和运输工具的转换。又如对到达车站、码头的货物，在可能的情况下，应尽量就站、就港直接中转发运，不必再进中转仓库。对于工厂而言，减少装卸次数的途径主要是合理设计生产工艺流程，从原材料投入到产成品出来形成流水作业线，增强各车间、各工段、各环节的生产连续性。对于物流据点而言，主要是组织一次性作业。所谓一次性作业是指在收货或发货过程中，从卸车（船）到入库码垛或从下垛到出库装车，一次连续完成，即货物不落地无间歇。

2. 缩短搬运距离

在工厂由于生产工艺的要求，原材料、半成品和产成品总要发生一定距离的水平位移，在物流据点，由于收发保管作业的要求，货物也要发生一定距离的水平位移。这种位移是通过搬运完成的。从合理搬运的角度看，其搬运距离应该越短越好。所以，缩短搬运距离，成为人们实现搬运合理化的主要目标。其效果是节省劳动消耗、缩短搬运时间、减少搬运中的损耗。

3. 提高装卸活性

装卸活性是搬运装卸专用术语，是指货物的存放状态对装卸搬运作用的方便（或难易）程度，称为货物的"活性"，也称装卸活性。活性可用"活性指数"进行定量的衡量。例如，工厂的物料处于散放状态的活性指数为 0，集装、支垫、装载和在传送设备上移动的物料，其活性指数分别为 1，2，3，4。在货场装卸搬运过程中，下一步工序比上一步的活性指数高，因而下一步比上一步工序更便于作业时，称为"活化"。装卸搬运的工序、工步应设计得使货物的活性指数逐步提高，则称"步步活化"。通过合理设计工序、工步，以做到步步活化作业的同时，还要采取相应措施和方法尽量节省劳力，降低能耗。这些方法和措施的实例有：作业场地要尽量硬化；运动服务尽量光洁精确；在满足作业要求的前提下，货物净重与其单元毛重之比尽量接近于 1；能进行水平装卸、滚动装卸的，尽量采用水平装卸和滚动装卸。

4. 实现省力化

装卸搬运是使劳动对象产生垂直或水平位移，这必须通过做功才能实现。随着生产力的发展和科学技术的进步，装卸搬运机械化程度有了很大的提高，少数工厂和仓库向着装卸搬运自动化迈进。但从国内外的实际情况看，有相当一部分装卸搬运作业，是靠人工完成的。因此，实现装卸搬运作业的省力化，也是一个不容忽视的问题。

实现装卸搬运省力化，我国在许多方面积累了很多经验，主要包括以下几方面：

（1）利用物体本身的重力

任何被移动的对象都会产生一定的重力，重力对物料的移动是一个不利因素，但可将不利因素转化为有利因素，可将重力转变为促使物料移动的动力。例如对火车、汽车进行卸车时，利用力学斜面原理，使用滑板、滑槽等，靠货物在斜面上产生的水平分力，使其从高处降到低处，并产生一定的水平位移，完成货物的卸车作业。为了减少斜面的摩擦阻力，应选择摩擦系数小的光滑斜面，或变滑动摩擦为滚动摩擦，采用安装滚轮、辊柱或滚动轴承的斜面，并可通过调节斜面的倾角，控制货物的下滑速度。这种方法不需要复杂的设备，不消耗能源，可大大减轻作业人员的劳动强度，达到省力的目的。

（2）缩小垂直位移

货物装卸车辆，主要是产生以垂直为主的位移。为了达到省力的目的，应设法尽量缩小货物在垂直方向上所产生的位移。例如，可使存放货物的地面与运输车辆的车底，保持在同一水平面上，这样就可以减少相当于车辆高度的一段垂直位移，装卸人员可直接进入车内进行作业。为达到上述目的，可设库边站台或开挖地沟，使车底与库边站台地面和库内地面平齐。

（3）减轻搬运阻力

在物料搬运过程中，必须克服由于物体的重力所产生的阻力。为了达到省力的目的，就要设法将这种阻力减至最小。例如用人力手搬、肩扛搬运货物，完全由人的体力去克服货物的全部重力。如果使用人力搬运车辆，则只需要人力去克服车辆走行时滚动摩擦阻力就可以了。若在车轴上安装轴承，还会更加省力。所以小型人力搬运车在一定范围内的使用，是达到省力化的一个重要途径。

（4）进行劳动动作分析

劳动动作分析的基本思想是，对从事某一项作业的若干作业人员，在作业时所发生的手、脚及其他身体部位的各种动作（即劳动姿态）进行观察、分析、研究和比较，去掉多余的动作，把必要的和有效的动作很好地组合起来，编排成标准动作系列，并与之相配合设计制造相应的工具，提供必要的作业场所和作业环境。在制定动作标准时，应遵循使人体的基本动作最经济的原则，主要包括：尽可能减少不必要的动作；动作距离要尽可能短；动作轨迹应尽可能圆滑；动作引起疲劳尽可能轻；作业尽可能有节奏和旋律等。上述原则也适用于对装卸搬运动作的分析和动作标准的制定。

（5）组织文明装卸

所谓文明装卸是相对于野蛮装卸而言。狭义的文明装卸，是指装卸人员以高度的责任心，严格按照各类货物的操作规程进行作业，对货主负责，爱护货物，保持货物及其包装完好无损。广义的文明装卸，除上述内容外还应包括：货物堆码整齐、稳固、无混淆；爱护运输工具和装卸设备，减轻劳动强度，改善劳动条件；加强劳动保护，确保安全生产；主动为货主或用户服务等。

文明装卸的核心是确保装卸质量和作业安全。组织文明装卸的主要措施是推行全面质量管理，全面提高装卸人员的素质，并提供必要的物质技术条件，建立健全必要的规章制度。

2.4 包　装

2.4.1 包装的概念

包装（Package/Packaging）的定义是：为在流通过程中保护产品、方便储运、促进销售，按一定技术方法而采用的容器、材料及辅助物等的总体名称。也指为了达到上述目的而有采用容器、材料和辅助物的过程中施加一定技术方法等的操作活动。

包装是在物流过程中保护产品，方便储运，促进销售，按一定技术方法采用容器、材料及辅助物等将物品包封并予以适当的装饰和标志的工作总称。同时，包装还是为了达到上述目的而采用容器、材料、辅助物的过程中，施加一定的技术、方法等操作的总称。简言之，包装是包装物及包装操作的总称。

2.4.2 包装在物流中的作用

在社会再生产过程中，包装处于生产过程的末尾和物流过程的开头，既是生产的终点，又是物流的始点。

在现代物流观念形成以前，包装被天经地义地看成生产的终点。因而一直是生产领域的活动，包装的设计往往主要从生产终结的要求出发，因而常常不能满足流通的要求。物流的研究认为，包装与物流的关系，比之于生产的关系要密切得多，其作为物流始点的意义比之作为生产终点的意义要大得多。因此，包装应进入物流系统之中，这是现代物流的一个新观念。

现代商品包装是实现现代物流、加速商品流通的必要条件及手段。

1. 包装在运输中的作用

物流对运输的要求是方便、快速、安全。包装的防护功能能够保证商品在复杂运输环境中的安全，保持其质量和数量不变；包装的方便功能能够提高运输工具的装载能力，降低商品对运输环境的要求，减少运输难度，从而提高运输工作效率。

2. 包装在装卸搬运中的作用

包装商品可以采用机械化或半机械化装卸搬运作业，减轻劳动强度及难度，加快装卸搬运速度，并且可以使商品能够承受一定的装卸搬运中的机械冲击力，达到保护商品、方便装卸搬运、提高装卸搬运效率的目的。

3. 包装在保管中的作用

适当包装后的商品能方便商品的计数、验收和发料过程，能提高验收、发料速度；能便于商品的堆码叠放，节省仓库空间；良好的包装能抵御存储环境可能对商品的侵害，使物流的存储功能能顺利地实现。

2.4.3 包装的基本功能

包装的发展，对包装的功能要求越来越多，但包装最基本的功能有 3 个，即防护功能、方便功能和促销功能。

1. 防护功能

包装的防护功能有两方面的含义，一方面包装能够防止被包装物在物流过程中受到质量和数量上的损失，另一方面包装能够防止危害性内装物对与其接触的人、生物和环境造成的危害或污染。

被包装物在流通过程中，最易受到外来因素的影响。维护商品质量，保护商品安全是包装的主要目的，也是商品正常流转的必要条件，因此防护是包装的最基本功能。一般要求包装能够保持被包装物化学成分的稳定性及鲜活物品的正常生理活动，防止其在流通中的损坏、变质；防止由于潮气及光线所引起的商品劣化以及来自鼠虫的危害；保持物品的技术性能，对物品施加保护，防止运输中的振动、装卸时的碰撞等各种外力所带来的损伤；防止由于封缄不当造成散失、丢失和盗失；保护人、生物和流通环境的安全，对那些具有易燃、易爆、易腐、有毒、放射性物品，应采用特殊包装并打上危险货物标志和说明文字，防止流通过程中污染环境，保障人和生物安全。

2. 方便功能

包装的方便功能是指便于储运和装卸。经过适当包装的商品，包装件的外形符合一定的规格，这便于仓库存储的堆码叠放，提高仓库利用率和增加车船等运输工具的装载能力，因此能够较合理地利用物流空间；整齐规矩的包装件外形也便于运输搬运，为装卸活动提供方便，因此能提高装卸作业效率；包装件外表面的储运标志能方便商品的清点，减少货差，从而提高验收工作效率。总之，正确、适当的包装，可以缩短各流通环节的作业时间、加速商品流转速度、提高工作效率、降低商品的流通费用。

3. 促销功能

包装的促销功能是指包装能促成商品的销售，加速商品的流转。包装使经生产工序生产出来的产品商品化，它能够与其所包装的物品一起创造价值。包装能诱导购买者产生购买动机，起联结商品与消费者的媒介作用。

一方面，包装尤其是特异包装的形状及构造，具有吸引顾客的魅力；

另一方面，包装运用文字、图案、色彩等手段引起顾客的购买欲望，通过装潢艺术的特有语言，在瞬间引起消费者的注意，起到宣传介绍商品、推销商品的作用。

一般而言，包装的三大基本功能是彼此联系、相辅相成的，它们通过包装容器被融为一体，并通过包装容器而共同发挥作用。这三个功能是最基本的功能。但是不同用途的包装，其功能的侧重会有所不同。如销售包装侧重于包装促进销售的功能；而运输包装则强调包装的防护、方便功能。

2.4.4 包装的类型

1. 商业包装

商业包装是以促进销售为主要目的的包装，这种包装的特点是外形美观，有必要的装潢，包装单位适于顾客的购买量以及商店陈设的要求。在流动过程中，商品越接近顾客，越要求包装有促进销售的效果。

2. 运输包装

运输包装（Transport Package）的定义是：以满足运输贮存要求为主要目的的包装。它具有保障产品的安全，方便储运装卸，加速交接、点验等作用。

运输包装是指强化输送、保护产品为目的的包装。运输包装的重要特点，是在满足物流要求的基础上使包装费用越低越好。为此，必须在包装费用和物流时的损失两者之间寻找最优的效果。

此外，按包装的保护技术可分为防潮包装、防锈包装、防虫包装、防腐包装、防震包装、危险品包装等。

2.4.5 包装器材

1. 对包装器材的基本要求

考虑到被包装商品的性能、商品流通方式及流通环境条件，对包装器材的基本要求是，包装器材应有足够的保护性能、安全性能、适宜的加工性能和方便性能。

用作包装的容器与材料应对水分、气体、光线和热量等有一定的阻挡能力，并应对被包装商品有一定的机械保护能力，可以抗冲击、抗振动、抗压力等；在安全方面，包装器材应具有防静电、防虫鼠害的能力，包装材料本身的化学性质应稳定，并且毒性小、不释放毒气；包装材料应易于加工，可以通过大规模生产制成包装容器，并易于实现包装作业的机械化、自动化；包装容器应满足一定的方便要求，便于装卸搬运、便于运输、便于存储并便于回收，容器规格应标准化。

2. 包装器材的主要类型

（1）包装材料

包装材料是用于制造包装容器，进行包装装潢、包装印刷、包装运输的材料以及包装辅助材料的总称。它既包括木材、纸、金属、塑料等主要包装材料，又包括缓冲材料、涂料、粘合剂、装潢与印刷材料和其他辅助材料。在这里只介绍构成包装容器主体的主要包装材料。

● 木材与人造板材

几乎所有的木材都可以做包装材料，特别是外包装材料。它具有分布面广、易就地取材，重量轻、有较好的强度和抗冲击能力，易于加工，价格低，不生锈，不易腐蚀，可以回收复用等优点，目前仍是大型、重型商品和某些化学药剂的重要包装材料。但作为包装材料，木材易受温湿度影响吸收或蒸发水份，产生箱体变形或裂缝，且易燃、易被虫蛀，特别是我国木材资源不足，因此不宜多用。近年来大量采用竹材制品和人造板材替代木材做包装材料，主要有胶合板、纤维板、颗粒板、木塑材料及复合木材等。

● 纸与纸板

纸与纸板是另一类广泛使用的包装材料，具有透气、热绝缘、化学稳定、无毒、重量轻等优良性能，且具有折叠灵活，价格低廉，可实现自动化大量生产，还可以与其他包装材料进行复合以克服本身不足的特点。但由于纸本身的抗压、防潮、防火性能较差，常制成纸板或复合材料用于包装。在包装上，纸主要用作包装商品、制作纸袋等，纸板则主要用于生产纸箱、纸盒等包装容器，常用的包装纸板是瓦楞纸板。

● 塑料

随着塑料工业的发展，塑料在包装中的应用范围不断扩大，除本身可大量直接用于包装外，还可与纸、玻璃、铝等复合在一起用于包装，为包装技术进步做出了极大贡献。塑料作为包装材料有优越的抗拉、抗压、抗弯曲等机械性能，良好的电绝缘性能，并有可塑性和防潮、密闭、化学稳定性，因此其包装有广泛的适应性，而塑料的经济价值及易加工性又为它的大量生产与使用提供了条件。但塑料废弃物对环境与空气的污染，是今后应重视并着重解决的问题。常用于包装材料的塑料有聚乙烯、聚丙烯、聚氯乙烯、聚苯乙烯、酚醛树脂及氨基塑料等。

● 金属

金属包装材料主要是把金属压延成片用于包装。它有光泽，延伸均匀，有较强的塑性与韧性，具有良好的机械强度和抗冲击能力，因此不易破损，但由于它导电、导热且价格较高，某些金属材料制造工艺要求较高，在包装中应用不很广泛。用量最大的金属包装材料是马口铁，金属箔中主要是铝箔用量比较大，另外还有少量的钢板、铝板等。

● 玻璃与陶瓷

玻璃与陶瓷都能加工成各种形状，造价便宜，无毒无味，严密不漏，有一定的防光辐射能力和良好的绝缘性。陶瓷还耐酸、耐碱，因此广泛用于酒类、化工原料类、液态物品等的包装。但玻璃与陶瓷容易破碎，且重量大，给搬运带来不便，使其使用范围受到限制。

● 复合材料

所谓复合包装材料，就是将两种以上的、具有不同特性的材料复合在一起，形成的在性能上相互取长补短、一种更好的包装材料。它是包装材料中的新生力量，有广阔的应用发展前景。

（2）包装容器

包装容器是指为运输、储存或销售而使用的盛装被包装物的容器。包装的盛装与保护功能主要是通过包装容器来实现的。包装容器是包装技术和包装方法的承担者，也是商品信息的载体。常用的包装容器有包装袋、包装盒、包装箱及瓶罐等。

● 包装袋

包装袋是管状的挠性容器，可以用任何一种挠性材料或不同的挠性材料复合而成。包装袋本身重量轻、占空间小、易回收再用，为粉粒状物料的较理想包装容器。近年来发展起来的复塑、编织、镀膜工艺，使包装袋在强度、耐破、耐撕、抗折、伸长等方面有了较大的提高。包装袋按盛装重量可分为：集装袋、一般运输包装袋和小型包装袋。集装袋，是一种盛装重量在1吨以上，多由聚丙烯或聚乙烯纤维编织而成的大容积运输包装袋；一般运输包装袋，盛装重量50~100kg，多由植物纤维或合成树脂纤维编织而成的织物袋；小型包装袋，盛装重量较少，大多是单层或双层的纸袋和塑料袋。

- 包装盒

包装盒是一种刚性或半刚性容器，有规则的几何形状，容量一般较小。一般可分为固定包装盒，即外形固定不能折叠的包装盒；折叠包装盒，即在未盛装物品时可以折叠变形的包装盒。包装盒中以折叠包装盒用量最大。

- 包装箱

包装箱也是一种刚性或半刚性容器，容量比包装盒大许多，一般箱型为长方体。从材料上分，最常用的包装箱有瓦楞纸箱和木箱；从结构上分，包装箱有框板箱、框架箱两类。

- 瓶

包装用瓶最常见的有瓷瓶、玻璃瓶及塑料瓶。主要用于液体物料的盛装，常用于销售包装。

- 罐

罐是一种各处横截面基本相同的桶状容器，一般有良好的密封性能，常用于盛装液体及粉粒状固体。可分为金属罐和非金属罐两类。

2.4.6 包装器材的选择原则

1. 包装器材与被包装物的特性相适应

根据被包装物的种类、物理化学性能、价格价值、形状形态、体积重量等，在实现包装功能的基础上，应以降低材料费、加工费和方便作业为目的选择包装器材。运输包装中，贵重易碎易破损物资，包装容器应相应坚实，用材上应予以保证；一般物资包装器材的选择，只要有一定防护功能、方便功能即可。应注意防止过分包装的倾向。

2. 包装器材与包装类别相协调

运输包装、销售包装在包装器材的选择上不尽相同。运输包装器材的选择着重注意包装的防护与储运方便性，不太讲究美观、促销问题。销售包装器材的选择着重注意商品信息的传递、开启的方便及促销功能，而不太注重防护功能。所以在包装器材的选择上，销售包装常用纸袋、纸盒、纸箱、瓷瓶、玻璃瓶和易拉罐，而运输包装常用托盘、集装箱、木箱、大纸箱和铁皮等。

3. 包装器材应与流通条件相适应

包装器材必须保证被包装的商品在经过流通和销售的各个环节之后，最终能数量正确、质量完好地到达消费者手中。因此，要求包装器材的物理性能良好，在运输、堆码、装卸搬运中，包装器材的强度、阻热隔热性、吸湿性不因气候变化而变化；还要求包装器材的化学性能稳定，在日光、空气、温湿度和酸碱盐作用下，不发生化学变化，有抗老化、抗腐蚀的能力；包装器材选择还应有利于实施包装技法和实现包装作业。

4. 有效防止包装物被盗及促进销售

选择包装器材时，应从包装器材的结构与强度上做防盗准备，应该结构牢固，封缄严密；同时包装器材应能起到宣传商品、刺激购买欲、促进销售的作用。

2.5 流通加工

2.5.1 流通加工的含义

流通加工（Distribution Processing）的定义是：物品在从生产地到使用地的过程中，根据需要施加包装、分割、计量、分拣、刷标志、拴标签、组装等简单作业的总称。

流通加工是相对于生产加工而言，流通加工与生产加工相比较，既有共同之处又有不同的特点。如它们在加工方法、加工组织、生产管理方面没有显著的区别，因此物资流通加工也可以说是流通领域中的物资生产活动。但是二者是有区别的。生产加工是由生产企业完成的，加工的对象是原材料、零配件等；流通加工是由物资流通企业完成的，加工的对象是进入流通领域的商品，具有商品的属性，流通加工的目的是完善商品的使用价值并在不做大的改变的情况下提高商品的价值，所以流通加工大多是简单加工。生产加工的目的在于创造价值及使用价值，所以多数是复杂加工，生产过程完成大部分加工活动。流通加工对生产加工是一种补充，而不是取消或代替。

2.5.2 流通加工的作用

当今世界上许多国家和地区的物流中心或仓库经营中，都大量存在着物资流通加工业务。随着我国经济体制改革的不断深入，物资流通企业面临着深刻的变革。物资流通企业通常都比较重视通过扩大进销业务来提高本企业的经济效益，这在经济高速增长时尤为明显，但一遇到销售疲软时就感到无能为力了。这与生产企业通过增加投入、增加生产、扩大外延来提高企业经济效益是同样的道理。事实证明，通过流通加工，增加附加价值，生产出新的产品来满足社会需要，在供应量不变的情况下能增加企业经济效益，这是物资流通企业走发展内涵道路的一种好办法。物资流通企业改变以往那种单一经营业务为多种经营业务已成为必然。流通加工活动是一项具有广阔前景的经营形式，它必将为流通领域带来巨大的社会效益。具体说来，物资流通加工的作用有以下几个方面：

1. 弥补生产加工的不足，提高加工效率

现代生产发展的一个趋势，就是生产规模大型化、专业化，依靠单品种、大批量的生产方法，降低生产成本，获取经济的高效益。这样就出现了生产相对集中的趋势，这种规模大型化、专业化程度越高，生产相对集中的程度也越高。生产的集中化进一步引起产、需之间的分离。由于社会生产的高度社会化、专业化，生产环节的各种加工活动往往不能完全满足消费者的要求。

生产资料产品的品种成千上万，型号极其复杂，要完全做到产品统一标准化也是一个极为困难的问题。有的生产者及消费者，不是处于一个封闭圈内，某些企业生产的产品供给成千上万的企业消费，而某些企业消费的产品又来自其他许多生产企业。产品的生产企业多，分布面广，同时，生产企业技术水平的高低又是千差万别，这无疑给产品的供给与消费之间留下一个是否能适应的问题。社会需求的复杂化，不可能使产品的生产部门完全满足用户在规格、品种、型号上的需要。在从批发到零售的环节中，更是经常碰到这个问题。

由于上述原因，要弥补生产环节加工活动的不足，流通加工是一种理想的方式。作为流通部门往往对生产领域的物资供应情况和消费领域的物资需求情况最为了解，这为其从事流通加工创造了条件。

2. 流通加工方便用户

在流通加工未产生之前，物资满足生产或消费需要的加工活动一般由使用单位承担，这给使用部门带来不便。因为使用者不得不安排一定的人力、设备、场所等来完成这些加工活动。由此不仅会延长下一个生产过程的时间，而且会因设备的利用率低，设备投资大，加工质量低等因素而影响企业的经济效益。把这种加工活动从生产和使用环节中独立出来由流通环节来完成，为物资的使用单位提供了极大的方便。流通部门可以根据使用部门的要求，将物资加工成可直接投入消费者使用的形式。这不仅缩短了使用部门与物资生产部门之间的距离，而且由流通部门统一进行，正好符合消费者的心理。流通加工费用省，经济效益好。对于用量小或临时需要的使用单位，缺乏进行高效率初级加工的能力，流通加工可使使用单位省去进行初级加工的投资、设备和人力，从而搞活了供应，方便了用户。

流通加工可以提高原材料利用率。利用流通加工环节进行集中下料，可将生产厂家运来的简单规格产品，按使用部门的要求进行下料。例如，将钢板进行剪板、切裁，钢筋或圆钢裁制成毛坯，木材加工成各种长度及大小的板材等等。集中下料可以优材优用、小材大用、合理套裁，有很好的技术经济效果。

流通加工能提高加工效率及设备利用率。由于建立集中加工点，可以采用效率高、技术先进、加工量大的专门机具和设备，这样做的好处是：一是提高了加工质量；二是提高了设备利用率；三是提高了加工效率。结果降低了加工费用及原材料成本。例如，一般的使用部门在对钢板下料时，采用气割的方法，留出较大的加工余量，不但出材率低，而且由于热加工容易改变钢的组织，加工质量也不好。集中加工后，可配置高效率的剪切设备，在一定程度上防止了上述缺点。

流通加工可充分发挥各种输送手段的最高效率。流通加工环节将实物的流通分成两个阶段。一般说来，由于流通加工环节多设置在消费地，因此，从生产厂到流通加工这一阶段输送距离长，而从流通加工到消费环节这一阶段距离短。第一阶段是在数量有限的生产厂与流通加工点之间进行定点、直达、大批量的远距离输送，因此，可以采用船舶、火车等批量输送的手段；第二阶段则是利用汽车和其他小型车辆来输送经过流通加工后的多规格、小批量、多用户的产品。这样可以充分发挥各种输送手段的最高效率，加快输送速度，节省运力运费。

3. 流通加工可以提高物流的附加值

从事流通活动的部门所获得的利润，一般只能从生产部门的利润中转移过来，它自身不可能创造出高于物资生产部门所创造的价值总和的任何价值。流通部门为了获得更多的收益，流通加工是一项极为理想的创造价值的劳动。这样，流通部门不仅能够获得从生产领域转移过来的一部分价值，而且能创造新的价值，从而获得更大的利润，这也是流通加工得以产生和发展的刺激因素。

流通加工的经济效益可以表述为流通加工中所实现的加工数额与在加工活动中的劳动消耗及劳动占用的对比关系。流通加工的经济效益可表现为两个方面，一个是直接经济效益，一个是间接经济效益。

（1）流通加工的直接经济效益

● 流通加工是集中的加工，其加工效率，即加工的生产率远比分散的加工要高得多。这就是说在同样加工条件下，集中加工在单位时间内加工的数量多。

● 流通加工比生产加工和消费加工劳动的耗费少，劳动占用少。任何劳动消耗都可表现为物化劳动消耗和活劳动消耗。从物化劳动消耗看，流通加工有可能更好、更合理地安排加工对象，从而做到加工对象的节省。从活劳动来看，由于流通加工的集中性，其劳动效率比分散加工效率要高得多。

（2）流通加工的间接经济效益

● 流通加工能为许多生产者缩短生产的时间，使他们可以腾出更多的时间来进行创造性的生产。

● 流通加工部门可以用表现为一定数量的货币的加工设备为更多的生产或消费部门服务。这样可以相对地减少全社会的加工费用。

● 流通加工能对生产的分工和专业化起中介作用。它可以使生产部门按更大的规模进行生产，有助于生产部门劳动生产率的提高。

● 流通加工可以在加工活动中更为集中地、有效地使用人力、物力，比生产企业加工更能提高加工的经济效益。

总之，流通加工是一项具有广阔前途的物流活动。流通加工的重要性不仅在于为物流合理化提供了条件，更重要的是为提高社会经济效益开辟了一条途径。流通加工在我国的物流中应受到足够的重视。

2.5.3 流通加工的内容

流通加工由于具有不同的目的和作用，因而流通加工的形式也是多种多样的。就我国目前来说，主要有以下几个方面的内容：

1. 为满足用户多样性需要的流通加工

这是目前流通加工服务的一种主要形式。生产部门为了实现高效率、大批量生产，其产品往往不能完全满足用户所提的要求。为了满足用户对产品多样化的需要，同时又保证社会高效率的大生产，将生产出来的单调产品进行多样化的改制加工是流通加工中占有重要地位的一种加工形式。

随着生产规模的扩大，越来越多的物资生产向着大批量生产发展，许多产品一般都是大包装，有些产品的规格也比较少，而用户的需要往往是小批量、小包装、多规格。这就很需要物资企业根据用户需要进行再加工，以适应用户的多种需要。例如，平板玻璃、石棉橡胶板、水泥、染料及某些化工产品等，需要锯裁、分装、配装和更换包装；又如将原木加工成半成品、成品，将燃煤加工成混合动力煤等。

2. 为提高物资流通效率的流通加工

对于一些物资，由于自身的特殊形状，在运输、装卸作业环节效率较低，或在流通过程中极易发生损失的情况下，则需要进行适当的流通加工，以弥补这些产品的物流缺陷。例如，自行车在消费地区的装配加工可防止整车运输的低效率和高损失；造纸用木材磨成木屑的流通加工可极大提高运输工具的装载效率；集中煅烧熟料，分散磨制水泥的流通加工，可有效地防止水泥的运输损失，减少包装费用，也可提高运输效率；石油气的液化加工，使很难输送的气态物转变为容易输送的液态物，亦可提高物流效率，方便用户使用。

3. 节约物资资源和利用废旧物资的流通加工

对于木材、钢材、平板玻璃等原材料进行套裁、合理配料和集中下料、综合利用剩余料等，可提高物资利用率，节约物资资源。对废旧物资进行回收、翻新、修复、再生产使用，能充分利用废旧物资的残存剩余价值，也可以使用户减少生产建设上的支出。

利用在流通领域的集中加工代替分散在各使用部门的分别加工，可以大大地提高物资的利用率，具有明显的经济效益。集中加工形式可以减少原材料的消耗，提高加工质量。同时，对于加工后的副产品还可使其得到充分的利用。例如，钢材的集中下料，可充分进行合理下料，搭配套裁，减少边角余料，从而达到加工效率高、加工费用低的目的。

4. 为衔接不同输送方式，使物流更加合理的流通加工

这是为了解决大批量、高效率的运输与分散而小批量需要之间的矛盾而采取的。由于现代社会生产的相对集中和消费的相对分散，流通过程中衔接生产的大批量、高效率的输送和衔接消费的多品种、小批量、多户头的输送之间，存在着很大的矛盾。某些流通加工形式可以较为有效地解决这个矛盾。以流通加工点为分界点，从生产部门至流通加工点可以形成大批量的、高效率的定点输送；从流通加工点至用户则可形成多品种、多批量、多户头的灵活输送。例如，散装水泥的中转仓库担负起散装水泥装袋的流通加工及将大规模散装转化为小规模散装的任务，就属于这种流通加工形式。

5. 以保存产品为主要目的的流通加工

这种流通加工形式的目的是使产品的使用价值得到妥善的保存，延长产品在生产与使用之间的时间距离。根据加工的对象不同，这种加工形式可表现为生活消费品的流通加工和生产资料的流通加工。生活消费品的流通加工是为了使生活资料消费者的消费对象在质量上保持满意为目的，如水产品、蛋类、肉类等要求的保鲜、保质的冷冻加工，防腐加工，保鲜加工；丝、麻、棉织品的防虫、防霉加工等。生产资料与生活资料相比一般有较长的时间效能，但随时间的推移，生产资料的使用价值也会不同程度地受到损坏，有的甚至会完全失去使用价值。为了保持生产资料的使用价值下降幅度最小，相应的流通加工也是完全必要的。如为防止金属材料的锈蚀而进行的喷漆、涂防锈油等措施和手段，运用手工、机械或化学方法除锈；木材的防腐朽、防干裂加工等。

2.5.4 流通加工合理化

流通加工合理化的含义是实现流通加工的最优配置，不仅做到避免各种不合理，使流通加工有存在的价值，而且做到最优的选择。

1. 不合理流通加工若干形式

流通加工是在流通领域中对生产的辅助性加工，从某种意义来讲它不仅是生产过程的延续，实际是生产本身或生产工艺在流通领域的延续。这个延续可能有正、反两方面的作用，

即一方面可能有效地起到补充完善的作用，但是，也必须估计到另一个可能性，即对整个过程的负效应。各种不合理的流通加工都会产生抵消效益的负效应。

（1）流通加工地点设置的不合理。流通加工地点设置即布局状况是使整个流通加工是否能有效的重要因素。一般而言，为衔接单品种大批量生产与多样化需求的流通加工，加工地设置在需求地区，才能实现大批量的干线运输与多品种末端配送的物流优势。如果将流通加工地设置在生产地区，其不合理之处在于：第一，多样化需求要求的产品多品种、小批量，由产地向需求地的长距离运输会出现不合理；第二，在生产地增加了一个加工环节，同时增加了近距离运输、装卸、储存等一系列物流活动。所以，在这种情况下，不如由原生产单位完成这种加工而无需设置专门的流通加工环节。

一般而言，为方便物流的流通加工环节应设在产出地，设置在进入社会物流之前，如果将其设置在物流之后，即设置在消费地，则不但不能解决物流问题，又在流通中增加了一个中转环节，因而也是不合理的。

即使是产地或需求地设置流通加工的选择是正确的，还有流通加工在小地域范围的正确选址问题，如果处理不善，仍然会出现不合理。这种不合理主要表现在交通不便，流通加工与生产企业或用户之间距离较远，流通加工点的投资过高（如受选址的地价影响），加工点周围社会、环境条件不良等。

（2）流通加工方式选择不当。流通加工方式包括流通加工对象、流通加工工艺、流通加工技术、流通加工程度等。流通加工方式的确定实际上是与生产加工的合理分工。分工不合理，本来应由生产加工完成的，却错误地由流通加工完成，本来应由流通加工完成的，却错误地由生产过程去完成，都会造成不合理性。

流通加工不是对生产加工的代替，而是一种补充和完善。所以，一般而言，如果工艺复杂，技术装备要求较高，或加工可以由生产过程延续或轻易解决者都不宜再设置流通加工，尤其不宜与生产过程争夺技术要求较高、效益较高的最终生产环节，更不宜利用一个时期市场的压力迫使生产者变成初级加工或前期加工，而流通企业完成装配或最终形成产品的加工。如果流通加工方式选择不当，就会出现与生产夺利的恶果。

（3）流通加工作用不大，形成多余环节。有的流通加工过于简单，或对生产及消费者作用都不大，甚至有时流通加工的盲目性，同样未能解决品种、规格、质量、包装等问题，相反却实际增加了环节，这也是流通加工不合理的重要形式。

（4）流通加工成本过高，效益不好。流通加工之所以能够有生命力，重要优势之一是有较大的产出投入比，因而有效起着补充完善的作用。如果流通加工成本过高．则不能实现以较低投入实现更高使用价值的目的。除了一些必须的、从政策要求即使亏损也应进行的加工外，都应看成是不合理的。

2. 流通加工合理化

为避免各种不合理现象，对是否设置流通加工环节，在什么地点设置，选择什么类型的加工，采用什么样的技术装备等，需要作出正确抉择。目前，国内在进行这方面合理化的考虑中已积累了一些经验，取得了一定成果。实现流通加工合理化主要考虑以下几方面：

（1）加工和配送结合。这是将流通加工设置在配送点中，一方面按配送的需要进行加工，另一方面加工又是配送业务流程中分货、拣货、配货之一环，加工后的产品直接投入配货作业，这就无需单独设置一个加工的中间环节，使流通加工有别于独立的生产，而使流通加工与中转流通巧妙结合在一起。同时，由于配送之前有加工，可使配送服务水平大大提高。这是当前对流通加工做合理选择的重要形式，在煤炭、水泥等产品的流通中已表现出较大的优势。

（2）加工和配套结合。在对配套要求较高的流通中，配套的主体来自各个生产单位，但是，完全配套有时无法全部依靠现有的生产单位，进行适当流通加工，可以有效促成配套，大大提高流通的桥梁与纽带的能力。

（3）加工和合理运输结合。前文已提到过流通加工能有效衔接干线运输与支线运输，促进两种运输形式的合理化。利用流通加工，在支线运输转干线运输或干线运输转支线运输这本来就必须停顿的环节，不进行一般的支转干或干转支，而是按干线或支线运输合理的要求进行适当加工，从而大大提高运输及运输转载水平。

（4）加工和合理商流相结合。通过加工有效促进销售，使商流合理化，也是流通加工合理化的考虑方向之一。加工和配送的结合，通过加工，提高了配送水平，强化了销售，是加工与合理商流相结合的一个成功的例证。

此外，通过简单地改变包装加工，形成方便的购买量，通过组装加工解除用户使用前进行组装、调试的难处，都是有效促进商流的例子。

（5）加工和节约相结合。节约能源、节约设备、节约人力、节约耗费是流通加工合理化重要的考虑因素，也是目前我国设置流通加工，考虑其合理化的较普遍形式。

对于流通加工合理化的最终判断，是看其是否能实现社会的和企业本身的两个效益，而且是否取得了最优效益。对流通加工企业而言，与一般生产企业一个重要不同之处是，流通加工企业更应树立社会效益为第一观念，只有在补充完善为己任前提下才有生存的价值。如果只是追求企业的微观效益，不适当地进行加工，甚至与生产企业争利，这就有违于流通加工的初衷，或者其本身已不属于流通加工范畴了。

2.6 思考题

1. 运输在物流中的作用是什么？运输方式有哪些？
2. 影响运输的因素有哪些？不合理运输体现在哪些方面？
3. 什么是商品保管？其基本任务是什么？
4. 装卸搬运应遵循哪些基本原则？
5. 物流作业中为什么要有包装和流通加工？

第 3 章 电子商务与物流的关系

3.1 电子商务对物流活动的影响

近几年来，随着电子商务环境的改善以及电子商务所具备的巨大优势，电子商务受到了政府、企业界的高度重视，纷纷以不同的形式介入电子商务活动中，使电子商务在短短的几年中以惊人的速度在发展。在电子商务改变着传统产业结构的同时，物流业也不可避免地受到影响。

3.1.1 电子商务是一场商业大革命

近几年来，世界上随着知识经济的发展和信息高速公路的建设，电子商务活动已经形成一股浪潮，迅速在因特网上蓬勃发展起来。从 2000 年开始，我国的电子商务伴随着网络发展也很迅猛，1998 年末，全国上网人数为 200 万，1999 年上半年全国上网人数已达 400 万，而到 2001 年 7 月已飞速发展到 2650 万。电子商务正在迅速地渗透到每一个行业领域，连接起企业、社团、政府和个人。很多企业、单位、政府和个人在因特网上开设网站，宣传自己、发表观点、互相通讯、获取信息、寻找机会；有的开设网上商店，在网上销售商品和服务；更多的人是作为消费者或浏览者收发电子邮件、上网看报、了解新闻、做广告、炒股票、听音乐、看电影、查资料、读小说、求职、求婚、购买商品甚至随心所欲玩游戏等。通过在网上冲浪，有的商家生意红红火火，扩大了销售，扩大了市场占有率，有的网民足不出户，坐在计算机旁轻轻点击鼠标，就可以在茫茫的网上商店商品中，在太平洋的彼岸找到自己想买的东西，能够很方便地购买成交，并且会有人把所买的商品送上门来。互联网一下子拉近了人们之间的空间、时间距离，给社会、给人们生活和工作模式带来了深刻的革命性的变化。

电子商务的基本特征是：
（1）以因特网为基础的网络环境，演绎跨国界的实际市场环境；
（2）以计算机网站为基本单元，虚拟实际市场的商店、银行、税局等市场基本单元；
（3）实际的商务事物处理信息化，信息处理电子化。即实际的商务事物处理，包括订货、销售、支付、认证等都变成了网络上的信息处理。

电子商务将导致一场深刻的革命，这不会有人怀疑。但是这场革命的意义和深度，现在谁也估计不准。下面几点大概是可以想见的：

1. 这是一场比工业革命更深刻的革命

17 世纪的工业革命，以机械化生产和扩大规模为标志，将手工生产和个体劳动转变到机械化大规模生产，大大提高了生产力，促进了生产的发展。这一次电子商务引起的革命，则是一次高科技和信息化革命。它一方面将事务处理信息化，把商店、产品、广告、订货、购买、货币支付、认证等实物和事务处理虚拟化信息化，使它们变成脱离实体而能在计算机网络上处理的信息。另一方面又将信息处理电子化。将所有信息处理都通过计算机网络用计算机、电子邮件、文件传输、数据通讯等电子手段来完成。这样做，实际上是强化了信息处理、驯化了实体处理，用信息处理来控制指挥实体处理，使实体处理更科学化、效率化。因此，这样做，将是充分发挥信息对经济发展的价值，充分利用人类的知识和智慧，更科学合理地组织运用有限的资源，创造最大的经济效益。如果说，工业革命是强化了人的体力（手脚等），创造了一个产业经济的话，这一次革命则是强化了人的智力（脑子），创造的是一种信息经济。信息经济实际上就是知识经济，是一种高科技经济。因为信息经济的最基本特征是计算机网络，所以人们又最直观地叫它网络经济。

2. 产业大重组

由于电子商务这场革命是将实物和事务处理信息化，使事务处理的内容、处理方式和处理程序发生了革命性变化，因此这场革命必然导致产业大重组。原有的一些行业、企业单位将逐渐消亡，将新增加一些行业、企业和单位，扩大一些行业。例如电报业、信件投递业等将逐渐消亡，将新增加一些行业，如网络广告业、信息服务业等，将压缩一些行业，例如制纸业、纸出版业等，将扩张一些行业，例如物流业、通讯业等。

也许以后就不会有像今天这样多的商店和银行分店了，人们都在网上的虚拟商店购物，虚拟商店的商品展示功能将比现在的实物商店的展示功能更强，购物付款也不用亲自跑到商店或银行去了，人们坐在计算机旁轻按鼠标点击网络银行就可以了。

产业大重组，也从根本上改变着企业内部运作、外部合作与交流的机制，前所未有地提高着整个社会资源的运行效率。

3. 在信息经济时代，将来的竞争将是信息的竞争

信息通过因特网传输，打破了空间和区域的界限，极大地提高了信息处理的效率，也就充分展现了信息的经济效益。也极大地扩充了竞争空间，在更大范围内创造商业机遇。

3.1.2 电子商务将把物流业提升到前所未有的高度

电子商务导致产业大重组，那些消亡了的商店、银行等企业的人员到哪去？去从事物流业、送货，或去网络银行工作（那里将比现在的业务量大得多），或者去从事其他服务业。大量的商店和银行消亡以后，将代之以按区域合理分布的配送中心、物流中心。

产业重组的结果，实际上使得社会上的产业只剩下两个行业，一个是实业，包括制造业和物流业。一个是信息业，包括广告、订货、销售、购买、服务、金融、支付和信息处理业等。这两个行业，可以理解为一个是"实"业，一个是"虚"业。

在"实"业中，制造业和物流业二者相比，制造企业会逐渐弱化，而物流企业会逐渐强化。制造企业会越来越弱化，主要是因为：随着经济的发展和生产力水平的提高，社会已经从短缺经济走向了剩余经济，绝大多数的产品，都出现了供给大于需求的现象。即使一个产品暂时短缺，由于高科技和高生产力水平，再加之趋利竞争，这个产品产量会迅速上升，很快就会由短缺变为剩余。所以，越往后，就越难找到一个企业，能长期不变地只生产其固有的产品。随着人们生活水平的提高，需求品越来越走向个性化，高档化，商品的寿命周期

也越来越短，所以制造企业生产的产品就必须越来越随之迅速地变化，今天，生产这个产品，说不定明天就要改产另外的产品，今天这个企业还能存在，说不定明天就不能存在了。正是为了适应这种情况，所以最近出现了所谓柔性理论，出现了柔性制造、柔性企业、虚拟企业等。柔性企业的基本特征是，其组织结构是由一些最基本的功能单元按产品生产的需要临时组合起来，能随时根据产品品种、规格、产量的变化而变化。随着这种企业的增加，特别是虚拟企业的增加，使得制造业的企业实体不得不随时变化，时大时小、时此时彼，甚至时存时亡，也就是说越来越弱化。物流企业会越来越强化，这是因为：在电子商务的环境里，消费者在网上的虚拟商店购物，并在网上支付，送货的功能就由物流公司承担。也就是说，现实的商店没有了，银行没有了，而物流公司非但不能省，而且任务加重了。物流公司不但要把虚拟商店的货物送到用户手上，而且还要从各个生产企业及时进货，存放到物流仓库中。物流公司既是生产企业的仓库，又是用户的实物供应者。

在电子商务环境下，随着绝大多数的商店银行虚拟化。商务事务处理信息化、多数生产企业柔性化以后，整个市场剩下的就只有实物物流处理工作了。物流企业成了代表所有生产企业及供应商向用户进行实物供应的惟一最集中、最广泛的供应者，是进行局域市场实物供应的惟一主体，可见电子商务把物流业提升到了前所未有的高度。物流企业应该认识到，电子商务为他们提供了一个空前发展的机遇。

3.1.3 物流需求的新变化

1. 消费者的地区分布分散化

因特网是电子商务的最大信息载体。因特网的物理分布范围正在迅速扩展，是否凡是因特网所及的地区都是电子商务的销售区域呢？在电子商务发展的初级阶段这是不可能的。一般商务活动的有形销售网点资源按销售区域来配置，每一个销售点负责一个特定区域的市场，比如把全国划分为7个销售大区，每个大区内有若干销售网点，再设立一个配送中心，负责向该大区内的销售网点送货，销售点向配送中心订货和补货，配送中心则在规定的时限内将订货送达。电子商务也有可能按照这种方式来操作，但问题在于，电子商务的客户可能在地理分布上是十分分散的，要求送货的地点不集中，物流网络并没有像因特网那样广的覆盖范围，无法经济合理地组织送货。所以，提供电子商务服务的公司也需要像有形店铺销售一样要对销售区域进行定位，对消费人群集中的地区提供物流承诺，否则是不经济的。还有一种处理办法，就是对不同的销售区域采取不同的物流服务政策，如在大城市因为电子商务的普及，订货可能比较集中，适于按不低于有形店铺销售的送货标准组织送货，但对偏远地区的订单则要进行集货，送货期限肯定要比大城市长得多，那些地区的电子商务消费者享受的服务就要差一些。从电子商务的经济性考虑，宜先从上网用户比较集中的大城市起步，这样建立基于一个城市的物流、配送体系也比较好操作。

借助于互联网，电子商务将整个世界联系在一起。电子商务的推广，加快了世界经济的一体化，因为电子商务的跨时域性和跨区域性，使得物流需求必然呈现跨国性，国际物流在整个商务活动中愈来愈占有举足轻重的地位。

2. 销售的商品标准化

是否所有的商品都适合采用电子商务这种形式？在电子商务发展的初期答案是否定

的。有没有最适合采用电子商务进行销售的商品？当然有。以上两个问题要考虑的是不同商品的消费特点及流通特点，尤其是物流特点。音乐、歌曲、电影、游戏、图片、图书、计算机软件、电子邮件、新闻、评论、教学节目、医疗咨询、汇款等可以通过信息传递完成物流过程的商品最适合采用电子商务销售。因为，不仅商品信息查询、订货、支付等商流、信息流、资金流可以在网上进行，而且物流也可在网上完成，也就是这些品种可以实现商流、物流、信息流、资金流的完全统一。比如，消费者可以在网上选择流行音乐，点击音乐名称即完成订货和付款，收听音乐的过程就是进行物流的过程，音乐听完了，这个音乐的物流过程也就完成了，所以无论是亚马逊网上书店，还是珠穆朗玛电子商城，都是从销售这些商品开始的。当然如果消费者除了需要满足视听需求外，还要拥有这些商品的载体本身，如发烧友要珍藏歌星的盒带、要满足多次重放功能等那还是需要完成单独的物流过程，将盒带或其他载体本身送到消费者手中。

从理论上讲，没有什么商品特别不适合于采用电子商务的销售方式。但从流通本身的规律来看，需要有商品定位，现在的商品品种有 40~50 万种之多，一个大型百货商店充其量经营 10 万种商品，没有一个公司能够经营所有的商品，总是要确定最适合自己销售的商品，电子商务也一样，为了将某一商品的销售批量累积得更大，就需要筛选商品品种。同时，电子商务也要有一定的销售渠道配合，不同的商品进货和销售渠道可能不同。品种越多、进货渠道及销售渠道越复杂，组织物流的难度就越大，成本也就越高，因此为了考虑在物流环节不增加过多的费用，也需要将品种限制在一定的范围之内。一般而言，商品如果有明确的包装、质量、数量、价格、储存、保管、运输、验收、安装及使用标准，对储存、运输、装卸等作业等无特殊要求，就适合于采用电子商务的销售方式。

3. 物流服务需求多功能化和社会化

与传统的把物流分割成包装、运输、仓储、装卸等若干个独立的环节一样，由不同的企业单独完成的做法不同，电子商务要求物流提供给企业全方位的服务，既包括仓储、运输服务，还包括配货、分发和各种客户需要的配套服务，是物流成为连接生产企业与用户的重要环节。电子商务的物流要求把物流的各个环节作为一个完整的系统进行统筹协调、合理规划、使物流服务的功能多样化，更好地满足客户的需求。

随着电子商务的发展，物流服务的社会化趋势也越来越明显。在传统的经营方式下，无论是实力雄厚的大企业，还是三、五十人的小企业，一般都由企业自身承担物流职能，导致物流的高成本、低效率的结果。而在电子商务条件下，特别是对小企业来说，在网上定购网上支付实现后，最关键的问题就是物流配送，如果完全依靠自己的力量来完成肯定是力不从心的，特别是当面对跨地区、跨国界的用户时，将显得束手无策。因此物流的社会化也将是电子商务发展的一个十分重要的趋势。

3.1.4 物流服务空间的拓展

电子商务需要的不是普通的运输和仓储服务，它需要的是物流服务，而物流与仓储运输存在比较大的差别，正是因为传统的储运经营者用传统储运的要求和标准为电子商务服务，才使得电子商务经营者在 21 世纪初的今天仍然抱怨物流服务不到位、跟不上等。电子商务经营者（也包括其他新型流通方式的经营者）需要的是增值性的物流服务（Value-Added Logistics Services），而不仅仅是传统的物流服务。

增值性的物流服务包括以下几层含义和内容：

1. 增加便利性的服务——使人变懒的服务

一切能够简化手续、简化操作的服务都是增值性服务，简化是相对于消费者而言的，并不是说服务的内容简化了，而是指为了获得某种服务，以前需要消费者自己做的一些事情，现在由商品或服务提供商以各种方式代替消费者做了，从而使消费者获得这种服务变得简单，而且更加好用，这当然增加了商品或服务的价值。在提供电子商务的物流服务时，推行一条龙门到门服务、提供完备的操作或作业提示、免培训、免维护、省力化设计或安装、代办业务、24 小时营业、自动订货、传递信息和转账（利用 EOS、EDI、EFT）、物流全过程追踪等都是对电子商务销售有用的增值性服务。

2. 加快反映速度的服务——使流通过程变快的服务

快速反应已经成为物流发展的动力之一。传统观点和做法将加快反应速度变成单纯对快速运输的一种要求，而现代物流的观点却认为，可以通过两条途径使过程变快，一是提高运输基础设施和设备的效率，比如修建高速公路、铁路提速、制定新的交通管理办法、将汽车本身的行驶速度提高等等，这是一种速度的保障，但在需求方绝对速度的要求越来越高的情况下，它也变成了一种约束，因此必须想其他的办法来提高速度，所以第二种办法，也是具有重大推广价值的增值性物流服务方案，应该是优化电子商务系统的配送中心、物流中心网络，重新设计适合电子商务的流通渠道，以此来减少物流环节、简化物流过程，提高物流系统的快速反应性能。

3. 降低成本的服务——发掘第三利润源泉的服务

根据前面的分析，电子商务发展的前期，物流成本将会居高不下。有些企业可能会因为根本承受不了这种高成本而推出电子商务领域，后者是选择性地将电子商务的物流服务外包出去。这是很自然的事情，因此发展电子商务，一开始就应该寻找能够降低物流成本的物流方案。企业可以考虑的方案包括：采用第三方物流服务商、电子商务经营者之间或电子商务经营者与普通商务经营者联合，采取物流共同化计划，同时，如果具有一定的商务规模，比如珠穆朗玛和亚马逊这些具有一定销售量的电子商务企业，可以通过采用比较适用但投资比较少的物流技术和设施设备，或推行物流管理技术，如运筹学中的管理技术、单品管理技术、条形码技术和信息技术等，提高物流的效率和效益，降低物流成本。

4. 延伸服务——将供应链集成在一起的服务

向上可以延伸到市场调查与预测、采购及定单处理；向下可以延伸到配送、物流咨询、物流方案的选择与规划、库存控制决策建议、货款回收与结算、教育与培训、物流系统设计与规划方案的制作等等。关于结算功能，物流的结算不仅仅只是物流费用的结算，在从事代理、配送的情况下，物流服务商还要替货主向收货人结算货款等。关于需求预测功能，物流服务商应该负责根据物流中心商品进货、出货信息来预测未来一段时间内的商品进出库量，进而预测市场对商品的需求，从而指导订货。关于物流系统设计咨询功能，第三方物流服务商要充当电子商务经营者的物流专家，因而必须为电子商务经营者设计物流系统，代替它选择和评价运输网、仓储网及其他物流服务供应商。关于物流教育与培训功能，物流系统的运作需要电子商务经营者的支持与理解，通过向电子商务经营者提供物流培训服务，可以培养他与物流中心经营管理者的认同感,可以提高电子商务经营者的物流管理水平,可以将物流中心经营管理者的要求传达给电子商务经营者,也便于确立物流作业标准。

以上这些延伸服务最具有增值性,但也是最难提供的服务。能否提供此类增值服务现在已成为衡量一个物流企业是否真正具有竞争力的标准。

3.1.5 对物流时效性的要求

获取竞争优势的方法多种多样,如今,时间正成为新的竞争焦点。纵观近 40 年制造业发展史,可以概括为七个字:"更便宜、更好、更快"。20 世纪 60 年代,重点是降低成本,提高劳动生产率,为顾客提供更便宜的产品,竞争焦点是成本。20 世纪 80 年代,竞争转移到质量,制造更好的产品,提供更好的服务,竞争焦点是质量。20 世纪 90 年代、21 世纪,成本、质量当然仍是重要的竞争手段,但是,在许多行业中,时间,正成为新的竞争焦点,需求趋向多样化、个性化,快速反应市场需求,是企业竞争的新定律。时间,代替质量,成为新的竞争焦点。

电子商务的优势之一就是能大大简化业务流程,降低企业运作成本。而电子商务下企业成本优势的建立和保持必须以可靠和高效的物流运作为保证。现代企业要在竞争中取胜,不仅需要生产适销对路的产品、采取正确的营销策略、以及强有力的资金支持,更需要加强"品质经营",即强调"时效性",其核心在于服务的及时性、产品的及时性、信息的及时性和决策反馈的及时性。这些都必须以强有力的物流能力作为保证。以生产企业为例,有关调查研究的数据显示,物流对企业的影响是公认的,90%以上的人认为较重要,其中 42%的人认为很重要,仅有 9.2%认为不重要。

3.1.6 对物流环节的影响

首先,电子商务可使物流实现网络的实时控制。传统的物流活动在其运作过程中,不管其是以生产为中心,还是以成本或利润为中心,其实质都是以商流为中心,从属于商流活动,因而物流的运动方式是紧紧伴随着商流来运动。而在电子商务下,物流的运作是以信息为中心的,信息不仅决定了物流的运动方向,而且也决定着物流的运作方式。在实际运作过程中,通过网络上的信息传递,可以有效地实现对物流的实施控制,实现物流的合理化。比如,在电子商务方案中,可以利用电子商务的信息网络,尽可能地通过信息沟通,将实物库存暂时用信息代替,即将信息作为虚拟库存(Virtual Inventory),办法是建立需求端数据收集系统(ADC Automated Data Collection)在供应链的不同环节采用 EDI 交换数据,建立基于 Internet 的 Intranet,为用户提供 Web 服务器,便于数据时时更新和浏览查询,一些生产厂商和下游的经销商、物流服务商共用数据库,共享库存信息等,目的都是尽量减少实物库存水平,但并不降低供货服务水平。

其次,网络对物流的实时控制是以整体物流来进行的。在传统的物流活动中,虽然也有依据计算机对物流实施控制,但这种控制都是以单个的运作方式来进行的。比如,在实施计算机管理的物流中心或仓储企业中,所实施的计算机管理信息系统,大都是以企业自身为中心来管理物流的。而在电子商务时代,网络全球化的特点,可使物流在全球范围内实施整体的实时控制。

UPS 总裁兼首席执行官吉姆·凯里在解释传统供应链与电子供应链的区别时说,电子供应链改变了传统供应链的运行方向。在传统供应链中，供应商是将货物沿着供应链向最终用户的方向"推动"。这样的系统需要在仓库里贮存货物，尽管这种作法并不合算。而电子供应链主张的是只及时生产顾客所需的产品，而不需在仓储上耗费巨资。

在电子商务及新的在线购物系统中，顾客可从供应链的每个成员中"拉出"他们所需的东西，结果是顾客可获得更加快速而可靠的服务，而供应商也可减少成本。为了有效地实施拉动战略，企业必须与供应链中的所有成员建立电子联系。UPS 一直在争取使自己成为每个客户供应链中不可缺少的环节。在这个过程中，UPS 成长为一家信息公司。目前，UPS 可向顾客和供应商提供瞬间电子接入服务，以便查阅有关包裹运输和传递过程的信息。在1998年圣诞节前夕，有 100 万顾客访问 UPS 网站，查看所托货物的运送状况。节日期间，在线购物总量的 55%是由 UPS 送达的。

3.1.7 电子商务促进物流技术水平提高

所谓物流技术，是指与物流要素活动有关的、实现物流目标的所有专业技术总称。传统的概念主要是指物资运输技术或者物资流通技术，也就是说物流技术是各种流通物资从生产者转移给消费者时，实现各种流通形态的停顿与流动功能所需要的材料、机械、设施等硬件环境和计划、运用、评价等软件技术。

现代的物流技术包括各种操作方法、管理技能等，如流通加工技术、物品包装技术、物品标识技术、物品实时跟踪技术等。物流技术也包括物流规划、物流评价、物流设计，物流策略等，在计算机网络技术的应用普及后，尤其是电子商务的飞速发展，物流技术中又综合了许多现代技术，如 GIS（地理信息系统）、GPS（全球卫星定位）、EDI（电子数据交换）、BAR CODE（条码）等等。

3.2　物流对电子商务的影响

3.2.1　物流业是电子商务的支点

如果电子商务能够成为 21 世纪的商务工具，它将像杠杆一样撬起传统产业和新兴产业，在这一过程中，现代物流产业将成为这个杠杆的支点。

世界上最大的网上书店——亚马逊网站可谓是电子商务领域的先锋，然而它也隐隐感到一个强有力对手的存在：零售业巨头沃尔玛也开始涉足网上销售，虽然沃尔玛只把它的网站当作信息浏览的窗口，并未大规模开展网上销售，但亚马逊已看到最大的挑战来自于沃尔玛拥有遍布全球的由卫星通讯联起的商品配送体系。尽管沃尔玛网上业务开展的时间比亚马逊晚了 3 年，然而沃尔玛网上商店的送货时间却比亚马逊早了许多。亚马逊一旦意识到这个对手的可怕，立刻奋起直追，一改以零库存著称的商业作风，开始兴建大规模的储物仓库，并在全球分设配送中心，用物流体系的完善来为自己的网上销售锦上添花。

正是信息技术的进步，才使人们更加意识到物流体系的重要，现代物流产业的发展也才被提上议事日程。

1. 物流能力是核心竞争力

物流系统的价值最早是在二战中得到认识的，至今共经历了七次价值发现。所谓第七次价值发现是在 1997 年东南亚爆发经济危机之后，人们在分析和总结东南亚各国和各地区的情况时发现，以物流产业为重要支柱产业的新加坡、香港有较强的抗御经济危机的能力。例如，1998 年，受金融风波影响较大的马来西亚经济增长为-6.8%，泰国为-8.0%，东盟为-9.4%，与之相比较，香港情况较好，为-5.1%，而新加坡则实现了 1.5%的正增长。这个发现完善了现代物流的定义。从此，人们意识到物流不仅对于微观企业有着特别的意义，对于国家的经济发展也有非常重要的意义，物流发展水平已成为一个国家综合国力的重要体现。

第七次价值发现对于国家和企业来说都有着重要的启迪和借鉴作用。深圳市已决定投资 1600 个亿规划 16 万平方公里土地，开发以综合物流中心基地为核心的新型产业开发区，从而在 21 世纪通过开发物流产业形成新的经济增长点。著名家电企业海尔集团已充分认识到物流对企业生存起决定性的作用，1999 年 9 月特别成立了物流推进本部，着力进行海尔集团的物流重组和物流改革，并把物流能力定位为海尔集团的核心竞争力，从而达到以最低的物流总成本向客户提供最大附加值服务的战略目标。

2. 现代物流应运而生

用"成也配送，败也配送"来形容电子商务与物流的关系是再恰当不过了。国家经贸委贸易市场司副司长向欣说："信息技术的发展与普及，正在改变过去的生产、交易以及生活方式，流通体制也发生了重大的变化，电子商务、连锁经营、电视直销等新的流通方式的逐步发展，对物流产业发展提出了更高的要求。"

当我们庆幸终于可以实现网上订货、网上支付的同时，也无可奈何地抱怨网上订了货、账单也被划掉，可是货却迟迟不来。为了送货，有的网站动用了 EMS，有的网站动用了快递公司，有的网站甚至打起了居委会大妈的主意。而这只是电子商务在网上购物过程中遭遇的尴尬。

再看看电子商务在企业供应链上的表现。众所周知的世界直销大王——戴尔电脑公司目前面临的最大问题也是物流方面的难题，在收到顾客的要货订单后，如何及时采购到电脑的各种零配件，电脑组装好了以后如何及时配送到顾客手上，这些都需要一个完整的物流系统来支持，而迅速成长起来的戴尔公司缺乏的也正是这个。正如海尔集团物流推进本部的周行先生所说，电子商务是信息传送保证，物流是执行保证。没有物流，电子商务只能是一张空头支票。

都说电子商务将成为企业决胜未来市场的重要工具，但如果没有现代物流体系作为电子商务的支点，恐怕电子商务什么事也干不了。

3. 物流市场争夺战已经打响

1998 年底，就已经有媒体用"撒网捞鱼"的比喻来形容物流市场的争夺之势。也难怪，不仅有科利华投资两个亿开通"中运网"，和国家信息中心与中国交通运输协会投资 200 万开通"全国货运信息服务网"来争夺空车配载市场，也有东方红叶集团开通时空网来争夺网上购物的配送市场，更有专业物流企业如华运通有限公司来争夺专业物流市场，还有消息说，有的外资公司已与外资专业物流公司签约，从而完全自主控制其在中国市场上的配送……毕竟，对于以市场为生存之本的企业来说，控制物流就可以控制市场，所以物流市场主动权的争夺在所难免。

有人担心中国进入 WTO 以后，物流产业将成为中外投资者的竞争焦点，这种担心不无根据。我国目前的物流产业刚刚摆脱计划经济体制的束缚，走上市场化的道路，还谈不上体系，也谈不上规模。如果外资物流企业长驱直入，我国物流体系将受到严重冲击。中国仓储协会秘书长、华运通物流有限公司总经理沈绍基说："到那时，我们将面临一个谁当主角的问题。这主角是中国企业？还是外资企业？还是合资企业？市场格局将会重新改写。"

日资背景的伊藤洋华堂已在北京扎下了根，其在日本的物流配送伙伴伊藤忠株式会社也跟随而至，并承担了其配送工作。这种由工业或商业企业与物流企业长期结盟进行物流配送的形式在日本相当普遍，几乎占到社会总物流量的 80%。许多知名跨国企业如可口可乐、宝洁等要么拥有自己投资建立的完善物流体系，要么拥有长期的合作伙伴，如果他们以其特有的方式进入中国市场，我们的企业将承受更大的市场压力。沈绍基在谈到中国物流如何迎接 WTO 的挑战时说："工业及商业企业必须立刻调整战略，把物流管理作为降低企业总成本的主要手段，把物流能力作为企业的核心竞争力；物流企业必须加快改制、改组、整合资源的速度，提升服务能力，加速实现网络化、规模化与国际物流水平接轨。"

3.2.2 物流现代化是电子商务的基础

电子商务通过快捷、高效的信息处理手段可以比较容易地解决信息流（信息交换）、商流（所有权转移）和资金流（支付）的问题，而将商品及时地配送到用户手中，即完成商品的空间转移（物流）才标志着电子商务过程的结束，因此物流系统的效率高低是电子商务成功与否的关键，而物流效率的高低很大一部分取决于物流现代化的水平。

电子商务中的任何一笔交易，都包含着几种基本的"流"，即信息流、商流、资金流、物流。其中信息流既包括商品信息的提供、促销行销、技术支持、售后服务等内容，也包括诸如询价单、报价单、付款通知单、转账通知单等商业贸易单证，还包括交易方的支付能力、支付信誉等。商流是指商品在购、销之间进行交易和商品所有权转移的运动过程，具体是指商品交易的一系列活动。资金流主要是指资金的转移过程，包括付款、转账等过程。在电子商务下，以上的三种流的处理都可以通过计算机和网络通信设备实现。物流，作为四流中最为特殊的一种，是指物质实体（商品或服务）的流动过程，具体指运输、储存、配送、装卸、保管、物流信息管理等各种活动。对于少数商品和服务来说，可以直接通过网络传输的方式进行配送，如各种电子出版物、信息咨询服务、有价信息软件等。而对于大多数商品和服务来说物流仍要经由物理方式传输，如果有了一系列机械化、自动化工具的应用，准确、及时的物流信息对物流过程的监控，将使物流的流动速度加快、准确率提高，能有效地减少库存，缩短生产周期。

物流现代化中最重要的部分是物流信息化，物流的信息化是电子商务物流的基本要求，是企业信息化的重要组成部分，表现为物流信息的商品化、物流信息收集的数据化和代码化、物流信息处理的电子化和计算机化、物流信息传递的标准化和实时化、物流信息储存的数字化等。物流信息化能更好地协调生产与销售、运输、储存等环节的联系，对优化供货程序、缩短物流时间及降低库存都具有十分重要的意义。

3.2.3 物流是实施电子商务的关键

《互联网周刊》撰文列举了人们为什么不选择电子商务的五大理由，从根本上讲，就是一个物流与信息流、商流、资金流严重脱节的问题。但目前的电子商务只能是靠网络订货，靠物流体系送货。消费者网上浏览，轻松点击就完成了一本自己喜欢的书的购买过程，但所购的书迟迟不能送到手中，最后终于等到了送来的书，封面破损，还必须支付二十元的送货费，其结果可想而知，消费者在经历了如此"快捷"的电子商务后，一定会说"This is the first time，and also，the last time"。

正如海尔集团物流推进本部的周行先生所说，电子商务是信息传送保证，物流是执行保证。没有物流，电子商务只能是一张空头支票。

1. 物流保障生产

无论在传统的贸易方式下，还是在电子商务下，生产都是商品流通之本，而生产的顺利进行需要各类物流活动支持。生产的全过程从原材料的采购开始，便要求有相应的供应物流活动，将所采购的材料运送到位，否则，生产就难以进行；在生产的各工艺流程之间，也需要原材料、半成品的物流过程，即所谓的生产物流，以实现生产的流动性；部分余料、可重复利用的物资的回收，就需要所谓的回收物流；废弃物的处理则需要废弃物物流。可见，整个生产过程实际上就是系列化的物流活动。

合理化、现代化的物流，通过降低费用从而降低成本、优化库存结构、减少资金占压、缩短生产周期，保障了现代化生产的高效进行。相反，缺少了现代化的物流，生产将难以顺利进行，那无论电子商务是多么便捷的贸易形式，仍将是无米之炊。

2. 物流服务于商流

在商流活动中，商品所有权在购销合同签订的那一刻起，便由供方转移到需方，而商品实体并没有因此而移动。在传统的交易过程中，除了非实物交割的期货交易，一般的商流都必须伴随相应的物流活动，即按照需方（购方）的需求将商品实体由供方（卖方）以适当的方式、途径向需方（购方）转移。而在电子商务下，消费者通过上网点击购物，完成了商品所有权的交割过程，即商流过程。但电子商务的活动并未结束，只有商品和服务真正转移到消费者手中，商务活动才告以终结。

在整个电子商务的交易过程中，物流实际上是以商流的后续者和服务者的姿态出现的。没有现代化的物流，如何轻松的商流活动都仍会退化为一纸空文。

3. 物流是实现"以顾客为中心"理念的根本保证

电子商务的出现，在最大程度上方便了最终消费者。他们不必再跑到拥挤的商业街，一家又一家地挑选自己所需的商品，而只要坐在家里，在 Internet 上搜索、查看、挑选，就可以完成他们的购物过程。但试想，他们所购的商品迟迟不能送到，或者商家所送并非自己所购，那消费者还会选择网上购物吗？

物流是电子商务中实现以"以顾客为中心"理念的最终保证，缺少了现代化的物流技术，电子商务给消费者带来的购物便捷等于零，消费者必然会转向他们认为更为安全的传统购物方式，那么网上购物还有什么存在的必要？

从以上的论述中可见，物流是电子商务重要的组成部分。我们必须摒弃原有的"重信息流、商流和资金流的电子化，而忽视物流电子化"的观念，大力发展现代化物流，以进一步推广电子商务。

3.2.4 物流是电子商务的重要组成部分

电子商务是 20 世纪信息化、网络化的产物，由于其自身的特点已广泛引起了人们的注意，但是人们对电子商务所涵盖的范围却没有统一、规范的认识。仍如传统商务过程一样，电子商务中的任何一笔交易，都包含着以下几种基本的"流"，即信息流、商流、资金流和物流。

过去，人们对电子商务过程的认识往往只局限于信息流、商流和资金流的电子化、网络化，而忽视了物流的电子化过程，认为对于大多数商品和服务来说，物流仍然可以经由传统的经销渠道。但随着电子商务的进一步推广与应用，物流的重要性对电子商务活动的影响日益明显。试想，在电子商务下，消费者网上浏览后，通过轻松点击完成了网上购物，但所购货物迟迟不能送到手中，甚至出现了买电视机送茶叶的情况，其结果可想而知，消费者势必会放弃电子商务，选择更为安全可靠的传统购物方式。

在电子商务中，一些电子出版物，如软件、CD 等可以通过网络以电子的方式送给购买者，但绝大多数商品仍要通过其他各种方式完成从供应商到购买者的物流过程。我国的许多网上商店由于解决不了物流问题，只好告诉购买者送货必须在一定的范围内，否则就不要在我这里买了，电子商务的跨地域优势也就一点也没有了。

1999 年 9 月，我国的一些单位，组织了一次 72 小时的网上生存测验。测验中一个突出的问题就是物流问题，尤其是费尽周折填好订单后漫长的等待，使电子商务的跨时域优势也丧失贻尽。此后的一次市场调查证实，人们最关注的热点问题是"物流"。再次使人们认识到物流在电子商务活动中地位的重要，认识到现代化的物流是电子商务活动中不可缺少的部分。

对于电子商务的定义，时至今日也没有最终的标准定论。有一类定义，主要是由美国 IT 厂商提出的，可以归纳为：电子商务是一种商务活动的新形式，它通过采用现代信息技术手段，以数字化通信网络和计算机装置替代传统交易过程中纸介质信息载体的存储、传递、统计、发布等环节，从而实现商品和服务交易以及交易管理等活动的全过程无纸化，并达到高效率、低成本、数字化、网络化、全球化等目的。

由于 IT 企业业务范围的限制，IT 厂商往往把电子商务定位于"无纸贸易"。在这类电子商务的定义中，电子化工具主要是指计算机和网络通信技术；电子化对象主要是针对信息流、商流和资金流，并没有提到物流。

我们必须注意到这样一个事实：电子商务概念的提出首先是在美国。而美国的物流管理技术自 1915 年发展至今已有 80 多年的历史，通过利用各种机械化、自动化工具及计算机和网络通信设备，早已日臻完善。同时，美国作为一个发达国家，其技术创新的本源是需求，即所谓的需求拉动技术创新。作为电子商务前身的电子数据交换技术（EDI）的产生是为了简化烦琐、耗时的定单等的处理过程，以加快物流的速度，提高物资的利用率。电子商务的提出最终是为了解决信息流、商流和资金流处理上的烦琐对现代化的物流过程的延缓，进一步提高现代化的物流速度。

可见，美国在定义电子商务概念之初，就有强大的现代化物流作为支持，只需将电子商务与其进行对接即可，而并非电子商务过程不需要物流的电子化。而我国作为一个发展中国家，物流业起步晚、水平低，在引进电子商务时，并不具备能够支持电子商务活动的现代化物流水平，所以，在引入时，一定要注意配备相应的支持技术——现代化的物流模式，否则电子商务活动难以推广。

因此，有些专家在定义电子商务时，就注意将国外的定义与中国的现状相结合，扩大了美国原始电子商务定义的范围，提出了包括物流电子化过程的电子商务概念：

（1）电子商务是实施整个贸易活动的电子化；
（2）电子商务是一组电子工具在商务活动中的应用；
（3）电子商务是电子化的购物市场；
（4）电子商务是从售前到售后支持的各个环节实现电子化、自动化。

在这类电子商务定义中，电子化的对象是整个的交易过程，不仅包括信息流、商流、资金流，而且还包括物流；电子化的工具也不仅仅指计算机和网络通信技术，还包括叉车、自动导向车、机械手臂等自动化工具。

可见，从根本上来说，物流电子化应是电子商务概念的组成部分，缺少了现代化的物流过程，电子商务过程就不完整。

3.2.5 物流是电子商务概念模型的基本要素

电子商务概念模型是对现实世界中电子商务活动的一般抽象描述，它由电子商务实体、电子市场、交易事务和信息流、商流、资金流、物流等基本要素构成。

在电子商务概念模型中，电子商务实体是指能够从事电子商务的客观对象，它可以是企业、银行、商店、政府机构和个人等。电子市场是指电子商务实体从事商品和服务交换的场所，它由各种各样的商务活动参与者，利用各种通信装置，通过网络联结成一个统一的整体。交易事务是指电子商务实体之间所从事的具体的商务活动的内容，例如询价、报价、转账支付、广告宣传、商品运输等。

电子商务中的任何一笔交易，都包含着几种基本的"流"，即信息流、商流、资金流、物流。其中信息流既包括商品信息的提供、促销行销、技术支持、售后服务等内容，也包括诸如询价单、报价单、付款通知单、转账通知单等商业贸易单证，还包括交易方的支付能力、支付信誉等。商流是指商品在购、销之间进行交易和商品所有权转移的运动过程，具体是指商品交易的一系列活动。资金流主要是指资金的转移过程，包括付款、转账等过程。在电子商务下，以上的三种流的处理都可以通过计算机和网络通信设备实现。物流，作为四流中最为特殊的一种，是指物质实体（商品或服务）的流动过程，具体指运输、储存、配送、装卸、保管、物流信息管理等各种活动。对于少数商品和服务来说，可以直接通过网络传输的方式进行配送，如各种电子出版物、信息咨询服务、有价信息软件等。而对于大多数商品和服务来说物流仍要经由物理方式传输，但由于一系列机械化、自动化工具的应用，准确、及时的物流信息对物流过程的监控，将使物流的流动速度加快、准确率提高，能有效地减少库存，缩短生产周期。

在电子商务概念模型的建立过程中，强调信息流、商流、资金流和物流的整合。其中，信息流最为重要，它在一个更高的位置上实现对流通过程的监控。

3.2.6 物流是实现电子商务中跨区域物流的重点

我国即将加入 WTO，电子商务的应用将更加重视跨区域物流。要解决电子商务中跨国物流、跨区域物流可能出现的问题，有赖于完善的物流系统。

借助于互联网，电子商务将整个世界联系在一起。电子商务的推广，加快了世界经济的一体化，因为电子商务的跨时域性和跨区域性，使得物流活动必然呈现跨国性，国际物流在整个商务活动中愈来愈占有举足轻重的地位。

在 1985~1995 年间，我国国民生产总值平均保持 20.3%的年增长速度，对外贸易增长速度为 27.5%。同期国际物流中，集装箱运量增长速度为 31.5%，1995 年外贸货运量达 1108 万吨。可见，我国国际物流量和对外贸易是同步增长的，均超过了同期国民生产总值的增长速度。我国加入 WTO 以后，借助电子商务，国际物流将呈加速增长的趋势。

在商业运行中，不同的交易方式，会产生不同的物流模式。在电子商务这种交易方式下，物流模式的特点将是国际物流、跨区域物流不断增加，与之相应，第三方物流模式将成为一种必然选择。

1. 电子商务下的消费者——企业间跨区域物流

企业对消费者的业务（即 Business to Consumer，简称 B to C）又称直接市场销售，主要包括：

（1）有形商品的电子订货和付款，这类业务需要利用传统的邮政服务或商业送货服务加以配套，所以称之为间接电子商务；

（2）无形商品和服务产品的销售，如计算机软件、娱乐产品消费、订票、付款、信息服务等，供需双方可以在网上直接实现交易，又称为直接电子商务。我们以有形商品的电子商务，如网上购物为例，分析其贸易流程，过程如下：

用户通过网上商城向商家提交购货订单，交易双方向认证中心提出认证申请，并获得 CA 证书；商家把用户的 CA 证书和有关信息传送到自己的收单银行；收单银行向用户所持信用卡的发卡银行询问，查询用户信用卡是否属实；发卡银行认可并签证这笔交易，把用户货款划给收单银行；商家向用户发送货物和收据；交易成功；发卡银行向用户定期寄去信用卡消费账单。

这种交易过程没有商业谈判，交易双方不进行询盘、报盘、还盘等活动。如果这种网上交易是跨国性的，那么随之进行的国际物流活动将会遇到麻烦。

假设 A 国的消费者在 B 国的网上商店，用国际通用的信用卡购买了商品，若要将商品送到消费者手里，对于小件商品，如图书，可以通过邮购；对于大件商品，则是速递公司完成交货。对于零散用户，采用以上两种方式送货，流通费用显然过高，目前，这些流通费用一般均由消费者承担。国际物流的总目标是为国际贸易和跨国经营服务，即选择最佳的方式和路径，以最低的费用和最小的风险，保质、保量、适时地将货物从某国的供方运到另一国的需方。

为降低流通费用，一些网上商店在各国成立境外分公司和配送中心，消费者完成网上交易后，由用户所在国的配送中心将货物运送到用户手里，这种方法，可以降低流通费用，提高流通速度。如：Dell 公司是美国著名的网上直销公司，为了在中国销售它的产品，在中国设立分公司，中国客户在网上购买计算机后，由中国公司负责向用户交货。

一位顾客在网上商店购物时，我们不可能事先得知他是本地顾客，还是远程顾客。这种跨区域购物，如果没有发达的配送系统，将使跨区域物流遇到阻碍或增加物流成本。例如，一位上海的顾客在北京的网上商店购买的商品，如果配送系统发达，可以直接由该商店设在上海的配送中心送货，或者由上海的第三方配送中心送货，而不必从北京千里迢迢送货。

2. 电子商务下的企业——企业间的跨国物流

电子商务的另一种模式是企业与企业之间的网上交易（即 Business to Business，简称 B to B），它主要是通过 EDI（电子数据交换）进行的，它包括：

（1）企业与其供应商之间采购事物的协调；
（2）物料计划人员与仓储、运输其产品的公司间的业务协调；
（3）销售机构与其产品批发商、零售商之间的协调；
（4）客户服务；
（5）公司日常运营活动，内部员工的交流等。

如果企业-企业间交易是跨国进行的，则双方需通过 EDI 进行商业谈判，达成协议后，一方发货，另一方通知银行付款。在外贸谈判过程中，商品价格中可以包含关税价格和运输费用。这种跨国贸易，已经有一定的历史，EDI 只不过使得贸易过程更加便捷。

对于大宗商品交易，从产品出货到报关、国际间运输及到达地的报关，直至配送，整个物流过程，要经过多个环节。如果有第三方物流公司能够提供一票到底，门到门的服务，利用多种运输工具，互相配合，联合运输，就可以实现物流合理化，大大减少货物周转环节，降低物流费用。交易双方也可以真正实现"一手交钱，一手交货"。在实际运作中，往往双方需要花费很多的人力、物力进行货物运送：出口方要寻找一家国际运输公司，负责将商品运送到对方口岸；商品到岸，进口方又要在本国寻找一家国内物流公司，或利用自有的配送中心，到海关提货，整个过程不能保证物流的通畅，物流的费用和周期必然大大上升。

3. 第三方物流——完善跨区域物流

在上述讨论中，我们看到对于 B to C 电子商务交易模式，如果出现跨区域物流，流通费用将大大增加，最理想的解决方法是由第三方帮助卖方完成商品的送货。

第三方物流就像完善的邮政系统，我们在寄信时，只要将信投放到信箱，另一方就可收到来信，而不必关心信的递送过程。采用第三方物流模式，优点是明显的：首先，网上商店的优势是投资少、收益高、经营灵活。网上商店一般都是新建的企业、公司，这些公司在成立初期，不可能大力投资建设自己的配送网络，如果由第三方物流企业利用它们完善的网络系统，为这些网上商店向顾客送货，那么，网上商店可以节省大笔的费用，第三方物流企业的专业送货，也比网上商店更为迅速、更有保证；其次，如果出现跨区域物流，顾客是网上商店难以送货的异地用户，如果由处于异地的第三方物流公司送货，则这种送货可轻易完成。当第三方物流非常发达的时候，网上购物才会得到迅速发展。

对于 B to B 电子商务交易模式，物流成本在商品交易成本中占很大比重，尤其在跨国交易中，没有良好的物流系统为双方服务，这种成本增加的幅度会更大。而各自组建自己的物流系统，不仅难度很大，而且双方在出入境时仍然存在衔接不畅的问题。跨国性的第三方物流企业可以给双方提供最佳的服务，实现门到门的送货。EDI 通过信息将交易双方联系在一起，而第三方物流企业则是通过物流将双方联系在一起。

可以预见，随着电子商务发展日趋成熟，跨国、跨区域的物流将日益重要，没有物流网络、物流设施和物流技术的支持，电子商务将受到极大抑制，没有完善的物流系统，电子商务能够降低交易费用，却无法降低物流成本，电子商务所产生的效益将大打折扣。只有大力发展电子商务，广泛开展国际物流合作，才能促进世界经济繁荣。

3.3 电子商务形势下物流业的发展趋势与策略

电子商务时代，由于企业销售范围的扩大，企业和商业销售方式及最终消费者购买方式的转变，使得送货上门等业务成为一项极为重要的服务业务，促使了物流行业的兴起。物流行业即能完整提供物流机能服务。以及运输配送、仓储保管、分装包装、流通加工等以收取报偿的行业。主要包括仓储企业、运输企业、装卸搬运、配送企业、流通加工业等。信息化、全球化、多功能化和一流的服务水平，已成为电子商务下的物流企业追求的目标。

3.3.1 发展趋势

1. 多功能化——物流业发展的方向

在电子商务时代，物流发展到集约化阶段，一体化的配送中心不单单提供仓储和运输服务，还必须开展配货、配送和各种提高附加值的流通加工服务项目，也可按客户的需要提供其他服务。现代供应链管理即通过从供应者到消费者供应链的综合运作，使物流达到最优化。企业追求全面的系统的综合效果，而不是单一的、孤立的片面结果。

作为一种战略概念，供应链也是一种产品，而且是可增值的产品；其目的不仅是降低成本，更重要的是提供用户期望以外的增值服务，以产生和保持竞争优势。从某种意义上讲，供应链是物流系统的充分延伸，是产品与信息从原料到最终消费者之间的增值服务。

在经营形式上，采取合同型物流。这种配送中心与公用配送中心不同，它是通过签订合同，为一家或数家企业（客户）提供长期服务，而不是为所有客户服务。这种配送中心有由公用配送中心来进行管理的，也有自行管理的，但主要是提供服务；也有可能所有权属于生产厂家，交专门的物流公司进行管理。

供应链系统物流完全适应了流通业经营理念的全面更新。因为，以往商品经由制造、批发、仓储、零售各环节间的多层复杂途径，最终到消费者手里。而现代流通业已简化为由制造经配送中心而送到各零售点。它使未来的产业分工更加精细，产销分工日趋专业化，大大提高了社会的整体生产力和经济效益，使流通业成为整个国民经济活动的中心。

另外，在这个阶段有许多新技术，例如准时制工作法（Just in Time），又如，销售时点信息管理系统（Point of Sales），商店将销售情况及时反馈给工厂的配送中心，有利于厂商按照市场调整生产，以及同配送中心调整配送计划，使企业的经营效益跨上一个新台阶。

2. 一流的服务——物流企业的追求

在电子商务下，物流业是介于供货方和购货方之间的第三方，是以服务作为第一宗旨。从当前物流的现状来看，物流企业不仅要为本地区服务，而且还要进行长距离的服务。因为客户不但希望得到很好的服务，而且希望服务点不是一处，而是多处。因此，如何提供高质量的服务便成了物流企业管理的中心课题。应该看到，配送中心离客户最近，联系最密切，商品都是通过它送到客户手中。美、日等国物流企业成功的要诀，就在于他们都十分重视客户服务的研究。

　　首先，在概念上变革，由"推"到"拉"。配送中心应更多地考虑"客户要我提供哪些服务"，从这层意义讲，它是"拉"（Pull），而不是仅仅考虑"我能为客户提供哪些服务"，即"推"（Push）。如有的配送中心起初提供的是区域性的物流服务，以后发展到提供长距离服务，而且能提供越来越多的服务项目。又如配送中心派人到生产厂家"驻点"，直接为客户发货。越来越多的生产厂家把所有物流工作全部委托配货中心去干，从根本意义上讲，配送中心的工作已延伸到生产厂家去了。

　　如何满足客户的需要把货物送到客户手中，就要看配送中心的作业水平了。配送中心不仅与生产厂家保持紧密的伙伴关系，而且直接与客户联系，能及时了解客户的需求信息，并沟通厂商和客户双方，起着桥梁作用。如美国普雷兹集团公司（APC）是一个以运输和配送为主的规模庞大的公司。物流企业不仅为货主提供优质的服务，而且要具备运输、仓储、进出口贸易等一系列知识，深入研究货主企业的生产经营发展流程设计和全方位系统服务。优质和系统的服务使物流企业与货主企业结成战略伙伴关系（或称策略联盟），一方面有助于货主企业的产品迅速进入市场，提高竞争力，另一方面则使物流企业有稳定的资源，对物流企业而言，服务质量和服务水平正逐渐成为比价格更为重要的选择因素。

　　3. 信息化——现代物流业的必由之路

　　在电子商务时代，要提供最佳的服务，物流系统必须要有良好的信息处理和传输系统。美国洛杉矶西海报关公司与码头、机场、海关信息联网。当货从世界各地起运时，客户便可以从该公司获得到达的时间、到泊（岸）的准确位置，使收货人与各仓储、运输公司等做好准备，使商品在几乎不停留的情况下，快速流动，直达目的地。又如，美国干货储藏公司（DSC）有200多个客户，每天接受大量的订单，需要很好的信息系统。为此，该公司将许多表格编制了计算机程序，大量的信息可迅速输入、传输，各子公司也是如此。再如，美国橡胶公司（Usco）的物流分公司设立了信息处理中心，接受世界各地的订单；IBM公司只需按动键盘，即可接通 Usco 公司订货，通常在几小时内便可把货送到客户手中。良好的信息系统能提供极好的信息服务，以赢得客户的信赖。

　　在大型的配送公司里，往往建立了 ECR 和 JIT 系统。所谓 ECR（Efficient Customer Response），即有效客户信息反馈，它是至关重要的。有了它，就可做到客户要什么就生产什么，而不是生产出东西等顾客来买。仓库商品的周转次数每年达20次左右，若利用客户信息反馈这种有效手段，可增加到24次。这样，可使仓库的吞吐量大大增加。通过 JIT 系统，可从零售商店很快地得到销售反馈信息。配送不仅实现了内部的信息网络化，而且增加了配送货物的跟踪信息，从而大大提高了物流企业的服务水平，降低了成本。成本一低，竞争力便增强了。

　　欧洲某配送公司通过远距离的数据传输，将若干家客户的订单汇总起来，在配送中心里采用计算机系统编制出"一笔划"式的路径最佳化"组配拣选单"。配货人员只需到仓库转一次，即可配好订单上的全部要货。

　　在电子商务环境下，由于全球经济的一体化趋势，当前的物流业正向全球化、信息化、一体化发展。

商品与生产要素在全球范围内以空前的速度自由流动。EDI 与 Internet 的应用，使物流效率的提高更多地取决于信息管理技术，电子计算机的普遍应用提供了更多的需求和库存信息，提高了信息管理科学化水平，使产品流动更加容易和迅速。物流信息化，包括商品代码和数据库的建立，运输网络合理化、销售网络系统化和物流中心管理电子化建设等等，目前还有很多工作有待实施。可以说，没有现代化的信息管理。就没有现代化的物流。

4. 全球化——物流企业竞争的趋势

20 世纪 90 年代早期，由于电子商务的出现，加速了全球经济的一体化，致使物流企业的发展达到了多国化。它从许多不同的国家收集所需要资源，再加工后向各国出口，如前面提及的台湾电脑业。

全球化的物流模式，使企业面临着新的问题，例如，当北美自由贸易区协议达成后，其物流配送系统已不是仅仅从东部到西部的问题，还有从北部到南部的问题。这里面有仓库建设问题也有运输问题。又如，从加拿大到墨西哥，如何来运送货物，又如何设计合适的配送中心，还有如何提供良好服务的问题。另外，一个困难是较难找到素质较好、水平较高的管理人员。有大量牵涉到合作伙伴的贸易问题。如日本在美国开设了很多分公司，而两国存在着不小的差异，势必会碰到如何管理的问题。

还有一个信息共享问题。很多企业有不少企业内部的秘密，物流企业很难与之打交道，因此，如何建立信息处理系统以适应全球化战略的趋势，使物流企业和生产企业更紧密地联系在一起，形成社会大分工，这是一个不可忽视的课题。生产厂家集中精力制造产品、降低成本、创造价值；物流企业则花费大量时间、精力从事物流服务。物流企业的满足需求系统比原来更进一步了。例如，在配送中心里，对进口商品的代理报关业务、暂时储存、搬运和配送，必要的流通加工，从商品进口到送交消费者手中都实现一条龙。

3.3.2 发展策略

面对电子商务发展的这种形势，物流企业应当感到任重道远，应当不失时机地抓住机遇，认真地制定物流业大发展的战略和策略。其中，以下几点特别重要：

（1）建立和发展适应网络经济形势的物流业，是一个大的社会工程，要全区域，甚至全社会统一认识，形成合力，特别是要得到政府的支持，政府应当出面组织策划和实施。之所以要政府出面，因为牵涉着像产业重组这样的几乎涉及社会所有企业单位和人员的革命性的变化，没有政府妥善的规划组织，光靠企业自己干是很难实现的。

政府策划这个工程的工作，应当分步骤地进行。首先是基础建设——建网、上网。要迅速组建覆盖整个区域的因特网和企业内部网。动员组织企业、家庭和个人上网，特别是动员企业、银行在网上建立网站、建立虚拟商店、虚拟银行，开展电子商务。

随着电子商务的开展，自然就会逐渐进行产业重组。这时，就要有计划地撤销一些实际商店、实际银行的分行、支行、营业点，同时有步骤地将这些企业的下岗富余人员组建成合理的配送中心。

几个配送中心就可以合并成一个物流公司或货物流通中心。这样下去，就会逐渐形成一个完善的物流业。

（2）组建的配送中心、物流企业一开始就一定要合理规划布局。

物流业是一个系统，应当组成一个相互联系、相互区别、相互分工协作、有着等级层次结构的物流企业体系。各个小区设一个综合配送中心，负责小区的供货送货；若干小区联合起来，建立大的物流中心，负责向各个小区配送中心供货送货；还有更大的物流中心，例如港口码头，铁路站点，负责向全区、甚至向国内内地大进大出地转运物资。不同的物流企业承担不同的功能，彼此又互相协作互相支持，构成一个功能齐全、布局合理的物流企业体系。

（3）建立第三方物流模式。第三方物流模式，是一种完全专业化的物流模式。生产企业专搞生产，把生产企业的原材料进货供应、所生产的产品的销售送货等物流业务全交给物流企业去承担。物流企业是生产企业的大管家，既负责"后"勤，又负责"前"勤。这样做，物流企业才会合理有效地组织利用资源，既保证自己的经济效益，又保证生产企业的经济效益。

建立第三方物流模式，最大的困难是体制。生产企业担心自己成了物流企业的附属品，成了物流企业的供应仓库。其实这种思想方法是狭隘的，物流企业直接面对市场，它根据市场的需要来组织调控若干生产企业的生产，形成一个经济联合体来面对市场，这是一种适应市场的表现。

（4）为适应电子商务的需要，配送中心的功能应有所变化。这些配送中心应当有如下基本功能：

① 货物储存，无论是生产企业生产出来的还是从外地转运来的、供应本区域生产或生活需要的商品，都要储存到这里的仓库里，以备送货用。

② 运输，也就是送货和进货。根据网上销售的信息，将网上销售的商品送到用户手中。也要及时进货，保证及时吸纳生产企业的产品（将这里办成生产企业的成品库），又保证货物不脱销。

③ 包装、装卸、流通加工等功能。这些功能传统的物流中心和配送中心都有，在电子商务的情况下，还要特别增加以下两个功能：

● 商品展示功能
● 销售零售功能

因为在取消了大多数的商店以后，人们通常都在网上虚拟商店中购物，不到实体商店来。但是有时，特别是节假日旅游，人们也想逛逛商场，看看实物。所以物流中心、配送中心也需要满足这些需求而增设展示和零售的功能。由于这些需求量不会太多。所以附设在物流中心和配送中心比较合适。如果这些需求量很大，或者物流中心配送中心不愿增设这些功能，则必须在物流中心配送中心之外，还要保留适量的超级商场。

（5）建立物流企业要立足于高科技、高起点。网络经济时期，实际上就是一个高科技经济模式。物流企业要适应电子商务，就要努力采用靠科技、建立在高起点上。

首先，物流企业要上网。要在网上建立站点，提供信息。除了介绍公司、仓库、货物信息以外，特别是要提供用户所关心的送货信息，用户已经购买的货物送货了没有，什么时候送的，送了多少。

要有高水平的、先进的储运设施。要有足够的仓库储存场所，先进的包装装卸以及存放设备设施，应当有舒适宽敞的商品展示和零售场所。要有强大先进的运输车队和强大的吞吐能力。还要有无线通讯设备，随时可以上网联系。总之要努力建立起一个具有现代化水平的物流企业。要有一个严格科学的管理系统。也要实现事物处理信息化，信息处理电子化。要充分利用计算机和计算机网络来处理信息。要利用无线通讯、卫星通讯和数据传输、电子邮件等工具来进行实物处理。

3.4 思考题

1. 为什么说电子商务为物流业创造了巨大的发展空间？
2. 电子商务对物流的发展有哪些促进作用？
3. 为什么说物流是电子商务的保证？
4. 电子商务下物流的发展趋势是什么？

第4章 物流模式

4.1 传统物流模式所面临的问题

物流这一概念的形成和物流管理科学的建立只不过几十年的历史,引入我国也仅仅十几年时间。但是物流这一概念赖以形成的流通行业,却已历史久远,早在人类社会出现商品交换的时期就已经出现了。随着社会经济的发展,现代物流业已成为覆盖最广泛的产业。

传统的观点认为交通运输是国家经济发展的基础。随着社会、经济、技术的高速发展,各种基础设施的不断完善,全球经济一体化趋势和市场竞争程度日益增加,人们对这一传统观点的认识发生了变化。近些年来,物流管理与物流技术在工业发达国家得到了广泛的承认、应用和发展。人们已经认识到,包含交通运输在内的、包括了产品的生产、流通和消费过程中诸环节的物流系统,已成为国家经济在高起点上持续发展的重要基础。随着现代科技、管理和信息技术在物流系统中的广泛应用,物流行业已成为适合于市场经济发展的基础产业之一。

因此,我们必须用一种新的思维与观念,从整个物流系统的角度来看待和探讨中国生产、流通、消费等社会经济活动的发展。在过去计划经济体制下,经济活动中生产和流通被当作两个彼此隔绝的要素,运输也被分割成许多不能有机联系的过程。现在,随着社会主义市场经济体制的逐步建立,这种模式已经发生变化,相互之间的界限开始逐渐被打破。生产与消费,以及将两者紧密联系起来的流通等经济活动的各个方面将被"物流"综合在一起,形成为以市场为导向、以满足客户要求为宗旨、获取系统总效益最优化的适应现代社会经济发展需要的新兴行业。

4.1.1 传统物流模式所带来的问题

1. 物流质量低,物流效率不高

物流质量主要由物流时间、物流费用和物流效率来衡量。中国物流业由于受多方面因素的影响,物流质量总体水平比较低。

(1) 物流时间

据调查,目前我国一般工业品从产品出厂经过装卸、储存、运输等各个环节到消费者手中的流通费用约占商品价格的 50% 左右。而易变质食品的流通费用更是有时高达商品销售价的 70%。据专家测算,工业生产中物流所占用时间几乎为整个生产过程的 90%。

在货物运输中,中国现行运输管理体制也制约了不同运输方式之间的高效衔接,一定程度上也减缓了物流速度。目前,全国铁路货运列车的平均技术速度仅为 45 公里/小时;因散装、集装箱运输技术尚未普及,装卸效率低,铁路货车中转停留时间约 5 小时。公路运输营运货车平均车日行程仅 200 公里左右，车辆工作率约 60%。城市内运输由于道路面积增长与车辆增长不适应，车辆运输速度不断下降。在一些大城市，平均车速已下降到每小时 15 公里，严重影响了城市物流效率。

中国仓储协会于 2000 年 3 月~4 月对全国 2400 家生产、商业和储运及物流企业的调查表明，84%的生产企业的原材料平均库存期集中在 1 周~3 个月。76.3%的生产企业库存期集中在 10 天~3 个月。72.2%的商业企业的库存期集中在 15 天~3 个月。通过统计得出，原材料库存期、生产企业成品库存期和商业企业商品销售库存期分别为：28.5 天、44.8 天和 33.8 天。这说明了我国商品在库时间长，周转慢，延长了物流的时间。

（2）物流费用

中国仓储协会 2000 年 3 月委托某咨询机构对家电、电子、日化、食品等行业的 450 家大中型工业企业的调查（其中 80%的企业产品行销全国或世界）显示出物流费用占产品销售费用的比例如表 4.1 所示。

表 4.1 物流费用占产品销售费用的比例

物流费用占产品销售费用的比例	15%以下	15%~30%	30%~60%	60%以上
企业构成（%）	51.5	38.2	8.8	1.5

中国仓储协会的另一项调查结果显示出生产企业原料供应物流费用占采购成本的平均比例为 5.4%，生产企业成品销售物流费用占销售额的比例为 7.74%，商业企业物流费用占销售额比例为 1.96%。具体数据如表 4.2 所示。

表 4.2 不同阶段物流费用占相应成本的比例

费用支出比例	生产企业原料供应物流费用占采购成本比例	生产企业产品销售物流费用占销售额的比例	商业企业物流费用占销售额的比例
5%以下	60.3%	72.2%	58.3%
5~10%	25.4%	18.1%	25.0%
10~15%	11.1%	8.3%	8.3%
20%以上	3.2%	1.4%	8.3%
总计	100%	100%	100%

在国民经济各部门中，运输费用在生产费用中因各部门产品对运输的依赖程度不同，其所占比重也不同。根据 1992 年国家投入产出表，运输邮电费用在农业生产总费用中占 3.29%，在工业生产总费用中占 7.15%，在建筑业中占 8.63%，在商业饮食业中占 14.98%，在其他服务部门中占 7.8%。如果从物流业总体费用考虑，有关资料显示，物流费用占商品总成本的比重，从账面反映已超过 40%。

（3）物流效率

在总体上分析计算物流效率是一个十分困难的问题。社会经济活动中的物流过程非常复杂，物流活动的不同内容和形式，必须采用不同的方法去分析物流效率。这时我们用物流相关行业的成本费用总和与 GDP 的比值来评价物流总体效率。据有关资料介绍，1986 年美国物流费用支出为 4430 亿美元，约占当年国民生产总值 39800 亿美元的 11.1%。在 1979 年到 1986 年间，美国物流费用支出占当年国民生产总值的比重变化呈现下降趋势。1981 年最高，达到 14.7%，到 1985 年下降到 11.1%。这说明物流效率提高了。

在我国，根据 1992 年全国第三产业普查资料，把交通运输、仓储、代理和批发等行业的成本费用之和与 1992 年国民生产总值进行比较，大约占比重为 15.47%。如果考虑其他相关流通环节的费用和流通过程中的物流损失，全社会物流费用支出约占当年国民生产总值的 20%以上。

物流效率低下也可以从中国仓储协会的一项调查中对汽车空驶率的数据看出来，如表 4.3 所示。

表4.3 空驶率在不同阶段所占的比例

空驶率	生产企业	商业企业	物流企业
30%以下	34.2%	14.3%	31.0%
30~50%	57.9%	78.6%	51.7%
50%以上	7.9%	7.1%	17.2%
总计	100%	100%	100%

从表 4.3 可以看出，生产企业累计平均空驶率为 34.7%，商业企业为 38.5%，物流企业为 39.8%。整体来看，我国汽车空驶率为 37%左右，空驶现象严重。物流企业的汽车资源严重闲置，一方面说明目前货源不足，货运汽车相对过剩；另一方面说明储运及物流企业汽车运输经营水平较低，导致物流效率低下。

综上所述，可以分析得出：

- 流通领域的国有储运公司拥有大量的物流设施，经过几十年的发展，在仓储、运输等方面拥有一整套严格的制度和丰富的经验，但由于受传统体制与历史包袱的影响，在发展现代物流配送的道路上步履维艰，其服务观念、服务功能与服务水平等与市场需要相比，存在不同程度的差距。
- 非流通部门的储运企业和非国有储运企业，服务观念较新，市场竞争意识较强，但在服务功能上比较单一。由于缺乏统一管理与市场监督，在操作规范方面出现很多问题，特别是在汽车运输方面问题很多。
- 生产与零售企业自办的储运机构，在保障本企业生产供应与市场销售方面起到积极作用，具有统一指挥、调度灵活的优势，但许多企业存在资金投入、成本控制与规范管理等基本问题，特别是一些处于成长期的大中型企业更是左右为难。

2. 物流业的发展与其他产业不协调

物流业相对于第三产业中其他行业和其他产业特别是第二产业的发展关系仍不协调，按照社会化大生产分工协作规律要求的物流社会化服务体系亟待加强。主要表现在：

（1）基础设施能力不足

交通运输能力仍不能满足运输需求，主要运输通道供需矛盾依然突出。仓储设施落后，大量的仓库是 20 世纪 50、60 年代的老旧建筑。中国仓储协会的调查显示出在拥有库房和搬运设施的物流企业中，普通平房库、简易仓库和普通楼房库为主要库种，企业比例为 68%。而且库房的老化程度高达 17%。仓库的数量不足比例为 31%，仓库技术装置落后的程度高达 22%。

（2）技术装备落后

现代化的集装箱、散装运输发展不快；高效专用运输车辆少；汽车以中型汽油车为主，能耗大，效率低；装卸搬运的机械化水平低。通过中国仓储协会的调查，运输设施不能满足作业需求的原因中，数量不足占27%；设施接近使用寿命占18%；技术装置落后占6%；不符合客户的特定需求占27%。

（3）管理分散，社会化服务水平低

条块分割的物流管理和流通体制制约着物流业的发展。现代物流的专业化分工特点虽然愈益明显，但是物流的组织和管理也出现了综合性发展的趋势。各种物流方式和物流载体之间的联系越来越紧密。但是，我国目前的物流行政管理仍沿袭着计划经济时期的体制。一方面是部门分割体制，与物流相关的各部分分别由铁道、交通、民航、内贸等不同的政府部门进行管理，没有一个部门或机构统筹协调全社会的物流管理。依据这种条条管理体制，形成了自上而下的纵向隶属和管理格局。物流体系的内在联系被人为地分割，物流体系各部分之间缺乏直接的横向联系。另一方面是对内物流和对外物流的分离。由于我国长期内外贸分离的格局，导致了物流的内外分割，这种条块分割和内外分离的管理体制，严重制约着从市场经济的需要出发，在全社会范围内经济合理地进行物流的整体统筹和规划，妨碍着物流产业的社会化进程。

由于条块分割、部门分割，缺乏统一规划、重复建设加剧，加上市场发育滞后，全国物流企业处于小、多、散、弱的状况，难以形成有效的社会服务网络。

（4）物流行业人才培训和物流信息工作亟待加强

物流人才和信息化是实现物流现代化的根本条件。这方面的工作我们做得很不够，主要是没有一个部门来负责。近年来国内贸易部门加强了物流学会的工作，这对于物流人才的培训和信息化会推进一大步。但这只限于内贸部系统，依然不能解决整个物流行业的问题。

物流管理和经营人才的缺乏是物流业发展的最大制约因素。现代物流业是与信息技术的发展和现代物流技术的创新相伴而行的。我们传统上对物资管理和流通的理解和操作已跟不上现代物流发展的步伐和管理的要求。我国物流产业的发展急需物流管理和经营的专门人才。而这方面的人才是最缺乏的，这是制约物流产业发展的最大因素。对这类人才的培养固然应从大学基础教育入手，但更应在物流实践中培养人才。

3. 物流领域改革和管理相对滞后

物流企业自身的管理水平、业务能力的欠缺制约着物流业的发展。目前，我国多数物流企业是在传统体制下物资流通企业的基础上发展起来的，其业务内容多数仍是代理仓储、库存管理、搬运和运输，很少有物流企业能够做到提供综合性的物流服务，第三方物流服务的功能尚不能很好的发挥。从国外发达国家来看，第三方物流企业的功能是设计、执行以及管理客户供应链中的物流需要，其特点是依据信息和专业物流知识，以最低的成本提供客户需要的物流管理和服务。从我国目前的物流企业看，无论是物流服务的硬件还是软件，与提供高效率低成本的第三方物流服务的要求还有较大的差距，信息的收集、加工、处理、运用能力、物流业的专门知识，物流的统筹策划、精细化组织和管理等能力都嫌不足。

一方面市场竞争机制和市场管理法规不健全，另一方面，由于大部分商品放开后市场流通秩序比较乱，物流企业普遍自身经济效益不佳。国有物流企业从运行机制、组织化程度、经营方式等方面都不适应市场经济要求，市场占有率明显下降，骨干或主渠道地位发生动摇。

4. 没有对物流系统发展的统一规划

物流业既然是全社会的服务行业，覆盖了国民经济的所有产业，就更应该重视它的总体发展规划。应当把物流作为国民经济大系统中的一个重要子系统来抓,就像对工业和农业进行总体规划一样,制定具体的发展目标,分部门组织实施,使物流行业各个部门协调发展。

我国各个流通主管部门都制定过仓储方面的管理规定,但只适应于本系统,而非流通部门的储运企业与非国有储运企业没有章法可循。运输方面的问题是,现行的有些规定不适应市场经济的需要,不利于现代物流配送的发展。我国过去主要以铁路运输为主,汽车运输主要是区域内的短途,近些年汽车在全国范围内长途运输方面的比例越来越大,而支撑汽车运输发展的关键措施是解决回空货源问题,由于地区利益方面的原因,这个问题解决起来很麻烦,直接影响到全国范围内网络化运输的发展。

我国的物流行业一直由多个交通部门与多个流通主管部门分别管理,许多政策缺乏统一与衔接。随着我国政府机构改革的逐步到位及政府部门与所办企业脱钩任务的完成,为政府部门统一归口管理物流行业创造了条件,从发达国家的经验看,物流行业的管理权也应该是统一的。

5. 对于搞好物流的重要性认识不足

中国仓储协会 2000 年 3 月对全国部分企业的调查显示,认为物流对企业发展的影响程度:很高的企业占 7.9%;较高的占 34.2%;一般的占 48.7%;较低的占 6.6%;很低的占 2.6%。说明对物流重要性的认识还远远不够。

全社会的物流观念薄弱是物流产业发展的重要制约因素。近年来虽然我国对现代物流产业发展的研究开始升温,但总体来看,全社会的物流观念仍很淡薄。对物流业的认识仍局限于运输、仓储、搬运等,没有认识到现代物流业的发展、供应链管理系统的建立对企业发展乃至全社会降低流通成本和交易费用,增加利润,提高企业竞争力的独特作用。一些生产企业更多关注的是产品的开发、市场营销策略的研究和价格策略的制定,但很少关注物流方式的合理性和物流组织方式的调整对企业发展的影响。从对物流方式的选择看,更多的生产企业仍然热衷于选择自营物流方式。虽然也会向运输公司购买运输服务或向仓储企业购买仓储服务,但这些都只限于一次性和临时、分散的物流服务。本质上仍追求企业内部生产与流通的"大而全",主观上排斥社会化物流服务和对第三方物流服务方式的选择。这是制约物流服务社会化的重要因素。

这个问题归根结底还是对市场经济的理解不深,思想观念仍旧没有脱离旧体制的束缚。随着市场经济的高度发展,流通不再只对生产起一种反作用。从某种意义上讲,流通对生产起一种决定作用。朱镕基同志说过:"社会主义市场经济要真正搞好,解决好流通问题最重要","只要把流通领域的问题从理论到实践正确地解决了,那么,有中国特色的社会主义市场经济的模式就基本完成了。"我们必须从建立社会主义市场经济的战略角度来认识搞好流通、建设好物流系统的重要性。

4.1.2 传统物流运作所面临的挑战

商务全球化对传统物流所构成的挑战主要表现在以下几个方面:

1. 客户对服务的追求

客户在市场上所追求的不仅仅是产品的质量,更多的是在追求服务。追求能保证产品的时间和场所效用的一致性服务。在服务基础上追求产品的增值。比如,无缺陷退货,门到门送货、一票通、一卡通等。这是一个客户服务爆炸的时代。

2. 速度对交货的压力

产品的寿命周期变短，客户要求实时交货，最终消费者在首选产品不能立即可得的情况下往往更愿意接受替代品。

3. 全球化市场的差异

全球采购原料和零部件，在海外生产制造，在许多不同的国家销售，所销售的产品不可能是地区性市场的客户定制的。传统物流面临极大的经济、政治、文化的差异所带来的挑战。

4. 一体化管理的能力需求

对商务过程的管理需要知识面宽广的综合型管理者。市场空间将作业管理和信息管理整合运作，需要的是通才而不是狭窄领域内的专家，新型的物流管理者需要具备系统工程和组织行为学的知识，具有面向市场的价值观和把客户服务作为竞争优势主要源泉的经营理念。

4.2 配送与配送中心

4.2.1 配送

1. 配送的概念

配送（Distribution）的定义是：在经济合理区域范围内，根据用户要求，对物品进行拣选、加工、包装、分割、组配等作业，并按时送达指定地点的物流活动。

配送是物流中一种特殊的、综合的活动形式，是商流与物流紧密结合，包含了商流活动和物流活动，也包含了物流中若干功能要素的一种形式。

从物流来讲，配送几乎包括了所有的物流功能要素，是物流的一个缩影或在某小范围中物流全部活动的体现。一般的配送集装卸、包装、保管、运输于一身，通过这一系列活动完成将货物送达的目的。特殊的配送则还要以加工活动为支撑，所以包括的方面更广。但是，配送的主体活动与一般物流却有不同，一般物流是运输及保管，而配送则是运输及分拣配货，分拣配货是配送的独特要求，也是配送中有特点的活动，以送货为目的的运输则是最后实现配送的主要手段，从这一主要手段出发，常常将配送简化地看成运输中之一种。

从商流来讲，配送和物流不同之处在于，物流是商物分离的产物而配送则是商物合一的产物，配送本身就是一种商业形式。虽然配送具体实施时，也有以商物分离形式实现的，但从配送的发展趋势看，商流与物流越来越紧密的结合，是配送成功的重要保障。可以从两个方面认识配送的概念：

（1）从经济学资源配置的角度，对配送在社会再生产过程中的位置和配送的本质行为予以表述：配送是以现代送货形式实现资源最终配置的经济活动。这个概念的内涵，概括了 4 点：

① 根据经济学家的理论认识，配送是资源配置的一部分，因而是经济体制的一种形式。

② 配送的资源配置作用，是"最终配置"，因而是接近顾客的配置。接近顾客是经营战略至关重要的内容。美国兰德公司对《幸福》杂志所列500家大公司的一项调查表明"经营战略和接近顾客至关重要"，证明了这种配置方式的重要性。

③ 配送的主要经济活动是送货，这里面强调现代送货，表述了和我国旧式送货的区别，其区别以"现代"两字概括，即现代生产力、劳动手段支撑的，依靠科技进步的，实现"配"和"送"有机结合的一种方式。

④ 配送在社会再生产过程中的位置，是处于接近用户的那一段流通领域，因而有其局限性，配送是一种重要的方式，有其战略价值，但是它并不能解决流通领域的所有问题。

（2）从配送的实施形态角度予以表述：按用户定货要求，在配送中心或其他物流结点进行货物配备，并以最合理方式送交用户。这个概念的内容概括了5点：

① 整个概念描述了接近用户资源配置的全过程。

② 配送实质是送货。配送是一种送货，但和一般送货有区别：一般送货可以是一种偶然的行为，而配送却是一种固定的形态，甚至是一种有确定组织、确定渠道，有一套装备和管理力量、技术力量，有一套制度的体制形式。所以，配送是高水平送货形式。

③ 配送是一种"中转"形式。配送是从物流结点至用户的一种特殊送货形式。从送货功能看，其特殊性表现为：从事送货的是专职流通企业，而不是生产企业；配送是"中转"型送货，而一般送货尤其从工厂至用户的送货往往是直达型；一般送货是生产什么，有什么送什么，配送则是企业需要什么送什么。所以，要做到需要什么送什么，就必须在一定中转环节筹集这种需要，从而使配送必然以中转形式出现。当然，广义上，许多人也将非中转型送货纳入配送范围，将配送外延从中转扩大到非中转，仅以"送"为标志来划分配送外延，也是有一定道理的。

④ 配送是"配"和"送"有机结合的形式。配送与一般送货的重要区别在于，配送利用有效的分拣、配货等理货工作，使送货达到一定的规模，以利用规模优势取得较低的送货成本。如果不进行分拣、配货，有一件运一件，需要一点送一点，这就会大大增加劳动力的消耗，使送货并不优于取货。所以，追求整个配送的优势，分拣、配货等项工作是必不可少的。

⑤ 配送以用户要求为出发点。在定义中强调"按用户的定货要求"明确了用户的主导地位。配送是从用户利益出发、按用户要求进行的一种活动，因此，在观念上必须明确"用户第一"、"质量第一"，配送企业的地位是服务地位而不是主导地位，因此不能从本企业利益出发而应从用户利益出发，在满足用户利益基础上取得本企业的利益。更重要的是，不能利用配送损伤或控制用户，不能利用配送作为部门分割、行业分割、割据市场的手段。

概念中"以最合理方式"的提法是基于这样一种考虑：过分强调"按用户要求"是不妥的，用户要求受用户本身的局限，有时实际会损失自我或双方的利益。对于配送者来讲，必须以"要求"为据，但是不能盲目，应该追求合理性，进而指导用户，实现共同受益的商业原则。这个问题近些年国外的研究著作也常提到。

2. 配送的意义

国内外实践证明，货物配送具有很多优点，它可促进商品流通的社会化、现代化与合理化，是一种很有生命力的流通方式。具体表现在以下几方面：

① 货物配送是实现流通社会化的有效途径

流通社会化，是指按照社会生产专业化的要求，使生产和流通相对分离，由流通企业组织与社会化大生产相适应的大流通，形成专业化、集约化的流通产业，从而打破条块分割、一家一户搞流通的小生产格局，把分散的、互不联系的流通过程联结成以流通企业为枢纽的、集中的、相互联系的流通过程。而货物配送主要是流通企业组织的、面向社会的城市配送。这样，不但能使流通企业更好地为生产企业服务，而且可以打破部门和地区界限，实现一定区域内的货物合理配送。由于接受最终资源配置的用户的广泛性与社会性，配送必定主要以社会化形态存在，而且承担社会责任。

② 货物配送是实现流通现代化的重要内容

由于长期以来，我国重生产轻流通，在现代化建设中，流通严重滞后。所以，加快流通现代化的步伐非常必要。流通现代化包括流通设施、技术装备现代化和流通管理现代化。而货物配送作为一种综合性的物流活动，要求相应的生产手段，包括现代化的仓储、计量、分拣、加工、装卸搬运和运输等技术装备。同时要求拥有高素质的配送人员，组织、运用先进的管理方法和手段，特别是利用计算机进行信息处理和辅助管理。配送的现代化可推动流通现代化达到一个新的水平。

③ 货物配送是实现流通合理化的重要措施

流通合理化应包括商流合理化、物流合理化和信息流合理化。货物配送是供需之间通过契约的方式把双方责任固定下来，供需双方建立起一种可信赖的、较稳定的购销关系。一方面可简化用户的采购工作，节省采购人员和采购费用，解除物资供应的后顾之忧；另一方面增加物资部门的销售渠道，扩大物资经营范围和市场占有率，促进流通企业经济效益的提高。

实现货物配送后，可以大大压缩甚至取消生产企业的库存，尽管流通企业的库存会有所增加，但社会总库存量会降低。特别对生产企业来说，由于库存的压缩可减少资金占用，加速资金周转，缓解资金紧张的矛盾。实现货物配送，还可以最有效地组织运输，使物流路线最短、环节最少、运力最省、运费最低，而且有利于缓解城市交通拥挤现象，实现物流合理化。

3. 配送的特点

配送是按照用户的订货要求，在物流据点进行货物配备，并以最合理的方式送到用户指定地点的物流活动。配送具有以下特点：

（1）配送是严格按照用户所要求的货物名称、品种、规格、数量、质量、时间、地点等进行的。具有一定的计划性和相对的稳定性。它不同于购货后一次性的送货和推销式的送货。

（2）货物的配备是在物流据点进行的。物流据点可理解为广义的货物集结点，它不但是指配送中心，而且还包括中转仓库、生产企业仓库、商业仓库、车站、港口等。

（3）配送从字面上看主要包括"配"和"送"。其中，"配"是一个广义的概念，它包含了集货、存货、分货、配货、配装、加工等内容。配送是一种综合性的物流活动。

（4）货物配送中的送货是以最合理即最经济的方式进行的，其送货方案是通过科学计算制订的。

（5）货物配送中的送货是送到用户认为最合适的地点，不一定是送到用户仓库，还可以送到车间、工地及其他用货现场。

4. 推行货物配送的必要条件

货物配送是一种现代化的流通方式，具有很多优点，但货物配送的实施是一项比较复杂的工作，它要求一定的条件，主要包括以下几方面：

（1）应有稳定的资源保障

货物配送是根据配送协议按照用户的要求进行的。应做到用户需要什么就送什么，需要多少就送多少，该什么时间送就及时送到。这就必须要有充足和稳定的货源作为基础。特别是在我国一些物资供不应求的情况下，资源问题往往成为实施配送的先决条件。因为若货源得不到保障，就无货可配，也无货可送，这样会影响用户的生产，甚至会造成停工待料，给用户造成经济损失。如果出现这种情况，配送就无法再进行下去，所以承担货物配送的流通企业，必须多渠道取得稳定的资源，全面满足用户的要求。

（2）应有足够的资金

实施货物配送，资源固然重要，但资金也不能缺少。因为在商品交换过程中，买方只有支付货币才能取得物资。如果承担货物配送的流通企业资金短缺，即使市场上有资源，也不能采购，同样不能满足用户的需要。另外，流通企业为保证配送的顺利进行，必须建立一定的物资储备，库存不但不能减少，而且还要增加。这部分储备资金也必须得到保障。所以物资企业必须从多方面以多种形式筹措资金，以保证配送活动的顺利进行。

（3）应有齐备的配送手段

货物配送作为一种综合物流活动，需要齐备、先进的物流设施和设备作为配送手段，这是保证配送得以顺利进行的物质技术条件。配送一般在配送中心或仓库进行，需要有足够的场地和各种仓库建筑物，同时要配备计量、检验、保管、流通加工、分拣、装卸搬运、运输、信息处理等设备。其中特别是对运输设备，在车型、载重量、载重总吨位等方面有更高的要求。

（4）应有高效的信息系统

货物配送活动离不开信息。配送中心必须随时掌握市场供求情况，进行物资资源和用户需求预测，编制配送计划，进行订货、进货、存货、配货等信息处理，以及对经济活动、配送计划执行情况进行分析，合理确定配送范围，合理选择配送路径等。以上信息的收集和处理，都应通过计算机信息系统来实现。

（5）应有一支素质高的职工队伍

实施货物配送，固然上述条件不可缺少，但最根本的条件还是人。资源要靠人去组织，资金要靠人去筹措，物流技术装备靠人去配备和使用，配送信息系统也要靠人去建立和开发。货物配送不但对配送人员在数量和构成上有一定的要求，而且对人员的思想品德素质、技术素质、管理素质、文化素质等都有较高的要求。如果没有一支结构合理、素质高、能打硬仗的职工队伍，货物配送就无法进行。

5. 配送流程

（1）配送功能要素

① 备货。是配送的准备工作或基础工作，备货工作包括筹集货源、订货或购货、集货、进货及有关的质量检查、结算、交接等。配送的优势之一，就是可以集中用户的需求进行一定规模的备货。备货是决定配送成败的初期工作，如果备货成本太高，会大大降低配送的效益。

② 储存。配送中的储存有储备及暂存两种形态。

配送储备是按一定时期的配送经营要求，形成的对配送的资源保证。这种类型的储备数量较大，储备结构也较完善，视货源及到货情况，可以有计划地确定周转储备及保险储备结构及数量。配送的储备保证有时在配送中心附近单独设库解决。

另一种储存形态是暂存，是具体执行日配送时，按分拣配货要求，在理货场地所做的少量储存准备。由于总体储存效益取决于储存总量，所以，这部分暂存数量只会对工作方便与否造成影响，而不会影响储存的总效益，因而在数量上控制并不严格。

还有另一种形式的暂存，即在分拣、配货之后形成的发送货载的暂存，这个暂存主要是调节配货与送货的节奏，暂存时间不长。

③ 分拣及配货。是配送不同于其他物流形式的有特点的功能要素，也是配送成败的一项重要支持性工作。分拣及配货是完善送货、支持送货准备性工作，是不同配送企业在送货时进行竞争和提高自身经济效益的必然延伸，所以，也可以说是送货向高级形式发展的必然要求。有了分拣及配货就会大大提高送货服务水平，所以，分拣及配货是决定整个配送系统水平的关键要素。

④ 配装。在单个用户配送数量不能达到车辆的有效载运负荷时，就存在如何集中不同用户的配送货物，进行搭配装载以充分利用运能、运力的问题，这就需要配装；

和一般送货不同之处在于，通过配装送货可以大大提高送货水平及降低送货成本，所以，配装也是配送系统中有现代特点的功能要素，也是现代配送不同于传统送货的重要区别之处。

⑤ 配送运输。配送运输属于运输中的末端运输、支线运输，和一般运输形态主要区别在于：配送运输是较短距离、较小规模、额度较高的运输形式，一般使用汽车做运输工具。

与干线运输的另一个区别是，配送运输的路线选择问题是一般干线运输所没有的，干线运输的干线是惟一的运输线，而配送运输由于配送用户多，一般城市交通路线又较复杂，如何组合成最佳路线，如何使配装和路线有效搭配等，是配送运输的特点，也是难度较大的工作。

⑥ 送达服务。配好的货运输到用户还不算配送工作的完结，这是因为送达货和用户接货往往还会出现不协调，使配送前功尽弃。因此，要圆满地实现运到货物的移交，并有效、方便地处理相关手续和完成结算，还应讲究卸货地点、卸货方式等。送达服务也是配送独具的特殊性。

⑦ 配送加工。在配送中，配送加工这一功能要素不具有普遍性，但是往往有重要的作用功能。主要原因是通过配送加工，可以大大提高用户的满意程度。

配送加工是流通加工的一种，但配送加工有它不同于一般流通加工的特点，即配送加工一般只取决于用户要求，其加工的目的较为单一。

（2）配送的一般流程

配送的一般流程比较规范，但并不是所有的配送者按下述流程进行。不同产品的配送可能有独特之处，如燃料油配送就不存在配货、分放、配装工序，水泥及木材配送又多出了一些流通加工的过程，而流通加工又可能在不同环节出现。配送流程可如图 4-1 所示。

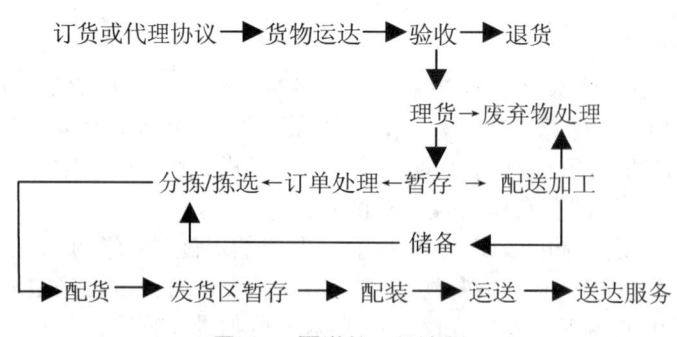

图 4-1　配送的一般流程

6. 国外配送的发展状况

一般的送货形态在西方国家已有相当长的历史，可以说是随市场而诞生的一种必然市场行为。尤其是伴随资本主义经济的生产过剩，在买方市场情况下，必然采取各种各样推销手段，送货最初便是作为一种不得已的推销手段而出现的。仅仅将其作为推销手段而没有把它作为企业发展的战略手段，这在有些国家持续了很长时间，甚至在出现经济发展的高峰期时仍然如此，很多企业直到 20 世纪 70 年代仍然将送货看成"无法回避、令人讨厌、费力低效的活动，甚至有碍企业的发展"正是反映了这种现实。

从历史上曾采用的一般送货。发展到以高技术方式支持的，作为企业发展战略手段的配送，也是近一二十年的事情。许多国家甚至到 20 世纪 80 年代才真正认识到这一点。国外一篇文章提到，"在过去十年里，这种态度和认识有了极大转变。企业界普遍认识到配送是企业经营活动的主要组成部分，它能给企业创造出更多盈利，是企业增强自身竞争能力的手段"。这种认识的转变有着深厚的社会根源：

第一，科学技术的进步和生产力发展，可以为经济界提供省力且高效的管理方式与技术装备方式，将"无法回避、令人讨厌，且费力低效"的活动转变为刻意追求、容易接受，且省力高效的活动。

第二，生产领域劳动生产率的提高，越发使人看出流通和物流过程中的潜力，不少实践证明，包括配送在内的物流领域开发，可以取得很高的经济效益，因此就不再"有碍于企业的发展"。

第三，生产力发展大大促进了社会分工，服务性生产大大发展，服务性社会出现，使人们增强了配送的主动服务性质，成为企业"增强自身竞争能力的手段"。

在观念发生变化的同时，配送方式和手段也有很大发展，尤其突出反映在以下几方面：

（1）配送共同化的进展。

初期送货，是单独企业为主体，为满足用户配送要求，出现了配送企业车辆利用率低，不同配送企业之间交错运输，交通紧张，事故频繁等许多方面不合理。例如：日本于 60 年代开始的"共同配送"，是在各个公司效率低而且难以解决的情况下才被采用，如果在本公司就能建立合理化配送系统，也就没有必要考虑共同配送了。但近来的发展，已上升到从大范围考虑合理化，致力于推行整个城市，所有企业的共同配送。

（2）配送计划化的进展。

初期配送，强调即时较多，即完全按顾客要求办事，而并不是按顾客的合理要求办事。制定合理计划而不是完全按顾客要求那样进行配送，是高水平的计划配送的一大进展。计划有效地促进了配送合理化，由于可采用大量发货减少收费，也受到用户的欢迎。

（3）配送区域的扩大。

近些年，配送已突破了一个城市范围，在更大范围中找到了优势。美国已开展了洲际配送，日本不少配送是在全国范围或很大区域范围进行的，如日本东京的三味株式会社的全国性配送系统，日本 Asica 配送系统，日本资生堂配送系统等都是全国性的配送系统。

（4）直达配送的进展。

不经过物流基地中转，在有足够批量且不增加用户库存情况下，配送在"直达"领域中也找到了优势，因而突破了配送的原来概念，有了新的发展，对于生产资料而言，直达配送有更广泛的应用。

(5) 计算机管理配送的进展。

随配送规模的扩大和计算机的微型化，计算机管理配送取得很大进展，这个进展突出表现在以下三个方面：

① 信息传递与处理，甚至建立了 EDI 系统；

② 计算机辅助决策，如辅助进货决策，辅助配货决策，辅助选址决策等，美国 IBM 公司率先建立了配送车辆计划和配送路线的计算机软件；

③ 计算机与其他自动化装置的操作控制，如无人搬运车、配送中心的自动分拣系统等。

有一篇名为《日本制造业行业配送系统变革》的文章中认为配送领域"技术条件的核心，就是信息系统和建立在该系统上的分拣系统"反映了这一进展已形成厂配送技术条件的核心。

(6) 配送劳动手段的进展。

配送劳动手段作为支撑配送的生产力要素，是进展很大的领域。到 80 年代。发达国家配送已普遍采用了计算机系统、自动搬运系统、大规模分拣、光电识别、条码等。

4.2.2 电子商务下的配送

将配送定位在为电子商务的客户提供服务，根据电子商务的特点，对整个配送体系实行统一的信息管理和调度，按照用户订货要求，在物流基地进行理货工作，并将配好的货物送交收货人的一种物流方式。这一先进的、优化的流通方式对流通企业提高服务质量、降低物流成本、优化社会库存配置，从而提高企业的经济效益及社会效益具有重要意义，配送制作为现代物流的一种有效的组织方式，代表了现代市场营销的主方向，因而得以迅速发展。

电子商务下配送，就是信息化、现代化、社会化的配送。它是指配送企业采用网络化的计算机技术和现代化的硬件设备、软件系统及先进的管理手段，针对社会需求，严格地、守信用地按用户的订货要求，进行一系列分类、编配、整理、分工、配货等理货工作，定时、定点、定量地交给没有范围限度的各类用户，满足其对商品的需求。可以看出，这种新型的配送是以一种全新的面貌，成为流通领域革新的先锋，代表了现代市场营销的主方向。新型配送能使商品流通较传统的物流配送方式更容易实现信息化、自动化、现代化、社会化、智能化、合理化、简单化，使货畅其流，物尽其用，既减少生产企业库存，加速资金周转，提高物流效率，降低物流成本，又刺激了社会需求，有利于整个社会的宏观调控，也提高了整个社会的经济效益，促进市场经济的健康发展。

1. 当前电子商务的配送需求与供给的差距

(1) 观念的差距

电子商务无论是 B to B，还是 B to C，只要发生了销售行为，就会有送货的需求，网站数量的增加，在线交易额的上升，电子商务对物流配送需求也越来越大。问题虽然是网站方面最早提出，但解决却不是物流企业一方的事。如果仅仅是满足及时送货一个需求，那么网站只用多付运费就行，事实上，专业物流企业要解决的是在保证高质量服务的同时，控制、降低物流的成本，在对物流行业的了解上，理论界、包括电子商务网站，显然不能比本行业人士更透彻。

(2) 规模的差距

配送成本降低，是以规模扩大为前提，中国目前无论 B to B，还是 B to C，真正在线实现的交易量即实际产生的运货需要有多少，说起来恐怕网站方面的底气都不太足，没有一定规模的货运量，指责物流公司"冷淡"是不公平的。解决规模的问题，一是网站从自身找原因，提高在线交易量；二是物流企业也不要从一家网站的配送需求考虑（那样可能要等待更长时间），而可以将几个不同网站的需求集合成一个大单子，主动地提高规模。

(3) 网络的差距

超越时空被视为网上交易的优势所在，事实上，中国的网站无论 B to B、B to C 在市场区域上都没有定位。理论上任何地方的人员上网订货，哪怕是在沙漠中用手机和手持电脑上某一家网站购物，他的配送需求都应该满足。而如果要真正去实现这些需求，在物流上将是非常不经济的。例如，上海一家卖方的网站，80%的订单来自海外，而实际上物流网络无法延伸到全球，这些订单只能放弃。因此，网站在开拓自己虚拟的网络时，必须考虑到配送网络的局限性。

(4) 资源上的差距

物流业在中国发展的时间不长，而社会上的货运、仓储资源并不短缺，缺的是寻找资源，整合资源，根据电子商务的需求对物流活动进行策划，对于网络来说，与其投资新物流设施，自己去建物流网络，不如借助于专业物流顾问，充分利用现有资源。

(5) 成本的差距

人们一直在争论网上订购一本 10 元的书，送货费用却收到 2 元，这 2 元的配送费是否太贵？由消费者承担是否合理？其实，如何核算配送成本是网站与物流企业长期磨合的问题，但如果是由于规模不够而使单位配送成本太高，网站一方承担的部分就应该多一些；相应在达到一定规模后，配送费用也不应该按单品与网络核算。

(6) 服务的差距

美国一家报纸以批评的口气描述中国的网上超市，是在用自行车运送通过 Internet 订购的货物。如果仅仅从存储、配送货物的角度来考虑，用自行车送货也就足够了。可事实上，未来网站对服务的需求不会仅局限于满足客户的一般需求，还会提供一些增值服务，例如货物跟踪查询、信息分析报告等。

(7) 管理的差距

互联网企业作为新经济、知识经济的代表，与传统的物流企业在形象上存在很大差距，物流企业迫切需要提升管理水平，掌握现代企业的经营理念。

(8) 人员上的差距

与管理上的差距相似，物流企业的人员素质近年已提高了许多，但与从事电子商务的人相比，仍然存在一定的距离，物流企业中尤其缺少懂得电子商务的人才，在为网站提供服务时，沟通成为一大问题。

(9) 关系的差距

无论是大客户管理，还是供应链管理，物流服务都是培养一种长远合作的关系，但目前，物流企业还很难与一家网络结成这种关系，这其中与众多网络还需要经过市场淘汰不无关系。

（10）协议的差距

物流服务合同的履行在时间上一般较长，与现在大多数与网站的合约只有几个月、半年的期限相比，差距较大。

2. 电子商务配送的特点

（1）配送信息化

配送信息化表现为配送信息的商品化、信息收集的数据库化和代码化、信息处理的电子化和计算机化、信息传递的标准化和实时化、信息存储的数字化等。条码技术（Bar Code）、数据库技术（Database）、电子定货系统（EOS：Electronic Ordering System）、电子数据交换（Electronic Data Interchange，EDI）、快速反应（Quick Response，QR）及有效的客户反映（Effective Customer Response，ECR）、企业资源计划（Enterprise Resource Planning，ERP）等在物流管理中得到广泛应用。没有物流的信息化，任何先进的技术设备都不可能应用于物流领域，信息技术在物流中的应用将会彻底改变世界物流的面貌。

（2）配送自动化

自动化的基础是信息化，自动化的核心是机电一体化，自动化的外在表现是无人化，自动化的效果是省力化，另外还可以扩大物流作业能力、提高劳动生产率、减少物流作业的差错等。物流自动化有：条码/语音/射频自动识别系统、自动分拣系统、自动存取系统、自动导向车、货物自动跟踪系统等。这些设施在发达国家已普遍用于物流作业流程中，而在我国由于物流业起步晚，发展水平低，自动化技术的普及还需相当长的时间。

（3）配送网络化

物流领域网络化的基础也是信息化，这里指的网络化有两层含义：一是配送系统的计算机通信网络，包括物流配送中心与供应商或制造商的联系要通过计算机网络，另外与下游顾客的联系也要通过计算机网络通信，比如配送中心向供应商提出订单这个过程，就可以使用计算机通信方式，借助于增值网（Value-Added Network，VAN）上的电子定货系统（EOS）和电子数据交换技术（EDI）来自动实现，配送中心通过计算机网络收集下游客户的订货的过程也可以自动完成；二是组织网络化及所谓的企业内部网（Intranet）。如台湾电脑业90年代创造的"全球运筹式产销模式"，其基本点是按照客户订单组织生产，生产采取分散形式，将全世界的电脑资源都利用起来，采取外包的形式将一台电脑的所有零部件、元器件、芯片外包给世界各地的制造商去生产，然后通过全球的物流网络将这些零部件、元器件和芯片发往同一个配送中心进行组装，由该配送中心将组装的电脑迅速发给订户。

配送的网络化是物流信息化的必然，是电子商务下物流配送活动的主要特征之一。全球网络资源的可用性及网络技术的普及为物流的网络化提供了良好的外部环境，物流网络化不可阻挡。

（4）配送智能化

这是物流配送自动化信息化的一种高层次应用。配送作业过程大量的运筹和决策，如库存水平的确定、运输搬运路径的选择、自动导向车的运行轨迹和作业控制、自动分拣机的运行、物流配送中心经营管理的决策支持等问题都需要借助于大量的知识来解决。在物流自动化的进程中，物流智能化是不可回避的技术难题。目前专家系统、机器人等相关技术在国际上已经有比较成熟的研究成果，物流智能化已经成为电子商务下物流发展的一个新趋势。

(5) 配送柔性化

柔性化原是生产领域为实现"以顾客为中心"而提出的，但要真正做到柔性化，即真正根据消费者需求的变化来灵活调节生产工艺，没有配套的柔性化的配送系统是不可能实现的。90 年代以来，生产领域提出的 FMS、CIMS、MRP、ERP 等概念和技术的实质就是将生产、流通进行集成，根据需求端的需求组织生产，安排物流活动。柔性化物流正是适应生产、流通与消费的需求而发展起来的新型物流模式。它要求配送中心根据消费需求"多品种、小批量、多批次、短周期"的特点，灵活组织和实施物流作业。

3. 电子商务下的配送与传统配送的比较

传统的配送企业需要置备大面积的仓库，而电子商务系统网络化的虚拟企业将散置在各地的分属不同所有者的仓库通过网络系统连接起来，使之成为"虚拟仓库"，进行统一管理和调配使用，服务半径和货物集散空间都放大了。这样的企业在组织资源的速度、规模、效率和资源的合理配置方面都是传统的配送所不可比拟的，相应的物流观念也必须是全新的。

传统的配送过程是由多个业务流程组成的，受人为因素影响和时间影响很大。网络的应用可以实现整个过程的实时监控和实时决策。新型配送的业务流程都由网络系统连接。当系统的任何一个神经末端收到一个需求信息的时候，该系统都可以在极短的时间内作出反应，并可以拟定详细的配送计划，通知各环节开始工作。这一切工作都是由计算机根据人们事先设计好的程序自动完成的。

配送的持续时间在网络环境下会大大缩短，对配送速度提出了更高的要求。在传统的配送管理中，由于信息交流的限制，完成一个配送过程的时间比较长，但这个时间随着网络系统的介入会变得越来越短，任何一个有关配送的信息和资源都会通过网络管理在几秒钟内传到有关环节。

网络系统的介入，简化了物流配送过程。传统物流配送整个环节极为烦琐，在网络化的新型配送中心里可以大大缩短这一过程。

4. 电子商务中配送的影响因素

推行电子商务的关键之一是制定和执行一套合理的物流方案。在制定物流方案时，以下因素应该重点考虑：

(1) 电子商务消费者的地区分布

因特网是电子商务的最大信息载体。因特网的物理分布范围正在迅速扩展，是否凡是因特网所及的地区都是电子商务的销售区域呢？在电子商务发展的初级阶段这是不可能的。一般商务活动的有形销售网点按销售区域来配置，每一个销售点负责一个特定区域的市场。比如把全国划分为 7 个销售大区，每个大区内有若干销售网点，再设立一个配送中心，负责向该大区内的销售网点送货，销售点向配送中心订货和补货，配送中心则在规定的时限内将订货送达。电子商务也有可能按照这种方式来操作，但问题在于，电子商务的客户可能在地理分布上是十分分散的，要求送货的地点不集中，物流网络并没有像因特网那样广的覆盖范围，无法经济合理地组织送货。所以，提供电子商务服务的公司也需要像有形店铺销售一样，要对销售区域进行定位，对消费人群集中的地区提供物流承诺，否则是不经济的。

(2) 商品的品种

是否所有的商品都适合采用电子商务这种形式？在电子商务发展的初期答案是否定

的。有没有最适合采用电子商务进行销售的商品？当然有。以上两个问题要考虑不同商品的消费特点及流通特点，尤其是物流特点。音乐、歌曲、电影、游戏、图片、图书、计算机软件、电子邮件、新闻、评论、教学节目、医疗咨询、汇款等可以通过信息传递完成物流过程的商品最适合采用电子商务销售。因为，不仅商品信息查询、订货、支付等商流、信息流、资金流可以在网上进行，而且物流也可在网上完成，也就是这些品种可以实现商流、物流、信息流、资金流的完全统一。

从理论上讲，没有什么商品特别不适合于采用电子商务的销售方式。但从流通本身的规律来看，需要有商品定位，现在的商品品种有 40~50 万种之多，一个大型百货商店至多经营 10 万种商品，没有一个公司能够经营所有的商品，总是要确定最适合于自己销售的商品，电子商务也一样，为了将某一商品的销售批量累积得更大，就需要筛选商品品种。同时，电子商务也要有一定的销售渠道配合，不同的商品进货和销售渠道可能不同。品种越多、进货渠道及销售渠道越复杂，组织物流的难度就越大，成本也就越高，因此为了考虑在物流环节不增加过多的费用，也需要将品种限制在一定的范围之内。也就是说，对于一个推行电子商务的公司来说，有些商品显然不适合采用电子商务的方式销售。如销售批量不大、不易保管、或散装货物等。一般而言，商品如果有明确的包装、质量、数量、价格、储存、保管、运输、验收、安装及使用标准，对储存、运输、装卸等作业无特殊要求，就适合于采用电子商务的销售方式。

（3）配送细节

同有形市场一样，电子商务这种无店铺销售方式的物流方案中配送环节是完成物流过程并产生成本的重要环节，需要精心设计配送细节。一个好的配送方案应该考虑以下内容：库存的可供性、反应速度、送货频率、送货的可靠性、配送文档的质量。同时还要设计配套的投诉程序，提供技术支持和订货状况信息等。配送是国内电子商务发展的瓶颈，为了突破这个瓶颈，许多公司真是煞费苦心，也想出了许多解决方案。比如，时空网（http://www.Shikong.com）于 1999 年 12 月 3 日宣布，将在北京中视红叶电子科技有限公司原遍布全国的 27 个分公司或办事处及约 2500 个销售网点的基础上，建立覆盖全国地级以上城市的专业电子商务配送网络，该网络将接受国内外企业的网络销售业务。有可能这样做的公司肯定也不会太少，这类公司成功的关键不在于是否能有这样大的配送网络，而在于能否在完成配送服务的同时，保证配送系统高效、低成本地运作，这是一项专业性很强的工作，公司必须聘请专业人员对系统的配送细节进行精心设计。

（4）电子商务服务提供者

ISP、ICP、传统零售商店、传统批发企业、制造企业等均有条件开展电子商务业务，但不同的电子商务服务提供商具有不同的组织商流、物流、信息流、资金流的能力。从物流的角度来看，传统的零售商、批发商的物流能力要优于纯粹的 ISP、ICP，也优于一般的制造商，但从商流、信息流和资金流的角度来看可能正好会相反。因此，设计物流配送方案时，要根据电子商务服务提供商的不同，扬长避短，发挥各自的优势，实现供应链集成，共同完成向消费者提供电子商务服务的工作。

（5）物流成本与库存控制

电子商务的物流成本可能比有店铺销售方式的物流成本高，因为，电子商务的物流更加具有多品种、小批量、多批次、短周期的特点，由于很难单独考虑物流的经济规模，因而物流成本较高。比如，消费者自己到一个商店去购买一台电视机，商店提供免费送货，一次送货费比如要花 50 元，这时商店一般会将顺路的其他消费者购买的商品配装在一个送货车里一次完成送货，比如 5 台电视机同时送货，即使是免费送货，每台电视机的送货费用也只有 10 元。但当采用电子商务时，公司很难这样如愿地将消费者的订货在一个比较短的时间内集中起来并配装在一台送货车里，这样就会造成送货次数的分散、送货批量的降低，直接导致物流成本的提高，这个物流成本只有由单个的消费者负担，而这是对电子商务这种形式的威胁，所以电子商务服务商必须扩大在特定的销售区域内消费者群体的基数，如果达不到一定的物流规模，物流成本肯定会居高不下。

在库存控制上，电子商务经营者也面临挑战，因为经营者很难预测某种商品的销售量，库存控制历来就是销售管理中最难的课题。回避库存问题的最佳办法就是像 Dell（http://www.dell.com）公司那样搞直销，先拿到订单，按照订单组织生产，再将货物送到消费者手中。但在直销中，消费者处于不利地位，因为他要等待，他要多花钱，万一经营者送货上门但要退货，还面临难为情的尴尬局面，另外有的可能还要预付款等，如果经营者不给消费者提供特殊的附加价值，消费者就不会去冒这些风险。同时，在采用直销时，对生产环节要求更加严格，一般制造企业不具备进行按单生产的条件，因此并非任何经营者都可成功地采取直销的方式来规避库存风险。

世界上的制造和销售企业普遍采用的库存控制技术还是根据对历史数据的分析，依照一定模型预测未来的需求，有的企业进行长期预测，有的只进行短期预测或侧重于对时点数据进行分析，有的则不进行预测或不相信预测结果，这样采取的库存政策会有很大的区别，库存对销售的保障程度及库存成本也会各不相同。电子商务经营者将会遇到比店铺销售更加复杂的库存控制问题。此外，在设计电子商务的物流方案时，还应该规划好运输工具、运输方式及运输方案等。

4.2.3 配送中心

1. 配送中心的概念

日本《市场用语词典》对配送中心的解释是："配送中心是一种物流结点，它不以贮藏仓库这种单一的形式出现，而是发挥配送的流通仓库。也称做基地、据点或流通中心；配送中心的目的是降低运输成本，减少销售机会的损失，为此建立设施、设备并开展经营、管理工作。"

《物流手册》对配送中心的定义是："配送中心是从供应者手中接受多种大量的货物，进行倒装、分类、保管、流通加工和情报处理等作业，然后，按照众多需要者的订货要求备齐货物，以令人满意的服务水平进行配送的设施。"

上述定义，有的过于复杂，有的过于简单。国内物流专家给予如下定义："配送中心是从事货物配备（集货、加工、分货、拣选、配货），和组织对用户的送货，以高水平实现销售或供应的现代流通设施"。

这个定义的内涵是：

（1）配送中心的"货物配备"工作是其主要的、独特的工作，是全部由配送中心完成的，因而称做"从事"。

（2）配送中心有的是完全承担送货，有的是利用社会运输企业完成送货，从我国国情来看，在开展配送的初期，用户自提的可能性比较大，所以，对于送货而言，配送中心主要是组织者而不是承担者。

（3）定义中强调了配送活动和销售或供应等经营活动的结合，有一定的经营功能，以此排除了它是单纯的物流活动的看法。

（4）定义中强调了配送中心是"现代流通设施"着意于和以前的诸如商场、贸易中心、仓库等流通设施的不同。在这个流通设施中以现代装备和工艺为基础，不但处理商流而且处理物流，是兼有商流、物流全功能的流通设施。

2001 年颁布的国家标准《物流术语》中对配送中心的定义是：配送中心（Distribution Center）是指从事配送业务的物流场所或组织。应基本符合下列要求：

① 主要为特定的用户服务；
② 配送功能健全；
③ 完善的信息网络；
④ 辐射范围小；
⑤ 多品种、小批量；
⑥ 以配送为主，储存为辅。

2. 配送中心的类别

对配送中心的适当划分，是深化及细化认识配送中心的必然。从理论上和配送的作用上，可以有许多的分类，本书仅就已在实际运转中的配送中心类别概述如下：

（1）专业配送中心

专业配送中心大体上有两个含义，一是配送对象、配送技术是属于某一专业范畴，并具有一定的综合性，对多种物资进行配送。例如多数制造业的销售配送中心就属于此类，我国目前在石家庄、上海等地的配送中心大多也采用这一形式。专业配送中心第二个含义是，以配送为专业化职能；基本不从事经营的服务型配送中心，如《国外物资管理》杂志介绍的"蒙克斯帕配送中心"。

（2）柔性配送中心

在某种程度上和第二种专业配送中心相对立的配送中心，这种配送中心不向固定化、专业化方向发展，而向能随时变化，对用户要求有很强适应性，不固定供需关系，不断向发展配送用户和改变配送用户的方向发展。

（3）供应配送中心

专门为某个或某些用户（例如连锁商店、联合公司）组织供应的配送中心，例如，为大型连锁超级市场组织供应的配送中心；代替零件加工厂送货的零件配送中心，使零件加工厂对装配母厂的供应合理化，我国上海地区 6 家造船厂的配送钢板中心，也属于供应型配送中心。

（4）销售配送中心

以销售经营为目的，以配送为手段的配送中心。销售配送中心大体有 3 种类型：一种是生产企业为本身产品直接销售给消费者的配送中心，在国外，这种类型的配送中心很多。第二种是流通企业作为本身经营的一种方式，建立配送中心以扩大销售，我国目前拟建的配送中心大多属于这种类型，国外的例证也很多。第三种，是流通企业和生产企业联合的协作性配送中心。

比较起来看，国外和我国的发展趋势都是向以销售配送中心为主的方向发展。

(5) 城市配送中心

以城市范围为配送范围的配送中心，由于城市范围一般处于汽车运输的经济里程，这种配送中心可直接配送到最终用户，且采用汽车配送。所以，这种配送中心往往与零售经营相结合，由于运距短，反应能力强，因而从事多品种、少批量、多用户的配送较有优势。《物流手册》中介绍的"仙台批发商共同配送中心"便是属于这种类型。我国已建的"北京食品配送中心"也属于这种类型。

(6) 区域配送中心

以较强的辐射能力和库存能力，向省（州）际、全国乃至国际范围的用户配送的配送中心。这种配送中心配送规模较大，一般而言，用户也较大，配送批量也较大，而且往往是配送给营业所、商店、批发商和企业用户，虽然也从事零星的配送，但不是主体形式。这种类型的配送中心在国外十分普遍。

(7) 储存型配送中心

有很强储存功能的配送中心。一般来讲，在买方市场下，企业的产品：销售需要有较大库存支持，其配送中心可能有较强储存功能；在卖方市场下，企业原材料、零部件供应有较大库存支持，这种供应配送中心也有较强的储存功能。大范围配送的配送中心，需要有较大库存，也可能是储存型配送中心。

我国目前拟建的配送中心，都采用集中库存形式，库存量较大，多为储存型。

(8) 流通型配送中心

基本上没有长期储存功能，仅以暂存或随进随出方式进行配货、送货的配送中心。这种配送中心的典型方式是，大量货物整进并按一定批量零出，采用大型分货机，进货时直接进入分货机传送带，分送到各用户货位或直接分送到配送汽车上，货物在配送中心里不做少许停滞。

(9) 加工配送中心

许多资料都指出配送中心的加工职能，但是加工配送中心的实例，目前见得不多。我国上海市已开展的配煤配送、配送点中进行了配煤加工，上海六家船厂联建的船板处理——配送中心，物资部原北京剪板厂都属于这一类型的中心。

3. 我国配送中心存在的问题

经过近 10 年的实践探索，我国已建成了一批融商流、物流、信息流为一体，集储存保管、集散转运、流通加工、商品配送、信息传递、代购代销、连带服务等多功能于一体的现代化物流配送中心。但总体而言，问题还很多，主要有以下两个方面。

(1) 不规范

首先是功能不健全。配送中心主要包括如下功能：进货功能、整理分拣功能、加工功能、储存保管功能、配送功能、信息处理功能等。在相应的专业公司没有充分发展之前，这些功能必然全部由配送中心自身来承担。否则，难以体现物流配送的优势。而目前，我国相当多的配送中心，由于各方面原因，只充当着仓库与运输中转站的角色，甚至某些单位将配送中心功能理解为"送货上门"。配送中心各项功能并未发挥出来。

其次是盲目建设。在配送中心发展建设过程中，由于宏观管理职责不明、规划不当，造成宏观上区域布局不合理，存在相互重复、冲突现象，导致社会资源浪费。由于企业行为不规范，微观上企业不结合自身实际能力、发展需要和市场环境状况，盲目上马，简单拼凑，导致配送中心无法正常开展业务。这种状况，尤以随着连锁经营"一哄而起"而建成的大批小规模配送中心更为突出。

（2）效率低

首先是业务量低，资源闲置。我国的配送中心数量庞大，1997年底已近1500家，但大多数都是企业为自身服务而营建的，其中连锁企业自建的就达1000多家，其业务量低，无法达到经济配送规模。据考察，由于连锁不正规及商品、运输、管理等方面的问题，我国连锁企业配送率一般为60%~70%，差的仅有30%，甚至更低，而它们几乎都有自己的配送中心。另一方面，配送中心60%左右的人员、设施处于闲置状态。这种状况不同程度地存在于批发企业、储运企业、企业集团等建设的配送中心。其次是设备落后，成本高。大多数配送中心各种软硬件设施落后，无法实现管理科学化、作业机械化，更不用谈自动化了。因此，导致高成本、低效率。

再次，企业理念与配送技术落后。要达到配送效用最大化，需有一套专门的技术知识与之相适应，以做到合理规划，统筹安排。整体上讲，我国的配送中心人员素质急需提高，加之企业经营理念落后，影响业务质量，也没在公众中树立特有的形象，不能面向社会开展业务。

4. 新型配送中心的特点

根据国内外配送业发展情况，在电子商务时代，信息化、现代化、社会化的新型配送中心可归纳为以下几个特征：

（1）反应速度快

电子商务下，新型配送服务提供者对上游、下游的配送需求的反应速度越来越快，前置时间越来越短，配送时间越来越短，配送速度越来越快，商品周转次数越来越多。

（2）功能集成化

新型配送着重于将物流与供应链的其他环节进行集成，包括：物流渠道与商流渠道的集成、物流渠道之间的集成、物流功能的集成、物流环节与制造环节的集成等。

（3）服务系列化

电子商务下，新型配送除强调物流配送服务功能的恰当定位与完善化、系列化，除了传统的储存、运输、包装、流通加工等服务外，还在外延上扩展至市场调查与预测、采购及订单处理、向下延伸至配送咨询、配送方案的选择与规划、库存控制策略建议、货款回收与结算、教育培训等增值服务；在内涵上提高了以上服务对决策的支持作用。

（4）作业规范化

电子商务下的新型配送强调功能作业流程、作业、运作的标准化和程序化，使复杂的作业变成简单的易于推广与考核的运作。

（5）配送目标系统化

新型配送从系统角度统筹规划一个公司整体的各种配送活动，处理好配送活动与商流活动及公司目标之间、配送活动与配送活动之间的关系，不求单个活动的最优化，但求整体活动的最优化。

（6）手段现代化

电子商务下的新型配送使用先进的技术、设备与管理为销售提供服务，生产、流通、销售规模越大，范围越广，配送技术、设备及管理越现代化。

(7) 组织网络化

为了保证对产品促销提供快速、全方位的物流支持,新型配送要有完善、健全的配送网络体系,网络上点与点之间的配送活动保持系统性、一致性,这样可以保证整个配送网络有最优的库存总水平及库存分布,运输与配送快捷、机动,既能铺开又能收拢。分散的配送单体只有形成网络才能满足现代生产与流通的需要。

(8) 配送经营市场化

新型配送的具体经营采用市场机制,无论是企业自己组织配送,还是委托社会化配送企业承担配送任务,都以"服务-成本"的最佳配合为目标。

(9) 流程自动化

配送流程自动化是指运送规格标准、仓储货、货箱排列装卸、搬运等按照自动化标准作业、商品按照最佳配送路线等。

(10) 管理法制化

宏观上,要有健全的法规、制度和规则;微观上,新型配送企业要依法办事,按章行事。

4.2.4 配送合理化

对于配送的决策优劣,不能简单判断,也很难有一个绝对的标准。例如,企业效益是配送的重要衡量标志,但是,在决策时常常考虑各个因素,有时要做赔本买卖。所以,配送的决策是全面、综合的决策,在决策时要避免由于不合理配送出现所造成的损失。

1. 不合理配送的表现形式

在做配送决策时要避免由于不合理配送出现所造成的损失,但有时某些不合理现象是伴生的,要追求大的合理,就可能派生小的不合理,所以,这里只单独论述不合理配送的表现形式,但要防止绝对化。

(1) 资源筹措的不合理。配送是利用较大批量筹措资源。通过筹措资源的规模效益来降低资源筹措成本,使配送资源筹措成本低于用户自己筹措资源成本,从而取得优势。如果不是集中多个用户需要进行批量筹措资源,而仅仅是为某一、两户代购代筹,对用户来讲,就不仅不能降低资源筹措费,相反却要多支付一笔配送企业的代筹代办费,因而是不合理的。

资源筹措不合理还有其他表现形式,如配送量计划不准,资源筹措过多或过少,在资源筹措时不考虑与资源供应者长期稳定的供需关系等。

(2) 库存决策不合理。配送应充分利用集中库存总量低于各用户分散库存总量,从而大大节约社会财富,同时降低用户实际平均分摊库存负担。因此,配送企业必须依靠科学管理来实现一个低总量的库存,否则就会出现单是库存转移,而未解决库存降低的不合理。配送企业库存决策不合理还表现在储存量不足,不能保证随机需求,失去了应有的市场。

(3) 价格不合理。总的来讲,配送的价格应低于不实行配送时,用户自己进货时产品购买价格加上自己提货、运输、进货之成本总和,这样才会使用户有利可图。有时候,由于配送有较高服务水平,价格稍高;用户也是可以接受的,但这不能是普遍的原则。如果配送价格普遍高于用户自己进货价格,损伤了用户利益,就是一种不合理表现。价格制定过低,使配送企业处于无利或亏损状态下运行,会损伤销售者,也是不合理的。

（4）配送与直达的决策不合理。一般的配送总是增加了环节，但是这个环节的增加，可降低用户平均库存水平，以此不但抵消了增加环节的支出，而且还能取得剩余效益。但是如果用户使用批量大，可以直接通过社会物流系统均衡批量进货，较之通过配送中转送货则可能更节约费用，所以，在这种情况下，不直接进货而通过配送，就属于不合理范畴。

（5）送货中不合理运输。配送与用户自提比较，尤其对于多个小用户来讲，可以集中配装一车送几家，这比一家一户自提，可大大节省运力和运费。如果不能利用这一优势，仍然是一户一送，而车辆达不到满载（即时配送过多过频时会出现这种情况），则就属于不合理。

此外，不合理运输若干表现形式，在配送中都可能出现，会使配送变得不合理。

（6）经营观念的不合理。在配送实施中，有许多是经营观念不合理，使配送优势无从发挥，相反却损坏了配送的形象。这是在开展配送时尤其需要注意克服的不合理现象。例如，配送企业利用配送手段，向用户转嫁资金、库存困难，在库存过大时，强迫用户接货，以缓解自己库存压力，在资金紧张时，长期占用用户资金，在资源紧张时。将用户委托资源挪做它用获利等。

2. 配送合理化

对于配送合理化与否的判断，是配送决策系统的重要内容，目前国内外尚无一定的技术经济指标体系和判断方法，按一般认识，以下若干标志是应当纳入合理配送的。

（1）库存标志。库存是判断配送合理与否的重要标志。具体指标有以下两方面：

① 库存总量。库存总量在一个配送系统中，从分散于各个用户转移给配送中心，配送中心库存数量加上各用户在实行配送后库存量之和应低于实行配送前各用户库存量之和。此外，从各个用户角度判断，各用户在实行配送前后的库存量比较，也是判断合理与否的标准，某个用户上升而总量下降，也属于一种不合理。

库存总量是一个动态的量，上述比较应当是在一定经营量前提下。在用户生产有发展之后，库存总量的上升则反映了经营的发展，必须扣除这一因素，才能对总量是否下降做出正确判断。

② 库存周转。由于配送企业的调剂作用，以低库存保持高的供应能力，库存周转一般总是快于原来各企业库存周转。此外，从各个用户角度进行判断，各用户在实行配送前后的库存周转比较，也是判断合理与否的标志。

（2）资金标志。总的来讲，实行配送应有利于资金占用降低及资金运用的科学化。具体判断标志如下：

① 资金总量。用于资源筹措所占用流动资金总量，随储备总量的下降及供应方式的改变必然有一个较大的降低。

② 资金周转。从资金运用来讲，由于整个节奏加快，资金充分发挥作用，同样数量资金，过去需要较长时期才能满足一定供应要求，配送之后，在较短时期内就能达此目的。所以资金周转是否加快，是衡量配送合理与否的标志。

③ 资金投向的改变。资金分散投入还是集中投入，是资金调控能力的重要反映。实行配送后，奖金必然应当从分散投入改为集中投入，以能增加调控作用。

（3）成本和效益。总效益、宏观效益、微观效益、资源筹措成本都是判断配送合理化的重要标志。对于不同的配送方式，可以有不同的判断侧重点；例如，配送企业、用户都是各自独立的以利润为中心的企业,则不但要看配送的总效益,而且还要看对社会的宏观效益及两个企业的微观效益,不顾及任何一方,都必然出现不合理。又例如,如果配送是由用户集团自己组织的,配送主要强调保证能力和服务性,那么,效益主要从总效益、宏观效益和用户集团企业的微观效益来判断,不必过多顾及配送企业的微观效益。

由于总效益及宏观效益难以计量,在实际判断时,常以按国家政策进行经营,完成国家税收及配送企业及用户的微观效益来判断。

对于配送企业而言(投入确定了的情况下),则企业利润反映配送合理化程度。对于用户企业而言,在保证供应水平或提高供应水平(产出一定)前提下,供应成本的降低,反映了配送的合理化程度。

(4)供应保证标志。实行配送,各用户的最大担心是害怕供应保证程度降低,这是个心态问题,也是承担风险的实际问题。

配送的重要一点是必须提高而不是降低对用户的供应保证能力,才算实现了合理。供应保证能力可以从以下方面判断:

① 缺货次数。实行配送后,对各用户来讲,该到货而未到货以致影响用户生产及经营的次数,必须下降才算合理。

② 配送企业集中库存量。对每一个用户来讲,其数量所形成的保证供应能力高于配送前单个企业保证程度,从供应保证来看才算合理。

③ 即时配送的能力及速度是用户出现特殊情况的特殊供应保障方式,这一能力必须高于未实行配送前用户紧急进货能力及速度才算合理。

特别需要强调一点,配送企业的供应保障能力,是一个科学的合理的概念,而不是无限的概念。具体来讲,如果供应保障能力过高。超过了实际的需要,属于不合理。所以追求供应保障能力的合理化也是有限度的。

(5)社会运力节约标志。末端运输是目前运能、运力使用不合理,浪费较大的领域,因而人们寄希望于配送来解决这个问题。这也成了配送合理化的重要标志。

运力使用的合理化是依靠送货运力的规划和整个配送系统的合理流程及与社会运输系统合理衔接实现的。送货运力的规划是任何配送中心都需要花力气解决的问题,而其他问题有赖于配送及物流系统的合理化,判断起来比较复杂。可以简化判断如下:

① 社会车辆总数减少,而承运量增加为合理;
② 社会车辆空驶减少为合理;
③ 一家一户自提自运减少,社会化运输增加为合理。

(6)用户企业仓库、供应、进货人力物力节约标志。配送的重要观念是以配送代劳用户;因此,实行配送后,各用户库存量、仓库面积、仓库管理人员减少为合理;用于订货、接货、搞供应的人应减少才为合理。一旦真正解除了用户的后顾之忧,则配送的合理化可以说是达到一个高水平了。

(7)物流合理化标志。配送必须有利于物流合理。这可以从以下几方面判断:

① 是否降低了物流费用;
② 是否减少了物流损失;
③ 是否加快了物流速度;
④ 是否发挥了各种物流方式的最优效果;
⑤ 是否有效衔接了干线运输和末端运输;

⑥ 是否不增加实际的物流中转次数；
⑦ 是否采用了先进的技术手段。

物流合理化的问题是配送要解决的大问题，也是衡量配送本身的重要标志。

4.3 第三方物流

4.3.1 第三方物流概念

随着现代企业生产经营方式的变革和市场外部条件的变化，"第三方物流"（third party logistics）这种物流形态开始引起人们的重视，学术界和产业界对此表现出极大的兴趣。在发达国家，先进企业的物流模式已开始向第三方物流方向转变，以提供第三方物流服务的专业物流毕竟还是一个比较陌生的概念，对其特点和内容尚缺乏全面了解。鉴于此，本节结合国外第三方物流事业的发展，对第三方物流的概念、特征及其对物流事业产生的影响做一简单的介绍。

1. 企业物流活动方式的发展变化

物流是企业生产经营活动的重要组成部分，无论是制造业企业还是流通业企业，为完成商品的生产和销售都必须有与之相关的物流活动。"物流"首先是货主企业方面的概念，货主企业是物流的需求者。在社会分工的原则基础上，为满足货主企业的物流需求，出现了作为物流服务提供者的专业物流企业。但是，从历史的角度看，企业对物流服务的需求最初是以自我提供方式实现的。企业为了提高物流活动效率和服务水平，需要对物流活动进行管理，于是，在企业的生产经营管理中，物流管理成为一项重要的内容。这种"自给自足"的方式成为企业早期物流活动的重要特征。

与"自给自足"方式相对应的是"对外委托"方式，即将一部分或全部物流活动委托给外部的专业物流企业来完成。采取对外委托方式的原因可以归纳为这样几点。

（1）企业从事物流活动需要投入大量的资金用来建设物流设施，购买物流设备，这对于缺乏资金的企业，特别是中小企业来说是个沉重负担。

（2）企业自己从事物流活动，会因生产规模过小或生产的季节性等原因降低物流效率。

（3）大批的物流投资带有事实上的风险。

（4）企业的物流手段有限，无法承担诸如集装箱运输，铁路运输以及国际间运输等活动。

（5）对物流系统的高度化需求等。

从对外委托的形态上看，其一是货主企业自己从事物流系统设计以及库存管理，物流信息管理等管理性工作，而将货物运输、保管等具体的物流作业活动委托给外部的物流企业。其二是由特殊物流企业将其开发设计的物流系统提供给货主企业并承担物流作业活动。第三种是由专业企业站在货主企业的角度，代替其从事物流系统的设计，并对系统运营承担责任。前两种对外委托形态在发达国家已被企业普遍采用，第三种对外委托形态逐渐受到重视。

在我国的企业中，将一部分物流作业活动委托给专业物流企业去完成的情况比较普遍。但是，对外委托的范围还相当窄，只是局限在一部分作业活动上，有些委托不具有长期稳定的关系。以汽车为货运手段的中短距离运输，保管、配送等物流活动领域，仍然是以自家物流为主。这一方面反映出企业物流管理水平还比较落后，另一方面也说明我国的物流业还不具备向企业提供高质量的综合物流服务的能力。对外委托是实现物流社会化、合理化的有效途径，企业要实现经营资源的有效利用，物流外包是一种可选方案。

2. 第三方物流及其优点

第三方物流（Third-Part Logistics TPL）是由供方与需方以外的物流企业提供物流服务的业务模式。第三方物流是在物流渠道中由中间商提供的服务，中间商以合同的形式在一定期限内，提供企业所需的全部或部分物流服务。第三方物流提供者是一个为外部客户管理、控制和提供物流服务作业的公司，他们并不在供应链中占有一席之地，仅是第三方，但通过提供一整套物流活动来服务于供应链。

现代意义上的第三方物流是一个约有 10～15 年历史的行业。在美国，第三方物流业被认为尚处于发展期；在欧洲，普遍认为第三方物流市场有一定的成熟程度。欧洲目前使用第三方物流服务的比例约为 76%；美国约为 58%，而且其需求仍在增长。研究表明，欧洲 24% 和美国 33% 的非第三方物流服务用户正积极考虑使用第三方物流服务；欧洲 62% 和美国 72% 的第三方物流服务用户认为他们有可能在三年内增加对第三方物流服务的运用。据一些行业观察家对市场规模的估计，整个美国第三方物流业的收入由 1994 年的 150 亿平均增长到 1996 年的 250 亿美元，预计在未来的 3～5 年中，将以 15～20% 的比例递增，到 2000 年有望突破 500 亿美元大关。目前的 250 亿美元被认为占美国相关市场的 6%，那意味着有相当于 4200 亿美元的市场规模，欧洲最近的潜在物流市场估计约为 9500 亿美元。

第三方物流给企业（顾客）带来了众多益处，主要表现在：

（1）集中主业，企业能够实现资源优化配置，将有限的人力、财务集中于核心业务，进行重点研究，发展基本技术，努力开发出新产品参与世界竞争。

（2）节省费用，减少资本积压。专业的第三方物流提供者利用规模生产的专业优势和成本优势，通过提高各环节能力的利用率节省费用，使企业能从分离费用结构中获益。根据对工业用车的调查结果得知，企业解散自有车队而使用公共运输服务的主要原因就是为了减少固定费用，这不仅可以节省购买车辆的投资，还节省了车间仓库、发货设施、包装器械以及与员工相关的开支。从日益增长的工业成品营销服务需求看。以 1990 年的服务为例，工业品营销费用占费用的 20%，预计 2005 年该比例将达到 40%。若企业自行分配产品，这意味着对营销服务任何程度的深入参与，都将引起费用的大幅增长。只有使用专业服务公司提供的公共服务，才能减少额外开支。

（3）减少库存。企业不能承担原料和库存的无限拉长，尤其是高价值的部件要及时送往装配点以保证库存的最小量。第三方物流提供者借助精心策划的物流计划和适时运送手段，最大限度地养活库存，改善企业的现金流量，实现成本优势。

（4）提升企业形象。第三方物流提供者与顾客，不是竞争对手，而是战略伙伴，他们为顾客着想，通过全球性的信息网络使顾客的供应链管理完全透明化，顾客随时可通过 Internet 了解供应链的情况；第三方物流提供者是物流专家，他们利用完备的设施和训练有素的员工对整个供应链实现完全的控制，减少物流的复杂性；他们通过遍布全球的运送网络和服务提供者（分承包方）大大缩短了交货期，帮助顾客改进服务，树立自己的品牌形象。第三方物流提供者通过"量体裁衣"式的设计，制订出以顾客为导向、低成本高效率的物流方案，为企业在竞争中取胜创造有利条件。

4.3.2 国内外第三方物流状况

1. 国外第三方物流情况简介

作为物流业的新兴领域,第三方物流业在国外的物流市场上已经占据了相当可观的比例。据了解,德国总的物流市场达到 346 亿美元,其中第三方物流企业的营业额为 80 多亿美元,占到德国总的物流市场份额的 23.33%,在其他的欧共体国家中,第三方物流在整个物流市场所占的比重基本上在 10%~35%之间;在社会化配送发展得最好的日本,第三方物流业在整个物流市场的份额更是高达 80%。

据有关资料表明,美国公司每年支出的库存利息有 40 多亿美元,支付的税金、折旧费、贬值损失及保险费用有 80 多亿美元,仓库费用有 20 多亿美元;整个物流活动占制成品成本的 15%~20%。为降低成本,已有近 75%的美国制造商和供应商使用或正在使用第三方物流,这个数字还将继续上升。目前美国物流产业合同金额为 342 亿美元,并在今后 3 年以年平均 23%的速度增长。通过对使用第三方物流服务的 123 家美国公司进行调查,大约有 48%的公司认为物流代表一种新的竞争优势;并有 86%的公司对第三方物流产业提供的服务表示满意。目前美国物流产业规模为 9000 亿美元,几乎为高技术产业的二倍之多,占美国国内生产总值的 10%以上;而全球物流产业规模为 3.43 万亿美元。

近年大力发展起来的"Com 公司",与第三方物流的合作关系比传统企业要更加紧密一些。如沃尔玛就用第三方为它的电子商务提供物流服务,这家公司建造了一个 100 万平方英尺的配送中心,专门为沃尔玛的电子商务提供具体的服务,内容包括订单管理、订货处理,以及订货的送货、仓储管理、一般的发运、另外付款的处理、客户的服务、退货的处理等。这跟传统上我们中国现在讲的物流服务是一致的。

2. 国外第三方物流的发展趋势

第三方物流这个词是从国外引进的,在国外简称叫做 3PL,也有人称之为物流集成商。现在,国外第三方物流的发展趋势有以下几个方面:

第一,市场特别需要物流集成商,它提供的是一个计算机接口,一个接触点,一份合同,一份集单,买卖双方把所有的与物流有关的业务交给这个公司全权代理,不管它是自己运作,还是再去转包给别人,反正这个第三方是与货主联系的惟一的接触点。

第二,第三方物流的利润空间很大。第三方物流除了给第一方、第二方带来利润以外,自己也能赚到钱,如果利用更加严格的内部成本控制和更好地使用信息技术,提供一些增值服务,第三方物流就能赚取更多的利润。随着经济全球化,越来越多的厂商到国外去办厂,第三方也要跟着走,这样随着他的市场扩大,第三方的市场也跟着扩大。

第三,客户将更加依赖于第三方物流。因为第三方有现成的比客户自己做要好得多的物流解决方案,所以,客户都非常愿意把这个东西外包出去,从而第三方物流和客户之间就构成一种不可分割的供应链关系。

欧洲第三方物流发展非常快。德国总的物流市场是 346 亿美元,交给第三方的是 80 多亿美元,占到德国总的物流市场份额的 23.33%。法国的比例比它稍微高一点,为 26.9%,英国达到 34.48%,意大利占 12.77%,西班牙占 18%,荷兰占 25%,比利时占 24.99%,奥地利占 18%,瑞士占 22%,丹麦占 20%,芬兰占 20%,爱尔兰占 24%,葡萄牙占 16%,希腊占 11%，卢森堡占 25%。算起来，欧共体国家第三方物流占整个物流市场的比重基本上在 10%~35%之间。这些数字说明在国外，第三方物流占的比例是比较大的。

近年大力发展起来的"Com 公司"，与第三方物流的合作关系比传统企业要更加紧密一些。如沃尔玛特就用第三方为它的电子商务提供物流服务，这家公司建造了一个 100 万平方英尺的配送中心，专门为沃尔玛特的电子商务提供具体的服务，内容包括订单管理、订货处理，以及订货的送货、仓储管理、一般的发运、另外付款的处理、客户的服务、退货的处理等。这跟我们中国现在讲的传统物流服务是一致的。

3. 中国的第三方物流的发展趋势

作为国际物流领域上新兴的产业，第三方物流业指向货主提供物流代理服务的各种行业。过去很少能由一个企业代理货主的全部环节的物流服务，所提供的服务往往局限于仓库存货代理、运输代理、托运代办、通关代理等局部业务，而完善的第三方物流的代理则是全部物流活动系统的全程代理。专业人士普遍认为，尽管目前仍有许多制造商不愿将物流这一肥缺转交给第三方物流公司，但从长远看，第三方物流业可以帮助企业提高生产力、削减成本，并显著减少劳动力，有迹象表明，公司对第三方物流服务商的利用频率越来越高，范围也将越来越广。

据国际货币基金组织 1997 年的统计，我国当年物流成本占 GDP 的比重为 16.9%，达 718 亿美元，按照国际上第三方物流在物流市场上所占平均份额计算，市场份额应在 200 亿美元左右。而对这一数字，国内不少物流业界人士认为还过于保守，物流学专家、北京物资学院教授王之泰也认为，在我国 8 万亿元人民币的国民总产值中，数万亿元的工农业产品最终都要进入物流领域，因此这个市场是相当巨大的。

另据中国仓储协会 1999 年初对全国 450 家大中型工业企业进行的一项调查，45%的企业将在未来一两年内选择新的物流商，其中 75%的企业将选择新型的物流企业，而不是原来的仓储运输企业，并且 60%的企业将把所有的综合物流业务外包给新型的物流企业，中国仓储协会秘书长沈绍基认为，由这些数字可以看出，我国第三方物流的市场需求相当可观。沈绍基进一步指出，中国的物流市场需求有多大，不取决于工商企业本身，而取决于第三方物流商的专业水平、提供能力及其运作质量，可以说，第三方物流商的供应能力有多大，市场就有多大。

4. 第三方物流事业的展望

货主企业采用第三方物流方式对于提高企业经营效率具有重要作用。首先，可以使企业专心致志地从事自己所熟悉的业务，将资源配置在核心事业上。其次，第三方物流企业有丰富的专门从事物流工作的行家里手，具有丰富的专业知识和经验，有利于提高货主企业的物流水平。第一方物流企业是面向社会众多企业提供物流服务，可以站在比单一企业更高的角度，在更大范围扩大市场外部环境，企业的生产经营活动也变得越来越复杂，要实现物流活动的合理化仅仅将物流系统范围局限在企业内部已远远不够。建立企业间跨行业的物流系统网络，将原材料生产企业，制品生产企业，批发零售企业等生产流通全过程上下游相关企业的物流活动有机结合起来，形成一个链状的商品供应系统，是构筑现代物流大系统的要求。第三方物流企业通过其掌握的物流系统开发设计能力，信息技术能力，成为建立企业间物流系统网络的组织者，完成企业，特别是中小企业所无法实现的工作。

发展第三方物流事业无疑是促进企业物流活动合理化、效率化，进而提高整个社会物流合理化的重要途径。特别是在当今的信息时代，将先进的信息技术、网络技术应用到物流管理中，会极大地促进物流事业的发展，第三方物流事业具有广阔的发展前景。

发展第三方物流事业，首先要求货主企业打破"大而全小而全"的传统经营思想，树立全新的经营理念，重视物流管理工作，为发展第三方物流事业提供市场。一些具有现代特征的生产流通企业，新型行业或业态应该在开发、利用第三方物流方面作出新的尝试。其次，作为从事第三方物流事业的企业，必须具有提供从物流计划、系统设计、物流管理到实施一整套物流服务的能力。

第三方物流事业显然可以成为物流企业，但是那些具有综合物流能力的大型运输、仓储业并不等同于物流业，传统的物流业也不意味着第三方物流企业。这里关键的问题不是如何称呼，而是其所从事的事业的本质特征，所提供物流服务的性质。第三方物流企业要站在货主企业的角度提供有利于物流合理化的综合物流服务，必须熟悉货主企业、物流活动的发展规律，具有物流系统开发和创新的能力。显然，这与只是受货主委托从事简单的运输、保管作业活动或管理活动是截然不同的。因此，物流企业必须突破现有的经营模式，从人才入手掌握从事第三方物流事业的技术、活动方法，并建立相适应的企业经营管理组织。此外，第三方物流事业的特点决定了物流企业以外的商业批发企业、商社型贸易企业等均可以通过发挥各自的信息优势、渠道优势以及所具有的物流功能向第三方物流事业渗透，并以此促进事业的进一步发展。

4.3.3 第三方物流与物流一体化

1. 物流一体化

随着市场竞争的不断深化和加剧，企业建立竞争优势的关键，已由节约原材料的"第一利润源泉"、提高劳动生产率的"第二利润源泉"，转向建立高效的物流系统的"第三利润源泉"。

20世纪80年代，西方发达国家如美国、法国和德国等就提出了物流一体化的现代理论，通过应用指导其物流发展并取得了明显的效果，使他们的生产商、供应商和销售商均获得了显著的经济效益。美国十几年的经济繁荣期即与该国重视物流一体化的理论研究与实践，加强供应链管理，提高社会生产的物流效率和物流水平分不开的。亚太物流联盟主席、澳大利亚著名的物流专家指出，物流一体化就是利用物流管理，使产品在有效的供应链内迅速移动，使参与各方的企业都能获益，使整个社会获得明显的经济效益。

所谓物流一体化就是以物流系统为核心的由生产企业经由物流企业、销售企业直至消费者供应链的整体化和系统化。它是指物流业发展的高级和成熟的阶段。物流业高度发达，物流系统完善，物流业成为社会生产链条的领导者和协调者，能够为社会提供全方位的物流服务。

物流一体化的发展可进一步分为三个层次：物流自身一体化、微观物流一体化和宏观物流一体化。物流自身一体化是指物流系统的观念逐渐确立，运输、仓储和其他物流要素趋向完备，子系统协调运作，系统化发展。微观物流一体化是指市场主体企业将物流提高到企业战略的地位，并且出现了以物流战略作为纽带的企业联盟。宏观物流一体化是指物流业发展到这样的水平：物流业占到国家国民总产值的一定比例，处于社会经济生活的主导地位。它使跨国公司从内部职能专业化和国际分工程度的提高中获得规模经济效益。

2. 第三方物流与物流一体化

物流一体化是物流产业化的发展形式，它必须以第三方物流充分发育和完善为基础。物流一体化的实质是一个物流管理的问题，即专业化物流管理人员和技术人员，充分利用专业化物流设备、设施，发挥专业化物流运作的管理经验，以求取得整体最优的效果。同时，物流一体化的趋势为第三方物流的发展提供了良好的发展环境和巨大的市场需求。

从物流业的发展看，第三方物流是在物流一体化的第一个层次时出现萌芽的。但是这时只有数量有限的功能性物流企业和物流代理企业。第三方物流在物流一体化的第二个层次得到迅速发展。专业化的功能性物流企业和综合性物流企业以及相应的物流代理公司出现，发展很快。这些企业发展到一定水平，物流一体化就进入了第三个层次。

西方发达国家在发展第三方物流，实现物流一体化方面积累了较为丰富的经验。德国、美国、日本等先进国家认为，实现物流一体化，发展第三方物流，关键是具备一支优秀的物流管理队伍。要求管理者必须具备较高的经济学和物流学专业知识和技能，精通物流供应链中的每一门学科，整体规划水平和现代管理能力都很强。

第三方物流和物流一体化的理论为中国的国有大中型企业带来一次难得的发展机遇和契机，即探索适合中国国情的第三方物流运作模式，降低生产成本，提高效益，加强竞争力。

4.3.4 第三方物流企业与客户关系

1. 第三方物流是客户的战略同盟者，而非一般的买卖对象

第三方物流企业不是货代公司，也不是单纯的速递公司，在物流领域扮演的是客户的战略同盟者的角色。在服务内容上，它为客户提供的不仅仅是一次性的运输或配送服务，而是一种具有长期契约性质的综合物流服务，最终职能是保证客户物流体系的高效运作和不断优化供应链管理。从这个角度来看，第三方物流企业与其说是一个专业物流公司，不如说是客户的一个专职物流部门，只是这个"物流部门"更具有专业优势和管理经验。与传统运输企业相比，第三方物流的服务范围不仅仅限于运输、仓储业务，它更加注重客户物流体系的整体运作效率与效益。供应链的管理与不断优化是它的核心服务内容。它的业务深深地触及到客户企业销售计划、库存管理、订货计划、生产计划等整个生产经营过程，远远超越了与客户一般意义上的买卖关系，而是紧密地结合成一体，形成了一种战略合作伙伴关系。从长远看，第三方物流的服务领域还将进一步扩展，甚至会成为客户销售体系的一部分。它的生存与发展必将与客户企业的命运紧密地联系在一起。在西方的物流理论中非常强调"相互依赖"关系，也就是说一个企业的迅速发展光靠自身的资源、力量是远远不够的，必须寻找战略合作伙伴，通过同盟的力量获得竞争优势。而第三方物流扮演的就是这种同盟者的职能，与客户形成的是相互依赖的市场共生关系。

2. 第三方物流是客户的战略投资人，也是风险承担者

第三方物流公司追求的不是短期的经济效益，更确切地说它是以一种投资人的身份为客户服务的，这是它身为战略同盟者的一个典型特点。比如，为了适应客户的需要，第三方

物流公司往往自行投资或合资为客户建造现代化的专用仓库、个性化的信息系统，以及特种运输设备等，这种投资少则几百万元，多则上亿元，直接为客户节省了大量的建设费用，而这种投资的风险必然也由自身承担。所以，第三方物流服务本身就是一种长期投资。这种投资的收益很大程度上取决于客户业务量的增长，这就形成了双方利益一体化的基础。同时，随着我国资本市场的发展，法人企业作为战略投资人已经成为一类重要的资本市场投资主体，在业务关系上的紧密性为第三方物流企业与客户在资本市场上的合作创造了难得的条件，可以预见双方在股权、资本上的融合将更加紧密，第三方物流战略投资人的性质将更加明显。

3. 利益一体化是第三方物流企业的利润基础

第三方物流企业的利润从哪里来？从本质上讲来源于现代物流管理科学的推广所产生的新价值，也就是我们经常提到的第三利润的源泉。以美国为例，1980年全美企业存货成本总和占国民生产总值（GNP）的29%，由于物流管理中零库存控制的实施到1992年这一比例下降到19%，下降了近10个百分点。可以说这种库存成本的节约就是物流科学创造的新价值。这种新价值是第三方物流与客户共同分享的。这就是利益一体化，这就是我们强调的"双赢"。

所以，与传统的运输服务相比，第三方物流公司的利润来源与客户的利益是一致的，而不是矛盾的，并不是一方多赚一分钱，另一方就少赚一分钱的传统交易方式。所以，与运输企业相比，第三方物流服务的利润来源不是来自运费、仓储费用等直接收入，不是以客户的成本性支出为代价的，而是来源于与客户一起在物流领域创造的新价值。为客户节约的物流成本越多，利润率就越高，这与传统的经营方式有本质不同。

虽然，我国现有的物流企业在交易方式上还没有摆脱传统以运费、仓储费用为计量的结算方式，但以"降低客户经营成本为根本的经营目标"已经被中外运等物流企业明确地提出，这代表了我国物流业发展的方向，也是实现与客户的双赢、利益一体化的真实反映。这也是解除企业后顾之忧，真正实现战略合作的经济基础。

4.3.5 适合中国国情的第三方物流模式

结合上述理论，根据我国的实际情况加以分析，我国物流产业应积极采取代理形式的客户定制物流服务的第三方物流模式。目前中国物流企业在数量上供大于求，供给数量大于实际能力；在质量上有所欠缺，满足不了需求的质量；物流网络资源丰富，利用和管理水平低；缺乏有效的物流管理者。

以北京运输业为例，截止1997年底，全市共有运输车辆13万辆，各种运输企业5万余家，与全国25省市开通零担货运班线70多条（不包括铁路）。应该说北京运输业已经具有了相当高的水平，但其面临的困难仍然是巨大的，行业内普遍的不景气、资产闲置、以及职工下岗等等。如何卓有成效地解决问题，发展物流业，正是我们所急切关注的。

因此，我们提出，作为物流企业完全可以不进行固定资产的再投资，采用委托代理的形式，运用自己成熟的物流管理经验和技术，为客户提供高质量的服务。我们将这种方式概括为以综合物流代理为主的第三方物流运作模式。也就是说，国内物流业在物流一体化和第三方物流上存在着很大的空白，国有大中型企业不景气的现状为这种物流模式的产生和发展提供了低成本高扩张的坚实基础。大力推广和发展综合物流代理运作模式正逢其时。

如何开展适合中国国情的综合物流代理？国际著名的专门从事第三方物流的企业有：美国的联邦快递，1995年营业额达到125亿美元；日本的佐川急便，1995年营业额达到57亿美元。国内专业化的物流企业主要是一些原来的国家大型仓储运输企业和中外合资独资企业，如中国储运公司、中外运公司、大通、敦豪、天地快运、EMS、宝隆洋行等。近年来，各公司的营业额均在亿元以上，营业范围涉及全国配送、国际物流服务、多式联运和邮件快递等。其实，上述公司都已经在不同程度地进行了综合物流代理运作模式的探索实践。尤其是一些与外方合资或合作的物流企业充分发挥国外公司在物流管理经验、人才、技术、观念和理论上的优势，率先进行综合物流代理运作。

从事综合物流代理业务的主要思路为：不进行大的固定资产投入，低成本经营和入市原则；将主要的成本部门及产品服务的生产部门的大部分工作委托他人处理，注重建立自己的销售队伍和管理网络；实行特许代理制，将协作单位纳入自己的经营轨道；公司经营的核心能力就是综合物流代理业务的销售、采购、协调管理和组织设计的方法与经验，并且注重业务流程创新和组织机制创新，使公司经营不断产生新的增长点。

为了提高管理效率、降低成本运作，不但要提出具有竞争力的服务价格，还必须采取以下措施：坚持品牌经营，产品（服务）经营和资本经营相结合的系统经营；企业的发展和目标与员工、供应商、经营商的目标和发展充分结合；重视员工和外部协作经营商的培训，协助其实现经营目标；建立和完善物流网络，分级管理，操作和行销分开；开发建设物流管理信息系统，应用 EDI、GPS、RF、EOS、INTERNET、CODE BAR 等新技术，对货物进行动态跟踪和信息自动处理；实行优先认股的内部管理机制，促进企业不断发展；组建客户俱乐部，为公司提供一个稳定的客户群。

下面用一个例子来分析说明第三方物流为企业提供的服务。

假设销售额为6000万元的箱包企业工厂总部位于北京，全国有9家分公司，距北京平均距离1200公里。10家城市均摊，月均50万元销售额。设标准包装箱为45cm×33cm×60cm，约0.09m³，15kg，每箱30只。平均计价144元/只，每箱货值0.43万元。每城市每月销售116箱，约11.25m³。计费吨数为3.4T。设该公司于每城市有100家销售网点，每个网点销售116箱，计0.5万元/家，约38只箱包。送货3800只/月/城，10城市总送货38000只，全年送货45.6万只。设每家销售网点布货品种20种，30%为畅销品占销量的70%，即6种箱包的每月的送货量为26只，其余14种每月送货量为12只，分3次送完。计每城市每月送货300次，10城市送货3000次，全年送货3.6万次。该公司的物流比例为1.8%。

该箱包企业为了完成原料采购和产品分销等物流功能可以有两种选择：采用第三方物流和企业自营物流。公司自行承担物流功能需要车辆、仓库、办公用房等固定资产占用，要负担相应的维修及折旧费用，要负担有关人员的工资奖金费用，年物流费用为277万元，约占销售额的4.62%。而采用委托第三方，采购全套物流服务，所需物流费用为200万元，约占销售额的3.33%。

由此可见，利用第三方物流服务比本公司自营节省可见成本28%。实践证明，采用第三方物流服务可为公司提供以下便利：降低物流成本；扩大公司业务能力；集中精力，强化主业；缩短出货至交货时间；增加车辆效率和减少油耗费用；彻底实施品质管理；遇到旺季人手不够。

我国物流业正在蓬勃发展，物流一体化和第三方物流正在引起我国物流业界和理论界人士的重视和关注。开展物流一体化的研究，促进第三方物流，探索适合我国国情的物流运作模式任重而道远。

4.4 新型物流

4.4.1 第四方物流

1. 第四方物流的概念

关于第四方物流的概念，一种定义是"指集成商们利用分包商来控制与管理客户公司的点到点式供应链运作"；另一种是"一个集中管理自身资源、能力和技术并提供互补服务的供应链综合解决办法的供应者"；而安盛公司提出的第四方物流的概念，定义是"4PL是一个供应链集成商，他调集和管理组织自己的以及具有互补性的服务提供商的资源、能力和技术，以提供一个综合的供应链解决方案"，这一定义似乎更为贴切而被广泛采用，有的咨询公司则开始以"有领导力量的物流提供商"的名称提供类似服务。不管如何称呼，这种提供可以通过整个供应链的影响力，提供综合的供应链解决方案，也为其顾客带来更大的价值。不过4PL的概念在我国很少提及，即使在国外，物流业界对此也有不少异议，所以，4PL思想的发展前景如何，尚待理论完善与实践检验。

第四方物流不仅控制和管理特定的物流服务，而且对整个物流过程提出策划方案，并通过电子商务将这个过程集成起来。因此第四方物流成功的关键在于为顾客提供最佳的增值服务，即迅速、高效、低成本和人性化服务等。发展第四方物流需平衡第三方物流的能力、技术以及贸易流畅管理等，为客户提供功能性一体化服务并扩大营运自主性。

2. 第四方物流的特点

第四方物流的特点之一是其提供了一个综合性供应链解决方法，以有效地适应需方多样化和复杂的需求，集中所有资源为客户完美地解决问题。

（1）供应链再建，通过供应链的参与者将供应链规划与实施同步进行，或利用独立的供应链参与者之间的合作提高规模和总量。供应链再建改变了供应链管理的传统模式，将商贸战略与供应链战略连成一线，创造性地重新设计了参与者之间的供应链，使之达到一体化标准。

（2）功能转化，主要是销售和操作规划、配送管理、物资采购、客户响应以及供应链技术等，通过战略调整、流程再造、整体性改变管理和技术，使客户间的供应链运作一体化。

（3）业务流程再造，将客户与供应商信息和技术系统一体化，把人的因素和业务规范有机结合起来，使整个供应链规划和业务流程能够有效地贯彻实施。

（4）实施第四方物流，开展多功能、多流程的供应链业务，其范围远远超出传统外包运输管理和仓储运作的物流服务。企业可以把整条供应链全权交给第四方物流运作，第四方物流可为供应链功能或流程的全部提供完整的服务。

第四方物流的特点之二是通过影响整个供应链来获得价值,即与类似外包的供应链的区别之一在于其能够为整条供应链的客户带来利益。

(1) 利润增长。第四方物流的利润增长将取决于服务质量的提高、实用性的增加和物流成本的降低。由于第四方物流关注的是整条供应链,而非仓储或运输单方面的效益,因此其为客户及自身带来的综合效益会出现惊人进展。

(2) 运营成本降低。可以利用运作效率提高、流程增加和采购成本降低实现,即通过整条供应链外包功能以达到节约的目的。流程一体化、供应链规划的改善和实施将使运营成本和产品销售成本降低。

(3) 工作成本降低。采用现代信息技术、科学的管理流程和标准化管理,使存货和现金流转次数减少而可望得到占总成本30%的工作成本的降低。

(4) 提高资产利用率。客户通过第四方物流减少了固定资产占用和提高了资产利用率,使得客户通过投资研究设计、产品开发、销售与市场拓展等获得经济效益的提高。

第四方物流成功地影响着大批的服务者(第三方物流、网络工程、电子商务、运输企业等)以及客户的能力和供应链中的伙伴。它作为客户间的连接点,通过合作或联盟提供多样化服务。第四方物流的优点使得迅速、高质量、低成本的运送服务得以实现。不少人认为第四方物流由于难以获得委托者的信任而只是一个设想,但随着社会经济的不断发展,第四方物流将会得到广泛的运用。

3. 我国发展第四方物流的举措

我国在物流业发展中作了巨大的投入,但物流行业的发展仍十分缓慢,在工业生产中物流所占用的时间几乎为整个生产过程的 90%、物流费用占商品总成本的比重从账面反映为 40%,全社会物流费用支出约占国民生产总值的 20%,而美国 1986 年物流费用支出仅占其 GNP 的 11.1%。我国物流业干线物流能力过剩,而末端物流配送能力不足的矛盾非常突出,整个物流各环节的贯通存在严重的脱节现象,从而制约了整个工业、商业的变革以及新兴的电子商务在中国的发展。第四方物流作为对物流服务更深层次、更全面的要求,使得我国发展第四方物流任重道远。

(1) 统筹规划,做好物流配送的基础建设

现代化物流配送是社会化大生产、国民经济发展的客观要求,它的发展状况对经济发展、商品流通和大众消费起着重要的促进或制约作用。政府加强统筹规划,注重物流设施的投资建设,打好物流配送基础,是第四方物流成长的基础所在。如做好物流配送基地的建设,在大中城市、港口、主要公路枢纽对物流设施用地进行规划,形成了大大小小比较集中的物流团地。在这些物流团地,可集中多个物流企业,这样便于对物流团地的发展进行统一规划、合理布局,有利于物流配送业的发展。日本的做法值得我们借鉴,日本横滨港货物中心(Y-CC)是日本最大最新的综合物流中心,仓储面积约为32万平方米,具有商品储存保管、分拣、包装、流通加工、商品展示洽谈、销售、配送等多种功能,并有保税区、办公区、信息系统、食堂等配套服务系统。其优良的物流设施,完善的功能为物流配送的发展提供了良好的条件。在日本的物流配送企业物流作业中,铲车、叉车、货物升降机、传送带等机械应用程度较高,计算机管理系统应用比较普遍。许多物流企业已经开始应用了数码分拣系统,大大提高了工作效率和准确性。物流配送科技的应用与发展为物流配送上水平、上台阶提供了重要手段和途径。良好的物流基础为第四方物流服务提供了坚实的基础。

（2）资源整合，竞争走向合作

国内物流业资源较为庞大，但传统意义上的物流之各个环节（如仓储、运输、包装等）之间缺乏有效的整合，需要提供一个全套的（或者称是全面的）管理方式（或手段）。上市公司华北高速的做法可谓通过资源整合提供第四方物流的有益尝试，即将现代物流管理的理念固化在其开发的物流信息系统软件之中，借助于中国交通网这一网络平台，为国内物流企业提供切实的解决方案。目前，将主要以提供第四方物流为突破口，今后还将过渡到提供第三方物流即向参与其中的物流企业提供物流业务的整合服务方面。

据了解，国外在这一领域运作已比较成熟，单是在物流软件销售方面，一个大型企业所需的物流系统软件，售价甚至可以达到上百万美金。此外，为物流企业提供后期的持续服务（如业务的整合服务）收入也很可观。整体而言，国外相关企业物流费用大致占到生产成本的 10~15%左右。与国外相比，国内提供类似的服务在价格水平上大体少一个数量级，拥有比较大的价格优势。就目前国内的情况而言，物流成本大约占总成本的 1/3 左右，可压缩的空间很大，提供物流服务有相当大的市场前景。从交通运输行业来看，国内有大大小小百万多家运输企业组成的干线物流资源利用率不高，电子商务配送能力及物流末端配送能力不足的矛盾十分突出，因此通过现有物流资源及电子商务等整合，由竞争走向合作是加速我国第四方物流进程的捷径。

（3）有效贯通物流全程

目前中国在物流配送方面几乎没有一套专业的服务体系，而广大的中小企业物流能力不强，效率不高，使滞后的物流与网上商流的快速、低成本不相适应，制约了物流及电子商务的发展。许多物流企业正在按照传统的物流模式建立自身的物流体系，包揽了干线物流——配送——投递到户这样的全过程体系，这样会造成资源配置的不合理，独家统管全程物流只是一个梦，最后只会造成浪费和失败。小有名气的从事城市间配送的阳光网达和从事物流末端投递到户的上海百大配送通过优势互补的合并，希望能够建立一种贯通物流全程的新物流体系，努力形成第四方物流的理想模式，也许他们的实践会给我们带来某种启示。另一通过此方式发展第四方物流的案例是亚洲物流科技宣布与中国铁道部直属公司中铁集装箱运输中心（中铁集运中心）签订合作备忘录，中铁集运中心同意提供铁路集装箱运输的数据及资料与亚洲物流科技共同发展铁路集装箱运输信息技术，通过交流合作，为亚洲物流科技之第四方物流服务提供即时在线的数据及资料。同时，中铁集运中心提供的铁路集装箱运输的数据及资料包括行驶的线路、车次、运价、集装箱站点等。

（4）物流服务标准化、规范化

将中国物流重新组合，是现代物流的一个革命性转变，而物流整合的粘合剂就是标准化和规范化。行业规范和标准，就是要对有关细节作出明确的规定。这些事情虽然细小，但无论是对整个物流行业、物流企业还是消费者而言，其作用是不容低估的：对物流行业来说，需要用标准化来将供方——干线物流——配送——送达需方等物流环节有机连接起来，尤其是信息技术普遍应用与物流企业的今天，其物流接口没有相适应的标准，很难想象其链接的难度和成本；对物流企业来说，标准化是提高内部管理、降低成本、提高服务质量的有效措施；对于消费者而言，享受标准化的物流服务是消费者权益的体现。第四方物流最大的难点在于制造商凭什么能很信任地将其对物流的控制权交给物流服务商？首要的前提就是物流服务必须标准化和规范化。

（5）企业革新，适应现代物流发展新趋势

第四方物流对物流企业提出了更高的要求标准，因此物流企业的革新势所必然。首先观念的变革和对现代物流的正确理解是物流企业发展战略的出发点；其次应注重研究开发物流配送技术和装备，降低物流成本，提高物流配送效率。过去我国对商品物流发展重视不够，导致物流科技和装备方面的研究开发也相对薄弱，今后应当进一步重视物流配送科技研究开发，提高物流装备的现代化程度；再次要重视物流理论的研究与交流，加快推动物流的合理化、现代化进程，不断研究降低商品物流成本，注重提高效率。

第四方物流具有突破现行供应链模式的潜能，其不同于当代外包供应链的方法，因为它提供一种可预测，可持续的利益。进入这个网络，第四方物流将通过优异的运营计划、技能及其实施，为制造商并肩创造一个长期进步，互惠互利的伙伴关系。

4.4.2 电子物流

1. 电子物流的概念

电子物流就是利用电子化的手段，尤其是利用互联网技术来完成物流全过程的协调、控制和管理，实现从网络前端到最终客户端的所有中间过程服务，最显著的特点是各种软件技术与物流服务的融合应用。

电子物流的功能十分强大，它能够实现系统之间、企业之间以及资金流、物流、信息流之间的无缝链接，而且这种链接同时还具备预见功能，可以在上下游企业间提供一种透明的可见性功能，帮助企业最大限度地控制和管理库存。同时，由于全面应用了客户关系管理、商业智能、计算机电话集成、地理信息系统、全球定位系统、Internet、无线互联技术等先进的信息技术手段，以及配送优化调度、动态监控、智能交通、仓储优化配置等物流管理技术和物流模式，电子物流提供了一套先进的、集成化的物流管理系统，从而为企业建立敏捷的供应链系统提供了强大的技术支持。

电子物流业务使得客户可以运用外部服务力量来实现内部经营目标的增长，即客户能够得到量身定做的个性化服务，而整个过程则由第三方电子物流服务提供商来进行管理。

当顾客的支付信息被处理后，电子物流系统会为顾客发送订单确认信息。在这一切工作就绪之后，电子物流系统会对客户的订单进行格式化，并将订单发送到离客户最近的仓储中心。

而电子物流的外包服务则在 B to B 业务中的制造商与电子物流服务供应商之间，以及 B to C 业务中的制造商及其业务伙伴之间提供了建设性的桥梁作用。

2. 电子物流的特点

电子物流的主要特点是前端服务与后端服务的集成。

目前许多经销商都面临着如何将前端的顾客订单管理、客户管理与后端的库存管理、仓储管理、运输管理相结合的问题。那么将这两方面进行集成的重要性是什么呢？从以下的两个例子中我们可以得到一些启示：当顾客通过互联网下订单，需要物流系统能够迅速查询库存清单、查看存货状况，而这些信息又需要再实时地反馈给顾客。在整个过程中，订单管理系统需要同仓储系统、库存管理系统密切地协同工作。

为了实现后台服务以及与其平行的服务功能，电子物流的前端服务是至关重要的。前端服务包括咨询服务（确认客户需求）、网站设计/管理、客户集成方案实施等。这部分功能是用户经常接触的，在此不再赘述。而电子物流的后端服务则包括六类主要的业务：订单管理、仓储与分拨、运输与交付、退货管理、客户服务以及数据管理与分析等（如图4-2所示）。

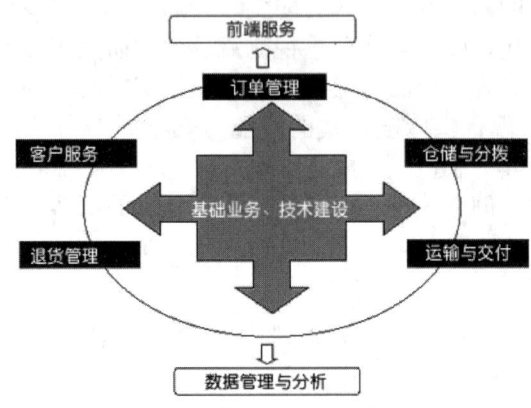

图4-2 电子物流服务结构

以下将分别描述各项业务。

（1）订单管理

此项业务包括接收订单、整理数据、订单确认、交易处理（包括信用卡结算以及赊欠业务处理）等。在电子物流的订单管理业务活动中需要通过复杂的软件应用来处理繁杂的业务环节，为了得到较高的效率，订单管理业务需要做以下工作：

① 确认订单来源。当电子物流服务提供商接收到一份订单时，电子物流系统会自动识别该订单的来源以及下订单的方式，统计顾客是通过何种方式（电话、传真、电子邮件等）完成的订单。当这一切工作结束后，系统还会自动根据库存清单检索订单上的货物目前是否有存货。

② 支付处理。在顾客提交订单后，还需要输入有关的支付信息，电子物流系统会自动处理信用卡支付业务以及赊欠业务。如果客户填写的支付信息有误，系统将会及时通知顾客进行更改，或者选择其他合适的支付方式。

③ 订单确认与处理。当顾客的支付信息被处理后，电子物流系统会为顾客发送订单确认信息。在这一切工作就绪之后，电子物流系统会对客户的订单进行格式化，并将订单发送到离客户最近的仓储中心。

（2）仓储与分拨

分拣。当仓储中心接收到订单后，就会根据订单内容承担起分拣、包装以及运输的任务。在这个阶段，有的电子物流服务提供商还会提供一些增值服务，如根据顾客的特殊需求对物品进行包装等。

存货清单管理。仓储与分拨中心同时负责存货清单管理以及存货的补给工作，并由电子物流服务系统进行监测。这种服务将会为制造商提供有效的库存管理信息，使制造商或经销商保持合理的库存。

（3）运输与交付

这一步骤包括了对运输的全程管理。具体包括处理运输需求、设计运输路线、运输的实施等。

这个过程同时还包括向客户提供通过互联网对货物运输状态进行实时跟踪的服务。电子物流服务提供商在提供运输与交付业务时也会选择将该项业务向具有运输服务力量的第三方运输公司外包，诸如 UPS、FedEx 等。

（4）退货管理

退货管理业务承担货物的修复、重新包装等任务，这个过程需要进行处理退货授权认证、分拣可修复货物、处理受损货物等工作。

（5）客户服务

客户关系管理服务包括了售前和售后服务，同时还包括对顾客的电话、传真、电子邮件的回复等工作，处理的内容包括存货信息、货物到达时间、退货信息以及顾客意见。

客户关系管理不是一个孤立的业务步骤，这项工作与订单管理、仓储分拨、运输、退货管理等环节有密切联系，需要相互支持。目前许多电子物流服务提供商通过内部或者外部的呼叫中心向顾客提供 24 时×7 天×365 天的客户关系管理服务。

（6）数据管理与分析

对于顾客提交的订单，电子物流系统有能力对相关数据进行分析，产生一些深度分析报告。这些经过分析的信息可以帮助制造商以及经销商及时了解市场信息，以便随时调整目前的市场推广策略。这项服务同时也是电子物流服务提供商向客户提供的一项增值服务。

3. 传统物流服务与电子物流服务的区别

顾客在网上的购买行为与传统的购买行为有所不同，因此也就决定了电子物流服务形式、手段的特殊性。在网上购物的顾客希望在网上商店寻觅到所需的特定物品，并且希望能够得到实时的信息反馈，诸如是否有存货、何时能够收到货物等实时的信息，同时他们也十分关注如果在网上选购的物品不甚理想或者是物品在运输途中受损是否能够及时、便利地办理退货等。新兴的电子物流服务就是由具备实力的服务商来提供最大限度地满足顾客需求的外包服务。

传统物流服务与电子物流服务的区别如表 4.4 所示。

表 4.4 传统物流服务与电子物流服务比较

	传 统 物 流	电 子 物 流
业务推动力	物质财富	IT 技术
服务范围	单项物流服务（运输、仓储、包装、装卸、配送等）	综合性物流服务，同时提供更广泛的业务范围，如网上前端服务等
通讯手段	传真、电话等	大量应用互联网、EDI 技术
仓储	集中分布	分散分布，分拨中心更接近顾客
包装	批量包装	个别包装，小包装
运输频率	低	高
交付速度	慢	快
IT 技术应用	少	多
订单	少	多

由于认识到电子物流将带来的市场机遇，传统的提供仓储分拨业务、运输业务的服务提供商纷纷涉足电子物流业务解决方案开发的市场，更有一些新进入该领域的服务提供商十分看好其发展潜力，希望能在电子物流市场上分一杯羹。

4. 电子物流的市场参与者

从目前的电子物流服务市场来看，主要有四类市场参与者，他们分别是传统的物流服务提供商、软件供应商、集成商以及物流服务方案供应商（如图 4-3 所示）。从表面看来这些市场参与者分别从事特定的服务，但是在电子物流服务市场领域，大多数市场参与者向客户提供的是一种综合性的物流服务。目前还没有任何一个电子物流服务供应商能够提供全部的电子物流服务，大部分厂商是通过利用自身的力量或者寻找业务合作伙伴来向客户提供端到端的电子物流服务解决方案。

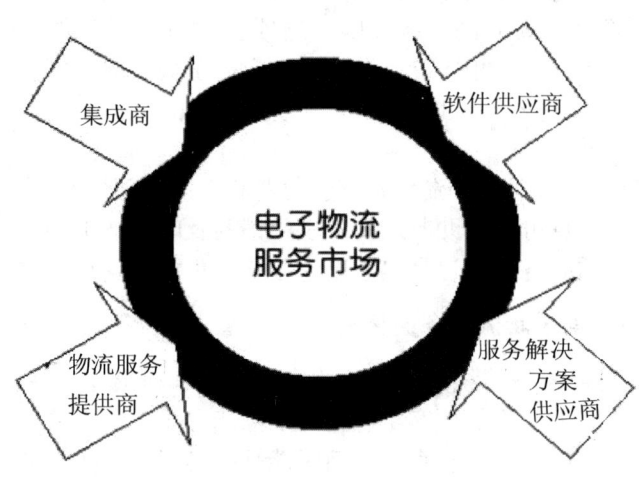

图 4-3　电子物流服务市场的参与者

5. 电子物流的发展趋势

IDC 认为，全球电子商务中的 B to C 业务在 2004 年将从 2000 年的 417 亿美元上升到 1632 亿美元，四年的复合增长率达到 40.6%，而全球的 B to B 业务将会从 2000 年的 1008 亿美元上升到 2004 年的 8374 亿美元，该项业务的年复合增长率将是 69.8%。电子商务市场的增长速度之快是令人感叹的，但是电子商务在快速的发展过程中在观念、经营、管理与服务方面尚存在着诸多问题，特别是目前电子商务企业与物流服务行业间的不协调状况，将会严重影响网络经济的发展。但是从另一个角度来看，尽管电子物流服务发展到现在已经取得了一定的市场业绩并且对电子商务起到了很好的润滑作用，但是这个新兴的服务领域还有许多不尽成熟的地方，对于供需双方仍存在着一些市场运作的盲点，因此要解决电子商务配送环节的问题不仅仅是物流企业要面临的巨大挑战，更需要电子商务公司的积极参与和协助，并由此来推动网络经济的健康发展。

因此 IDC 向已经加入和即将加入竞争的电子物流服务商提供以下几点建议：

（1）针对客户规模提供解决方案

电子物流服务提供商应根据客户规模的大小提供不同的个性化解决方案，这种方式将有利于服务的多样性以及加强市场的伸缩性。例如，FedEx 公司于 2000 年 7 月开展了为中小企业客户提供网站建设解决方案的业务，这些网上商店由 FedEx 进行管理，同时这种前端服务同 FedEx 的后端服务相连接，提供集成的电子物流服务。

（2）市场投入力度加大

电子物流服务提供商要加大电子物流业务市场的宣传投入。事实上，IDC 观察到在过去的两年里，一些电子物流服务提供商在忙于招聘有关技术人员，但是现在它们却对市场和销售人员有很大的需求。这种现象表明电子物流服务提供商正计划在市场上树立自己的服务品牌。

（3）行业市场侧重

一些电子物流服务提供商已经开始认识到成为某个专门行业的物流服务提供商将会有很大的利润增长。尽管向不同行业提供的物流服务会有很大的差别（但基本上都会涉及订单管理、仓储与分拨、运输与退货管理等业务），但是为了更好地在市场上发展，服务提供商需要深刻地分析某些行业的服务需求。原因是当对某些行业有了深刻的理解后，这些物流服务提供商可以了解到该行业的现状以及未来的市场趋势，制订出满足该行业客户需求的物流解决方案，提高行业的物流服务效率，同时有利于电子物流服务提供商与所服务的这些特定行业企业建立长期的战略伙伴关系。

（4）积极寻求业务合作伙伴

电子物流服务提供商要注重同其他单一物流服务提供商、IT 技术提供商建立业务战略合作伙伴关系，因为建立战略合作伙伴关系是提供全面综合物流服务的最佳途径，同时也可以借此扩大服务的地理覆盖范围、获得更多的市场机会。

4.4.3 绿色物流

1. 绿色物流的概念

绿色物流（Environmental Logistics）指的是在物流过程中抑制物流对环境造成危害的同时，实现对物流环境的净化，使物流资源得到最充分利用。

随着环境资源恶化程度的加深，人类生存和发展的威胁越大，因此人们对资源的利用和环境的保护越来越重视，对于物流系统中的托盘、包装箱、货架等资源消耗大的环节出现了以下几个方面的趋势：

- 包装箱材料采用可降解材料。
- 托盘的标准化使得可重用性提高。
- 供应链管理的不断完善大大地降低了托盘和包装箱的使用。

现代物流业的发展必须优先考虑在物流过程中减少环境污染，提高人类生存和发展的环境质量。可利用废弃物的回收利用已列入许多发达国家可持续发展战略，因为地球上的资源总有一天会用完，对此我们要高度重视。

2. 绿色物流是绿色流通基础

绿色流通是指减少资源消耗、保护环境的商品流通活动。这里的商品流通，是指商品自离开生产领域至进入消费领域之前的整个所有权交易及实物流通的过程。其行为主体以专业流通企业为主，同时也涉及有关的生产企业和消费者。

绿色商品流通不同于一般的和传统的商品流通。

首先是目标不同。传统商品流通活动在现实运行中表现出多重的目标，如实现流通活动主体的盈利，满足用户或消费者对商品和服务的需求，以及扩大生产及流通企业的市场占有率等等，但这些目标均有一个共同点，即实现某一经济主体的经济利益；而绿色流通的目标则在上述各种经济利益目标之外，加上了节约资源、保护环境这一既具有经济属性，又有人文及社会属性的目标。节约资源、保护环境与经济利益目标从长远的和宏观的角度讲是一致的，但对特定的流通活动的主体来往往是矛盾的。如何把二者协调好就成为绿色流通所要处理和解决的一个中心问题。

其次，流通活动的具体功能和内容不同。绿色流通在履行一般商品流通功能的同时，还要履行诸如支持绿色生产、经营绿色产品、促进绿色消费、回收废弃物等以环境保护为目的的特殊功能。

绿色营销是一个与绿色流通既密切联系，又相互区别的概念。从涵盖的部门领域看，绿色营销较之绿色流通更为广阔。绿色营销是贯穿于整个生产及流通领域的活动，其内容包括绿色产品的产品选择、市场定位、价格策略以及产品促销等活动，而绿色流通则只涉及发生于流通领域的绿色产品营销活动。然而，从两个概念的内涵来看，绿色流通又比绿色营销更为宽泛。绿色营销是以企业为本位的经营行为，而绿色流通则是对整个社会绿色流通活动的概括，是一个更多层次的概念。它既包括企业的绿色流通经营活动，又包括社会对绿色流通活动管理、规范和调控。这使得对绿色流通的研究具有政府政策和流通企业经营战略与策略两方面。

从不同的研究和分析视角可以归纳出不同的绿色流通范畴，这些范畴从不同的层面反映了绿色流通的多重性质与内涵。

与绿色流通相联系的有如下范畴：

绿色商流。这是指与节约资源及保护环境相联系的商流活动。其具体内容包括对绿色产品的经营与营销，对绿色消费的引导与鼓励，促进商品重复使用、再生利用节约能源、保护环境的交易方式创新等。

绿色产品流通。这是直接与绿色商流相联系的范畴。绿色产品流通是指对节约资源和保护环境的产品的经销。绿色产品流通一方面可以满足消费需求，支持绿色产品生产；另一方面还可以促进绿色消费，绿色产品的生产。

绿色流通经营战略与策略。随着社会的发展，节约资源、保护环境已不仅是企业出于对公众利益的关切而进行的一种公益事业，而且已成为必须履行的社会义务。绿色事业更为企业开辟了新的经营与发展领域，给企业带来了新的拥有巨大潜力的商机。企业必须树立自己的绿色经营战略与策略。在发达国家，很多企业都将绿色事业作为企业战略发展与日常经营活动中的重要部分。流通企业可采用的绿色流通战略包括绿色商品经营与营销战略，绿色企业文化与形象战略，绿色流通作业战略等，企业可采用采购、价格、营销及公关等经营策略实现绿色经营战略目标。

绿色流通政策。造成资源浪费和环境污染的厂家和个人并不承担或仅承担其成本的很小一部分，而这种消极行为的所有或部分受害者并不是这些行为的履行者。市场对于解决这种外无效性决定了资源使用和环境保护领域尤其需要政府对整个社会进行干预。从这种意义上说，绿色流通事业既包括厂商和个人行为，又包括政府行为。政府环保政策的实施工具包括：通过立法和制定行政规则，将节约资源、保护环境的要求制度化，动用舆论工具进行环境伦理、绿色观念、绿色意识的大众宣传，利用税收及收费手段对资源使用和污染制造行为予以限制和惩罚，以基金或补贴的形式对节约资源、保护环境的行为予以鼓励和资助，利用产业政策直接限制浪费资源和制造污染产业的发展，支持绿色产业的发展等。

绿色消费是以消费者为主体的消费行为，它体现为消费者对绿色产品的需求、购买和消费活动。绿色消费与绿色流通的分界线存在于流通组织与消费者之间绿色产品交易以及实物交接完成之际。绿色消费产生于绿色需求，而绿色需求可分为两类，一类是对直接有利于消费者个体的绿色商品（私益型绿色商品）的需求，如对不含任何化学添加剂的绿色食品的需求。对于这类需求，商品流通部门可通过直接宣传绿色产品对消费者的益处和最大限度地满足需求而促进绿色消费。另一类是对一些有益于社会环境，但并不很直接有利于消费者本人的绿色商品（公益型绿色商品）的需求，如无氟冰箱。这类需求出自于消费者对社会环境的关切意识和自觉维护环境的意愿。对这类绿色产品，流通部门的宣传、引导、促销活动以及适当的价格及服务策略对于促进绿色消费者有尤其重要的作用。

3. 绿色物流的构成

由于物流是与节约资源、保护环境相关的流通活动主要发生的领域，故绿色物流也是绿色流通中的主要方面。

绿色物流由绿色运输、绿色包装以及绿色流通加工三个子范畴组成：

（1）绿色运输

绿色运输是指各种运输工具采用节约资源、减少污染和保护环境的原料作为动力。当一些大城市的车辆已大大饱和的时候，专业物流企业的出现使得在大城市的运输车辆减少，减轻城市的烟气污染压力。专业物流企业的运输工具可以转换其他燃料，如改用液化气作为城市运输工具的动力等，也可以采用太阳能作为动力，这些还可以取得政府的政策支持。

（2）绿色包装

绿色包装是指采用节约资源、保护环境的包装。绿色包装的途径主要包括：促进生产部门采用尽量简化的以及由可降解材料制成的包装，商品流通过程中尽量采用可重复使用单元式包装，实现流通部门自身经营活动用包装的减量化，主动地协助生产部门进行包装材料的回收及再利用。

（3）绿色流通加工

流通加工指在流通过程中继续对流通中商品进行生产性加工，以使其成为更加适合消费者需求的最终产品。流通加工具有较强的生产性，也是流通部门对环境保护可以有大作为的领域。绿色流通加工的途径主要分两个方面：一方面变消费者分散加工为专业集中加工，以规模作业方式提高资源利用效率，以减少环境污染，如餐饮服务业对食品的集中加工；减少家庭分散烹调所造成的能源、消费和空气污染；另一方面是集中处理消费品加工中产生的边角废料，以减少消费者分散加工所造成的废弃物污染，如流通部门对蔬菜的集中加工减少了居民分散垃圾丢放及相应的环境治理问题。

4.5 思考题

1. 传统物流存在哪些问题？
2. 为什么要实施配送？电子商务下物流配送有哪些特点？
3. 配送中心具备哪些特征？当前我国配送中心存在的主要问题是什么？
4. 为什么要发展第三方物流服务？
5. 什么是电子物流？什么是绿色物流？

第 5 章 物流管理

5.1 物流管理的核心内容

5.1.1 物流成本管理

1. 物流成本管理的概念

物流成本是指产品在空间位移（含静止）过程中所耗费的各种劳动和物化劳动的货币表现。具体地说，它是产品在实物动力过程中，如包装、装卸、运输、储存、流通加工等各个活动中所支出的人力、财力和物力的总和。加强对物流费用的管理对降低物流成本、提高物流活动的经济效益具有非常重要的意义。所谓物流成本管理不是管理物流成本，而是通过成本去管理物流，可以说是以成本为手段的物流管理，通过对物流活动的管理降低物流费用。

2. 物流成本在物流管理中的作用

（1）通过对物流成本的设计，可以了解物流成本的大小和它在生产成本中所占的地位，从而提高企业内部对物流重要性的认识，并且从物流成本的分布，可以发现物流活动中存在的问题。

（2）根据物流成本计算结果，制定物流计划，调整物流活动并评价物流活动效果，以便通过统一管理和系统优化降低物流费用。

（3）根据物流成本计算结果，可以明确物流活动中不合理环节的责任者。

总之，如能准确地计算物流成本，就可以运用成本数据大大提高物流管理的效率。

3. 物流成本的计算范围

物流成本由三方面因素决定：

（1）起止范围。物流活动贯穿企业活动全过程，包括原材料物流、生产物流、从工厂到配送中心再到用户的物流等。

（2）物流活动环节。输送、保管、装卸、包装，以哪几种活动为计算对象其结果是不同的。

（3）费用性质。支付运费，支付保管费等向企业外部支出的物流，以及人工费、折旧费、修理费、动力费等企业内部的费用支出，哪一部分列入物流成本计算范围。

在进行系统评定时，物流成本计算范围必须一致，如本企业历年物流费的变化分析，与同期企业物流费的比较分析，都是进行物流成本管理的重要依据，但计算标准不一致则难以得出有益的结论。还应该注意到根据企业财务数据计算的物流费用，只能反映物流成本的一部分,如在生产车间从事搬运、包装作业的人员和设备所需要的费用等很多项目,在财务报表中不一定单独列项,所以有相当数量的物流费用是不可见的。日本西泽修教授对这一现象提出了物流冰山的说法,向外支付的只是冰山的一角,而大量的物流费用是在企业内部消耗的。

4. 物流成本合理化管理

物流成本合理化管理主要包含以下内容:

(1) 物流成本预测和计划。成本预测是对成本指标、计划指标事先进行测算平衡,寻求降低物流成本的有关技术经济措施,以指导成本计划的制订。而物流成本计划是成本控制的主要依据。

(2) 物流成本计算。在计划开始执行后,对产生的生产耗费进行归纳,并以适当方法进行计算。

(3) 物流成本控制。对日常的物流成本支出,采取各种方法进行严格的控制和管理,使物流成本减到最低限度,以达到预期的物流成本目标。

(4) 物流成本分析。对计算结果进行分析,检查和考核成本计划的完成情况,找出影响成本升降的主客观因素,总结经验,发现问题。

(5) 物流成本信息反馈。收集有关数据和资料并提供给决策部门,使其掌握情况、加强成本控制,保证规定目标的实现。

(6) 物流成本决策。根据信息反馈的结果,决定采取能以最小耗费获得最大效果的最优方案。

5.1.2 物流质量管理

1. 物流质量的概念

物流质量的概念既包含物流对象质量,又包含物流手段、物流方法的质量,还包含工作质量,因而是一种全面的质量观。物流质量具体包括以下内容:

(1) 商品的质量保证及改善。物流的对象是具有一定质量的实体,即有合乎要求的等级、尺寸、规格、性质、外观。这些质量是在生产过程中形成的,物流过程在于转移和保护这些质量,最后实现对用户的质量保证。因此,对用户的质量保证既依赖于生产,又依赖于流通。

现代物流过程不单是消极地保护和转移物流对象,还可以采用流通加工等手段改善和提高商品的质量,由此,物流过程在一定意义上说也是商品质量的"形成过程"。

(2) 物流服务质量。物流业有极强的服务性质,可以说,整个物流的质量目标就是其服务质量。服务质量因不同用户而要求各异,要掌握和了解用户要求:商品狭义质量的保持程度;流通加工对商品质量的提高程度;以及数量的满足程度;相关服务(如信息提供、索赔及纠纷处理)的满足程度。

(3) 物流工作质量。工作质量指的是物流各环节、各工种、各岗位的具体工作质量。工作质量和物流服务质量是两个有关联但又不大相同的概念,物流服务质量水平取决于各个工作质量的总和。所以,工作质量是物流服务质量的某种保证和基础。重点抓好工作质量,物流服务质量也就有了一定程度的保证。

(4) 物流工程质量。物流质量不但取决于工作质量,而且取决于工程质量,在物流过程中，将对产品质量发生影响的各因素（人的因素、体制的因素、设备因素、工艺方法因素、计量与测试因素、环境因素等）统称为"工程"。很明显，提高工程质量是进行物流质量管理的基础工作，能提高工程质量，就能做到"预防为主"的质量管理。

2. 物流质量管理的特点

物流质量管理可以归纳为以下3个特点：

（1）管理的对象全面。物流质量管理不仅管理物流对象本身，而且还管理工作质量和工程质量，最终对成本及交货期起到管理作用，具有很强的全面性。

（2）管理的范围全面。物流质量管理对流通对象的包装、装卸搬运、储存、运输、配送、流通加工等若干过程进行全过程的质量管理，同时又是对产品在社会再生产全过程中进行全面质量管理的重要一环。在这一全过程中，必须一环不漏地进行全过程管理才能保证最终的物流质量，达到目标质量。

（3）全员参加管理。要保证物流质量，就涉及到有关环节的所有部门和所有人员，决不是依靠哪个部门和少数人能搞好的，必须依靠各个环节的所有部门和广大职工的共同努力。物流管理的全员性，正是物流的综合性、物流质量问题的重要性和复杂性所决定的，它反映了质量管理的客观要求。

由于物流质量管理存在"三全"的特点，因此，全面质量管理的一些原则和方法（如"PDCA"循环），同样适用于物流质量管理。但应注意，物流是一个系统，在系统中各个环节之间的联系和配合是非常重要的。物流质量管理必须强调"预防为主"，明确"事前管理"的重要性，即在上一道物流过程就要为下一道物流过程着想，估计下一道物流过程可能出现的问题，预先防止。

物流质量管理必须满足两方面的要求，一方面是满足生产者的要求，因为物流的结果，必须保护生产者的产品能保质保量地转移给用户；另一方面是满足用户的要求，即按用户要求将其所需的商品送达。这两方面的要求基本上是一致的，但有时也有矛盾，比如，过分强调满足生产者的要求，使商品以非常高的质量保证程度送交用户，有时会出现用户难以承担的过高的成本。物流质量管理的目的，就是在"向用户提供满足要求的质量服务"和"以最经济的手段来提供"两者之间找出一条优化的途径，同时满足这两个要求。为此，必须全面了解生产者、消费者、流通者等各方面所提出的要求，从中分析出真正合理的、各方面都能接受的要求，作为管理的具体目标。从这个意义上来讲，物流质量管理可以定义为："用经济的办法，向用户提供满足其要求的物流质量的手段体系"。

3. 评价物流质量的主要指标

衡量物流质量的主要指标是根据物流服务的最终目标确定的，即是"目标质量"的具体构成内容。围绕这些指标，在工作环节中，各项工程又可以制订出实现"分目标"的一系列质量指标，这就形成了一个质量指标体系。如图5-1所示。

（1）物流目标质量指标

① 服务水平指标 F

$$F = \frac{满足要求次数}{用户要求次数}$$

或者以缺货率 Q 来表示

$$Q = \frac{缺货次数}{用户要求次数} \times 100\%$$

② 满足程度指标 M

$$M = \frac{满足要求数量}{用户要求数量}$$

③ 交货水平指标 $J_水$

$$J_水 = \frac{按交货期交货次数}{总交货次数}$$

④ 交货期质量指标 $J_天$

$$J_天 = 规定交货期 - 实际交货期$$

以实际交货期与规定交货期相关日（时）数表示。正号为提前交货，负号为延迟交货。

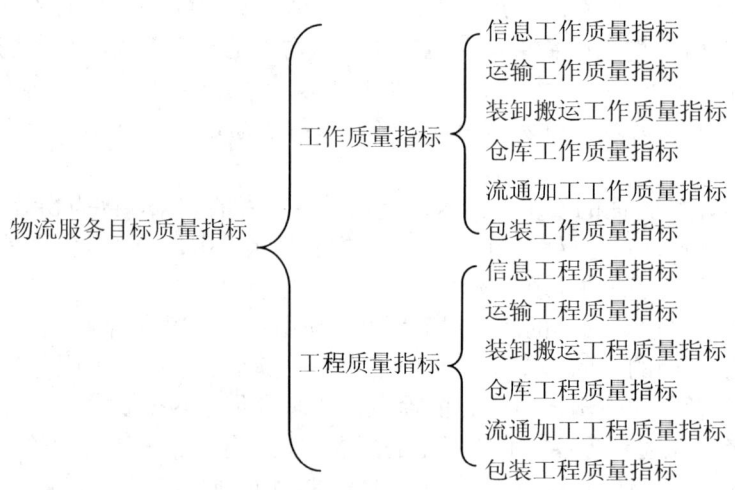

图 5-1　物流质量指标体系图

⑤ 商品完好率指标 W

$$W = \frac{交货时完好的商品量}{物流商品总量} \times 100\%$$

或者以缺损率 Q'

$$Q' = \frac{缺损商品量}{物流商品总量} \times 100\%$$

也可以用货损货差赔偿费率 P 表示

$$P = \frac{货损货差赔偿费总额}{同期业务收入总额} \times 100\%$$

⑥ 物流吨费用指标 C

$$C = \frac{物流费用}{物流总量}(元/吨)$$

（2）仓库质量指标

① 仓库吞吐能力实现率 T

$$T = \frac{期内实际吞吐量}{仓库设计吞吐量} \times 100\%$$

② 商品收发正确率 S

$$S = \frac{某批吞吐量 - 出现差错总量}{同批吞吐量} \times 100\%$$

③ 商品完好率 $W_库$

$$W_库 = \frac{某批商品库存量 - 出现缺损的商品量}{某批商品库存量} \times 100\%$$

④ 库存商品缺损率 $Q'_库$

$$Q'_库 = \frac{某批商品缺损量}{该批商品总量} \times 100\%$$

也可以用"货损货差赔偿率"表示。

以上是以用户为对象，确定每批商品的质量指标。如果是对仓库总工作质量评定，其指标的计算应将"某批次"的数量改换成"期内"的数量。

⑤ 仓库面积利用率 $M_总$

$$M_总 = \frac{库房、货棚、货场占地面积之和}{仓库总面积} \times 100\%$$

⑥ 仓容利用率 R

$$R = \frac{存储商品的实际数量或容积}{库存数量或容积} \times 100\%$$

⑦ 设备完好率 $W_设$

$$W_设 = \frac{期内设备完好台数}{同期设备总台数} \times 100\%$$

⑧ 设备利用率 L

$$L = \frac{\text{全部设备实际工作进数}}{\text{设备总工作能力（时数）}} \times 100\%$$

⑨ 仓储吨日成本 $C_{仓}$

$$C_{仓} = \frac{\text{仓储费用}}{\text{库存量}} [\text{元}/(\text{吨} \times \text{天})]$$

这几项指标主要是反映工作质量及工程质量的指标。

（3）运输环节质量指标

有许多指标和仓库有类似之处，这里只讲具有特殊意义的质量指标。

① 正点运输率 Z

$$Z = \frac{\text{正点运输次数}}{\text{运输总次数}} \times 100\%$$

② 满载率 $M_{运}$

$$M_{运} = \frac{\text{车辆实际装载量}}{\text{车辆装载能力}} \times 100\%$$

③ 运力利用率 Y

$$Y = \frac{\text{实际吨公里数}}{\text{运力往返运输总能力}(t \cdot km)} \times 100\%$$

除以上各项指标外，其他物流环节也有相应的质量指标，这里不一一叙述。

5.1.3 库存管理

组织物资储存对生产和流通领域是非常重要的。对生产部门来说，就是要有足够的生产资料储备，以保证生产的连续进行。对流通部门来说，就是要适当储备一些商品，以保证市场供应不致中断，及时满足人民的生活需要。储存应以保证商品流通和社会再生产的需要为限度，只有这样，储存才是正常的。储存量不是越多越好，也不是越少越好，多了会造成积压，少了又会脱销，影响生产和人民生活，因此要求进行合理储存。

1. 合理储存的内容

（1）合理储存量

合理储存量是指在新的商品（或生产资料）到来之前，能保证在这个期间商品（或生产资料）正常供应的数量。合理储存必须以保证商品流通正常进行为前提。影响合理储存量的因素有：

① 社会需求量。储存量与市场需求有直接关系，为了满足消费的需要，要求有相应数量的商品，随时可投放市场。在其他条件不变的情况下，储存量与市场需求量成正比。

② 商品再生产时间。储存量必须与再生产时间相适应。在其他条件不变的情况下，储存量的大小与再生产周期的长短成正比。

③ 交通运输条件。商品从生产领域进入消费领域，需要运输工具和运输时间，交通运输发达的地区和不发达地区，其在途中的时间是不同的。

④ 管理水平和设备条件。储存量的大小也受企业本身条件的限制。如仓库设备、进货渠道、中间环节、进货时间等，都会影响储存量。

(2) 合理储存结构

合理储存结构是指商品的不同品种、规格之间储存量的比例关系。社会对商品的需要既要求供应总量的满足，又要有品种、规格的选择，而且要求的结构也在不断变化，所以，确定合理储存数量的同时，还必须考虑不同商品及其品种、规格在储存中的合理比例关系，以及市场变化情况，以便确定正确的商品储存结构。

(3) 合理储存时间

储存时间，第一受商品销售时间的影响。商品销得快，储存时间就短；商品销得慢，储存时间就长，甚至积压在库。所以，物流部门要随时了解生产、销售情况，促进生产，扩大销售，加速周转。第二，储存时间在客观上存在物品的物理、化学、生物性能的影响。超过物品本身自然属性所允许的储存时限，物品会逐渐减少其使用价值。因此，储存的时间还必须以保证物品安全、减少损失、损耗为前提。

(4) 合理储存网络

仓库网点的合理布局，也是合理储存的一个重要条件。就流通领域而言，在商品流通过程中，商业批发企业和零售企业为了完成销售任务，分别进行一定数量的商品储存。由于批发和零售企业的经营特点和供应范围不同，对批发环节和零售环节的储存要求也有所不同。批发企业，一般担负着经济区的供应任务，它要预先备有一定的储存来调剂市场，起"蓄水池"的作用。所以，在批发环节，储存要大，要合理设置储存网点。零售企业属流通渠道末端，网点分散，销售量小，因而，在零售环节，一般附设小型仓库，储存量小，应进行快销，加速周转。就生产领域而言，物资主要是分散储存在各工厂的仓库里，储存应适量，不宜过多，以免原材料大量积压。

2. 组织合理储存的重要意义

① 组织合理储存可以减少国家财富的占用。用于储存过程的物资是不增加价值的，相反，它是用于生产的财富的一种扣除。这种储存过程占用的物资越多，用于生产的财富就越少。所以，进行合理储存，可以相对地减少储存过程中资金积压，而增加用于生产的资金。

② 组织合理储存，可以缩短物资流通的周期，从而加速再生产过程。由于流通时间是社会再生产总时间的一个组成部分，而社会再生产时间等于生产时间和流通时间之和，所以，组织合理储存能够相对缩短物资在流通领域内停滞的时间，加快物资周转，从而加速整个社会再生产的过程。

③ 组织合理库存，可以减少费用支出，为国家积累资金。合理储存可以加快物资周转速度，减少流通资金占用，从而节约银行利息支出；可以减少储存数量和时间，降低储存过程中的保管费和损耗，有利于降低物流费用，提高经济效益。

④ 组织合理储存，可以减少不必要的中转环节，避免迂回倒流运输，节约运力。

3. 库存控制

库存控制是实现合理储存的重要手段。

（1）库存的性质

在研究库存系统性质时，需求、补给、约束和成本是任何库存系统都共有的组成部分。需求是指从库存中提取物品。需求可按其数量、需求率和需求模式进行分类。需求数量是指需求的多少，并有数量的量纲。如果不同时期的需求量相同，则为不变需求，否则，便是可变需求。当需求数量已知时，该系统称为确定型系统；当需求量未知，但可以确定其概率分布时，该系统称为概率型系统。概率分布可以是连续，也可以是不连续的。需求率即单位时间的需求量。需求模式是指货物出货的方式，例如物品在期初、期末出库，在整个期间均匀出库或按其他形式（如按季节）出库等。需求又可分为独立需求和相关需求两种。当某一物品的需求量和其他物品的需求量之间没有关系时，需求叫独立需求，如成品、消耗品和维修用品等。相关需求是指和其他某项或数项物品有关的需求，它是需要制造某一其他物品时对零件的需求。独立需求物品通常采用连续或定期库存系统来控制，而相关需求的物品最适宜采用"物料需求计划系统（MRPS）"来控制。

补给是指将物品加入库存。补充供应可以按数量、模式和前置时间进行分类。补充供应量是指被接收入库的订货量。根据库存系统的不同类型，订货量可以是不变的，也可以是可变的。补充供应模式是指物品以什么方式加入库存，如有瞬时的、均衡的和分批的。补充供应的前置时间是指从决定补充某项货物到它实际加入库存之间的延续时间。前置时间可以是不变的，也可以是可变的。

约束是指由管理或实际环境施加于需求、补给或成本的限制。也就是施加识破系统的限制。如仓库的约束可能限制库存的数量，管理当局把资金的约束加于库存投资金额或对某些物品采取不准缺货的策略等等。

成本是指维持库存和不维持库存所花费的代价。库存成本是和库存系统的经营有关的成本，是输入到任何库存决策模型的基本经济参数，由以下主要部分组成：

① 购入成本。某项物品的购入成本有两种含义：一是单位购入价格——指购自外部的，应包括购价加上运费；二是单位生产成本——指内部生产的，应包括直接人工费、直接材料费和工厂管理费用。

② 订购、生产准备成本。是指外部供应商发出采购订单的成本，包括提出请购单、分析卖主、填写采购订货单、来料验收、跟踪订货以及完成交易所必需的业务等各项费用。生产准备成本是指为生产订购的物品而调整整个产程的成本，通常包括准备工作命令单、安排作业、生产前准备和质量验收等费用。

③ 储存成本。也叫做持有资本，包括资本成本、税金、保险、搬运、储藏、损耗、陈旧和变质等项费用。资本成本反映推动的盈利能力或机会成本，如果资金投入其他方面，就会要求取得投资报偿，因此，资本成本就是计算这种尚未获得的报偿的费用。储存成本通常的值域为库存投资额的20%～40%。

④ 缺货成本（亏空成本）。这是由于外部和内部中断供应所产生的，缺货成本取决于对缺货量的反应。缺货成本包括延期交货成本、当前利润损失（潜在销售量的损失）和未来利润损失（商家受损）等。

（2）库存的目标

库存问题不是孤立的，它和营销问题、仓库问题、生产问题、材料运输问题、采购问题、财务问题等都有千丝万缕的联系，因此，物料管理所涉及的目标并不完全一致，有些甚至是互斥的目标。库存问题是企业内部不同职能部门间矛盾的根源，这种矛盾是由于不同的职能部门在涉及存货的使用问题上有不同的任务而引起的。表 5.1 和表 5.2 表明各部门对库存的态度。

表 5.1　各部门互斥的目标

职能部门	职能	库存目标	库存量的倾向
营销	出售产品	对顾客的良好服务	高
生产	制造产品	有效的批量	高
采购	购入所需物料	单位成本低	高
财务	提供流动资金	资金的有效利用	低
工程	设计产品	避免陈旧	低

表 5.2　各部门对库存的态度

部门	典型的反应
市场经营与销售	如果总是缺货或无足够的品种，我可不能用空空如也的货车去销售，那样我就不能保住我们的用户
生产	如果我按大批量生产，就可能降低单位成本和有效地经营
采购	如果整批大量购进，就能降低单位成本
财务	我从哪里筹集资金来支付存货的货款？库存水平应更低一些
仓库	我这里已经没有货位了，什么也不能再放了

由此看出，物料管理所涉及的目标并不是完全一致，甚至不容易叙述清楚。其主要的目标是使库存投资最少。对用户的服务水平最高和保证企业的有效（低成本）经营。一些带有共性的次一级目标是单位成本低、存货周转率高、质量稳定、与供应商保持良好的关系以及保持供应持续不断等。很容易看出上述目标很不一致，有的甚至相互抵触。因此，要根据现实条件和环境的各种限制，很好地把这些目标协调起来，也就是所谓的"次级优化"。"次级优化"是用来描述以系统的目标为代价而使子系统最优化的术语。

（3）库存控制系统

库存控制系统是解决订货时间和订货数量问题的常规联动系统。一个有效的系统要达到下列目的：

① 保证获得足够的货物和物料；

② 鉴别出超储物品、畅销品与滞销品；

③ 向管理部门提供准确、简明和适时的报告；

④ 花费最低的成本金额完成前述 3 项任务。

一个完整的库存系统所涉及的内容远不止是各种定量库存模型，还必须考虑 6 个极其重要的方面：

① 开展需求预测和处理预测误差。

② 选择库存模型，如：经济订货量（EOQ）、经济订货间隔期（EOI）、经济生产量（EPQ）、物料需求计划（MRP）、一次性订货量（SOQ）。

③ 测定存货成本（订购、储存、缺货成本）。

④ 用以记录和盘点物品的方法。

⑤ 验收、搬运、保管和发放物品的方法。

⑥ 用以报告例外情况的信息程序。

常见的库存控制系统有以下 5 种。

① 连续库存系统。这个系统以经济订货量（EOQ）和订货点的原理为基础。连续库存系统要保持存货数量的记录，并在存货量降到一定水平时进行补充供应。

② 双堆库存系统。其特点是没有连续的库存记录，属于固定订货量系统。订货点由肉眼来判定，当存货消耗第一堆时便开始订货，其后的需求由第二堆来满足。

③ 定期库存系统。在定期库存系统中，在储物品的数量要按固定的时间间隔进行检查。

④ 非强制补充供货库存系统。也称为最小最大系统，是连续系统和定期系统的混合物。库存水平均按固定的间隔进行检查，但订货要在库存余额已经降至预定的订货点时才进行。

⑤ 物料需求计划（MRP）库存系统。物料需求计划库存系统广泛地用于计划生产。由于属于材料和零件的物品被最终产品所耗用，故存货水准均根据用最终物品表示的需求量来得出。物料需求计划系统是一种派生的订货量系统。

这种系统的作用是按反工艺方向，并根据最终产品或主要装配件的计划完工日期，来确定各种零件和材料需要订购的日期和数量。在预先已知最终产品的具体需求量和某项物品的需求量时，按某种可预断的方式把该系统同其他物品的需求量联系在一起，可得到良好的效果。各种常用库存系统的特点，如表 5.3 所示。

表 5.3 库存系统的特点

因素	库存系统				
	连续①	双堆①	定期②	非强制补充供货③	物料需求计划④
订货数量	固定	固定	可变	可变	可变
订货点	固定	固定	可变	可变	可变
检查周期	可变	可变	固定	固定	固定/可变
需求率	固定/可变	固定/可变	固定/可变	固定/可变	固定
前置时间	固定/可变	固定/可变	固定/可变	固定/可变	固定/可变
保存存货量	中	中	大	很大	小/无

注：

I——库存量，以单位计；

Q——订货量，以单位计；

B——订货点，以单位计；

E——最大库存水平，以单位计；

Q0——经济订货量，以单位计；

T——时间。

① 连续和双堆系统（Q，B），随每项业务的进行而检查库存状况。若库存量 I≤B，则订购 Q0，若库存量 I>B，则不订购。

② 定期系统（E，T）：按间隔期 T 检查库存量。每次订购 E-I。

③ 非强制补充供货系统（E，T，B）：按间隔期 T 检查库存状况，若库存量 I≤B，则订购 E-I，若库存量 I>B，则不订购。

④ 物料需求计划系统（MRP）：订购物品要符合生产进行计划。（Q——订货量，以单位计；B——订货点，以单位计；E——最大库存水平，以单位计；Q0——经济订货量，以单位计。）

所有库存系统都有各自的优缺点，因此，适用范围也不同。例如，连续系统最适合于高价物品，对于这类物品要经常检查；双堆系统用在由于作用小或单价低而无需经常检查的场合；定期系统适用于零售领域和供货渠道较少或货源来自中心仓库的场合。

库存控制的方法很多，都有具体的分析计算方法，运用时可参考有关资料。

5.1.4 信息管理

1. 对物流管理信息系统 MIS 的要求

（1）对 MIS 功能的设计需求

随着科学技术的进步，市场经济的发展和我国大中型物流企业深化改革的需要，急需在现有的基础上，进一步总结经验，研究当前存在的问题，从整体上形成一个由单项向综合，由分散向集中，由局部向全局，由管理型向决策支持型过渡，实现资源共享，从模拟现行管理体制到推动现行管理体制的改革，实现物流企业管理现代化。

物流企业引进先进的信息处理技术，不仅会提高物流企业的自动化度和信息共享度，提高工作效率，降低成本；更重要的是从根本上改变物流企业的战略发展，不用说从经营和管理方式上上一个台阶。物流企业的管理信息系统将迅速统一信息交流渠道，有效促进物流企业各部门之间的协作，实现物流企业经营管理方式的转变，并以 MIS 建设为契机，可以进一步改善管理，改变物流企业与客户、物流企业各级决策者与业务人员以及业务人员之间的信息交流方式。今后物流企业的竞争将紧紧围绕物流企业对信息资源的占有而展开。建立物流企业级 MIS，在加强物流企业内部信息处理的同时，也为进入贸易、金融、信息等网络打下基础。实施电子商务的基础，就是物流企业内部计算机管理信息系统的开发与应用。因此，建立高效、适用的物流企业级管理信息系统，已成为摆在我们面前的非常迫切的工作。

（2）物流企业对管理信息系统建设的需求

从物流企业管理功能和业务发展的角度，物流企业 MIS 建设需求主要体现在以下几个方面：

① 改善物流企业内部和物流企业信息交流方式，满足业务部门对信息处理和共享的需求，在物流企业管理和业务过程中，使物流企业信息更有效地发挥效力；

② 提高办公自动化水平，提高工作效率，降低管理成本，提高物流企业在市场上的竞争能力；

③ 通过对每项业务的跟踪监控，物流企业的各层管理者可以了解业务进展情况，掌握第一手资料；通过信息交流，及时掌握经营管理数据，增强对业务的控制，为决策提供数据支持；

④ 加强物流企业对员工的管理，随时了解所辖人员的背景材料和业务进展，分析工作定额，合理调度资源，加强管理能力；

⑤ 管理信息系统的建设应综合利用计算机技术、通讯技术和信息技术，将系统建成实用、稳定、可靠、高效、能体现新技术并能满足物流企业主要业务处理，完成信息查询、加工、汇总、分析的管理信息系统，最终为决策提供支持。

2. 物流企业的管理信息系统的建立

信息作为经济发展的重要的战略资源已成为社会生产力的重要因素，随着信息网络化技术的发展，物流企业管理信息网络化得到了进一步实现，物流企业正以崭新的模块化方式进行要素重组，建立完善的 CIO 组织与物流企业 MIS 信息化网络体系，使管理信息化成为推动物流企业和社会经济发展的重要因素之一。

（1）管理信息系统建设过程中应注意的问题

现有开发的物流企业内部的管理信息系统或单项子系统，由于种种原因，离用户的最终目标都有一定距离。目前物流企业的计算机应用基本集中在财务管理和文字处理方面，企业级 MIS 系统应用面小，应用效果不理想，纵观 MIS 建设中的经验与教训，在 MIS 建设中应把握以下几点：

① 明确 MIS 的建设目标

管理信息系统（MIS）是"一个由人、计算机等组成的能进行信息的收集、传送、储存、加工、维护和使用的系统"。从定义中可以看出，MIS 不仅仅是一个技术系统，而且还是一个包括人在内的人机系统，因而它是一个管理系统、社会系统。管理信息系统的技术与知识结构是由三大要素来支撑的，即系统工程方法、定量化管理分析方法和信息处理及计算机应用技术。

目前，我国许多物流企业都搞过计算机应用开发，但真正收到成效的并不多。有些物流企业不清楚 MIS 建设的目标，赶时髦，或仓促上马，忽视基础建设，使建成的系统基本是手工过程的计算机模拟，从而导致了应用层次不清，归纳提高不足，不能真正发挥 MIS 的作用。另外，由于许多物流企业管理方式比较落后，在系统化管理过程中缺乏科学性，无法针对现行管理体制制定出科学的、规范的、可行的 MIS 建设目标。

管理信息系统的建设必须与物流企业管理体制相结合，在一个陈旧、混乱的管理体制下是不能很好地建设和应用 MIS 系统的。应在对现行管理体制进行充分研究和分析的基础上，归纳提炼出适合计算机处理的业务流程，实现业务流程的优化和计算机化，从而使业务处理产生质的飞跃，并进一步推动管理体制的改革。在 MIS 的建设过程中，为便于实现，在做好详细的系统规划的基础上，应有一个切实可行的系统目标。系统目标可以分阶段实现。在实现的每一步都应进行系统分析与设计、管理基础规范化和必要的数据准备等方面的工作。系统的目标应是现实可行的，并充分考虑物流企业的特点和管理上的侧重，即不可简单模拟，也不可贪大求全。

② 统一规划分步实施

MIS 是介于数据处理和决策支持之间的中间层次，但在某些子系统中没有严格界限，包括决策支持的功能。方便、灵活、实用的 MIS 是未来信息高速公路建设的基础。由于建设规模大，制约因素多，系统建设一步到位是不现实的，应当遵从循序渐进的原则，在统一规划的前提下，合理地划分出系统的实施步骤，逐步建设。从国内外 MIS 建设的经验总的来看，MIS 是在不断完善的管理体制中不断发展，在不断满足实际需要中不断改进和发展的，在需求和技术进步相互作用下逐步提高的。

③ 加强基础建设，把握好系统应用的层面

物流企业的信息技术基础环境（包括信息收集、汇总、整理、分析、流通、存储的过程、系统应用制度等）是 MIS 建设的基础。

MIS 是物流企业管理模式的计算机实现，MIS 的建设过程是物流企业管理机制的改革和完善的过程。要使计算机管理深入到管理过程中，克服传统习惯，使管理人员分析借鉴新的科学管理方法和先进的管理手段，同时建立严密的推动计算机应用的规章制度，如数据录入制度、系统安全保障制度、系统业务处理规定等，建立规范的管理模式。坚持技术上的先进性，不能简单地模拟手工管理，这就涉及到所谓物流企业再造工程（Reengineering），这项工作是 MIS 建设的重要基础，这是在总体上需要把握的。

MIS 作为一项系统工程，不仅涉及到经营管理的各个方面，而且影响工作方式，如何确定管理人员的参与程度，把握好系统应用的层面是一个容易被忽视的问题。MIS 的目的是起帮助处理和辅助决策的作用，而不是完全代替。在 MIS 建设中，不能过分夸大计算机的作用，这样不仅会增大 MIS 建设的难度，而且会影响主要功能的发挥。那么，分析系统功能的主干，找到系统应用的切入点，是系统设计的根本出发点。MIS 是一个人机结合的系统，人机交互能力，直接影响到 MIS 总体水平的发挥。

在引进国外物流企业管理系统中，应用效益低下的一个重要原因就是没有掌握好应用层面和切入点，人机交互能力差。同样是大中型物流企业，在不同国家或地区的定义是不同的，所包含的要素和要素所占比例差距很大，管理制度、人员素质和应用层面也不同，盲目追踪国际上最先进、最流行的信息处理技术和方法，不切实际地把国外的成功模式作为近期追求目标，是 MIS 应用失败的一个重要原因。在 MIS 设计中，处理好先进信息处理技术、物流企业现实需要和长远发展的关系是一个必须解决的课题。

（2）管理信息系统的建设

管理信息系统的开发是一项系统性相当强的工作，其开发过程涉及人、财、物等资源的合理组织、调度和使用，涉及到组织管理工作的改进及工作模式的改变。对于做任何一个项目，都有一个从问题的提出、论证到问题的分析、方案的设计，直到方案的实施和评价等过程，管理信息系统的开发也有其一般过程（如图 5-2 所示）。

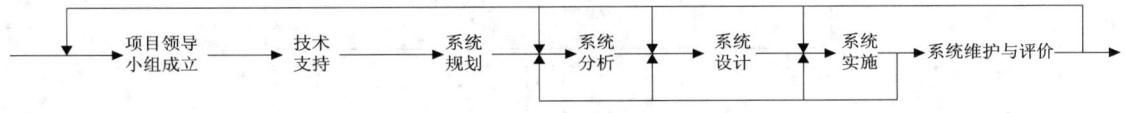

图 5-2　系统开发的一般过程

从图 5-2 中可以看出，系统开发是一个动态的概念。系统开发的上一步骤的输出作为下一步骤的输入，同时此输出又作为前面步骤的动态反馈。系统就是在这种运动过程中进行动态调整，不断提高和完善。

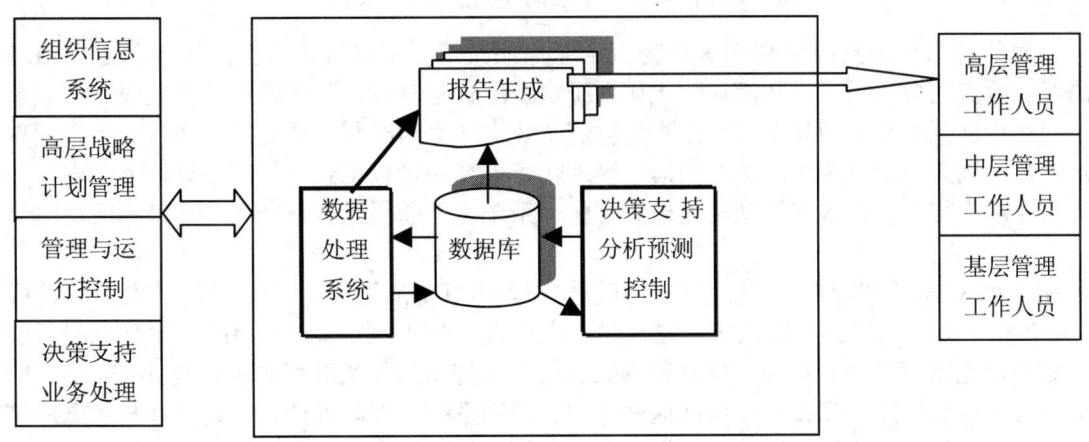

图 5-3　物流企业 MIS 组织结构方案

利用大量定量化的科学的管理方法，深入探讨实现 MIS 对物流企业经营和管理过程的预测、管理、调节、规划和控制等的方法；使 MIS 成为解决物流企业结构化管理决策问题和以定量化的确定型的技术开发方法为主的管理信息系统；制定和建立最佳物流企业 MIS 组织结构方案，如图 5-3 所示。

在 MIS 开发过程中，应充分体现其系统功能与业务功能，建立完善的 MIS 功能子系统和业务子系统，如图 5-4 所示。

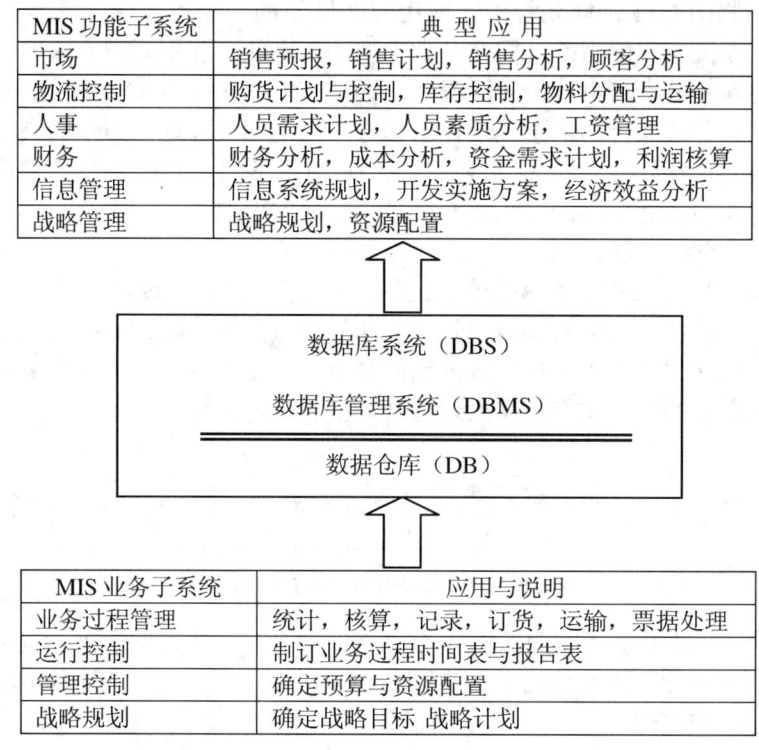

图 5-4　MIS 功能子系统与业务子系统的关系

管理信息系统的指导思想应满足物流企业深化改革、提高经济效益、满足其走向市场提高经济效益的总体需求，从而达到优化系统资源配置与开发，强化系统软件集成，扩大系统功能，推进系统间资源共享等目标，为物流企业实现集约经营，提高经济效益服务。随着信息时代的到来，对我国物流企业的信息管理赋予更高的管理思想和管理信息技术要求，如管理信息网络集约化、数据管理与处理标准化、系统管理通用化、智能化、系统集成商品化等。

在开发 MIS 的过程中，要注意留出开发空间，做好前后衔接。因为 MIS 不是一天建成的，而是在一个不断增强与扩充的过程中逐渐建成的，如同搭积木一样，做好一个全面规划，给将来的扩充留下足够的空间，搭好积木的底层，保持系统灵活和可扩充性是 MIS 建设成功的另一个重要保障。那么，如何把这种思想运用到系统规划与设计、系统文件与数据库结构的定义、系统功能模块设计以及人机界面中，是摆在我们面前的一个必需解决的问题。

众所周知，全球经济逐步走向一体化，电子商务大趋势不断形成，信息作为经济发展的战略资源已成为社会生产力的重要因素。与此同时，随着全球信息网络的建成，物流企业管理信息化得到了进一步发展。信息技术不仅用于处理具体的管理业务和控制生产，还可以以网络的形式将物流企业各部门、各物流企业与生产企业和商业企业等联在一起，实现社会性的各部门以及各物流企业之间低成本的数据共享。电子数据交换（EDI）和电子资金传送（EFT）等技术实现了无纸化作业，大大提高了业务效率，从而形成管理信息全球化、网络化的大格局。纵观我国现代化发展过程，在知识经济即将到来的时刻，物流企业正以崭新的模块化方式进行要素重组，建立完善的 CIO 组织与物流企业 MIS 信息化网络体系，使管理信息化成为推动物流企业和社会经济发展的重要因素。

在这一巨大市场需求的推动下，随着以太网络与 Internet 网络技术的应用普及，一种管理信息网络的创新理念——基于 VPN "隧道"或 WBM 等的技术已经形成。该技术方式是通过公共路由网络或专线网络，充分利用 Internet 网络成熟技术和规范的物流企业内部局域网络建设所形成的 Intranet 物流企业管理信息网络系统，将物流企业的物流、商流、信息流进行高速点到点或点到多点的传输、计算、统计、分析及控制，使物流企业真正得到理想的投资价值标准。

但是建立 Intranet 网络管理的优势到底有多大？如何结合我国广大的物流企业及集团公司的实际情况，最大限度地利用 Intranet 的成熟技术和优势，建立本物流企业的合理、高效、安全的 Intranet 物流企业管理信息网络集成系统是物流企业在激烈的市场竞争中必须要解决的关键问题之一。

（3）Internet 的发展与 Intranet 的技术优势

Internet 的日益普及和相关技术的发展完善，对传统的物流企业管理系统（MIS）产生了巨大的冲击。人们不再满足于应用 MIS 专业人员定制的数据库系统，不再愿意束缚在各自封闭的系统平台上，不再想为五花八门的应用系统培训花费宝贵的时间。于是，在商业需求和 Internet 技术发展的双重推动下，Intranet 这一管理信息系统技术已逐渐形成独立的开发目标和开发标准。

Intranet 就是把 Internet 技术应用于物流企业内部或物流企业之间的信息管理和交换平台，它基于 TCP/IP 通信协议和 WWW 技术规范，通过简单的浏览界面方便地集成各类已有系统，如《办公自动化系统》、《市场营销系统》、《经营过程管理系统》、《成本管理系统》、《人力资源管理系统》、《物资与设备管理系统》及《决策支持专家系统》等在网络上高速交换，并可以在网络环境下，进行物流企业的计划、库存、商务、采购、供应、资产管理、工资、人事等方面的数据查询、统计、分析、检索以及物流商品化的信息集成处理。

Intranet 是一种新型的物流企业网络连接的解决方案，相对于传统的 MIS 网络系统来讲，有着无法比拟的优势，其主要表现为：

① 将复杂的网络连接问题标准化、统一化。Intranet 以通信协议（TCP/IP），域名服务（DNS）和邮件传输协议（POP3）为基础，以 WWW 和 FTP 服务为支撑，使多平台和多服务器的网络连接成为现实。以简单的超文本标记语言 HTTP 和公共关系应用接口 CCI 或 API 为主要工具，使各类应用和数据库以统一的界面在网络上应用。Intranet 标准是用户取向的标准，它完全源于开放互联的 Internet 网络，不会为少数物流企业所垄断而走向封闭，因而减少用户再进行技术投入的风险。

② 采用 Internet 统一的界面浏览器。可支持图形界面，使应用系统的界面统一和人机界面友好。利用 CGI 或 API 等程式对数据进行读取，统一应用接口，简化对数据库的读取操作、便于维护修改以及应用功能添加。

③ Intranet 进一步加强了物流企业内部的信息交流。Intranet 中的各类网络用户不仅方便地从服务器获取信息，还可以向服务器中发布信息，用内部 Mail 可实现点对点、点对多点的具有良好保密性的通信联系；利用类似留言板或 News 的功能实现对特定人群或特定问题的非实时性讨论，以加强合作。物流企业还可以通过 WWW 服务器实现内部无纸刊物，把物流企业的各种规章制度和办事流程等置于网上方便查询，更重要的是，Intranet 可以把发布数据的查询界面做得更加富有人文特色，内容也可以编排得更加丰富多彩。

④ 进一步挖掘物流企业的潜力，提高经济效益。通过 Intranet 简单快速的信息流处理能力，实现了计划、经营管理、物流管理、设备资产管理、物流企业采购与销售、物流商品化、人力资源管理等方面统一、全面的集约化管理，快速反应物流企业的经营状况，挖掘物流企业内部潜力，改善经营效率，减少库存资金占用，合理分配资金流向，进一步缩短资金周转期，从而提高物流企业的经济效益。

⑤ 扩充余地大，容易实现互联。由于采用 Intranet 的开放式互联技术，对于内部网络扩充和与外部网络连接都非常容易实现。其中，后者只需将网络地址统一编址分配即可。

⑥ Intranet 革命性地解决了传统 MIS 网络开发中所不可避免的缺陷，打破了信息共享的障碍，实现了大范围的协作，形成了一个开放、分布、动态的双向多媒体信息交流环境，是对现有网络平台应用技术和信息资源的重组、集成和创新。同时，用户端在一定的工作平台通过 NT 系统的网络集成实现对整个网络的透明操作与控制。用户网络协议可以应答用户对整个网络的管理请求和服务请求，通过不同协议用不同的 Server 实现用户的操作请求和数据库信息流的调用。

Intranet 把 Internet 技术应用于物流企业内部的信息管理和信息交换平台，可称为物流企业内部的 Internet。它基于 TCP/IP 通信协议和 WWW 技术规范，通过平台的浏览界面，方便地集成各类已有系统工作流程，如电子邮件，文件传输，电子公告和新闻，物流企业计划、库存、采购、供应、资产管理、工资、人事等方面的数据查询、统计、分析、检索以及物流商品化的信息集成处理等。同时，它可根据物流企业管理信息系统围绕数据这一核心技术进行开发和应用的特点，在采用 Internet 软件体系为基础进行开发的同时，又引入数据库编程接口，如各类 CGI、API 等，以满足物流企业各个部门及用户对各数据库的访问。另外，利用 Java 语言，使得用户在共享超文本信息和访问数据之外，还可以共享互联网络日益强大的功能。

利用 Internet 技术和思想所实现的物流企业管理信息系统是在各种网络平台上，在应用 Sybase、PB、PD 等数据库系统开发语言建库的基础上，利用 Internet 技术，以超文本语言、公共数据库应用接口 CGI、API 等开发工具和 Java 技术，使各类应用程序拥有统一的用户界面。

5.1.5 物流标准化

1. 物流标准化的意义

物流是一个大系统，对这样一个大系统的管理是非常复杂的。系统的统一性、一致性和系统内部各环节的有机联系是系统能否生存的首要条件。因此，除了需要有一个适合的体制形式来保证统一性、一致性及各环节的有机联系外，要实现有效的指挥、决策和协调大系统的关系，还需要有许多方法、手段。标准化就是物流管理的重要手段，物流标准化对物流成本、效益有重大决定作用。托盘标准化、集装箱标准化、运输工具的标准化等手段对生产、流通都起到很大作用。它能加快流通速度，保证物流质量，减少物流环节，降低物流成本，从而较大地提高经济效益。

2. 物流标准化的内容

（1）物流标准化的基点

物流系统的各个主要环节（包装、运输、装卸搬运、储存）在以往都有局部的标准化或与物流某一局部有关的横向标准化。但这些标准化之间缺乏配合性，不能形成物流系统纵向的标准化体系，因此，要形成整个物流体系的标准化，必须在这些局部中寻找一个共同的基点，这个基点能贯穿物流全过程，形成物流标准化工作的核心，而这个基点的标准化应成为衡量物流全系统的基准，成为各个局部的标准化的准绳。

物流过程是"物"的流动过程，而进入物流领域的物资基本上可分成 3 种形式，即：零星货物，散装货物和集装货物。零星货物及散装货物在物流"结点"上，例如换载、装卸时，都必然发生组合数量及包装形式的变化，要在这些"结点"上实现操作及处理的标准化比较困难，而集装货物在物流过程中始终都是以一个集体为基本单位，其包装形态在装卸、输送及储存的各个阶段都不会发生变化，集装货物在"结点"上容易实现标准化的处理。因此，采用集装单元化技术，把物品的包装、储存、装卸搬运和运输等环节作为一个整体（物流系统）来考虑，是实现物流标准化的途径。

通过对国内外物流现状的调查和物流发展趋势的预测，可以认为，集装形式是未来物流的主导形式，散装只在某些专用领域有发展，而零星货物一部分可向集装靠拢，另一部分还会保持其多样化的形态而存在。因此，集装系统使物流全过程贯通并形成体系，是保持物流各环节上使用的设备、装置及机械之间整体性及配合性的核心，所以，集装系统是使物流过程连贯而建立标准化体系的基点。

（2）物流系统各环节标准化的配合性

配合性是建立物流标准化体系必须体现的要求，是衡量物流系统标准化体系成败的重要标志。以集装系统为物流标准化的基点，其作用即以此为准来解决各个环节之间的配合性问题，包括如下各种配合性：

① 集装与生产企业最后工序（也是物流活动的初始环节）——包装环节的配合性，即以集装的"分割系列"来确定对包装的要求（包装材料、包装强度、包装方式、小包装尺寸等）。

② 集装与装卸机具，装卸场所的配合性。

③ 集装与仓库的搬运机械、保管设施、仓库建筑（净高度、门高、门宽、通道宽等）的配合性。

④ 集装与保管条件、工具、操作方式的配合性。

⑤ 集装与运输设备（载重、有效空间尺寸）、设施的配合性，如托盘与集装箱、托盘与卡车车厢的关系就有基本集装单位的"倍数系列"。

⑥ 集装与末端物流的配合性。末端物流是送达消费者的物流，是以消费者的要求为转移的，衔接消费者的"分割系列"与衔接生产者的"分割系列"，有时是有矛盾的，因此，要考虑首尾两端都适用的"分割系列"。

⑦ 集装与国际物流的配合性。

（3）物流与环境的关系

物流量的加大、物流速度的增加、物流及工具的大型化之后，使环境受到影响，如噪声、废气的污染，因此，在推行物流标准化时，必须将物流对环境的影响放在标准化的重要位置上，对安全标准、噪声标准、排气标准、速度标准做出具体规定。

3. 物流标准化的方法

目前，物流体系的标准化工作各个国家都处于初始阶段，标准化的重点在于通过制定标准规格尺寸来实现全物流系统的贯通，取得提高物流效率的初步成果。因此，物流标准化的方法，主要指初步规格化的方法。

（1）物流基础模数

标准化的基础是物流基础模数尺寸，它的作用和建筑模数尺寸的作用大体相同，考虑的基点主要是简单化。基础模数尺寸一旦确定，设备的制造、物流系统中各个环节的配合协调、物流系统与其他系统的配合就有了依据。目前 ISO 中央秘书处及欧洲各国已基本认定 600mm×400mm 基础尺寸。至于我国采用多大物流基础模数尺寸，目前尚在研究中。

由于物流标准化比其他标准化系统建立较晚，因此，在确定基础模数尺寸时，主要考虑以物流系统影响最大而又最难改变的输送设备，采用"逆推法"，由输送设备的尺寸来推算最佳的基础模数，同时也考虑到现在已通行的包装模数和已使用的集装设备及人体可能操作的最大尺寸等因素。

（2）物流模数

物流模数即集装单元基础模数尺寸（即最小的集装尺寸）。集装尺寸基础模数尺寸，可以从 600mm×400mm 倍数系列推导出来，也可以在满足 600mm×400mm 基础模数的前提下，从卡车或大型集装箱的"分割系列"推导出来。物流模数尺寸以 1200mm×1000mm 为主。也允许 1200mm×800mm 及 1100mm×1100mm 等规格。

（3）以分割及组合的方法确定物流各环节尺寸

物流模数作为物流系统各环节的标准化的核心，是形成系列化的基础。依据物流模数进一步确定有关系列的大小及尺寸，再从中选择全部或部分，确定为定型的生产制造尺寸，这就完成了某一环节标准系列。

5.2 物流企业管理

5.2.1 物流企业概述

物流企业是相对于生产企业而言的，它专业从事实体商品的流通工作，它对企业国民经济的正常运行有着极为重要的作用。本书对物流企业的描述将从其职能和任务、经营形式及组织结构、现代理论对物流企业的启示以及中国物流行业的现状和发展等几个方面来说明。

1. 物流企业的职能和任务

（1）物流企业的概念及特征

物流企业是独立于生产领域之外从事商品（包括生产资料、生活资料和服务）流通（交换）活动的经营单位，在商品市场上依法进行自主经营，自负盈亏，自我发展，自我约束，是具有法人资格的商品经营者。具体来讲，物流企业是以物流为主体功能，同时伴随有商流和信息流，它包括仓储业、运输业、批发业、连锁商业和代理业等。

（2）物流企业的基本职能

在市场经济条件下，社会生产总过程是由生产、分配、交换、消费四个基本环节构成的。马克思说："生产表现为起点，消费表现为终点，分配和交换表现为中间环节。"商品的流通是连续的交换，或者是从总体上看的交换。可见，商品的流通是社会生产总过程中相对独立的环节，是连接生产和消费的中间环节。生产企业只有相互交换各自的物质产品，才能使各自的生产过程不间断地连续进行。因此，社会物质产品的生产能力同社会物质产品的流通能力是彼此制约、互相作用的。物流企业作为独立于生产企业之外，专门从事商品交换活动的经济实体，其基本的职能是以商品的买者和卖者的双重身份交替出现在市场中，按照供求，进行媒介物质的交换，解决社会生产与消费之间存在着的数量、质量、时间和空间上的矛盾，实现生产和消费的供求结合，保证社会再生产的良性循环。这一基本职能称为物流企业的宏观职能。商品流通全过程，一般分为购、销、存、运四个相对独立的环节。物流企业的宏观职能是通过其微观职能来实现的。其微观职能表现为：

① 物流企业购买商品的职能，亦称为组织社会物质资源的职能。
② 物流企业销售商品的职能，亦称为商品供应职能。
③ 物流企业储存商品的职能，即"蓄水池"职能。商品储存是指物质产品离开生产领域，但还没有进入消费而在流通领域内的暂时停止。
④ 物流企业运送物质实体的职能。
⑤ 物流企业的信息流通职能。

综上所述，物流企业的宏观职能是靠其微观职能的具体实施完成的。宏观职能为微观职能指明方向，微观职能又是实现宏观职能的具体体现，二者互为条件，彼此制约，上述职能都是通过物流企业自主经营完成的。

2. 物流企业的经营形式

任何一个经济实体从事生产经营活动时，都离不开相应的组织活动形式。物流企业经营也同样需要与其社会经济体制和经营管理水平相适应的合理的经营形式。企业经营形式实际上是企业制度及其表现形式的统一体。一定的社会经济体制决定着企业制度，同时也决定着体现企业制度的形式。由于物流企业的规模、经营范围和经营管理工作的复杂程度，以及在国民经济和社会发展中的影响程度都存在着差异，所以，物流企业的两权（所有权与经营权）分离程度也必然有差异，这样，就在客观上提出了物流企业经营形式多种类的要求。与客观要求相适应，实践中产生并形成了物流企业使用的几种企业经营形式。它们是：租赁经营、股份经营、企业群松散联营和综合商社式企业集团化经营等形式。

3. 物流企业的组织机构

物流企业为了进行经营管理活动，实现企业目标，必须建立相应的组织机构，形成合理的企业组织机构。所谓企业组织机构，是指企业内部组织机构按分工协作关系和领导隶属关系有序结合的总体。企业组织机构是流通生产力发展的产物，是与流通生产力相适应的生产关系的形式。它的基本内容包括明确组织机构的部门划分和层次划分，以及各个机构的职责、权限和相互关系，由此形成一个有机整体。不同部门及其责权的划分，反映组织机构之间的分工协作关系，称为部门机构；不同层次及其责权的划分，反映组织机构之间的上下级或领导隶属关系，称为层次机构。

(1) 确定企业组织机构的原则

确定物流企业组织机构的基本原则是：精简、统一、自主、高效。

(2) 物流企业组织机构的部门划分

物流企业内部的组织机构，从横向看可划分为若干不同部门。组织机构应该服从各自经营管理活动的需要，根据各自经营分工的专业，经营对象的技术复杂程度及其品种机构，经营操作的物质技术装配先进程度、经营的规模等具体因素加以权衡，从经营管理的水平加以确定。一般地说，从物流企业担负媒介商品流通职能的共性出发，物流企业内部的组织机构，基本上可划分为业务经营部门、职能管理部门和行政事务部门，而各部门的进一步划分则因企业具体情况不同而有所不同。

(3) 物流企业组织机构的层次划分

物流企业内部的组织机构，从纵向看又划分为若干层次即管理层次。所谓管理层次，就是指从企业经理到基层工作人员之间体现领导隶属关系的管理环节，即经营管理工作分为几级管理。

物流企业组织机构的管理层次，一般划分为三个层次，如图 5-5 所示，组成正立三角形的层次机构。一般地，大中型的物流企业为三级管理，即三个层次；小型物流企业适宜两级管理，即两个层次。

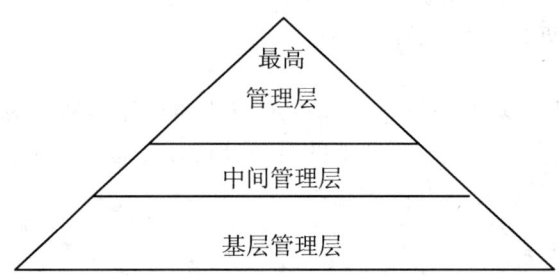

图 5-5 物流企业组织机构的管理层次

最高管理层，即以经理为首的领导班子，统一领导各个层次的经营管理活动。其主要职能是制定经营目标、方针、战略；利润的使用、分配方案；重大规章制订、修改和废止；指挥和协调各组织机构的工作和相互关系，确定它们的职责和权限等。

中间管理层，是指根据经营管理工作的需要设置的承上启下的中间层次的机构，主要是经营业务，职能管理和行政办事机构。它们的主要任务和职责权限是依据最高层次下达的指令和任务制定本部门的执行目标，直接从事商品流通的经营活动或管理活动，保证实现企业的经营和管理目标，以及向决策层提出建议和直接领导最基层机构的各项具体的经营管理工作。

基层管理层，是指经营管理工作的执行操作机构，是直接领导基层工作人员的管理层次，是企业中的最低的管理层。例如直接从事商品购销活动的门市部，从事商品储存保管的部门等。它们的主要任务和职责权限是依据上一层机构下达的任务优化组织实施的具体方案，采取多种经营方式，实施优质服务，保证完成各自的经营目标，以及向上层的领导机构报告工作或提出建议。

（4）物流企业组织机构的管理形式

物流企业组织机构的管理形式，是指企业的整个组织机构按部门划分和按层次划分组成纵横交错关系的组织管理形式，它决定于企业规模、经营内容、企业人员素质、经营管理水平和企业内外部环境等多种因素。此外，企业的所有制不同，它的组织管理形式也会有所不同。而且企业组织机构的管理形式，是随着企业发展和管理科学化、现代化的发展而发生变化的，从其发展过程来看，主要有以下几种：

① 直线制形式。它的特点是企业各级行政领导按照直线从上到下进行垂直领导，不另设置专业职能机构。这种组织管理形式的优点是机构层次少，权力集中，命令统一，决策和执行迅速，工作效率高。缺点是领导需要处理的事物太多，精力受牵制，不利于提高企业的经营管理水平。适用于经营规模小，经营对象简单的小型物流企业。

② 职能制形式。它的特点是最高层的领导者把专业管理的职责和权限交给相应的职能管理机构，由它们在专业管理活动上直接经营指挥业务机构的活动。这种组织管理形式的优点是能够充分发挥职能机构专业管理的作用和专业管理人员的专长，加强了管理工作的专业化分工，提倡内行领导，达到管理工作的正确性和高效率。缺点是各职能机构都有指挥权，形成多头领导，相互协调比较困难。

③ 直线职能制形式。是以直线制形式为基础将职能制形式结合在一起的一种组织管理形式。它的特点是各管理层的负责人自上而下进行垂直领导，并设职能机构或职能人员协助负责人工作，但职能机构或人员对下级单位不能下达指示命令，只能在业务上进行指导监督，下级负责人只接受上一级负责人的领导。这种形式的优点是取直线制和职能制两种形式之长，舍二者之短，是一种较好的形式，在实践中得到比较广泛的应用。

④ 事业部式组织机构形式。事业部式是国外大型企业普遍采用的一种组织机构模式。它的特点是企业按产品类别、经营业务或地区设若干个事业部，实行集中决策下的分散经营和分权管理。事业部是实现企业目标的基本经营单位，实行独立经营、独立核算，具体管理经营活动。这种组织机构的优点是：有利于总公司摆脱日常的行政事务，集中进行决策；有利于事业部根据市场变化作出相应的经营决策；有利于组织专业化生产，提高效率。缺点是：由于事业部是一个利益中心，往往只考虑自己的利益而影响相互协作。它适宜于规模大、产品种类多、分布面广的企业。

⑤ 矩阵式组织机构。是由纵横两套管理系统组成的机构。企业为了完成某项任务或目标，从直线——职能制的纵向职能系统中抽调专业人员参加，组成临时或较长期的专门小组，由小组进行横向系统联系，协同各有关部门的活动，并有权指挥参与规划的工作人员，小组成员接受双重领导，而以横向为主，任务完成后便各自回原单位。这种组织机构的优点是：有利于优化组合，充分发挥各部门、各专业人员的优势；有利于纵向集中指挥与横向协调结合。但缺点是小组成员容易产生临时观点，出现问题难以解决，往往给工作带来困难。所以，矩阵式组织机构形式还需要进一步发展和完善。

5.2.2 物流企业管理的基本原理

1. 物流企业管理的基本含义

物流企业是从事商品实体流通活动的经济组织。其基本的经济活动可以分为两个方面：一是经营，即通过经营（购、销、储、运）实现商品的价值转移和实体运动，这是物流企业经济活动的中心；二是管理，即管理物流企业的经营活动。所谓管理，它的本质要求就是求效益。这里所说的管，是指企业的行为要受约束。这里所说的理，是指企业的行为要符合客观规律。因此管理可定义为，在一定的约束条件下，使企业行为与客观规律的要求保持相互适应，从而求得实效。

物流企业管理的基本含义则是指根据商品流通的客观规律要求，应用管理的基本原则和科学管理方法，计划、组织、指挥、监督、调节经营过程中企业的人力、物力和财力的合理运动。以求用最少的消耗，实现既定的经营目标，取得最好的经济效益。

2. 物流企业管理的职能

物流企业管理的职能是管理理论的重要组成部分。人们在长期的管理实践活动中，根据管理对象的具体内容从理论上概括，提出以下几种职能：

（1）计划职能，是指通过调研、预测，对企业的经营目标、经营方针做出决策，制定长期和短期计划，确定实现计划的措施和方法，并将计划指标层层分解到各个部门、各个环节。

（2）组织职能，是指要把企业经营活动的各个要素、各个环节和各个方面，从劳动的分工和协作上，从纵横交错的相互关系上，从时间和空间的相互衔接上，合理地组织起来，以形成一个有机整体，从而有效地进行生产经营活动。

（3）指挥职能，是指对企业各层次、各类人员的领导或指导，保证企业生产经营活动的正常进行和既定目标的实现。

（4）协调职能，也称调节职能，它是指协调企业内部各层次、各职能部门的工作，协调各项生产经营活动，使它们能建立良好的协作关系，消除工作中的脱节现象和存在的矛盾，以有效地实现企业的目标。协调可分为上下级领导人员和上下职能部门之间活动的纵向协调和同层次各职能部门之间活动的横向协调。

（5）控制职能，也称为监督职能。它是指按预定计划或目标、标准进行检查，考察实际完成情况同原定计划标准的差异，分析原因、采取对策、及时纠正偏差，保证计划目标的实现。

物流企业管理的上述 5 项职能是统一的，又是相对独立的。运用这些管理职能时，既要全面考虑，又要有所侧重。物流企业的经理通常用于计划和组织职能的时间要多一些，而基层管理干部，大部分时间用于组织和控制职能，只有根据实际情况，灵活运用，才能把物流企业的经营活动管理好，才能提高工作效率，达到向管理要效率的目的。应当指出，对于企业管理职能，随着物流企业经营规模的扩大，结构的变化，管理活动的内容也更加复杂。物流企业管理职能说又有发展，相继提出了新的管理职能，如物流企业管理的激励职能，创新职能等应在管理实践中去应用和验证。

3. 物流企业管理的主要方法

物流企业管理的方法是多种多样的，最常用的、带有普遍性的方法可归纳为三类，或说三大方法，这就是经济方法、行政方法和法律方法。近年来，各种现代化管理方法在企业管理中得到广泛的推广和应用。所有这些方法，都是适应不同特点和作用的管理活动的方法，它们在企业管理工作中都是必要的，不可缺少的。

（1）经济方法是运用经济手段，特别是经济杠杆，引导企业经济活动、执行管理职能的一类方法。经济方法的实质是正确贯彻物质利益原则，从物质利益方面调节各利益主体的经济关系，调动各方面的积极性，使他们从物质利益上主动关心企业的经营成果，提高他们的劳动效率和物流企业的经济效益。经济方法不具有行政命令的强制性，而是利用经济杠杆，间接地从物质利益上去调节企业经营活动，以符合全社会的整体利益。具体地说，物流企业是自主经营、自负盈亏、自我发展、自我约束、独立的商品实体经营者，具有自身独立的经济利益。运用经济方法，是经济组织的性质要求的。

（2）行政方法是依靠领导机构的权威，运用行政命令、指示等手段，采取令行禁止的方式执行管理职能的一类方法。行政方法是管理企业经营的必要方法。管理活动无论作为社会化大生产和大流通的客观要求，或作为一定生产关系的体现，都具有权威的性质。它的作用是经济方法代替不了的。它是用行政命令强制的，是必须执行的。它的作用是能统一目标、统一行动、保证经营目标和任务的完成，还能用行政命令，保证企业经营的方向以及在紧急情况下，迅速排除阻力等。应该指出，行政方法同脱离实际的"长官意志"的命令主义和瞎指挥是根本不同的。

（3）法律方法是运用经济立法和经济司法的手段，实行管理职能的一类方法。我国的企业法规是调整企业生产经营活动和经济关系的法律规范，如《企业法》、《经济法》、《会计法》、《统计法》等等。物流企业还受商品流通的法规和各项部门法规的制约。物流企业为保证经营活动还制定企业的规章制度，调整和规范职工的行为，以保证经营活动有秩序的进行。法律方法管理企业的生产经营活动，可以保证企业的合法权益，禁止违法行为，起到维护经济秩序的作用。

现代化管理方法是指运用现代社会科学、自然科学与技术科学的理论、方法和手段以达到管理高效率、高质量的一种管理方法。现代化管理方法包含两个方面的内容：应用科学管理的方法，包括：计划管理、劳动管理、组织管理、经营业务管理、市场与价格管理、科技管理、情报管理等等行之有效的方法；运用管理科学的技术方法，包括：以运筹学为基础的预测与决策技术、线性规划、排队论、模拟方法、统筹方法、系统工程、价值工程、投入产出法，以及经济责任制、全面计划管理、全面质量管理、方针目标管理、全面经济核算、量本利分析法等等科学技术运用于企业管理。

上述各项现代化管理方法都有结构、特点，以及应用时的基本原则和范围。它们有单独作用，可以单独进行运用；而且这些方法之间也存在着联系、组合、互补的关系，可以在物流企业管理中配合使用。现代化管理方法的主要特征是对物流企业的经营业务活动进行定量化分析、决策，使物流企业管理达到科学、合理、有效的目的。特别值得强调的是，企业的职工、领导人员，他们既是劳动者，又是管理者；他们是企业的主人。因此，现代管理工作的核心和动力，只能是人以及人的积极性。同时，也应看到，现代流通企业管理要求各级管理者必须具备广博的专业知识，精通管理业务，熟练掌握管理技能和方法，这是提高物流企业管理水平的当务之急。

4. 物流企业管理原理

在物流企业的实践中，可应用的有许多原理，每一种专业活动都有它的特点。本节仅论述具有共性的基本原理。

（1）物流企业管理的二重性

物流企业的经营管理，同其他企业的经营管理一样，是在一定生产力水平下和一定生产关系中进行的共同劳动，它既反映共同劳动的客观要求和生产力性质，又关系到企业所有者、经营者和劳动者的利益要求，反映一定生产关系的性质，因而具有二重性。所谓二重性，就是指物流企业的经营管理，一方面同流通生产力相联系，表现为劳动者同一定的物质技术条件相结合，为组织社会商品流通进行共同劳动，由此产生的自然属性；另一方面同商品流通中一定的生产关系相联系，表现为企业内部人与人、部门与部门之间、企业与其他企业之间、企业与国家之间的经济关系，由此产生的社会属性。

（2）全面计划管理

物流企业的全面计划管理是一项综合性的全面管理工作，它是通过计划把企业的各项工作全面地组织和协调起来。具体地讲，全面计划管理是在国家计划指导下，根据国家对企业的要求和市场的需要，在科学的调查、预测、决策等基础上通过系统分析、精确计算和综合平衡，为企业制定生产经营的长短期计划，并细分到各个部门、各个环节和每个人，用计划来指导企业生产经营的全部活动。并把它纳入计划轨道，组织与动员全体职工更有效地保证计划的实现，以提高物流企业的经济效益。物流企业全面计划管理的内容有许多方面，其中基本的是商品供求调查；产需预测与经营决策；计划体系与计划指标体系的确立；制定计划和主要方法；计划管理的基础工作等五大方面。

（3）目标管理

目标管理就是指围绕确定目标和实现目标而开展一系列的管理活动，是企业运用"激励理论"和系统工程原理，充分调动和依靠全体职工的积极性和智慧，对确定和实现企业目标的计划、实施、检查和处理四个阶段的全部活动的管理。企业进行目标管理的过程就是开展目标管理活动的步骤和工作内容，是一个围绕着确定目标和实现目标进行管理活动的系统过程。这个过程大致可以概括为一个中心、四个环节、八项工作。

一个中心就是以目标为中心统筹安排和考虑系统的全部工作。为此必须通过目标管理教育，加强目标意识和全局观念，使全体职工拧成一股绳，为完成目标通力协作，以保证目标的顺利完成。四个环节是指目标制定、目标开展、目标实施和目标考评。其中，确定目标、目标开展是计划阶段的两个环节。目标开展是为了建立目标体系，使目标成为上下左右关联的网络（目标系统），以利于进行系统整体管理。对于目标实施结果的考评，主要是在企业的决策层进行。八项主要工作包括：

① 制定目标。内容包括：决策论证提出目标；选定主体确定目标领域；进行科学分析和计算、确定目标值。

② 进行目标展开。围绕物流企业的总目标，其内部各基层次都要设置自己的目标，即物流企业目标确定之后，还需设置部门目标、单位目标或个体目标。各级工作目标都是整体目标的一个组成部分，由若干个部门目标支撑总目标，由数个单位目标或个体目标来支撑部门目标。这样，目标与目标间左右关联，上下一贯，彼此呼应，融汇成为一个有机的整体，形成一个以物流企业整体目标为中心的目标网。

③ 制定保证物流企业目标实现的措施，亦称保证措施。在目标展开过程中，各基层次

都要制定措施，形成保证总目标实现的措施体系。

④ 在实施过程中进行目标追踪，不断优化措施。
⑤ 对方针目标实施结果进行定期考核与评价。
⑥ 进行定期与不定期的目标管理诊断。
⑦ 制定并提高激励措施以及对激励效果进行评价。
⑧ 总结提高。

（4）全面质量管理

全面质量管理是企业为保证最经济地生产用户满意的产品而做的全部组织管理工作。全面质量管理的特点是全面性和科学性相结合，其全面性体现在对全面质量、全过程和全员参加的管理，其科学性体现在以科学的思想为指导，综合而灵活地运用了科学方法。

全面质量管理的基本方法可以概括为四句话十八个字，即一个过程，四个阶段，八个步骤，数理统计方法。一个过程，即企业管理是一个过程，企业在不同时间内，应完成不同的工作任务。企业的每项生产经营活动，都有一个产生、形成、实施和验证的过程。四个阶段，根据管理是个过程的理论，美国戴明博士把它运用到质量管理中来，总结出"计划（Plan）——执行（Do）——检查（Check）——处理（Action）"四个阶段的循环方式，简称 PDCA 循环，又称"戴明循环"。八个步骤，为了解决和改进质量问题，PDCA 循环中的四个阶段还可以具体化为八个步骤。分析现状，找出存在的质量问题；分析产生质量问题的各种原因或影响因素；找出影响质量的主要因素；针对影响质量的主要因素，提出计划，制定措施；执行计划，落实措施；检查计划的实施情况；总结经验，巩固成绩，工作结果标准化；提出尚未解决的问题，转入下一循环。

5. 物流企业战略管理

物流企业作为社会经济的基本单位，其发展状况对国民经济和社会的平衡运作起到了极为重要的作用。在世界经济已向知识经济时代迈进的时候，科技进步的速度越来越快，推动了整个社会生活的大变革。而物流企业作为科技进步的重要策源地之一，直接参与了当今社会的变革。另一方面，社会的变革又使物流企业面临了前所未有的挑战：国际经济一体化的趋势愈发明显，每个物流企业面临着国内外同业的和上、下游产业的竞争；从世界范围内看，剩余经济已取代短缺经济，成为当今国际社会的主流，这使得物流企业的流通和服务的价值实现愈发困难。面临如此错综复杂的内外环境，物流企业急需有指引其长期稳定发展的利器——企业战略。

什么是物流企业战略管理？在西方战略管理文献中没有一个统一的看法，不同的学者有不同的认识。正是由于对物流企业战略管理的概念的有不同理解，故有必要给予明确定义。

有人认为，物流企业战略应包括物流企业的目的与目标，即广义的物流企业战略；有的人则认为物流企业战略不应包括这一部分内容，即狭义的战略管理。本书认为：物流企业战略管理理论是以企业管理理论、流通理论、经济理论、系统理论和权变理论为基础而形成的，它的构成要素包括：时间、地点、目标、发展方向、经营主体、采取的方式和组织结构等。因此，物流企业战略管理的一般描述为：为达到某个目标，物流企业（或部门）在特定的时期，在特定的市场范围内，根据某种组织结构，利用某种方式，向某个方向发展的全过程的管理。战略本身无好坏，只是物流企业选择时可能选择了非最佳的战略时，才表现出战略的好坏之分。物流企业战略管理是一个正在迅速发展的研究领域，它从总体上把握物流企业，在不断变化的环境中考察物流企业总体的发展情况，探明为什么面对同样的环境有些物流企业繁荣发展而有些物流企业却停滞不前的深层次原因。

借助于物流企业发展战略管理的思想，可以帮助物流企业高层领导更深刻地了解物流企业战略制定、实施、评价的内在相互联系，在创造物流企业未来辉煌的过程中采取主动出击的做法，而不是简单地、被动地应付物流企业环境的变化。只有这样才能更有效地决定物流企业自身的发展方向，确定明确的业绩目标，开发能够适应物流企业内外环境条件要求并有助于实现这些业绩目标的战略，从而确保物流企业能够在激烈的竞争中立于不败之地。

5.2.3 物流企业业务管理

1. 采购管理

采购是指物流企业为实现企业销售目标，在充分了解市场要求的情况下，根据企业的经营能力，运用适当的采购策略和方法，通过等价交换，取得适销对路商品的经济活动过程。它包括两方面的内容：一方面采购人员必须主动地对用户需求做出反应，另一方面还要保持与供应商之间的互利关系。

（1）采购原则

① 遵守政策。在市场经济条件下，国家政策和市场法规体系日渐完善。所以，企业在进行采购时，要做到有法必依，有章必循，严格遵守国家规定的市场商品采购政策，物价政策和有关市场管理条例、管理制度等，在不违反政策法规情况下做好商品的采购工作。

② 按需采购。它是指按采购计划所反映的对需求的预测进行采购。一方面是数量上的满足，另一方面是质量上的保证。对采购数量的控制，是按计算的经济订货批量进行采购，对采购质量上的控制是指保证商品质量适用，以满足生产或消费需要为目标，并非是质量越高越好。

③ 价格低廉。商品采购要实行"以需采购"的原则，在这个前提下，要尽量做到以最少的费用、最低的价格购进企业所需的各种商品。

④ 节省流通费用。在其他条件相同的条件下，商品采购要坚持就地就近原则，批量采购、简化包装，以缩短采购间隔期，减少储备量和运输费用等各项支出。

⑤ 建立协作关系，稳定材料来源渠道。在采购商品时，要对供货单位进行必要的调查，了解其商品质量、提供的服务、信誉等方面、做到心中有数，以免发生意外给企业造成经济损失。在选好供货单位之后，建立起固定协作关系作为稳定的材料来源渠道。

⑥ 注意市场动态。企业在进行采购时，要经常注意市场的经济动态、掌握企业所需商品在市场中的最新信息，力求避免不利的采购。

（2）采购的信息管理

当今社会，信息产业发展迅速，信息市场也日渐完善，信息在经济生活中的作用越来越重要。物流企业在商品采购过程中，重视和运用市场信息，经常掌握市场行情最新的变化动态，对于采购的科学决策，搞好采购工作、具有十分重要的意义。采购信息的内容包括政策信息、货源信息、渠道信息、价格信息、运输信息、科技信息等。

（3）采购质量管理

物流企业经营的品种繁多，加强采购环节的质量管理是物流企业全面质量管理中的重要环节之一。商品质量管理除了可以在选择供应商时加以控制之外，对采购物品的质量还要严格进行采购决策前的品质审查和搞好商品到货验收。对于预计要采购的商品进行严格的抽样验质，是购进环节质量管理的开端。这部分工作应当区分三种具体情况，按三种不同办法处理：

① 可以免验的情况。许多种商品都是按国家标准或部标准生产的，对这类商品可以不进行采购前的品质审查。

② 必须严格审查品质的情况。物流企业经营的各种商品中，凡是不按国家标准或部颁标准生产的商品，都必须在采购之前严格地审查其质量。

③ 需要委托国家商检机构代为验质的情况。物流企业经营的商品当中有很多都是进出口商品，因此，对商品进出口业务中的品质检验一定要委托国家专设的商品检验机构按国际贸易的统一要求办理。

（4）采购成本管理

采购的成本是商品的成本与采购过程中所耗各项费用之和。采购的成本直接影响到企业的利润与资产回报率，影响企业流动资金的回笼速度。因此，加强采购的成本管理具有重要的作用。

加强对需求预测计划的审核，严格做到按需定购。理顺进货渠道，净化采购环节，积极组织采购人员在市场上寻找最优进货渠道。

目前，市场竞争激烈，这给企业采购带来了机遇，使企业在采购时有更大的选择机会。在这种情况下，可采用招标投标方式进行采购，邀请几家商家同时参加竞标，这样可以保证产品质量，降低价格，节约采购成本，而且，由于增加了采购工作的透明度，有效避免了采购过程中违纪行为的发生。

（5）供应链管理对采购管理的影响

基于供应链管理的现代采购观念认为：企业的核心是营销，只有营销才能涉及到公司的最终产品或服务。利润最大化不单靠降低成本来实现，还要通过提供使顾客完全满意的竞争性产品或服务来实现。对采购的质量、价格、数量及时间等因素的评价必须根据它们与公司在市场细分、附加价值，前置时间及对顾客需求的反映性等方面制定战略和相互影响来进行。采购管理的职责内容包括进行战略性和以供应商为基础的采购管理、建立精干的采购组织。与此相关的方法有：设计一种能最大限度地降低风险的合理的供应商结构；与供应商建立一种能促使供应商不断降低成本、提高质量的契约关系；建立能维持内部与外部盈利关系目标的精干的采购队伍；采用信息技术更好地满足用户及供应商的要求；建立有效地对用户要求做出反应的采购权利与责任制。

2. 市场营销管理

物流企业市场营销是市场营销的一个特殊子系统，其实质就是要根据目标市场的需求，有效地利用产品、价格、渠道、促销等手段，实现整体营销的过程。下面就将物流企业的市场营销过程、营销决策原则、营销的未来展望分别加以论述。

（1）物流企业市场营销过程

① 收集、研究营销信息，分析、评价营销机会

企业处在动态变化的市场中，适应这种动态变化的惟一途径是迅速了解、判断市场的变化，分析、评价各种营销机会，及时捕捉有利于企业发展的机会。发现和评价营销机会是营销管理人员的主要任务，也是营销管理过程的第一步。那么，营销管理人员该怎样发现和

评价营销机会呢？

建立营销信息系统，收集、研究营销信息。信息已成为企业管理中的一项重要资源，越来越多的管理人员已认识到了信息的重要性。但是，在现实中，我们该如何收集信息以保证不错过重要的信息？在大量的信息中，又该如何鉴别哪些信息对我们有用，哪些没用？又该怎样保证信息及时、准确地到达有关人员的手中呢？在营销管理中，最根本的方法是建立营销信息系统。

营销信息系统通过制度化、日常化、程序化的信息工作，可避免信息工作的临时性和随意性。它通过对信息需求的评估、营销情报、营销研究、营销分析、内部报告等子系统和信息的分送等工作，保证了信息的全面、准确和及时。

发现和识别营销机会。在任何市场环境中，都经常存在一些"未满足的需要"。这些"未满足的需要"，可能是长期以来就存在的，如人们对治疗某些疾病的药物的渴求；也可能是由于市场的变化而产生的。在通过营销信息系统掌握信息的基础上，营销管理人员要善于发现和识别"未满足的需要"和各种营销机会。

评价营销机会。市场上出现的机会，未必就是企业的机会，即未必适合于企业。营销管理人员要对发现的营销机会进行评价，从物流成本与顾客能接受的价格、从企业的任务和目标与要求的一致性、从企业利用此机会与竞争者利用此机会的优劣势对比等方面进行综合评价。

② 研究和选择营销目标

发现营销机会后，营销管理人员就要对企业面对的市场进行研究，如消费者市场、生产者市场、转卖者市场、政府市场各有其市场特点，营销管理人员要了解这些特点，并对市场中顾客行为、心理、决策过程等加以研究。只有这样，才能保证对市场真实、客观、准确的认识。

在研究市场的基础上确定营销目标。目标是营销过程的先导。所谓目标是指营销活动所期望实现的成果或所需完成的任务。它是营销活动的出发点和归宿，是针对营销中的主要问题提出来的。目标必须定得具体明确，既不能含糊不清，也不能抽象概念化。否则，方案的设想和选择都会感到无所适从。

确定目标，首先要对经营环境和自身能力进行调查，对目前的经营状况进行分析，明确所要解决的问题，找出问题的关键所在。一般用差距的形式表示，即"差距＝标准－现状"，标准是指本企业历史同期的最高水平，或同行业的先进水平，或预先确定的水平标准；现状则是指目前达到的水平。差距揭示了经营中存在的问题，再通过横向分析和纵向分析，找出问题的本质原因，为决策目标提供依据。

由于企业发展的多元化，带来多元的决策目标。决策目标多，决策标准也相应增加，目标间的协调比较困难。而且，有的目标之间常常是相互矛盾的，由于此涨彼消的影响，这就存在多目标的处理问题。一般在进行处理时，首先把要确定的目标按重要程度排列，先确定最重要的目标；其次，把次要的目标或合并，或综合，或转化为约束条件，乃至放弃；最后，将确定的少数重要目标，进行相互间的平衡协调。

③ 制定营销计划，决定营销组合，选择最佳方案

营销组合是现代营销理论中的一个主要概念。所谓"营销组合"，就是根据目标市场的需要，全面考虑企业的任务、目标、资源以及外部环境，把企业"可控制的因素产品、价格、分销和促销策略"加以最佳组合和应用，以满足目标市场的需要，实现企业的任务和

目标。

所谓产品策略即指企业制定经营战略时,首先要明确企业能提供什么样的产品和服务去满足消费者的要求,也就是要解决产品策略问题。它是市场营销组合策略的基础,从一定意义上讲,企业的成功与发展关键在于产品满足消费者需求的程度以及产品策略正确与否。这里的产品是指非物质形态的服务,即实体产品的转移以及转移过程中相应的辅助性服务。

价格策略是指企业通过对顾客的需求的估量和成本分析,选择一种能吸引顾客、实现市场营销组合的价格的策略。物流企业的成本比较复杂,包括运输、包装、仓储等方面。所以价格策略的确定一定要以科学规律研究为依据,以实践经验判断为手段,在维护生产者和消费者双方经济利益的前提下,以消费者可以接受的水平为基准,根据市场变化情况,灵活反应,实现买卖双方共同决策。

促销就是企业为了激发顾客的购买欲望,影响他们的消费行为,扩大市场而进行的一系列联系、报道、说服等促进工作。促销在企业的最初经营活动中是从信息传递开始发展起来的。然而,现代物流企业市场营销在向消费者传递信息过程中,已不仅仅将企业自身和产品的有关信息不加筛选地传递给所有消费者,它要求企业在对消费者潜在需求进行调查分析的基础上,将最能激发消费者购买欲望的信息以恰当的方式传达给目标消费者。所以促销通常又可理解为:企业在了解顾客需求的基础上,为扩大和保持服务市场,将特定的信息,在特定的时间和特定的地点,以特定的方式传达给特定的顾客。

分销渠道策略,商品和劳务只有到达消费者和用户手中才是现实的产品。停留在生产者手中的产品只具有最初形式,物流企业还需要运用一定的市场分销渠道,将产品在适当时间、地点以一定的价格转移到目标消费者手中。

通过前面的机会分析、目标市场选择、营销组合的确定,营销管理人员结合企业的营销目标,制定出围绕营销目标、贯彻营销策略的行动方案和预计的盈亏报表,最终形成营销计划。

④ 组织实施和控制

组织实施和控制是营销管理过程中的最后一步,也是关键的、极其重要的一步。因为计划不进行实施,等于废纸一张。在营销中,是否在按计划要求进行,时间、费用如何,环境是否发生了变化,应该怎样应对,这些问题要通过营销组织、营销控制来解决。主要做好以下几个方面的工作:做好思想舆论宣传,组织调整工作;按照计划,把决策方案具体化;推行目标管理,按照各职能部门的工作,将总目标层层分解,落实到个人,协调上下关系,创造必要条件,制定实施的具体措施和细则;建立健全信息反馈系统,进行控制和协调,保证决策的全面实现。

(2) 营销决策原则

为了正确地进行决策,必须遵循下列原则:

① 系统原则。企业的营销活动,是由许多相互联系、相互作用的要素组成的系统来共同完成的。决策不仅要满足系统的总体要求,制定系统总目标,同时要注意与各子系统的关系,使子目标与总目标相衔接,通过以总目标为核心的系统平衡,才能实现系统的一体化和最优化。

② 宏观指导原则。企业决策时,要符合国家经济政策的要求,接受宏观经济发展规划的指导。只有这样,才会由企业发展的广阔天地,获得企业的最佳经济效益和社会效益。

③ 民主原则。决策解决的是企业重大问题,影响因素多、牵涉面广,需要有多方面的

共识和协调，倾听各方面的意见，集中群众的智慧和经验，才能保证决策的正确性，这就要求发扬民主，使决策具有广泛的群众基础，转化为群众的自觉行动。

④ 创新原则。外部环境的复杂变化，企业间的激烈竞争，使企业面临许多新的问题，需要别出心裁，高人一筹，有悖于他人的新招，就必须创新。能否创新，往往是决策成功的关键。要创立新思想，开辟新路子，寻找新方法，才能出奇制胜。

⑤ 效益原则。讲究效益是营销决策的核心，只有提高经济效益的决策才有价值。在决策过程中，拟定多个方案，进行测算评估，方案择优，都是为了充分利用企业资源，挖掘潜力，以尽可能少的耗费获得尽可能大的经营成果。

3. 配送管理

要搞好配送服务，就必须根据配送的特点，加强对这项业务的计划、组织、指挥、协调及控制，不断完善和发展。

① 全面掌握用户的需求情况。要深入本经济区的用户，进行细致周密的调查研究，了解和掌握各物流企业加工、设备维修、基本建设等情况，以及所需原材料、燃料、辅助材料和各种配件的品种、规格、型号、数量、接受价格、供应周期等情况，并进行科学的预测。在此基础上，建立起配送档案。要组织好服务队，建立驻厂联络员制度，分片包干，深入用户，随时掌握经营速度，了解用户需要，迅速传递信息，及时帮助用户解决生产困难，保证按需组织配送，只有全面、准确地掌握了用户的需要情况，配送才有明确的目标和方向。

② 建立稳定的资源基地和基本用户。有没有稳定的资源基地，是配送能否持续稳定发展的关键。物流企业要改变那种现买、现买现卖、只管买卖的做法，通过与资源单位密切联系，建立一批稳定的资源基地，为配送打下物质基础。通过各种形式的联合，保证配送有正常的资源渠道。还要与用户建立稳定的供需关系，无论是物流企业的经营活动，还是用户的消费需求，都要求保持相对稳定。应通过签订配送协议，明确双方的责任和义务，把供需关系相对稳定下来。

③ 加强配送的计划管理。生产的连续性和计划性，决定了配送也要有很强的计划性。从配送业务本身看，是一项需要多方面密切协调配合的工作，组织资源、配货、储运、送货上门等一系列活动，都要有严密的计划。要在掌握用户需求的基础上，制定发展配送的总目标和分阶段目标，以及实施步骤和措施，做到有计划分期地订货和采购，确定合理的库存储备。用户要提前向物流企业提出分期使用计划，列出所需商品的品种、规格、数量、供货时间等，经衔接平衡后，物流企业按计划组织配送。对临时性需要，可通过不定期的函电联系，临时组织送货上门。

④ 调整建立与配送相适应的组织结构。一定的组织结构是发展配送的组织保证。应逐步在一些中心城市改造和建立一批购销、储运、加工、配送一体化的配送中心，根据实际情况确定配送中心的规模、网点分布、配送半径。在充分利用现有条件的前提下，加快配送的基础设施建设，配备必要的商品条件，如仓储设施和机具、装卸运输设备等，并逐步实现配送的现代化、自动化。

⑤ 科学地组织好配送。要按经济区域来规划配送的半径和范围，在保证按用户的要求及时齐备地组织配送的前提下，按商品流通合理化的要求，科学地确定配送路线和批量，在用户比较集中的地区做到定线送货，降低配送成本。在组织配送作业时，要科学地安排人力、物力、财力的比例关系，衔接好各环节的作业活动，合理调度和指挥各要素的运动，使整个

配送业务过程迅速、协调地进行。

⑥ 争取各方面的协作和支持。配送是一项系统工程，涉及到资源单位、用户、运输部门等有关部门和单位，需要得到各方面的支持，才能做好这项工作。物流企业要协调好与各方面的关系，争取他们的协作和配送，共同搞好配送活动，为使配送正常运行和发展，有关管理部门还要研究和制定保证配送的政策、法规、管理措施和办法，使配送的具体做法、如价格、结算办法，利益分配等逐步规范化。

4. 仓储保管管理

物流企业仓储作业流程是指商品仓储部门从接运商品开始，经过验收入库、保管保养，直至将商品供应到用户指定地点为止，按照一定程序进行作业的整个过程。完整的商品储运过程包括以下 5 个作业阶段：

① 接运商品，这个阶段是将商品从供货单位通过各种运输方式运达到本部仓库的过程。

② 验收入库作业，仓库人员对运达的商品进行数量和质量检验，检查无误后，签收入库。如果发现问题，及时进行解决。

③ 保管保养作业，商品验收入库后，进入保管保养阶段。在这个阶段，包括对商品进行定位、上架、堆码、维护保养、盘点检查作业等。

④ 出库检查作业，商品在发出之前，要经过出库备料检查。这个阶段包括审核出库凭证、下架、分割、倒装、包装、交货、出账、仓库内部整理等作业。

⑤ 发运商品，商品出库后，就要发往用户。在这个阶段，通过各种运输工具将商品运达用户所在地，交到用户手中。

（1）商品入库管理

商品入库是仓储业务的第一阶段，是指商品进入仓库储存时所进行的商品接收、卸货、搬运、清点数量、检查质量和办理入库手续等一系列活动的总称。商品入库管理包括商品接运、商品验收和建立商品档案三方面。其基本要求是：保证入库商品数量准确，质量符合要求，包装完整无损，手续完备清楚，入库迅速。

① 商品接运。仓库商品接运就是对运达仓库的商品的件数及外观质量进行检查核对，然后安置在收料处的作业过程。商品接运按其特点可分为：到货接运和提货接运。商品接运是商品入库的第一步，它的主要任务是及时而准确地从交通运输或供货单位那里接收入库的商品。

② 验收入库。所谓商品验收是在仓库接货后，商品正式入库前，仓库或有关技术部门按一定程序和手续，对商品的数量和质量进行检查，以验证它是否符合订货合同的规定。

③ 建立商品档案。商品档案是保存历年来商品的技术资料及出入库有关资料。商品验收入库后，保管人员应按商品的品种、规格、批次等填制保管账，并注明货位与档号，以便查找。

（2）商品保管业务管理

商品保管业务是仓库的基本职能，也是储运业务管理的中心内容。商品保管是在一定的条件（包括仓库、设备、保管技术和人员等）下，为保存商品的使用价值而进行的业务活动。根据商品保管业务活动内容，可将商品保管业务分为两部分：一是合理储存，二是科学养护。保管业务管理的基本要求是：确保商品在保管期间质量完好、数量准确、降低损耗、节约费用、提高仓容利用率。

① 合理储存。合理储存就是将商品受外界环境影响所发生的损失减少到最低程度而采取的储存方法。它包括商品分区分类保管、库区及货区的合理布置和编号、合理地堆码苫垫、商品清仓盘点和在库检查制度等。

② 科学养护。科学养护，是根据商品本身性质及所处的环境和条件，所采取的为阻止或延缓商品本身理化性能变化的一项工作。库房温湿度是影响在库商品质量变化的重要因素。要采取行之有效的措施，防治虫、鼠害和霉菌，改变保管环境，保持库内清洁卫生。

③ 盘点和检查。盘点和检查主要是对在库商品的数量、质量、保管期限、保管条件、保管措施及账货相符情况等进行清查。通过盘点和检查，可以掌握商品超储或断档情况；可以及时发现商品质量变化情况或事故隐患，可以查明保管工作上的疏漏，以便采取措施加以改造；还可以确定商品盘盈盘亏情况，做到账、卡、物一致。

（3）商品出库业务管理

商品出库业务是商品储存业务的最后一个环节，是仓库根据使用单位或业务部门开出的商品出库凭证，按其所列的商品名称、规格、数量和时间、地点等项目，组织商品出库登账、配货、复检、点交清理、送货等一系列工作的总称。对出库业务管理的要求是：保证先进先出、近期失效先出，把好出库审核关，以完备的手续，将质量完好、数量准确、包装牢固、标志正确清晰的商品，及时准确地发运给收货单位。

5.2.4 物流企业财务管理

1. 筹资管理

在市场经济模式下，政企已分开，企业已不再是政府所管的一个附属体，而成为一个自主经营、自负盈亏、自我发展、自我约束的独立法人。此时，国家已不再向企业无偿拨款，因此企业若要进行投资与组织生产经营活动，首先就面临一个筹资问题。

（1）资金筹集渠道

资金筹集是指企业通过各种方式和法定程序，从不同的资金渠道，筹措所需资金的全过程。无论其筹资的来源和方式如何，其取得途径不外乎两种：一种是接受投资者投入的资金，即企业的资本金；另一种是向债权人借入的资金即企业的负债。具体来说，企业筹资有如下几条主要渠道：

① 企业所有者投资，提供企业法定资本金和企业发展所需资金。
② 利用银行信贷，取得长期借款和短期借款。
③ 发行企业（公司）债券，筹措企业发展所需的资金。
④ 合理利用商业信用，筹措短期债务资金。
⑤ 通过租赁方式。
⑥ 提取资本公积金。

（2）资金筹措方式

筹资渠道是指从哪里取得资金，而筹资方式则是如何取得资金，两者紧密联系。筹资方式不单纯是一个方法问题，除受到国家财政体制、金融体制制约外，还受到企业筹资的外部环境和内部环境多种因素的影响。

目前，常见的筹资方式主要有：

① 向银行申请贷款。这是一种最常见的筹资方式。向银行或其他金融机构申请贷款，是向银行借钱，然后按照签订的债务合同按期向银行偿还本息。

② 向社会发行融资债券。这也是使用贷款，不过不是向银行借款，而是向社会借钱。发行债券有一个资信与担保问题，同时也必须高于同期银行存款的利率，否则难以发行。

③ 向社会发行股票。当企业改为上市的股份有限公司后，它可以通过发行股票来进行筹资。通过发行股票，筹措到的资金不用偿还，且能迅速到位，而且可以大大提高企业的知名度。

④ 合理利用商业信用。商业信用，是指商品购销交易中，以延期支付货款方式赊购商品或预先收取货款后发货，在商品形态上提供信用。具体的信用形式有应付账款、应付票据和预收货款等。这种方式筹集的是企业短期债务资金。企业应按合同和结算纪律及时清偿，否则会影响社会资金的良性循环。

⑤ 融资租赁。又称财务租赁或金融租赁。它是以"融物"代表"融资"，出租单位通常融通资金提供设备、工具和仓库等，以改善承租单位生产经营能力和财务状况。

⑥ 提取盈余公积金。指从税后利润中按一定比例提取的资本公积金。它除用于弥补企业经营亏损外，按国家规定还可转增资本金，以增强企业的实力。

⑦ 租当或典当。将自己暂时不用的设备、厂房或其他设备租出，按时收取租金；还可以将某些季节性物资在滞销季节当出，取得一大笔钱并节省仓储费与保管费，到一定时间（畅销季节）再赎回。

（3）资金筹措的原则

企业使用所筹措的资金都是有代价的，需支付利息、租金等报酬。企业必须从其盈利中补偿这些报酬。

所以，如何有效地以较低的资金成本筹集到企业所需的资金，必须遵循一定的筹资原则。

科学预测资金的需要量，及时供应资金。采用科学的方法，正确预测资金需要量是进行筹资工作的前提。根据预测结果确定企业需要筹措多少资金和什么时候需要资金，以满足经营需要。既要做到及时足额供应资金又要做到防止资金过剩，造成资金积压。

合理选择筹资方式，尽可能使资金成本下降。企业筹资方式很多，且不同筹资方式的资金成本亦不相同。因此，资金成本高低便成为筹资者首先考虑的重要原则。同时，不同筹资方式的约束条件、风险程度亦不同，应根据不同的筹资方式和不同的资金需要合理选择，取得最佳筹资效益。

测算投资效益，明确投资方向。企业筹资的目的是为了用资，若资金投向不合理、收益低，尽管筹资的资金成本低，也难以取得满意的资金效益。所以，企业筹资时就必须明确资金的投向、测算投资收益。

合理利用负债经营，正确处理筹资风险。负债经营就是合理地举债发展企业，正确掌握资本金与负债的比例，善于利用负债经营的积极作用，避免可能产生的财务风险。把负债经营作为财务杠杆，既有利于筹资，又能提高资金的使用效益。

2. 投资管理

（1）投资与投资决策

投资是指经济主体为获取经济效益而垫付货币或其他资源于某些事业的经济活动。投资决策是指从多个为达到同一目标而可以更换替代的可行方案中，通过对其经济性效果的分析比较，从而选定最佳方案的过程。它包括以下内涵：投资决策分析的前提必须是该投资方案在技术上是适宜的，而且是可以实现的；最终选择的往往是实现目标的次优方案而非最优。

（2）投资决策的一般原则和决策分析的可比原则

① 一般原则

综合评价原则。投资决策是以方案的经济效益为核心进行的，投资效益最大的方案应视为最优方案。但这并不是惟一的原则，还应综合考虑其他各方面的因素，要兼顾社会效益、全局效益，进行多目标优化。

满意化原则。亦称相对优化原则。即由于多种相关因素的不确定性，投资决策只能遵循满意化原则，寻求相对优化的满意方案。

科学性原则。科学性原则包括：投资决策必须建立在科学依据基础上，数据要准确，资料要可靠，不能仅凭主观想象制定方案；能够定量分析的环节应经过严格的计算得出结论，做到定性与定量结合起来考虑，这样决策方案才能较好地反映实际并符合投资项目预期目标的需要。

责任性原则。决策分析的正确与否直接关系到企业未来的生存与发展，也应与决策者切身利益相联系，决策者应按其所处地位及决策内容的性质对其所做的决策承担相应的责任，使其切身利益和经济质量在一定程度上挂钩。

② 投资决策分析的可比原则

投资项目的决策分析，是一个多方案的经济比较过程。要使其能够得出正确的结论，达到择优的目的，参与比较的不同技术方案必须同时满足规定的可比条件，主要有以下四个方面。

满足需要可比原则。兴建一个投资项目，最终是通过销售产品或提供特定的服务去获取经济效益的。满足需求可比，是要求投资项目的各被选方案在其产品或所提供的数量、质量、品种（项目功能）上大致相同的前提下去进行投资效益分析。

消耗费用可比原则。各被选方案在满足同样需求目标的前提下，由于各自的工艺特点、技术及施工条件等方面的原因，所消耗的费用不尽相同，这里既包括方案的初始投资（固定投资），也包括方案的运营费用。

价格指标可比原则。一方面，要求各方案必须采用相应时期的价格指标，因为近期价格和远期价格通常是不一致的，换言之，不同时期的价格应分别应用于不同时期的方案比较；另一方面，由于某方案投入的社会劳动与提供的产品或服务的现行价格受供求关系的制约，有时明显的不合理，在与其他方案进行比较时，需要以现行价格为基础，适当进行调整或换算。

时间可比原则。投资方案的经济分析，是以方案耗费与收益的综合分析为决定依据，只有当各方案净收益大致相同时，才能以初始投资进行比较，所以一般情况下，方案的比较涉及到收益的计算。

（3）现金流量及其表示方法

投资决策中的现金流量是指一定时期内因投资引起的现金支出和现金收入的增加数额。这里所说的现金，不仅包括货币，还包括投资项目需要投入的企业原来所拥有的非货币资源的变现价值或重置成本，如投资项目使用的原有厂房、设备等。

① 现金流出量。指实施投资方案所需要的全部货币支出量。主要包括：固定资产原始投资及追加投资；无形资产及递延资产投资；流动资产投资；投资项目营运成本等。

② 现金流入量。一个投资方案的现金流入量是指该方案投入使用后所引起的现金收入的增加额，通常包括：营业现金流入量。即项目投入使用后在其寿命期内，由于生产经营所带来的现金流入量，是销售收入扣除有关的付现成本增量及税项后的余额。其中付现成本是必须用现金支付的销售成本，可以用销售成本减折旧来估算。

$$\begin{aligned}营业现金流入 &= 销售收入 - 付现成本 - 所得税 \\ &= 销售收入 - （销售成本 - 折旧） - 所得税 \\ &= 税后净利 + 折旧\end{aligned}$$

现金流入量包括：固定资产报废时的残值收入或中途的变价收入。以及收回的其他投资额。如项目结束时收回的流动资金等。

现金净流量为每年现金流入量和现金流出量之间的差额，其计算公式为：

现金净流量 = 现金流入量 - 现金流出量

3. 财务分析

财务分析是运用财务报表数据对企业的财务状况和经营成果及未来前景的一种评价。通过这种评价，可以为财务决策、计划和控制提供广泛的帮助。

财务报表反映过去的经营成果和财务状况，但了解过去不是报表使用人的最终目的。财务报表的真正价值是通过财务报表的分析来预测未来的盈余、股利与现金流量的风险，以帮助公司管理者规划未来，帮助投资者进行投资。不掌握财务报表分析，就不能把反映历史状况的数据转变为预计未来的有用信息。

按分析方法的不同，财务报表分析可分为比率分析和比较分析。其中，财务比率分析是财务分析的核心。

（1）财务比率分析

财务比率分析，是将财务报表中的相关项目进行对比，得出一系列财务比率，以此来揭示企业的财务状况。这些比率涉及到企业经营管理的各个方面，分为以下四类：变现能力比率、资产管理比率、负债比率和盈利能力比率。

（2）财务报表分析

比较分析法是指通过指标的对比分析确定指标间差异或趋势的方法。比较有三种基本表达方式，即绝对额的比较、百分数的比较及比率的比较。比较有四种基本类型：与本企业以前多期的历史资料相比较，与同行业先进企业相比较，与同行业平均水平相比较，实际与预算相比较。

财务分析中最常见的三种比较分析法是：

比较财务报表、趋势分析、共同比较财务报表。

5.3 思考题

1. 物流成本合理化管理的主要内容是什么？
2. 简述物流企业管理的基本含义。
3. 物流企业对 MIS 的要求是什么？
4. 物流企业业务管理的主要内容什么？

第6章 企业物流

6.1 生产物流

6.1.1 生产物流概述

1. 生产物流的概念

生产物流一般是指原材料、燃料、外购件投入生产后,经过下料、发料,运送到各加工点和存储点,以在制品的形态,从一个生产单位(仓库)流入另一个生产单位,按照规定的工艺过程进行加工、储存,借助一定的运输装置,在某个点内流转,又从该点流出,始终体现着物料实物形态的流转过程。这样就构成了企业内部物流活动的全过程。所以生产物流的边界起源于原材料、外购件的投入,止于成品仓库,贯穿生产全过程。

物料随着时间进程不断改变自己的实物形态和场所位置,物料不是处于加工、装配状态,就是处于储存、搬运和等待状态。由此可见,工业企业物流不畅将会导致生产停顿。

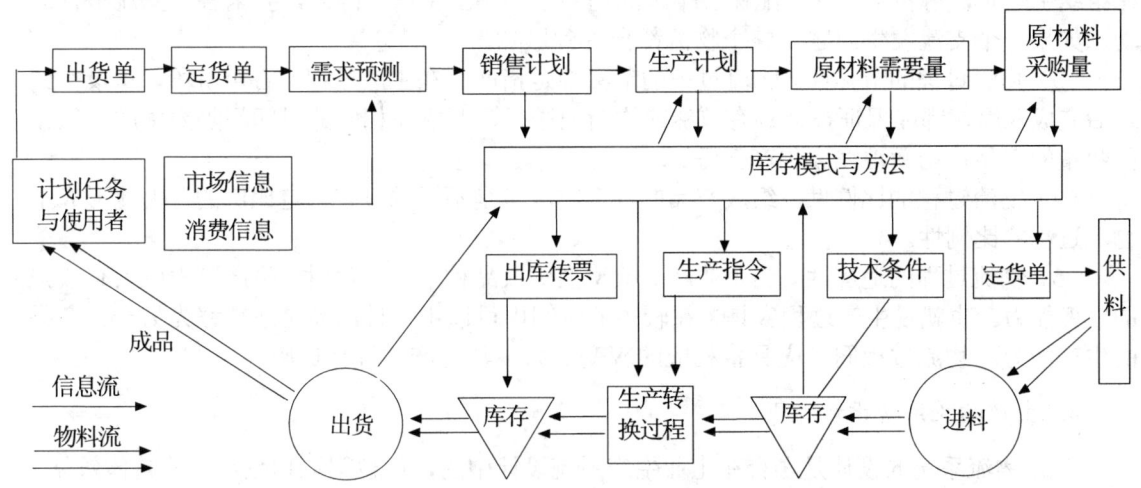

图 6-1 生产物流中的物流与信息流的示意图

物流过程要有物流信息服务,即物流信息要支持物流的各项业务活动。通过信息传递,把运输、储存、加工、装配、装卸、搬运等业务活动联系起来,协调一致,以提高物流整体作业效率。图6-1是生产物流中物流和信息流的示意图。

从以上可以看出,生产物流研究的核心是如何对生产过程中的物料流(Material flow)和信息流(Information flow)进行科学的规划、管理与控制。

2. 影响生产物流的主要因素

不同的生产过程有着不同的生产物流构成，生产物流的构成取决于下列因素。

（1）生产的类型。不同的生产类型，它的产品品种、结构的复杂程度、精度等级、工艺要求以及原料准备不尽相同。这些特点影响着生产物流的构成以及相互间的比例关系。

（2）生产规模。生产规模是指单位时间内的产品产量，通常以年产量来表示。生产规模越大，生产过程的构成越齐全，物流量愈大。如大型企业铸造生产中有铸铁、铸钢、有色金属铸造之分。反之生产规模小，生产过程的构成就没有条件划分得很细，物流量也较小。

（3）企业的专业化与协作水平。社会专业化和协作水平提高，企业内部生产过程就趋于简化，物流流程缩短。某些基本的工艺阶段的半成品，如毛坯、零件、部件等，就可由厂外其他专业工厂提供。

3. 合理组织生产物流的基本要求

生产物流区别于其他物流系统的最显著的特点是它和企业生产紧密联系在一起。只有合理组织生产物流过程，才有可能使生产过程始终处于最佳状态。如果物流过程的组织水平低，达不到基本要求，即使生产条件、设备再好，也不可能顺利完成生产过程，更谈不上取得较高的经济效益。合理组织生产物流的基本要求包括：

（1）物流过程的连续性。企业生产是一道工序一道工序地往下进行的，因此，要求物料能顺畅地、最快、最省地走完各个工序，直至成为产品。每个工序的不正常停工都会造成不同程度的物流阻塞，影响整个企业生产的进行。

（2）物流过程的平行性。一个企业通常生产多种产品，每一种产品又包含着多种零部件，在组织生产时，将各个零件分配在各个车间的各个工序上生产，因此，要求各个支流平行流动，如果一个支流发生问题，整个物流都会受到影响。

（3）物流过程的节奏性。物流过程的节奏性是指产品在生产过程的各个阶段，从投料到最后完成入库，都能保证按计划有节奏或均衡地进行，要求在相同的时间间隔内生产大致相同数量的产品，均衡地完成生产任务。

（4）物流过程的比例性。组成产品的各个物流量是不同的，有一定比例的，因此形成了物流过程的比例性。

（5）物流过程的适应性。当企业产品改型换代或品种发生变化时，生产过程应具有较强的应变能力。也就是生产过程应具备在较短的时间内可以由一种产品迅速转移为另一种产品的生产能力。物流过程同时应具备相应的应变能力，与生产过程相适应。

4. 生产物流系统设计原则

生产物流系统的设计是融合在企业生产系统设计中的，但也强调物流环节的整体效益。如仓储系统设计和搬运系统设计等。企业进行生产系统设计时，不仅要考虑生产系统的布置能适应生产能力的需要，而且像进料、临时储存、生产系统前、中、后的搬运、调度、装箱、库存、运送等均应一并考虑。生产物流的一般设计原则是：

（1）功最小原则。物流过程中不增加任何附加的价值，徒然消耗大量人力、物力和财力，因此，物流"距离"要短，搬运"量"要小。

（2）流动性原则。良好的企业生产物流系统应使流动顺畅，消除无谓停滞，力求生产流程的连续性。当物料向成品方向前进时，应尽量避免工序或作业间的逆向、交错流动或发生

第 6 章 企业物流

与其他物料混杂的情况。

(3) 高活性指数原则。采用高活性指数的搬运系统，减少二次搬运和重复搬运量。

6.1.2 生产物流类型与特征

1. 生产物流类型的概念

企业的生产类型是所生产产品的产量、品种和专业化程度在企业技术、组织和经济上的综合反映与表现。它在很大程度上决定了企业和车间的生产结构、工艺流程和工艺装备的特点，生产过程的组织形式及生产管理方法，同时也决定了与之匹配的生产物流类型。通常情况下，企业生产的产品产量越大，产品的品种则越少，生产专业化程度也越高，而物流过程的稳定性和重复性也就越大。反之，企业生产的产品产量越小，产品的品种则越多，生产的专业化程度越低，而物流过程的稳定性和重复性亦越小。可见，物流类型与决定生产类型的产品产量、产品品种和专业化程度有着内在的联系，并对生产组织产生不同的影响和要求。

2. 工序类型

根据加工技术的性质，工序类型大致分为两类：单一工序、多道工序。单一工序是指无论任何规格的加工仅需一道就可以完成的工序。多道工序是指一项订货的加工须经过两道或两道以上才能完成的工序。多道工序按照物流类型又分为以下四类：

(1) 多道连续工序。这是指在最初工序中投入的材料或零部件，按直线型安排的工序依次前进和加工，在最后工序制成成品而构成的工序，如图 6-2 所示。

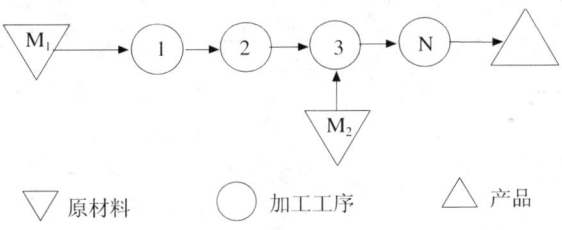

图 6-2 多道连续工序

(2) 多道合流工序。产品是由多种原材料或者零部件组成，这些原材料或零部件分别在平行安排的单一或者多道连续的工序上边加工边流动，在适当的阶段一个接一个地进行合成，或者多道装配而制成最终成品，如图 6-3 所示。

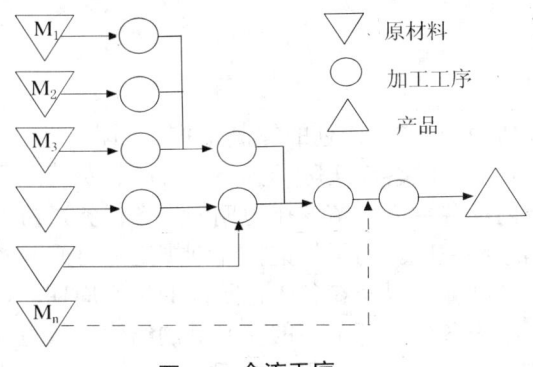

图 6-3 合流工序

（3）多道分支工序。一种或多种原材料在第一道工序加工结束后，制成多种产品或者中间产品，这些中间产品分别在后续工序中又成为多种产品或者中间制品，随着工序的进行分为许多工序而制成多种产品，如图6-4所示。

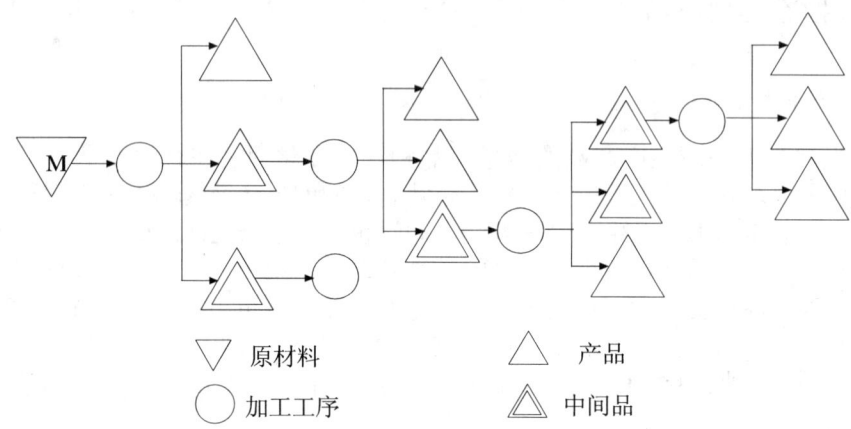

图6-4 多道分支工序

（4）多道复合工序。从加工开始到成品为止经过许多道工序，但其间同时存在合流式和分支式的工序，如图6-5所示。

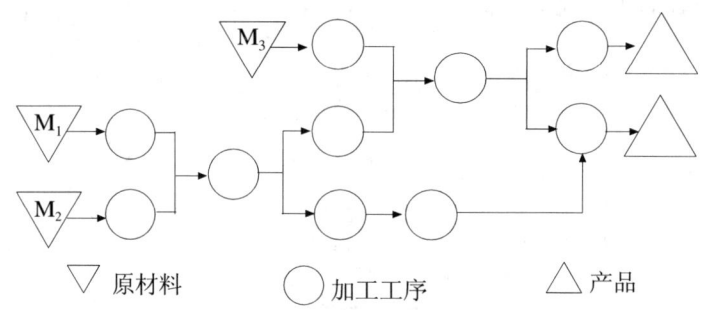

图6-5 多道复合工序

6.1.3 生产物流计划

1. 生产物流计划概述

生产物流计划的核心是生产作业计划的编制工作，即根据计划期内规定的出产产品的品种、数量、期限，以及发展了的客观实际，具体安排产品及其零部件在各工艺阶段的生产进度。与此同时，为企业内部各生产环节安排短期的生产任务，协调前后衔接关系。

（1）保证生产计划的顺利完成。为了保证按计划规定的时间和数量生产各种产品，要研究物料在生产过程中的运动规律，以及在各工艺阶段的生产周期，以此来安排经过各工艺阶段的时间和数量，并使系统内各生产环节中的在制品的结构、数量和时间相协调。总之，通过物流计划中的物流平衡以及计划执行过程中的调度、统计工作，来保证计划的完成。

(2) 为均衡生产创造条件。均衡生产是指企业及企业内的车间、工段、工作地等生产环节，在相等的时间阶段内，完成等量或均增数量的产品。

均衡生产的要求：

① 每个生产环节都要均衡地完成所承担的生产任务；

② 不仅要在数量上均衡生产和产出，而且各阶段物流要保持一定的比例性；

③ 要尽可能缩短物料流动周期，同时要保持一定的节奏性。

(3) 加强在制品管理，缩短生产周期。保持在制品、半成品的合理储备是保证生产物流连续进行的必要条件。在制品过少，会使物流中断而影响生产；反之，又会造成物流不畅，加长生产周期。因此，对在制品的合理控制，既可减少在制品占用量，又能使各生产环节衔接、协调，按物流作业计划有节奏地、均衡地组织物流活动。

2. 期量标准

期量标准是生产物流计划工作的重要依据，因此，也称为作业计划标准，是对加工对象在生产过程中的运动经过科学分析和计算，从而确定的时间和数量标准。期表示时间，如生产周期、提前期等；量表示数量，如一次同时投入生产的在制品数量、仓库应存储的在制品数量等。

期和量是构成生产作业计划的两个方面。为了合理地组织生产活动，有必要科学地规定生产过程中各个环节之间在生产时间和生产数量上的内在联系。合理地确定期量标准，为编制生产计划和生产作业计划提供了科学的依据，从而提高了计划编制的质量，使它真正起到指导生产的作用。同时，按期量标准组织生产，有利于建立正常的生产秩序，实现均衡生产。

6.1.4 生产物流控制

在实际的生产物流系统中，由于受系统内部和外部各种因素的影响，计划与实际之间会产生偏差，为了保证计划的完成，必须对物流活动进行有效的控制。

1. 控制系统的组成要素

一个控制系统必须由若干个要素组成，主要包括：

(1) 控制对象。控制对象可由人、设备组成一个基本系统单元，通过施加某种控制或指令，能完成某种变化。在生产物流中物流过程是主要的控制对象。

(2) 控制目标。控制本身并不是目的，系统必须有一个事先设定的目标。控制的职能随时或定期进行检查，发现偏差，然后进行调整，以利于目标的完成。

(3) 控制主体。在一个控制系统里，目标已定，收集控制信息的渠道也已畅通，需要一个机构来比较当前系统的状态与目标状态的差距，如差距超过允许的范围，则需制定纠正措施，下达控制指令。这样的机构称为控制主体。

2. 物流系统控制方式

有两种基本控制方式：反馈与前馈。反馈控制是控制主体根据设立的目标，发布控制指令，控制对象根据下达的命令执行规定的动作，将系统状态信息传递到控制主体，经过与目标进行比较，确定调整量，通过控制对象来实施，反馈控制如图 6-6 所示。反馈控制的特点是根据当前状态决定下一步行动,由于从信息收集到调整实施有一定的时间滞后,在某些情况下可能会影响目标的达到。反馈控制的另一特点是稳定性,其总趋势是保持系统的平衡状态。

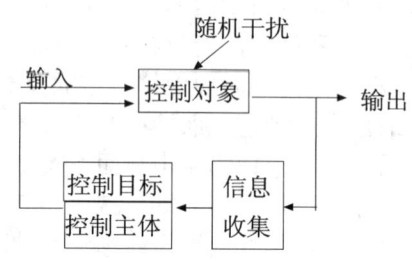

图 6-6 反馈过程示意图

前馈控制着眼于对系统未来状态的预测,事先采取措施应付即将发生的情况。这种控制带有主动性,前馈过程如图 6-7 所示。

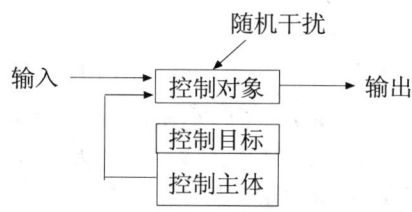

图 6-7 前馈过程示意图

从图中可以看出,除了缺少信息收集一块外,几乎与反馈过程相同。但前馈控制主体有预测状态功能,它是靠系统长期运行以后加以总结得到的。实际上,对于一个较复杂的物流系统,预测不可能完全正确,还可能有事先无法预测到的随机干扰,所以在实际生产物流过程中很少存在单独的前馈过程,通常情况下,是由前馈和反馈两者结合构成的复合控制系统。

生产物流系统相对于工程技术系统而言,其内容和结构要复杂得多,系统各部分之间的联系极为密切,相互制约。生产物流系统的目标也往往不是单一的,如既要保证满足生产要求,又要减少在制品库存。这些目标常常互相矛盾,所以,对生产物流系统的控制也比较复杂,这主要表现在以下几个方面:

(1) 生产物流信息收集问题。为了及时对生产系统进行控制,必须掌握生产系统的各种信息。但生产物流系统涉及范围广,采集周期、衡量尺度等不一致,所以需建立统一完善的数据采集系统。

(2) 生产物流系统对反馈信息响应速度慢。由于物流系统中的许多问题是非结构化的,控制决策复杂。在实际应用中主要依赖于管理人员的判断,这使生产物流系统对反馈信息的响应速度比工程技术系统要慢。

(3) 生产物流控制系统设计难度大。物流系统往往是大规模复杂系统;简单地直接使用反馈控制,不一定能取得预想的效果。在物流系统中,为了正确设置控制目标,要充分估计系统的当前以及潜在的能力,要充分考虑系统中的多目标问题。通常,将计划看做是控制的前提，即制定了计划以后，为了实施计划而采用控制手段。在这个控制过程中，收集计划的完成情况以及系统状态，经控制主体分析比较之后，采取调整措施，以便使计划完成。

（4）整个过程发生在一个计划期之内。当一期计划完成后，对系统内在能力进行评估，以作为以后编制计划的参考，甚至可以作为修订或编制计划的依据。

3. 生产物流控制的内容和程序

物流控制的具体内容有：

（1）进度控制。物流控制的核心是进度控制，即物料在生产过程中的流入、流出控制，以及物流量的控制。

（2）在制品管理。在生产过程中对在制品进行静态、动态控制以及占有量的控制。在制品控制包括在制品实物控制和信息控制。有效地控制在制品，对及时完成作业计划和减少在制品积压均有重要意义。

（3）偏差的测定和处理。在进行作业过程中，按预定时间及顺序检测执行计划的结果，掌握计划量与实际量的差距，根据发生差距的原因、差距的内容及严重程度，采取不同的处理方法。首先，要预测差距的发生，事先规划消除差距的措施，如动用库存、组织外协等；其次，为及时调整产生差距的生产计划，要及时将差距的信息向生产计划部门反馈；再次，为了使本期计划不作或少作修改，将差距的信息向计划部门反馈，作为下期调整的依据。

完成上述控制内容的系统可以采用不同的形式和结构，但都具有一些共同的要素。这些要素包括以下几个方面：

（1）强制控制和弹性控制的程度。即通过有关期量标准、严密监督等手段所进行的强制控制或自觉控制。

（2）目标控制和程序控制。即控制系统的作用是核查生产实际结果并对生产程序、生产方式进行核查。

（3）管理控制和作业控制。管理控制的对象是全局，是指为使系统整体达到最佳效益而按照总体计划来调节各个环节、各个部门的生产活动。作业控制是对某项作业进行控制，是局部的，其目的是保证其具体任务或目标的实现。有时不同作业控制的具体目标之间可能会出现脱节或矛盾的情况，需要管理控制对此进行协调，以使整体达到最优效果。

物流控制的程序对不同类型的生产方式来说，基本上是一样的。与控制的内容相适应，物流控制的程序一般包括以下几个步骤：

① 制定期量标准。物流控制从制定期量标准开始，所制定的标准要保持先进与合理的水平，随着生产条件的变化，标准要定期和不定期地进行修订。

② 制定计划。依据生产计划制定相应的物流计划，并保持生产系统能够正常运转。

③ 物流信息的收集、传送、处理。

④ 短期调整。为了保证生产的正常进行，及时调整偏差、保证计划顺利完成。

长期调整及其有效性的评估。

4. 生产物流控制方法

生产物流控制方法常用的有如下几种：加权法、平准法、流动曲线分析法。

6.2 供应物流与销售物流

6.2.1 供应物流和销售物流的地位与作用

企业物流是由供应物流、生产物流、销售物流、回收与废弃物流组成的。其中生产物流处于中心地位，它是和生产同步进行的，是企业内部所能控制的，实现合理化的条件最成熟。而供应物流和销售物流是生产过程物流的外延部分(上上伸和下延)，它受企业外部环境影响较大，如政策与市场环境，仓储与运输环境和一些间接环境等。简单地说，原材料供应如不及时，将影响生产，而原材料的采购、运输都受外界制约；又如，产成品销售也受市场和运输等条件制约，如已销售的产品，交通运输若不配合则无法如期发送交货。对于外界制约条件，虽然企业不一定能控制，但是应该加以研究，制定合理对策，以求得企业的顺利发展。

原材料及零部件购入的费用在生产成本中具有最重要的地位，一般达到销售额的 30%左右，而其中直接运输费用约为采购成本的 30%~50%，供应物流合理化为企业创造的效益相当可观。当前我国进入社会主义市场经济体制阶段，产成品的销售在买方市场条件下已成为一个生产企业能否发展的关键问题。市场营销中销售物流的组织及其合理化起着十分重要的作用，销售物流不仅是企业盈利的直接环节，而且关系到企业的存亡。

企业物流是四通八达、纵横交错的社会物流网络中的一个结点，并以生产物流实现结点内的转换，以供应物流和销售物流实现结点之间的连接。供应物流和销售物流不通畅，企业生产就无法连续进行，社会物流网络也不能正常运转。

6.2.2 供应物流

供应物流包括原材料等一切生产资料的采购、进货运输、仓储、库存管理、用料管理和供料运输。它是企业物流系统中独立性相对较强的一个子系统，并且和生产系统、搬运系统、财务系统等企业各部门以及企业外部的资源市场、运输条件等密切相关。

1. 供应物流系统的构成

图 6-8 是供应物流系统的功能结构图，主要包括以下几项功能。

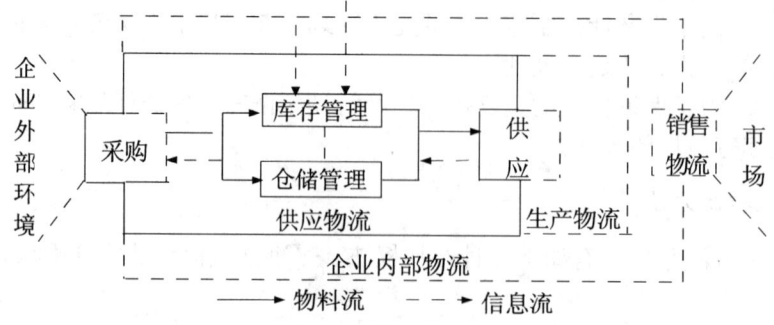

图 6-8 供应物流系统功能结构图

（1）采购。采购是供应物流与社会物流的衔接点，它是依据工厂企业生产计划所要求的供应计划制订采购计划并进行原材料外购的作业层，需要承担市场资源、供货厂家、市场变化等信息的采集和反馈任务。

（2）供应。它是供应物流与生产物流的衔接点，是依据供应计划——消耗定额进行生产资料供给的作业层，负责原材料消耗的控制。厂内供应方式有两种基本形式，一种是用料单位到供应部门领料，另一种是供应部门按时按量送料（配送）。

（3）库存管理。它是供应物流的核心部分。它依据企业生产计划的要求和库存状况制订采购计划，并负责制定库存控制策略及计划的执行与反馈修改。

（4）仓库管理。它是供应物流的转折点，它负责购入生产资料的接货和生产供应的发货，以及物料保管工作。

2. 采购决策

采购决策的内容主要包括：市场资源调查、市场变化信息的采集和反馈、供货厂家选择和决定进货批量、进货时间间隔等。

企业采购决策者应对所需原材料的资源分布、数量、质量和市场供需要求等情况进行调查，作为制定较长远的采购规划的依据；同时，要及时掌握市场变化的信息，进行采购计划的调整、补充。

在选择供货厂家时，应考虑原材料供应的数量、质量、价格（包括运费）、供货时间保证、供货方式和运输方式等，根据本企业的生产需求进行比较，最后选定供货厂家。要建立供货商档案，其内容主要有企业概况（地点、规模、营业范围等）、供应资材种类、运输条件及成本、包装材料及成本、保管费和管理费、包装箱和包装材料的回收率、交易执行状况等，完善的档案数据是选定供货商的重要依据。采购批量在采购决策中是一个重要问题。一般情况下，每次采购的数量越大，在价格上得到的优惠越多，同时因采购次数减少，采购费用相对能节省一些，但一次进货数量大容易造成积压，从而占压资金，多支付银行利息和仓库管理费用。如果每次采购的数量过小，在价格上得不到优惠，因采购次数的增多而加大采购费用的支出，并且要承担因供应不及时而造成停产待料的风险。如何控制进货的批量和进货时间间隔，使企业生产不受影响同时费用最省，是采购决策应解决的问题。

3. 经济订购批量公式

经济订购批量公式又称经济批量法（简称 E.O.Q 公式）。它是由确定性存储模型推出的，进货间隔时间和进货数量是两个最主要的变量，运用这个方法，可以取得存储费用与进货费用之间的平衡，确定最佳进货数量和进货时间。图 6-9 是确定性模型的典型库存模型。

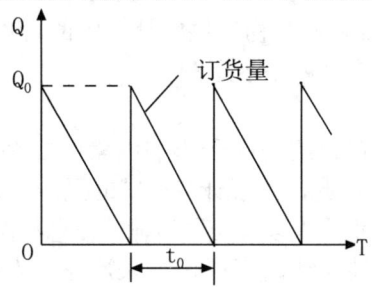

图 6-9 确定性模型的典型库存模型

推导公式的过程中，做了以下假设：
① 缺货费用无限大；
② 当存储降至零时，可以得到补充；
③ 需求是连续的、均衡的，设需求速度只为常数，则 t 时间的需求量为 Rt；
④ 每次订货量不变，订货费不变；
⑤ 单位存储费不变。经过数学推导，最后得出公式（E.O.Q 公式）的形式如下：

$Q_0 = Rt_0 = \sqrt{2C_3R/C_1}$

式中 Q_0——订货批量；
R——需求速度；
C_1——单位存储费用；
C_3——订购费；
t_0——间隔时间。

进一步简化可以得出最佳费用公式：

$C_0 = \sqrt{2C_1C_3R}$

$C_0 = minC(t)$，即最佳费用（包括存储费用和订购费用）。

4. 供应物流改善的方向

（1）准确预测需求

这里所指的需求，是以工厂生产计划对各类物资的需求为依据确定出的物资供应需求量，生产计划是根据市场对该产品的需求量来制定的，而供应计划则依据生产计划下达的产品品种、结构、数量的需求、各种材料的消耗定额和生产工艺时序来制定。供应计划要做到对各种原材料、购入件的需求量（包括品种、数量）和供货日期的准确需求预测，才能保证生产正常进行，降低成本，加速资金周转，提高企业经济效益。因此，制定切实可行的生产计划，确定合理的物资消耗定额，是做到准确预测需求的关键。

（2）合理控制库存

供应物流中断将使生产陷于停顿，所以必须有一定数量的储备，以保证生产的正常进行。这种储备包括两方面：

① 正常库存。因采购是批量进行的，而生产是连续进行的，由于这种节奏的不一致，要保证生产，必须有正常的库存。

② 安全库存。为了防止发生意外事故和不可知因素的影响，供应活动受到阻碍时，需要有安全库存，以保证生产的正常进行。

库存控制的内容包括库存控制策略、库存计划及库存动态调整。库存控制是实现合理储存的重要手段，运用这种手段来解决物资供应计划中的合理储备数量问题，将改善物流供应状态。图 6-10 为计算机库存控制体系示意图。

（3）科学地进行采购决策

采购决策的内容在前文已有介绍。由于影响因素的复杂性，特别是人为因素的介入，使决策的正确性受到很大影响，因此，发展计算机辅助采购决策系统是一种有效的解决途径。这一方面要有市场资源、价格、供货人以及交通运输的信息与档案，也要建立正确的决策模型。

计算机辅助决策系统所提供的结论可以作为采购业务人员决策的参考，也可以为有关领导提供检查和评价采购工作的依据。和其他辅助决策系统一样，信息、档案以至决策模型都要在运行过程中不断地修改、充实和完善。

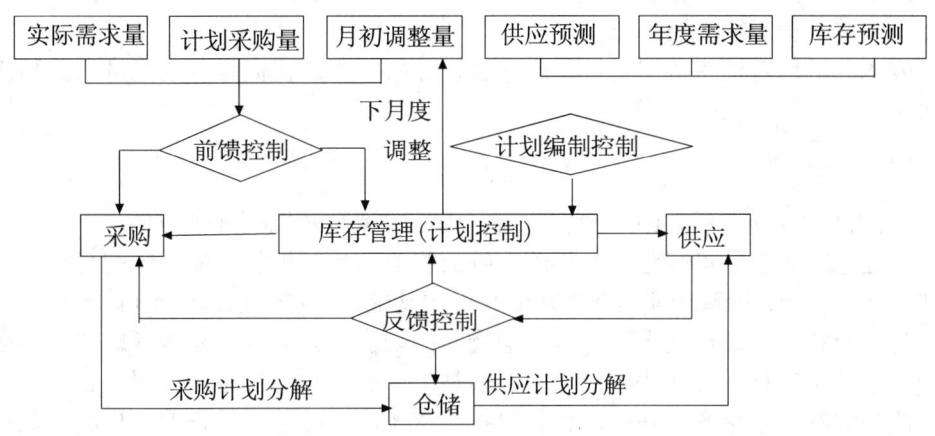

图 6-10 计算机库存控制体系示意图

5. 供应保障

供应保障涉及运输、仓储管理、服务等方面。应采用合理的运输方案，要求运输线路短、环节少、时间快、费用省、运输工具的选择合理。先进的仓储管理，如利用计算机进行物料进、存、耗的动态管理，机械化、自动化的仓储作业等。服务方面主要是方便生产和节约，如供应模式、供应手段的选择等。

在保障供应的基础上逐步提高供应物流的水平，可以分两个阶段。第一阶段，在各供货单位分别送货的情况下依靠调整送货批量、时间间隔等措施及包装材料回收等措施降低物流费用。第二阶段，从更广泛的角度规划厂内在制品和产成品的输送、配送中心与营业所间的输送、国外购进的原材料的输送，建立综合供应物流体系。

6.2.3 销售物流

销售物流是企业物流系统的最后一个环节，是企业物流与社会物流的又一个衔接点。它与企业销售系统相配合，共同完成产成品的销售任务。

1. 销售系统的功能

销售活动的作用是企业通过一系列营销手段，出售产品，满足消费者的需求，实现产品的价值和使用价值。销售系统的主要功能有：

（1）市场调查和需求预测。为企业的产品开发和生产技术系统提供准确的市场信息。调查和预测的对象包括国内外的传统市场，新市场和潜在市场。

（2）开拓市场和制定销售产品的方针和策略。包括销售渠道、营销组合、产品定价等。

（3）编制销售计划。正确确定计划期产品销售量和销售收入两个指标，满足社会需要，保证产品衔接。

（4）组织、管理订货合同。包括组织鉴定合同、检查执行合同和处理执行合同中的问题。

（5）组织产品推销。包括产品的商标与装潢设计、广告宣传、试销试展、派员推销以及市场信息反馈等。

（6）组织对用户的服务工作。包括产品安装调试，使用与维修指导，实行"三包"，提供配件以及售前、售后征求用户意见等。

（7）成本分析。对销售费用与销售成本进行分析，不断提高销售的经济效益和销售管理工作的水平。

2．销售物流合理化

在生产产品达成交易后，组织销售物流，销售物流涉及以下几个方面。

（1）工业包装。包装可视为生产物流系统的终点，也是销售物流系统的起点。包装具有防护功能、仓储功能、运输功能、销售功能和使用功能，是物流系统中不可缺少的一个环节。因此，在包装材料、包装形式上，除了考虑物品的防护和销售外，还要考虑储存、运输等环节的方便。包装标准化、轻薄化、以及包装器材的回收、利用等也是重要问题。

（2）成品储存。包括仓储作业、物品养护库存控制。改善仓储作业，提高作业质量及作业生产率，使用科学的物品养护方法；成品库存控制应以市场需求为导向。合理控制成品存储量，并以此指导生产。

（3）销售渠道。销售渠道的结构有：

生产者→消费者，销售渠道最短；

生产者→批发商→零售商→消费者，销售渠道最长；

生产者→零售商或批发商→消费者，销售渠道介于以上两者之间。

影响销售渠道选择的因素有政策性因素、产品因素、市场因素和生产企业本身因素。生产企业对影响销售渠道选择的因素进行研究分析以后，结合本身的特点和要求，对各种销售渠道的销售量、费用开支、服务质量经过反复比较，找出最佳销售渠道。

销售物流的组织与产品类型有关，如钢材、木材等商品，其销售渠道一般选用第一种结构渠道和第三种结构渠道（生产者→批发商→消费者）；而诸如日用百货、小五金等商品的销售渠道则较多地选用第二、三种结构渠道。正确运用销售渠道，可使企业迅速及时地将产品传送到用户手中，达到扩大商品销售、加速资金周转、降低流通费用的目的。

（4）产成品的发送。根据产成品的批量、运送距离、地理条件决定运输方式。对于第一种销售渠道，运输形式有两种，一是销售者直接取货，二是生产者直接发货给消费者。对第二、三种销售渠道，除采用上述两种形式外，配送是一种较先进的形式，可以推广。由生产者直接发货时，应考虑发货批量大小问题，它将直接影响到物流成本费用，要使发货批量达到运输费用＋仓储费用为最小的原则。

（5）信息处理。完善销售系统和物流系统的信息网络，加强二者协作的深度和广度，并建立与社会物流沟通和联系的信息渠道。建立订货处理的计算机管理系统及顾客服务体系。

3．市场测量和信息预测

市场测量和市场预测是从量的角度去分析研究市场，估计目前和未来市场需求规模的大小。这是企业制订市场营销计划和作市场营销决策的重要依据，也是销售物流的重要依据。首先讲述一下市场需求测量的主要概念。

某个产品的市场需求是指一定的顾客在一定的地理区域、一定的时间、不定期的市场营销环境和一定的市场营销方案下购买的商品总量。由此看出，市场需求不是一个固定数值，而是一个函数，因此，市场需求也被称为市场需求函数或市场反应函数，如图6-11所示。

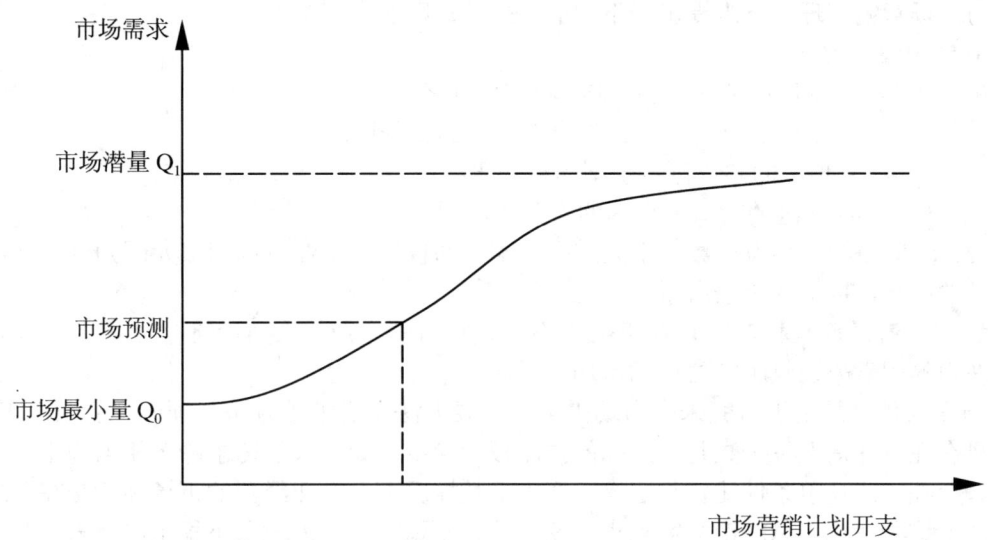

图6-11　行业市场营销开支

市场最小量 Q_0 称为基本销售量，即没有任何需求刺激，也不开展任何市场营销活动时，市场对某种产品存在的需求量。

市场潜量 Q_1 指在市场营销支出超过一定数据量后，即使市场营销支出进一步扩大，但市场需求却不再随之增长，市场需求的最高界限称为市场潜量。市场最小量与市场潜量之间的距离表示需求的市场营销灵敏度，即表示行业市场营销对市场需求的影响力。市场需求函数并不是随时间变化而变化的需求曲线，即并不直接反映时间与市场需求的关系，市场需求曲线只是表示当前市场营销努力与当前需求的关系。市场预测是估计的市场需求，销售者只能根据市场营销支出水平，确定市场预测在函数曲线上的位置。企业估计当前市场需求，就是要测量总的市场潜量、区域市场潜量、实际销售额和市场占有率。

总市场潜量是指在一定期间内，在一定水平的行业市场营销努力下，在一定的环境条件下，一个行业中所有企业可能达到的最大销售量，可用下面公式计算：

$\Omega = nqp$

式中　Ω ── 总市场潜量

　　　n ── 在给定的条件下，特定的产品或市场中购买者的数量

　　　p ── 平均每个购买者购买的产品数量

　　　q ── 单位产品价格

区域市场潜量。对于区域市场潜量的估算，目前较为普遍使用的方法有两种：市场累加法和多因素指数分析法。市场累加法是先识别每个市场的所有潜在顾客，并估算出每个潜在顾客的购买量，计算出每个潜在顾客的购买量，计算出每个市场的购买潜量，然后把每个市场的购买潜量加起来。生产工业产品企业一般使用这种方法。在生产消费品的企业估计区域市场潜量时用多因素指数分析法。

通常情况下，描述区域需求的最重要的指数是购买力指数，它是一个多因素指数。各个因素的重要性一般是不同的，为了表现这种差异，就必须给每个因素以一定值的权数，这

样多因素指数就容易计算。购买力指数反映了一个国家不同地区的消费者相对购买力。美国《销售与市场营销管理》杂志提出用下面的公式计算购买力指数：

$B_i=0.5y_i+0.3r_i+0.2p_i$

式中：B_i—— i 地区的购买力占全国购买力的百分比；

y_i—— i 地区的可支配个人收入占全国的百分比；

r_i—— i 地区的零售额占全国的百分比；

p_i—— i 地区的人口占全国的百分比。

y、r、p 前面的数字为权数，不同产品有不同的权数，企业可利用多元回归分析找出适合其产品的权数，以估计市场潜量。

区域市场潜量反映相对的行业机会，不反映相对的企业机会。企业也要用上面公式中未包括在内的因素来调整所需估计的市场潜量。

市场需求预测是用于研究未来市场需求的主要方法。需求预测是一项十分复杂的工作。实际上只有在特殊情况下少数几种产品的预测较为简单，如未来的需求趋势相当稳定，或没有竞争者存在，或竞争条件比较稳定等。在大多数情况下，企业经营的市场环境是在不断变化的，由于这种变化，总的市场需求也是变化的、不稳定的。需求愈不稳定，愈需要精确的预测。这时准确地预测市场需求就成为企业成功的关键，因为任何错误的预测都可能导致库存积压或存货不足，从而使销售额下降以至销售中断等不良后果。

企业从事销售预测，一般经过三个阶段，即环境预测、行业预测和企业销售预测。环境预测就是分析通货膨胀、失业、利率、消费者支出和储蓄、企业投资、政府开支、净出口以及其他一些重要因素，最后作出对国民生产总值的预测。以环境预测为基础，结合其他环境特征进行行业销售预测，最后，根据对企业未来市场占有率的估计，预测本企业的销售额。

由于产品种类不同，因而有许多不同的预测方法。但实际上预测的信息基础只有 3 种：

① 人们所说的。指购买者及其亲友、推销人员、企业以外的专家的意见。在此基础上的预测方法有：购买者意向调查法、销售人员综合意见法、专家意见法。

② 人们要做的。建立在此基础上的预测方法是市场试验法，即把产品投入市场进行试验，观察销售情况及消费者对产品的反应。

③ 人们已做到的。建立在此基础上的方法是用数理统计等工具分析反映过去销售情况和购买行为的数据，有两种方法：时间序列分析法；统计需求分析法。

6.3 回收物流与废弃物流

6.3.1 回收物流与废弃物流概述

1. 物资循环过程

人类社会所需要的各种物资都来自自然界，无论是食品、服装、建筑材料、金属和塑料制品，最初都是从自然界取得原材料经过制造而成的。在人类社会中，从生产经过流通直至消费是物资流向的主渠道。但是在这一过程中有生产过程形成的；边角余料、废渣、废水，有流通过程产生的废弃包装器材,也有大量由于变质、损坏、使用寿命终结而丧失了使用价值或者在生产过程中未能形成合格产品而不具有使用价值的物资,它们都要从物流主渠道中分离出来成为生产或流通中产生的排泄物。这些排泄物一部分可以回收并再生利用,称为再生资源,它们形成了回收物流;另一部分在循环利用过程中基本或完全失去了使用价值,形成无法再利用的最终排放物,即是废弃物。废弃物经过处理后返回自然界,形成了废弃物流。

如上所述,可见排泄物的产生来自3个方面:

(1) 生产过程发生的排泄物。

工艺性排放物。由于生产性质不同,其排入物有很大的差异,如造纸厂产生的废渣以及为了漂白等目的使用的化学药液随水排出而形成的废水、钢厂生产中产生的钢渣、切头切尾;机械厂切削加工形成的切屑等。此类排放物根据工艺流程和技术水平的条件,其排放时间、数量、种类有一定的规律性,能形成稳定的物流系统。

生产过程中的废品、废料。其产生的数量具有一定规律性,但产生的时间却有很大的偶然性,在工艺流程中往往就地回收,重新纳入生产流程中,而很少进入社会物流系统。

装备、设施和劳动工具的报废。造成其报废的主要原因是:由于正常使用中寿命的终结或意外损坏而丧失了使用价值;或者由于设备更新而淘汰,这些排放物不是经济活动产生的,需要随机进行处理。

(2) 流通过程产生的排放物。流通也是产业部门,需要消耗燃料及其他动力与资材,这些都会产生废弃物。流通部门最典型的废弃物是被捆包的物体解捆以后所产生的废弃捆包材料,如木箱、纺织袋、纸箱、纸带、捆带、捆绳等。有的可以直接回收使用,有的要进入物资大循环再生利用。

(3) 消费后产生的排泄物。这类排泄物一般称为垃圾,有家庭垃圾、办公室垃圾等混合成的城市垃圾,包含食物残渣、蔬菜、肉骨、破旧衣物、已蜕化使用价值的家用电器、玻璃或塑料容器、办公废纸等。城市垃圾的成分很复杂,根据国家环卫局资料,我国城市生活垃圾的成分如表6.1所示。

生产过程和流通过程产生的废弃物称为工业废物,按照法律规定由产业部门自行处理,处理费用计入生产成本,消费后产生的废弃物称为一般废弃物或生活废弃物、垃圾,主要由政府财政支付其处理费用。

表6.1 城市生活垃圾构成%

年份	植物性成分	砖瓦	炉灰	灰土	动物性成分	纸	塑料	玻璃	布	金属
1990	54.3	10	10	10	2	8	1.5	1.8	1	1
2000	57			5	3	13.6	3	2.5	1	1.7

2. 回收物流与废弃物流的概念

对排放物处理有两方面含义。一是将其中有再利用价值的部分加以分拣、加工、分解,使其中有用的物资重新进入生产和消费领域。例如废纸被加工成纸浆,又成为造纸的原材料,废钢被分拣加工后又进入冶炼炉变成新的钢材,废水经净化后又被循环使用等。二是对已丧失再利用价值的排放物,从环境保护的目的出发将其焚烧,或送到指定地点堆放掩埋,对含有放射性物质或有毒物质的工业废物,还要采取特殊的处理方法。对于前者一般称为回收,后者称为废弃,这两类物质的流向形成了回收物流和废弃物流,如图 6-12 所示。

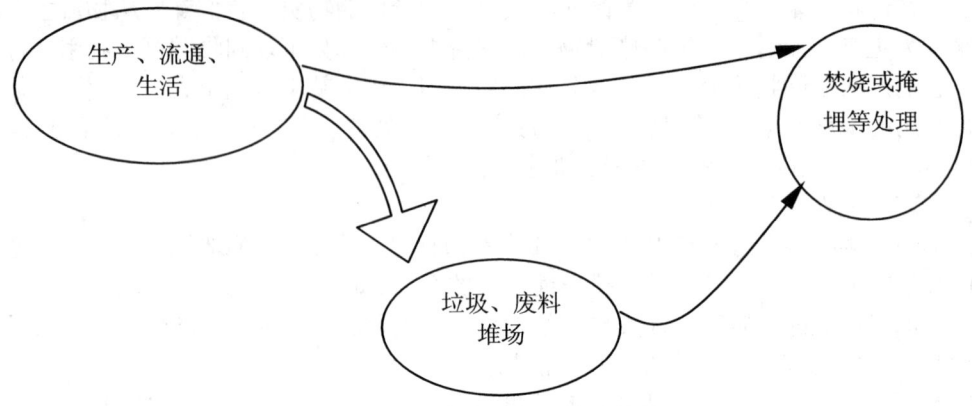

图 6-12 回收物流和废弃物流

综上所述,可以对回收物流和废弃物流的作用作如下概括:

回收物流的作用是考虑到被废弃的对象有再利用的价值,将其进行加工、拣选、分解、净化,使用其中有用的物资或转化为能量而重新投入生产和循环系统。废弃物流的作用是无视对象物的价值或对象物已没有再利用价值,从环境保护出发,将其焚化、化学处理或运到特定地点堆放、掩埋。

3. 回收物流与废弃物流的意义

(1) 回收物流是社会物资大循环的组成部分

自然界的物资不是无限的,森林的采伐、矿山的开采都是有一定限度的,在资源已日渐枯竭的今天,人类社会越来越重视通过回收物流将可以利用的废弃物收集、加工,重新补充到生产、消费的系统中去。例如废纸回收已成为造纸业原料供应不可缺少的一环。1987年我国回收废纸达 160 万吨。据统计,钢铁产量有近 1/3 来自回收的废钢。在日本,每年报废的汽车达数百万辆,其中半数以上被分解成废钢、橡胶和玻璃而回收利用。城市垃圾中的一些成分也可以加工成肥料或燃料,甚至有些废物,废材经过适当加工,可以直接成为商品进入消费领域。

(2) 回收物流与废弃物流合理化的经济意义

废弃物资是一种资源,但和自然资源不同,它们曾有过若干加工过程,本身凝聚着能量和劳动力的价值,因而常被称为载能资源。回收物资重新进入生产领域作为原材料会带来很高的经济效益。

北京、上海等城市产生的垃圾数量很多,必须有庞大的环卫队伍并耗费巨额资金进行收集、搬运和处理。据日本资料介绍,东京每天要产生 1.3 万吨垃圾,每年用于垃圾处理的费用超过 1521.85 亿日元,其中收集费用为 69.82 亿日元,占 4.01%,车辆搬运费为 448.07 亿日元,占 29.4%,也就是物流费用占总费用的 69.5%。回收物流的合理组织对降低垃圾处理成本有显著效果。

(3) 回收物流与废弃物流合理化的社会意义

废弃物的大量产生严重地影响着人类赖以生存的环境,所以必须有效地组织回收物流与废弃物流,使废弃物得以重新进入生产、生活循环或得到妥善处理。

当前社会最关切的问题之一就是环境问题,而环境污染的根本问题是废弃物(含废水、废气）造成的。良好的垃圾处理系统是文明的标志之一，城市里如果没有环卫系统的进行，数日之间将变得又脏又臭，良好的生活环境和工作环境将遭到破坏。造纸厂和化工厂的废水任其流入自然界的水源中，将污染河流、海洋，不仅危害人类，水生动植物也将会受到致命打击。核废料的处理已成为国际公害，受到世界舆论的密切关注。因此，回收物流和废弃物流的管理不完全是从经济效益考虑，也要为社会效益考虑。

6.3.2 回收物流与废弃物流技术

1. 回收物流与废弃物流技术的特点

回收与废弃物流仍然是由运输、储存、装卸、包装、流通加工和物流信息等环节组成，其物流技术也是围绕这些环节发展的，但因系统性质不同，所以技术特点也有差异。

（1）小型化、专用化的装运设备。回收与废弃物流的第一阶段任务是聚集，废弃物来源于每一个工矿、企业和家庭，由于分布广泛，因此采用多阶段收集、渐小集中的方式，广泛使用各种小型的机动车和非机动车。

许多废弃物具有脏臭，污染环境的特点，在装运过程中需要专用运输车辆，例如城市生活垃圾的运输是由环卫系统专用车承担。因其任务的一致性，在车辆构造方面也可以针对作业特点进行专门设计。

废弃物的运输路线一般不长，因此，广泛使用汽车运输，有些回收物资是工业的重要原材料，如废钢铁、废纸等，也有利用火车进行长距离运输的情况，有时还会进入国际物流的渠道进行长距离输送。

（2）简易的储存、包装要求。这些物资是以废弃物的形成出现的，一般只要有露天堆放场所，但也在一部分回收物资如废纸等在堆放时需要有防雨措施，或放置在简易库存房中。

废弃物一般也不需要包装，但是为了装卸搬运方便，可以捆扎或打包。在需要防止废弃物污染环境的特殊情况下，也应有必要的包装。如具有放射性的核废料，在输运过程中其包装要求是极为严格的，但包装的目的不是为了保护被包装物资，而是为了防止对环境造成危害。

（3）多样化的流通加工。由于废弃物种类繁多，性质各异，故流通加工的方式也很多，但此种加工的目的是为流通服务的，如利用回收物资作为原材料制造某种产品则应视为生产加工。流通加工的类别有：

分拣、分解、分类。在初期收集阶段，各种废弃物往往是混杂在一起的，但是它们按照本身可使用的价值，其去向是各不相同的。如城市垃圾中有无机物质和有机物质之分，其中玻璃、纤维物质（含废纸）分别是玻璃厂和造纸厂的回收对象；一部分有机物质可以作为肥料厂的原料，而有一部分则送往指定地点掩埋或焚烧。为了适应物流回收利用的需要，必须进行分拣分类。

分拣分类的方法有：磁力分拣，适用于废钢铁等磁性物质的拣选；重力拣选，利用振动或离心力抛射的方法将比重不同的物质区别出来；浮力拣选，利用液体的浮力将轻质物和重质物分离；人力拣选，适应面很广，常常是其他拣选方法的补充；加热分解，对于钢铁和有色金属的复合材料，可以利用较高温度将低熔点金属熔化分离。

压块和捆扎。目的是提高对象物的刻度，减小体积并形成作业单元便于装卸和运输。

切断和破碎。切断的目的也是为了装卸搬运作业的方便，而破碎则往往是为了分拣。

例如废汽车含有钢铁、有色金属、橡胶、玻璃等材料,经破碎以后这一些材料可以进行拣选、分类收集。

（4）低成本的要求

回收物流与废弃物流中由于所处理的对象物价值不高,因此物流费用必须保持在低水平。对废弃物处理费用过高,将加大企业的开支,或增加社会福利基金开支。回收物资成本过高,将导致以回收物资为原材料的生产企业陷入困境,甚至转而寻求其他途径解决原材料问题。

2. 回收物流技术分类

废旧物资回收的目的是将其经过修复、处理、加工后再次反复使用。因此,研究物品复用的技术是回收物流的基础和前提。

一般来说,回收物流技术可概括为以下几个方面:

（1）原厂复用技术流程。原厂产生废旧物品→原厂回收→原厂分类→原厂复用。例如钢铁厂的废钢铁回收再利用就是一个典型的例子。

（2）通用回收复用技术流程。通用化、标准化的同类废旧物品→统一回收→按品种、规格、型号分类→复用标准达到后进行通用。

（3）外厂代用复用技术流程。本厂过时性、生产转户及规格不符的废旧物品→外厂统一回收→按降低规格、型号,等级分类或按代用品分类→外厂验收→外厂复用。

（4）加工改制复用技术流程。需改制的废旧物品→统一回收→按规格、尺寸、品种分类→拼接→验收→复用。

（5）综合利用技术流程。工业生产的边角余料、废旧纸、木材包装容器→统一回收→综合利用技术→验收→复用。

（6）回炉复用技术物流。需回炉加工的破旧物品→统一回收→由各专业生产厂进行再生产性的工艺加工→重新制造原物品→验收→复用。例如废玻璃、废布、废锡箔纸等属于这一类。

6.4 思考题

1. 简述物流系统的两种基本控制方式。
2. 简述供应物流系统的构成。
3. 如何实现销售物流的合理化？
4. 简述回收物流和废弃物流的作用。

第 7 章 物流信息技术

随着世界经济的飞速发展，全球数字化、网络化、信息化已成为时代的主要特征，我们已置身于一个信息技术瞬息万变和消费者需求日益多元化的商务时代。电子商务的概念应运而生，1997 年 10 月，欧洲经济委员会在比利时首都布鲁塞尔举办了全球信息社会标准大会。在大会上明确提出了电子商务的定义："电子商务是各参与方之间以电子方式而不是以物理交换或直接物理接触方式完成任何形式的业务交易"。这里的电子方式包括电子数据交换（EDI）、电子支付手段、电子订货系统、电子邮件、传真、网络、电子公告系统、条码、图像处理、智能卡等。一次完整的商业贸易过程是复杂的，包括交易前的了解商情、询价、报价、发送定单、应答定单、发送接收送货通知、取货凭证、支付汇兑过程等，此外还有涉及行政过程的认证等行为，涉及了资金流、物流、信息流的流动。严格地说来，只有上述所有贸易过程都实现了无纸贸易，即全部都不是人工介入，而是使用通过各种电子工具来完成，这才能称之为一次完整的电子商务过程。

为了推动电子商务的开展，国内外专家学者进行了许许多多的研究工作。我国在研究如何实现信息流的电子化（如网络建设）、如何解决资金流的电子化（如电子支付等）的同时，加强对其薄弱环节——电子商务中的物流电子化、现代化的应用研究。

贸易过程中的商品从厂家到最终用户的物流过程是客观存在的，每天在全球范围内发生着数以百万计的商业交易，每一笔商业交易的背后都伴随着物流和信息流。商业链上的贸易伙伴都需要通过这些信息以便对产品进行发送、跟踪、分拣、接收、存贮、提货以及包装等。在世界信息化高度发展的电子商务时代，物流与信息流的相互配合体现得越来越重要。在物流管理中必然要用到越来越多的现代物流技术。

物流技术一般是指与物流要素活动有关的所有专业技术的总称，可以包括各种操作方法、管理技能等，如流通加工技术、物品包装技术、物品标识技术、物品实时跟踪技术等；物流技术还包括物流规划、物流评价、物流设计、物流策略等；当计算机网络技术的应用普及后，物流技术中综合了许多现代信息技术，如 GIS（地理信息系统）、GPS（全球卫星定位）、EDI（电子数据交换）、BAR CODE（条码）等等。

物流信息技术是指现代信息技术在物流各个作业环节中的应用，是物流现代化极为重要的领域之一，尤其是飞速发展的计算机网络技术的应用使物流信息技术达到新的水平。物流信息技术是物流现代化的重要标志。物流信息技术也是物流技术中发展最快的领域，从数据采集的条形码系统，到办公自动化系统中的微机、互联网，各种终端设备等硬件以及计算机软件都在日新月异地发展。同时，随着物流信息技术的不断发展，产生了一系列新的物流理念和新的物流经营方式，推进了物流的变革。

纵观国外电子商务与物流的发展现状与趋势，我们不难发现，电子商务再"火"，充其量不过是产生对物流配送的强烈市场需求而已，就是说电子商务的发展，并不能真正提高物流技术与物流经营管理水平。而真正实质上促进物流业向更高水平前进的是现代的计算机技术、通信技术、网络技术的飞速发展——并最终促进物流的信息化过程。例如，80 年代的条形码技术与各种电子扫描技术、电子数据交换及商务间数据传输等；90年代，随着传输图像、声音和文字信息能力越来越普遍而经济，许多物流公司开始用声控技术、卫星通信的实时跟踪技术等最新现代技术改变物流作业过程。快速、精确和全面的信息通信技术的引进开拓了以时间和空间为基本条件的物流业，为物流新战略提供了基础，新的物流经营思想也如雨后春笋般不断破土而出，如：准时化战略、快速反应战略、连续补货战略、自动化补充战略、销售时点技术、实时跟踪技术等等。这些物流战略和技术的出现都与现代计算机与通信技术的发展息息相关，物流的发展也正是得益于此。这一点对认识当前我国物流业的发展非常重要，即物流业的发展必须依靠一些实实在在的技术改进为前提。

7.1 条码技术

自动识别技术是信息数据自动识读、自动输入计算机的重要方法和手段，它是以计算机技术和通信技术的发展为基础的综合性科学技术。自动识别技术近几十年在全球范围内得到了迅猛发展，初步形成了一个包括条码技术、磁条（卡）技术、光学字符识别、系统集成化、射频技术、声音识别及视觉识别等集计算机、光、机电、通信技术为一体的高新技术学科。

计算机、网络技术的发展，彻底改变了人们传统的工作方式。但是如何解决计算机的快速录入问题，一直是影响计算机应用的"瓶颈"。手工键盘输入速度慢、容易出错，而且工作强度大。到目前为止，先后涌现出多种自动识别技术，例如：手写识别技术、语音识别技术、条码识别技术、磁识别技术等等。尤其以条码技术为首的自动识别技术，因其输入速度快、准确率高、成本低、可靠性强等原因，发展十分迅速。现已广泛应用于物流业的各个环节。

7.1.1 条码基础

条码是由一组按特定规则排列的条、空及其对应字符组成的表示一定信息的符号。条码中的条、空分别由深浅不同且满足一定光学对比度要求的两种颜色（通常为黑、白色）表示。条为深色，空呈浅色。这组条、空和相应的字符代表相同的信息。前者用于机器识读，后者供人直接识读或通过键盘向计算机输入数据使用。这种用条、空组成的数据编码很容易译成二进制和十进制数。这些条和空可以有各种不同的组合方法，从而构成不同的图形符号，即各种符号体系，也称码制，适用于不同的场合。

1. 名词解释

（1）条码（Bar Code）：由一组规则排列的条、空及对应字符组成的标记，用以表示一定的信息。

（2）条码系统（Bar Code System）：由条码符号设计、制作及扫描阅读组成的自动识别系统。

（3）条（Bar）：条码中反射率较低的部分。

（4）空（Space）：条码中反射率较高的部分。

(5) 空白区（Clear Area）：条码左右两端外侧与空的反射率相同的限定区域。
(6) 起始符（Start Character）：位于条码起始位置的若干条与空。
(7) 终止符（Stop Character）：位于条码终止位置的若干条与空。
(8) 条码字符（Bar Code Character）：表示一个字符的若干条与空。
(9) 条码校验符（Bar Code Check Character）：表示校验码的条码字符。
(10) 条码长度（Bar Code Length）：从条码起始符前缘到终止符后缘的长度。
(11) 条码密度（Bar Code Density）：单位长度的条码所表示的字符个数。
(12) 模块（Module）：组成条码的基本单位。

2. 常用的几种码制

如前所述，条码符号的不同组合就形成了不同的条码种类，每一种条码都有自己特定的标准码制。条码种类很多，常见的大概有二十多种码制，其中包括：

Code39 码（标准 39 码）、Codabar 码（库德巴码）、Code25 码（标准 25 码）、ITF25 码（交叉 25 码）、Matrix25 码（矩阵 25 码）、UPC-A 码、UPC-E 码、EAN-13 码（EAN-13 国际商品条码）、EAN-8 码（EAN-8 国际商品条码）、中国邮政码（矩阵 25 码的一种变体）、Code-B 码、MSI 码、Code11 码、Code93 码、ISBN 码、ISSN 码、Code128 码（Code128 码，包括 EAN128 码）、Code39EMS（EMS 专用的 39 码）等一维条码和 PDF417 等二维条码。

目前，国际广泛使用的条码种类有 EAN、UPC 码（商品条码，用于在世界范围内惟一标识一种商品。我们在超市中最常见的就是 EAN 和 UPC 条码）、Code39 码（可表示数字和字母，在管理领域应用最广）、ITF25 码（在物流管理中应用较多）、Codebar 码（多用于医疗、图书领域）、Code93 码、Code128 码等。其中，EAN 码是当今世界上广为使用的商品条码，已成为电子数据交换（EDI）的基础；UPC 码主要为美国和加拿大使用；在各类条码应用系统中，Code39 码因其可采用数字与字母共同组成的方式而在各行业内部管理上被广泛使用；在血库、图书馆和照相馆的业务中，Codebar 码也被广泛使用。

除以上列举的一维条码外，二维条码也已经在迅速发展，并在许多领域得到了应用。

3. 条码技术

条码技术是在计算机技术与信息技术基础上发展起来的一门集编码、印刷、识别、数据采集和处理于一身的新兴技术。条码技术的核心内容是利用光电扫描设备识读条码符号，从而实现机器的自动识别，并快速准确地将信息录入到计算机进行数据处理，以达到自动化管理之目的。条码技术主要研究：

（1）符号技术

主要研究各种码制条码的编码规则、特点及应用范围；条码符号的设计及制作；条码符号印刷质量的控制等。只有按规则编码，符合质量要求的条码符号才能最终被识读器识别。

（2）识别技术

主要由条码扫描和译码两部分构成：

扫描是利用光束扫读条码符号，将光信号转换为电信号，这部分功能由扫描器完成。

译码是将扫描器获得的电信号按一定的规则翻译成相应的数据代码，然后输入计算机（或存储器），这个过程由译码器完成。

（3）条码应用系统设计

条码应用系统由条码、识读设备、电子计算机及通信系统组成。应用范围不同，条码应用系统的配置不同。一般来讲，条码应用系统的应用效果主要取决于系统的设计。

系统设计主要考虑三个因素：
- 条码设计；
- 符号印制；
- 识读设备选择。

4. 主要应用领域

目前条码技术已在多个领域中得到了广泛的应用，比较典型的应用有以下几种：

（1）商业零售领域：零售业是条码应用最为成熟的领域。EAN 商品条码为零售业应用条码进行销售奠定了基础。目前大多数在超市中出售的商品都申请使用了 EAN 条码，在销售时，用扫描器扫描 EAN 条码，POS 系统从数据库中查找到相应的名称、价格等信息，并对客户所购买的商品进行统计，大大加快了收银的速度和准确性，同时各种销售数据还可作为商场和供应商进货、供货的参考数据。由于销售信息能够及时准确地被统计出来，所以商家在经营过程中可以准确地掌握各种商品的流通信息，大大地减少库存，最大限度地利用资金，从而提高商家的效益和竞争能力。

（2）图书馆：条码也被广泛用于图书馆中的图书流通环节中，图书和借书证上都贴上了条码，借书时只要扫描一下借书证上的条码，再扫一下借出的图书上的条码，相关的信息就被自动记录入数据库中，而还书时只要一扫图书上的条码，系统就会根据原先记录的信息进行核对，如是正确就将该书还入库中。与传统的方式相比，大大地提高了工作效率。

（3）仓储管理与物流跟踪：对于大量物品流动的场合，用传统的手工记录方式记录物品的流动状况，既费时费力，准确度又低，在一些特殊场合，手工记录是不现实的。况且这些手工记录的数据在统计、查询过程中的应用效率也相当的低。应用条码技术，可以实现快速、准确地记录每一件物品，采集到的各种数据可实时地由计算机系统进行处理，使得各种统计数据能够准确、及时地反映物品的状态。

（4）质量跟踪管理：ISO 9000 质量保证体系强调质量管理的可追溯性，也就是说对于出现质量问题的产品，应当可以追溯出它的生产时间、操作者等信息。在过去，这些信息很难记录下来，即使有一些工厂（如一些家用电器生产厂）采用加工单的形式进行记录，但随着时间的积累，加工单也越来越多，有的工厂甚至要用几间房子来存放这些单据。从这么多的单据中查找一张单据的难度可想而知！如采用条形码技术，在生产过程的主要环节中，对生产者及产品的数据通过扫描条码进行记录，并利用计算机系统进行处理和存储。如产品质量出现问题，可利用电脑系统很快地查到该产品生产时的数据，为工厂查找事故原因、改进工作质量提供依据。

（5）数据自动录入（二维条码）：大量格式化单据的录入问题是一件很繁琐的事，浪费大量的人力不说，正确率也难以保障。现在有了二维条码技术，可以把上千个字母或几百个汉字放入名片大小的一个二维条码中，并可用专用的扫描器在几秒钟内正确地输入这些内容。目前电脑和打印机作为一种必备的办公用品已相当普及，可以开发一些软件，将格式化报表的内容同时打印在一个二维条码中，在需要输入这些报表内容的地方扫描二维条码，报表的内容就自动录入完成了。同时还可对数据进行加密，确保报表数据的真实性。国外有的彩票上就用 PDF417 二维条码来鉴别彩票的真伪。设想一下，如果在证件上使用了二维条码，对其中放入证件上的全部信息进行加密处理，那么在需要记录您身份的地方，只要扫描一下您证件上的条码，您的信息就被正确录入了。同时这样也为证件伪造者出了难题——他们不再可能伪造一个证件，因为他们不知道您的证件上的加密算法，无法制作出正确的条码。当然，他们可以原样为您复制一个，但这又有什么意义呢？也许您会提出疑问：IC 卡也能完成上述一些功能，如有的地方税务申报用的是 IC 卡，将数据用 IC 卡传送回税务部门；互联网技术也在迅速发展，大量单据内容可通过网络来传递。然而 IC 卡的成本较高，而目前的情况下，互联网时时带在身边还不太现实。因此，条码技术还是大有其用武之地的。

7.1.2 条码的特点

在信息输入技术中，采用的自动识别技术种类很多。条码作为一种图形识别技术与其他识别技术相比有如下特点：

（1）简单、易于制作，可印刷，被称为"可印刷的计算机语言"。条码标签易于制作，对印刷技术设备和材料无特殊要求。

（2）信息采集速度快。普通计算机的键盘录入速度是每分钟 200 字符，而利用条码扫描录入信息的速度是键盘录入的 20 倍。

（3）采集信息量大。利用条码扫描一次可以采集十几位字符的信息，而且可以通过选择不同码制的条码增加字符密度，使录入的信息量成倍增加。

（4）可靠性高。键盘录入数据，误码率为三百分之一，利用光学字符识别技术，误码率约为万分之一，而采用条码扫描录入方式，误码率仅有百万分之一，首读率可达 98%以上。据统计，键盘输入平均每 300 个字符一个错误，而条码输入平均每 15000 个字符一个错误。如果加上校验位误码率是千万分之一。

（5）设备结构简单、成本低。与其他自动化识别技术相比较，推广应用条码技术，所需费用较低。

（6）灵活、实用。条码符号作为一种识别手段可以单独使用，也可以和有关设备组成识别系统实现自动化识别，还可和其他控制设备联系起来实现整个系统的自动化管理。同时，在没有自动识别设备时，也可实现手工键盘输入。

（7）自由度大。识别装置与条码标签相对位置的自由度要比 OCR 大得多。条码通常只在一维方向上表达信息，而同一条码上所表示的信息完全相同并且连续，这样即使是标签有部分缺欠，仍可以从正常部分输入正确的信息。

7.1.3 条码技术的发展

1. 发展历史

条码技术最早产生在 20 世纪 20 年代，诞生于 Westinghouse 的实验室里。一位名叫 John Kermode 的发明家"异想天开"地想对邮政单据实现自动分拣，那时候对电子技术应用方面的每一个设想都使人感到非常新奇。他的想法是在信封上做条码标记，条码中的信息是收信人的地址，就像今天的邮政编码。为此 Kermode 发明了最早的条码标识，设计方案非常的简单，即一个"条"表示数字"1"，两个"条"表示数字"2"，以次类推。然后，他又发明了由基本的元件组成的条码识读设备：一个扫描器（能够发射光并接收反射光）；一个测定反射信号条和空的方法，即边缘定位线圈；和使用测定结果的方法，即译码器。

Kermode 的扫描器利用当时新发明的光电池来收集反射光。"空"反射回来的是强信号，"条"反射回来的是弱信号。与当今高速度的电子元气件应用不同的是，Kermode 利用磁性线圈来测定"条"和"空"。就像一个小孩将电线与电池连接再绕在一颗钉子上来夹纸。Kermode 用一个带铁芯的线圈在接收到"空"的信号的时候吸引一个开关，在接收到"条"的信号的时候，释放开关并接通电路。因此，最早的条码阅读器噪音很大。开关由一系列的继电器控制，"开"和"关"由打印在信封上"条"的数量决定。通过这种方法，条码符号直接对信件进行分检。

此后不久，Kermode 的合作者 Douglas Young，在 Kermode 码的基础上做了些改进。Kermode 码所包含的信息量相当的低，并且很难编出 10 个以上的不同代码。而 Young 码使用更少的条，但是利用条之间空的尺寸变化，就像今天的 UPC 条码符号使用 4 个不同的条空尺寸。新的条码符号可在同样大小的空间对 100 个不同的地区进行编码，而 Kermode 码只能对 10 个不同的地区进行编码。

直到 1949 年的专利文献中才第一次有了 Norm Woodland 和 Bernard Silver 发明的全方位条码符号的记载，而这之前的专利文献中始终没有条码技术的记录，也没有投入实际应用的先例。Norm Woodland 和 Bemard Silver 的想法是利用 Kermode 和 Young 的垂直的"条"和"空"，并使之弯曲成环状，非常像射箭的靶子。这样扫描器通过扫描图形的中心，能够对条码符号解码，不管条码符号方向的朝向。

20 世纪 70 年代，美国在电子元件和激光成本都降低的情况下，条码的应用越来越经济。首先在食品零售业中开始应用条码，取得了成功。美国于 1971 年成立了"标准码委员会"（UCC），它们负责找出一种快捷、简单、准确的条码标识。

条形码的发明应该归功于 IBM 公司的高级技术专家伍兰德先生和他所领导的研究小组。他们向该委员会递交了一份现在我们能够得以普遍使用的条形码的试验报告。委员会于 1972 年作出决定，将 IBM 公司推荐的通用产品代码 UPC（Universal Product Code）作为统一的商品标识码，从而使千姿百态的商品有了统一的识别标准。

1977 年欧洲成立欧洲物品编码中心 EAN，并在 UPC 码的基础上开发出了 EAN 码。到 1981 年，该组织的国际地位确定，改名为国际物品编码中心。

后来 80 年代，条码应用需要在更小的空间存储更多的信息，发展到 90 年代相继出现多种高容量条形码——CODE 49、PDF 417。

2. 条码技术在我国的应用现状和发展前景

我国条码技术的研究始于 20 世纪 70 年代。当时的主要工作是学习和跟踪世界先进技术。随着计算机应用技术的普及，80 年代末，条码技术在我国的邮电、仓储、图书管理及生产过程的自动控制等领域开始得到初步应用。由于我国条码工作起步晚，人们对条码技术缺乏认识，在某些方面条码技术的应用还比较混乱。如图书馆的借阅管理系统，条码技术的应用虽然大大方便了读者，提高了图书借阅效率和管理水平，但由于各图书馆所选条码码制没有统一，势必影响将来的联网和实现馆际互借。还有的领域采用非标准条码，给扫描设备的配置造成困难，甚至影响国际交流。

在物流领域应用条码技术也曾走过一些弯路。当时我国尚未加入国际物品编码协会，有些出口企业盲目使用外商提供的条码标志，加入了别国的条码系统，影响了我国商品条码系统的建立。为此，国家技术监督局曾专门发出通知，要求在我国工商行政主管部门登记的企业,未经允许不得加入别国或地区的商品条码系统。

虽然很多出口商品已采用条码标志,满足了外贸出口的急需,增强了产品的出口创汇能力,内销商品的生产企业也已开始申请使用条码标志,但总的来看,商品条码的普及率还很低,影响了国内商店自动化的发展。由于对条码技术缺乏认识,有些企业虽已申请了厂商代码,但条码的使用仅停留在商品(甚至只在外贸商品)采用条码标志,在库存管理和生产过程控制方面没有充分利用条码技术。条码标志的使用和质量控制也存在一些问题,有些不符合规范的条码标志进入了流通领域,给扫描器的识读带来困难,甚至出现外商退货现象。

因此,宣传条码知识,加强条码技术培训,增强人们的条码意识,整顿我国使用条码技术的混乱局面,使条码这一新的信息技术能更好地为我国的经济建设服务已成为当务之急。

1991 年 4 月,中国物品编码中心代表我国加入了国际物品编码协会 EAN,为全面开展我国的条码工作创造了有利条件。中国商品条码系统成员数量迅速增加,到 1996 年 12 月 31 日,我国已有 27122 家企业申请注册了厂商代码。我国商店 POS 系统的建立也已拉开了序幕。尤其是 1996 年初投入使用的北京西单商场 POS 系统,标志着我国条码工作进入了一个新的历史阶段。

7.1.4 商品条码

1. 商品代码与商品条码

商品编码是指用一组阿拉伯数字标识商品的过程,这组数字称为代码。商品编码与商品条码是两个不同的概念。商品代码是代表商品的数字信息,而商品条码是表示这一信息的符号。在商品条码工作中,要制作商品条码符号,首先必须给商品编一个数字代码。

商品条码的代码是按照国际物品编码协会(EAN)统一规定的规则编制的,分为标准版和缩短版两种。标准版商品条码的代码由 13 位阿拉伯数字组成,简称 EAN-13 码。缩短版商品条码的代码由 8 位数字组成,简称 EAN-8 码。EAN-13 码和 EAN-8 码的前 3 位数字叫"前缀码",是用于标识 EAN 成员的代码,由 EAN 统一管理和分配,不同的国家或地区有不同的前缀码。中国的前缀码目前有三个:690、691、692。

2. 商品编码原则

(1)惟一性

惟一性是指商品项目与其标识代码一一对应,即一个商品项目只有一个代码,一个代码只标识同一商品项目。商品项目代码一旦确定,永不改变,即使该商品停止生产、停止供应了,在一段时间内(有些国家规定为 3 年)也不得将该代码分配给其他商品项目。

(2)无含义

无含义代码是指代码数字本身及其位置不表示商品的任何特定信息。在 EAN 及 UPC 系统中,商品编码仅仅是一种识别商品的手段,而不是商品分类的手段。无含义使商品编码具有简单、灵活、可靠、充分利用代码容量、生命力强等优点,这种编码方法尤其适合于较大的商品系统。

(3)永久性

产品代码一经分配,就不再更改,并且是终身的。当此种产品不再生产时,其对应的产品代码只能搁置起来,不得重复起用再分配给其他的商品。

3. 商品条码的编码结构简介

(1) 标准版商品条码的结构

标准版商品条码所表示的代码由 13 位数字组成,其结构如下:

结构一:$X_{13}X_{12}X_{11}X_{10}X_9X_8X_7 \ X_6X_5X_4X_3X_2 X_1$
　　　　　左侧数据符　　　右侧数据符

其中:$X_{13}\cdots X_7$:表示厂商识别代码;$X_6\cdots X_2$:表示商品项目代码;X_1:校验码。

结构二:$X_{13}X_{12}X_{11}X_{10}X_9X_8X_7X_6 \ X_5X_4X_3X_2 X_1$
　　　　　左侧数据符　　　右侧数据符

其中:$X_{13}\cdots X_6$:表示厂商识别代码;$X_5\cdots X_2$:表示商品项目代码;X_1:校验码。

当 $X_{13}X_{12}X_{11}$ 为 690,691 时,其代码结构同结构一;当 $X_{13}X_{12}X_{11}$ 为 692 时,其代码结构同结构二。

注意:$X_{13}X_{12}X_{11}$ 是由国际物品编码协会(EAN)统一分配给各国或地区编码组织的前缀码。它与原产地是不同的概念,不能视为原产地代码。目前,EAN 已将 690,691,692 分配给中国物品编码中心使用,今后,EAN 还将根据中国物品编码中心的申请,陆续分配 $X_{13}X_{12}X_{11}$ 三位前缀码;商品项目代码由厂商自行分配。

校验码计算参见 GB 12904《通用商品条码》国家标准规定的方法。

(2) 缩短版商品条码由 8 位数字组成,其结构如下:

　　$X_8X_7 X_6 \ X_5X_4X_3X_2 X_1$
　　左侧数据符　右侧数据符

其中:$X_8X_7X_6$:其含义同标准版商品条码的 $X_{13}X_{12}X_{11}$;$X_5X_4X_3X_2$:表示商品项目代码,由 EAN 编码组织统一分配。在我国,由中国物品编码中心统一分配;X_1:校验码。计算时,需在缩短版商品条码代码前加 5 个"0",然后按标准版商品条码校验的计算方法计算。

注意:当标准版商品条码所占面积超过商品包装面积或者占标签可印刷面积的四分之一时,可使用缩短码。

(3) 标准版商品条码的符号

表示 13 位数字的 EAN 条码(EAN-13)称为标准版的 EAN 条码,其符号如图 7-1 所示。

图 7-1 标准版商品条码标签

商品条码标签由左侧空白区、起始符、左侧数据符、中间分隔符、左侧数据符、校验符、终止符、右侧空白区构成。各区的宽度如表 7.1 所示，商品编码条码符号的对应规则如表 7.2 所示（表中的"0"和"1"分别表示具有一个模块宽度的"空"和"条"）。

表 7.1 标准片商品条码符号宽度（一个模块的宽度为 0.33mm）

左侧空白区	起始符	左侧数据符	中间分隔符	右侧数据符	校验符	终止符	右侧空白区
9 个模块	3 个模块	42 个模块	5 个模块	35 个模块	7 个模块	3 个模块	9 个模块

注：在 EAN 码中一个模块的宽度为 0.33mm。

表 7.2 商品编码条码符号的对应规则

数 字 符	左侧数据符		右侧数据符
	A	B	C
0	0001101	0100111	1110010
1	0011001	0110011	1100110
2	0010011	0011011	1101100
3	0111101	0100001	1000010
4	0100011	0011101	1011100
5	0110001	0111001	1001110
6	0101111	000101	1010000
7	0111011	0010001	1000100
8	0110111	0001001	1001000
9	0001011	0010111	1110100

注：起始符：101；中间分隔符：01010；终止符：101。

表 7.2 中左侧数据的编码方式有两种 A 和 B，要根据前置码 X13 选其中一种，选择规则如表 7.3 所示。

表 7.3 左侧数据符选取规则

前 置 字 符	左侧数据符编码规则的选择				
0	A	A	A	A	A
1	A	A	B	A	B	B
2	A	A	B	B	A	B
3	A	A	B	B	B	A
4	A	B	A	A	B	B
5	A	B	B	A	A	B
6（中国）	A	B	B	B	A	A
7	A	B	A	B	A	B
8	A	B	A	B	B	A
9	A	B	B	A	B	A

（4）缩短版 EAN 条码符号

表示 8 位数字的 EAN 条码（EAN-8）称为缩短版 EAN 条码，其符号如图 7-2 所示。

图 7-2 缩短版 EAN 条码

标签符号宽度如表 7.4 所示。

说明：在 EAN 标准版中，前置符不用条码符表示。在缩短版中前置符包括在左侧数据符中，用条码符表示并且左侧数据符均用表 7.2 的 A 组编码规则，右侧数据符均用表 7.3 的 B 组编码规则。

表 7.4 缩短版商品条码符号宽度（一个模块的宽度为 0.33mm）

左侧空白区	起始符	左侧数据符	中间分隔符	右侧数据符	校验符	终止符	右侧空白区
7 个模块	3 个模块	28 个模块	5 个模块	21 个模块	7 个模块	3 个模块	7 个模块

7.1.5 物流条码

1. 物流条码概念

为了实现以最少的投入获得最大的经济效益，就要使物流过程快速、合理、消耗低，需要将物流、商流、信息流综合地考虑，发挥物流系统的功能效用。物流条码可以使我们更好地实现这一目标。条码是由一组规则的条、空及对应字符组成的标记，用以表示一定的信息。物流条码则是物流过程中用以标识具体实物的一种特殊代码，它是由一组黑白相间的条、空组成的图形，利用识读设备可以实现自动识别、自动数据采集。在商品从生产厂家到运输、交换，整个物流过程中都可以通过物流条码来实现数据共享，使信息的传递更加方便、快捷、准确，提高整个物流系统的经济效益。

2. 物流条码与商品条码的区别

当今通用商品条码已经普及，使商业管理实现了自动化，而物流条码却刚刚起步。物流条码与通用商品条码相比有许多不同之处，我们可以从以下几个方面加以比较：

（1）标志目标不同

通用商品条码是最终消费单元的惟一标志，它常常是单个商品的条码。消费单元是指通过零售渠道，直接销售给最终用户的商品包装单元；物流条码则是货运单元的惟一标志。货运单元是由若干消费单元组成稳定的和标准的产品集合，是收发货、运输、装卸、仓储等项物流业务所必需的一种商品包装单元，一般是多个商品的集合，也可以是多种商品的集合，应用于现代化的物流管理中。

（2）应用领域不同

通用商品条码用于零售业现代化的管理，在零售业的 POS 系统中通用商品条码印在单个商品上，可以实现商品的自动识别、自动寻址、自动结账，使零售业管理高度自动化和信息化；物流条码则是用于物流现代化的管理，贯穿于整个物流过程之中。产品从生产厂家生产出来，要经过包装、运输、仓储、分拣、配送等众多环节，才能到达零售商店，物流条码应用于这众多的环节之中，实现了对物品的跟踪和数据的共享。

（3）采用的码制不同

通用商品条码采用的是 EAN/UPC 码制，条码的长度固定，信息容量少；物流条码主要采用 UCC/EAN-128 条码（UCC: Uniform Code Council Inc. "美国统一编码委员会"的缩写），条码的长度可变，信息容量多，且条码精度要求低，易于制作，容易推广。

（4）标准维护不同

通用商品条码已经实现了国际新标准,维护的要求比较低；物流条码是可变性条码,贸易伙伴根据贸易的具体需要而增减信息,而且随着国际贸易的发展,物流条码的内容需要不断地补充、丰富,因此,对物流条码的标准维护应该更加重视。

正是因为物流条码具有以上这些特点,才使其能够区别于通用商品条码,物流条码在物流领域的实施才具有可行性。通过对物流条码信息的收集、传递和反馈,从而提高整个物流系统的经济效益,这是我们研究物流条码的最终目的。

3. 物流条码的标准体系

物流条码体系的涉及面广,相关标准很多,它的实施和标准化与物流系统的机械化、现代化、规范化和标准化有非常密切的关系。正因为物流条码体系的复杂性和广泛性,其建立与应用将是一个长期探索实践的过程。物流条码标准体系只是物流条码体系的一个组成部分,也是极其重要的一个组成部分。条码技术标准是对条码技术中重复性事物和概念所作的统一规定。它以科学、技术和实践经验的综合成果为基础,经有关方面协商一致,由主管机构批准,以特定形式发布,作为共同遵守的准则和依据。

在国际贸易中,物流条码标准体系已基本成熟,并随着世界经济的发展而日趋完善。我国也已经制定出了许多相关标准,可以据此建立物流条码标准体系,但还有待进一步完善。

第一部分　码制标准

条码的码制是指条码符号的类型,每种类型的条码符号都是由符合特定编码规则的条和空组合而成,都有固定的编码容量和条码字符集。虽然,现在正在使用的条码码制有很多种,但国际上公认的物流条码只有三种,即 EAN-13 码、交插二五码和 UCC/EAN-128 条码,这三种码制基本上可以满足物流条码体系的应用要求。

（1）通用商品条码

我国于 1990 年制定了《GB/T 12904-91：通用商品条码》国家标准。通用商品条码结构与国际物品编码协会推行的 EAN 码结构相同,其标准与国际标准是兼容的。物流条码应用的是 EAN 码制中的 EAN-13 码。EAN-13 码是国际通用符号体系,它是一种定长、无含义的条码,没有自校验功能。

（2）交插二五条码

交插二五条码在仓储和物流管理中被广泛采用。1983 年,交插二五条码完整的规范,被编入有关物资储运条码符号的美国国家标准 ANSI MH10.8 中。1997 年,我国制定了《GB/T 16829-1997：交插二五条码》国家标准,并于 1998 年 3 月开始实施。

交插二五码是一种连续、非定长、具有自校验功能,且条空都表示信息的双向条码。

（3）贸易单元 128 条码

我国制定的《GB/T 15429-94：贸易单元 128 条码》国家标准等效采用了 UCC/EAN-128 条码。UCC/EAN-128 条码是由国际物品编码协会、美国统一代码委员会和自动识别制造商协会共同设计而成的。它是一种连续型、非定长、有含义的高密度代码。贸易单元 128 条码是物流条码实施的关键。它能够更多地标识贸易单元的信息,如产品批号、数量、规格、生产日期、有效期、交货地等,使物流条码成为贸易中的重要工具。

贸易单元 128 条码有 A、B、C 三套字符集,其中 C 字符集能以双倍的密度来表示全数字的数据。这三套字符集覆盖了 128 个 ASCII 码字符。

128 条码由起始符号、数据符、校验符、终止符及左右侧空白区组成,结构如表 7.5 所示。

表 7.5 128 条码各部分宽度

左侧空白区	双字符起始符	数据符	校验符	终止符	右侧空白区
10 模块	22 模块	11N 模块	11 模块	13 模块	10 模块

注：N 为数据字符与辅助字符。

这三种条码都是物流条码中常用的码制，它们的具体应用在实际中又有所不同。一般来说，通用商品条码用在单个大件商品的包装箱上，当包装箱内含有预先确定的、规定数量商品的时候，也可用通用商品条码码制，给每个货运单元分配一个与消费单元不同的 EAN-13 码；交插二五码可用于定量储运单元的包装箱上，ITF-14 和 ITF-6 附加代码共同使用也可以用于变量储运单元；贸易单元 128 条码的使用是物流条码实施的关键，它可以弥补商品通用代码和交插二五码的不足，更多地标识贸易单元的信息，如产品批号、数量、规格、生产日期、有效期、交货地点等，而且，对 128 条码的印刷要求更为宽松，在许多粗糙、不规则的包装上都可以印刷，128 条码的识别要比前两种码制的识别容易得多。

第二部分 应用标准

在物流条码标准体系中，还有许多应用标准。应用标准大多采用以上三种码制，适用于不同的实际情况，解决不同的具体问题，使物流条码在我国物流领域的应用具有可行性和实用性。

（1）位置码

中国物品编码中心根据国际物品编码协会的技术规范《EAN 位置码》，并结合我国具体情况，制定了我国《GB/T 16828-1997：位置码》国家标准。位置码是对法律实体、功能实体、物理实体进行标识的代码，具有惟一性、无含义性，国际通用，并有严格的定义和结构，主要应用于 EDI 和自动数据采集中。

位置码由 13 位数字组成，其结构如表 7.6 所示。

表 7.6 位置码结构与位数

***	*********	*
前缀码	位置参考代码	校验码

前缀码是三位数字，是国际物品编码协会分配给中国物品编码中心的标识码，由于我国分配的前缀码为 690、691 的 EAN-13 码已经全部分配为物品编码，因此，位置码以 692 为前缀码；位置参考代码由 9 位数字组成，由中国物品编码中心统一分配，以 900000000-999999999 为参考代码的范围；校验码是一位数字，具体计算方法可以参考位置码的国家标准。

位置码当用条码符号表示时，应与位置码应用标识一起使用，条码符号采用贸易单元 128 码制。

（2）储运单元条码

中国物品编码中心在遵守国际物品编码协会 EAN 规范中《关于储运单元条码与标识的 EAN 规范》的前提下，结合我国的具体情况制定了《GB/T 16830-1997：储运单元条码》国家标准，此标准适用于商品储运单元的条码标识。

储运单元是指由若干消费单元组成的稳定和标准的产品集合，是装卸、仓储、收发货、运输等项业务所必须的一种产品单元。储运单元分为定量储运单元和变量储运单元，因此，储运单元条码也应分为两种不同的情况。

① 定量储运单元

定量储运单元是指内含预先确定的、规定数量商品的储运单元。

单个大件商品的储运单元又是消费单元时，其代码就是通用商品代码；

当定量储运单元内含有不同种的定量消费单元时，给储运单元分配一个区别于消费单元的 13 位数字代码，条码标识可用 EAN-13 码，也可用 14 位交插二五码（即 ITF-14）。

② 变量储运单元

变量储运单元是指按基本计量单位记价的商品的储运单元。其编码是由 14 位数字的主代码和 6 位数字的附加代码组成的，都用交插二五码表示。附加代码是指包含在变量储运单元内按确定的基本计量单位计量取得的商品数量。

运输和仓储是物流过程的重要环节，《储运单元条码》国家标准起到了对货物储运过程中物流条码的规范作用，在实际应用中具有标识货运单元的功能，是物流条码标准体系中一个重要的应用标准。

（3）条码应用标识

中国物品编码协会借鉴国际物品编码协会与美国统一代码委员会共同制定的《UCC/EAN 应用标识符标准规范》根据我国的实际需要制定了《GB/T 16986-1997：条码应用标识》国家标准。条码应用标识是商品统一条码有益和必要的补充，并且填补了其他 EAN/UCC 标准遗留的空白。它不仅仅是一个标准，更是一种信息交换的工具，将物流和信息流有机地结合起来，成为联结条码与电子数据交换的纽带。

条码应用标识是指一组用条码表示的数据，用来表示贸易单元的相关信息，它由应用标识符和数据两部分组成，通常不包含校验符。应用标识符是用于定义条码数据域的前缀，每个不同的前缀惟一地标识其后数据域的含义及格式。每个应用标识符由 2~4 个数字构成。使用应用标识符，可以将很多不同内容的数据元表示在一个条码符号中。不同的数据域间无需分隔，既节省空间，又为计算机的数据处理创造了条件。条码应用标识是一个开放的标准，可根据用户的要求，随时定义新的应用标识符。

条码用应用标识的内容包括：系列货运包装箱代码、EAN 物品编码/货运包装箱代码、批号和组号、生产日期、包装日期、保质期、有效期、长度、重量、面积、体积等等。

条码应用标识用贸易单元 128 条码码制来表示，多个应用标识共同使用，可以用同一个条码符号来表示，当前一个应用标识是一个定长的数据时，应用标识之间可以直接联结，当前一个应用标识是可变长度的数据时，必须加 FNC1 分隔，但编码数据字符的最大数量为 48，包括空白区在内的条码长度不能超过 16.5cm。

关于条码应用标识的具体应用，我们可以参考《条码应用标识》国家标准。

第三部分 产品包装标准

物流条码的使用是为了实现物流过程中各个环节的数据共享，通过物流条码数据的收集、反馈来提高整个物流系统的经济效益，为了更好地实现这一目标，物流条码标准体系就应该具有相应的包装标准，保证物流条码能够被快速准确地识别。现在已经有一些国家标准作为物流条码的保证，但仍然还有一部分空白等待填补，使物流条码标准体系更加完善。

为了便于运输和仓储，物流单元一般采用箱式包装或集装箱托盘。与消费单元包装相比，物流单元大多体积比较大，包装选材更坚硬，表面较粗糙。因此，物流条码应该符合物流单元包装的特点，选择适当的位置，以便于识读。

（1）贸易单元 128 条码一般平行地放在主代码的右侧，在留有空白区的条件下，尽可能缩小两个符号间的距离。如果不能满足上述要求，应明显地印在与主代码关联的位置上，且两者方向一致。

（2）箱式包装一般应把物流条码置于包装箱的侧面，条码符号下边缘距印刷面下边缘的最小距离为 32mm，条码符号保护框外边缘距垂直边的最小距离为 19mm。

（3）集装箱托盘的条码符号的底边距托盘上表面 45cm，垂直于底边的侧边不小于 50mm。

（4）贸易单元 128 条码符号最小放大系数的选择取决于印刷质量，并且由印刷扩展的变化或允许误差来决定。当贸易单元 128 条码作为通用商品条码或交插二五码的补充条码时，实际放大系数的选择必须考虑通用商品条码或交插二五码的尺寸。一般原则是：贸易单元 128 条码的模块宽度不能小于主代码最窄宽度的 75%。

对于不同码制的代码，在国家标准中都有具体的要求，来保证条码符号的质量。我国已经制定了《GB/T 14257-93：通用商品条码符号位置》国家标准和《GB/T 14258-93：条码符号印刷质量的检测》国家标准，可以作为物流条码标准体系的引用标准。

7.1.6 二维条码

1. 二维条码的产生

条码给人们的工作和生活带来巨大变化是有目共睹的。然而，一维条码仅仅只是一种商品的标识，它不含有对商品的任何描述，人们只有通过后台的数据库，提取相应的信息才能明白这商品标识的具体含义。在没有数据库或联网不便的地方，这一商品标识变得毫无意义。例如我们手上有一 6901028072151 的条码标识，我们从 690 可知它产于中国，但还是不清楚究竟是什么商品。当然，当我们通过网络的数据库连接后，在数据库中找到其对应的信息后才知道这是北京牌香烟。

此外，一维条码无法表示汉字的图像信息，在有些应用汉字和图像的场合，显得十分不便。同时，即使我们建立了数据库来存储产品信息，而这些大量的信息需要一个很长的条码标识。如应用储运单元条码，应用 EAN/UPC128 条码，都需要占用很大的印刷面积，对印刷和包装带来的困难就可想而知了。

于是人们迫切希望不通过从数据库中查找，而是直接从条码中就能获得大量产品信息。现代高新技术的发展，迫切要求条码在有限的几何空间内表示更多的信息，从而满足千变万化的信息需求。二维条码正是为了解决一维条码无法解决的问题而诞生的。

2. 什么是二维条码

二维条码是用某种特定的几何图形按一定规律在平面（二维方向上）分布的黑白相间的图形记录数据符号信息的；在代码编制上巧妙地利用构成计算机内部逻辑基础的"0"、"1"比特流的概念，使用若干个与二进制相对应的几何形体来表示文字数值信息，通过图像输入设备或光电扫描设备自动识读以实现信息自动处理：它具有条码技术的一些共性：每种码制有其特定的字符集；每个字符占有一定的宽度；具有一定的校验功能等。同时还具有对不同行的信息自动识别功能及处理图形旋转变化等特点。

3. 二维条码类型

二维条码的研究在技术路线上从两个方面展开，一是在一维码基础上向二维码方向扩展；二是利用图像识别原理，采用新的几何形体和结构设计出二维码制。

堆积式二维码在实现原理、结构形状、检校原理、识读方式等方面继承了一维码的特点，识读设备与条码印制兼容一维条码技术。但由于行数的增加，行的鉴别、译校算法和软件不完全同于一维条码。有代表性的堆积式二维码有 Code 49 码、PDF417 码、Code16K 码和 UPS Code SM 码等。

点阵码是用几何形状为实用圆以矩阵的形式组成。在矩阵相应元素位置上，用"1"表示圆点的出现，"0"表示没有圆点呈现。圆点的排列组合确定了条码所代表的意义，矩阵点阵就可以转换为矩阵的二进制字阵，经过译码解码反映出所代表的信息。点阵码是建立在计算机图像处理技术、组合编码原理等基础上的一种新型图形符号自动识读处理码制。

4. 二维条码特点

（1）信息容量大

根据不同的条空比例每平方英寸可以容纳 250 到 1100 个字符。在国际标准的证卡有效面积上（相当于信用卡面积的 2/3，约为 76mm×25mm），二维条码可以容纳 1848 个字母字符或 2729 个数字字符，约 500 个汉字信息。这种二维条码比普通条码信息容量高几十倍。

（2）编码范围广

二维条码可以将照片、指纹、掌纹、签字、声音、文字等凡可数字化的信息进行编码。

（3）保密、防伪性能好

二维条码具有多重防伪特性，它可以采用密码防伪、软件加密及利用所包含的信息如指纹、照片等进行防伪，因此具有极强的保密防伪性能。

（4）译码可靠性高

普通条码的译码错误率约为百万分之二左右，而二维条码的误码率不超过千万分之一，译码可靠性极高。

（5）修正错误能力强

二维条码采用了世界上最先进的数学纠错理论，如果破损面积不超过 50%，条码由于沾污、破损等原因所丢失的信息也可以照常被破译出来。

（6）容易制作且成本很低

利用现有的点阵、激光、喷墨、热敏/热转印、制卡机等打印技术，即可在纸张、卡片、PVC、甚至金属表面上印出二维条码。由此所增加的费用仅相当于油墨的成本。

（7）条码符号的形状可变

同样的信息量，二维条码的形状可以根据载体面积及美工设计等进行调整。

5. 二维条码应用案例——PDF417 在身份证管理方面的应用

我国是个人口众多的国家，如何合理有效地管理好身份证，并充分发挥其作用，一直是公安机关长期面临的问题。特别是改革开放以来，我国经济得到迅速发展，各城市、农村人口流动平凡，给公安机关带来了严峻的考验。传统的身份证由于缺乏机器识读功能，并且防伪性能相对较差，因此在许多关键部门无法对身份证进行有效验证和登记，使得公安机关不能全面掌握这些重要信息，给管理工作带来了很大困难。尤其是近几年来，全国各地利用假身份证进行犯罪的事件屡屡发生，使得国家一些重要部门受到严重的损失，而公安机关由于缺乏详实的资料，限制了打击力度。因此，改进现有的居民身份证，是提高公安部门执法力度的一个十分有效的办法。

二维条码 PDF417（简称 PDF417）是 20 世纪 90 年代初由世界上最大的条码设备制造公司美国 Symbol 公司发明的，它是一种机器可以识读的二维条码，由于具备普通一维条码无法比拟的优越性，因此它一经问世，就受到了广大用户的青睐。PDF417 信息容量大，信息密度高，编码能力强，可以对照片、文字、指纹、掌纹、声音、签名等信息进行编码。PDF417 容易印制，成本很低，纠错能力强，译码可靠性高，并且具有极强的防伪能力。正是因为 PDF417 可以实现机器识读和防伪这两项重要功能，因此，在国际上，PDF417 被广泛应用于身份证、驾驶证、军人证、选民证、社会福利卡、护照、签证等各类证卡系统。在我国，第一个二维条码国家标准《四一七条码》于 1997 年 12 月正式颁布，它标志着 PDF417 在我国的应用正步入正规有序的发展阶段。

在身份证上采用 PDF417 技术，有诸多优势，主要体现在：

（1）实现了身份证的机读功能

证件的机读能力和防伪能力是新一代证件的标志。PDF417 可以将持证人的名字、身份证号、住址、血型、照片、指纹等重要信息进行编码，并通过机器自动识读，因此解决了目前身份证无法进行数据自动录入的问题。PDF417 的机读功能，将会给诸多部门乃至整个社会带来巨大好处。公安部门可以根据需要在机场、码头、车站及旅店等重要场所设立稽查站，对过往行人及旅客进行登记，加强对这些地区的管理，而过去非常烦琐的身份证登记现在只需要短短的一秒钟。另外，在凡是需要进行身份登记和查验的地方，如银行、邮局、宾馆、学校等处都会享受到这一高科技带来的好处。

（2）提高了身份证的防伪能力

PDF417 具有很好的防伪能力。在身份证上采用 PDF417 后，身份证的防伪就在过去简单的肉眼判别基础上，增加了机器判别的功能，从而给证件的防伪引入了一个新的内涵。PDF417 的防伪包括三个方面的含义。首先，在证件的伪造中，一般情况是将持证人的照片进行替换，并假刻印章。然而由于 PDF417 中编入了持证人的照片或指纹等个人信息，这些数据是无法修改的，因此可以防止伪造。其次，可以对 PDF417 中的内容进行数据加密来提高防伪能力，目前数据加密技术在世界上已经是一项非常先进也是非常成熟的技术，因此可以极大地增强证件的防伪能力。最后，PDF417 的防伪还有另外一种方式。在 PDF417 的国际标准以及我国的国家标准中，都有一部分预留码字，可以供用户自行定义，如采用了这部分预留码字，一般市场上的扫描器就无法识读，这给 PDF417 的防伪带来了很大好处（埃及的身份证中就采用了部分预留码字）。

（3）可以为国家节约大量经费

身份证的成本问题是一个至关重要的问题。我们国家有 12 亿人民，重新印发 12 亿张身份证的费用问题是不容忽视的。任何一项技术，无论它多么先进，如成本太高，它都是不合适的，尤其是对于身份证这种全国性的项目。PDF417 较其他证卡技术突出的优点之一就是它的成本很低。目前的证件制作大致分成两类-塑封卡和 PVC 卡。如做成塑封卡，所需的成本只是一点油墨或碳粉的成本，而采用制卡机打印 PVC 等卡片，由于印不印 PDF417，那一段碳带(ribbon)也没法再用了，所以印制 PDF417 不增加任何成本，因此人们又把 PDF417 称做"零成本"技术。例如在美国，到目前为止已经发行了 14,000,000 张军人证、士兵证，

第 7 章 物流信息技术

该种证件是采用 teslin 材料打印并塑封（包含文字、照片、PDF417 等），一张卡的成本为 29 美分/张，如采用 IC 卡，则成本为 3 美元/张。因此 PDF417 这种低成本的特点对于我国这种国家大、人口多、底子薄、经济相对落后的国家是一种非常合适的选择。

（4）PDF417 打印灵活，可以免除许多设备的重复投资

PDF417 可以采用普通的喷墨、激光、热转印或热升华等打印机打印，也可以采用制卡机制卡。它可以打印在纸上或卡片上，并且打印的尺寸和形状可以根据载体所提供的面积和美工设计进行自我调整，从而使得 PDF417 的应用非常广泛。许多国家不仅在身份证、驾驶证等大型法律证件上使用 PDF417，而且在许多政府部门的报表管理上也采用了这一技术。因此，PDF417 扫描器可以在许多不同的应用中使用，设备不需要重复投资，为国家节省了大量经费。

（5）PDF417 具有很好的纠错能力，证件使用寿命长

由于身份证是我国居民长期使用的法律证件，一般它的寿命要求至少十年以上，PDF417 可以打印在纸上再进行塑封，因此它的使用寿命和目前我国使用的身份证是等同的，然而，目前世界上没有任何一家 IC 卡厂商可以承诺，他们提供的 IC 卡的寿命在 5 年以上。另外，由于一些居民的工作和居住环境相对较差，身份证可能会受到不同程度的折损、污染，因此对身份证的使用寿命和机器识读能力提出了更高的要求。由于 PDF417 采用了世界上最先进的纠错算法，因此 PDF 符号受到部分损坏后，通过纠错算法依然可以进行正确识读。

7.2 射频技术

7.2.1 无线射频的概念

射频技术 RF（Radio Frequency）的基本原理是电磁理论，利用无线电波对记录媒体进行读写。射频系统的优点是不局限于视线，识别距离比光学系统远，射频识别卡可具有读写能力，可携带大量数据、难以伪造和有智能等。

射频识别（RFID）系统的传送距离由许多因素决定，如传送频率、天线设计等，射频识别的距离可达几十厘米至几米，且根据读写的方式，可以输入数千字节的信息，同时，还具有极高的保密性。射频识别技术适用的领域：物料跟踪、运载工具和货架识别等要求非接触数据采集和交换的场合，要求频繁改变数据内容的场合尤为适用。如香港的车辆自动识别系统——驾易通，采用的主要技术就是射频技术。目前香港已经有约 8 万辆汽车装上了电子标签，装有电子标签的车辆通过装有射频扫描器的专用隧道、停车场或高速公路路口时，无需停车缴费，大大提高了行车速度，提高了效率。射频技术在其他物品的识别及自动化管理方面也得到了较广泛的应用。

现在，射频识别是自动识别领域最热门的技术，尽管这种技术已经发展许多年了，但它只有在从本领域众多的发明技术中总结规划出一个技术标准以后才能得到快速的切实的应用，ISO 和 AIM（Auto-Id Manufactures）正在进行这方面的工作，相信不久的将来，RFID 会得到很快的发展。

7.2.2 射频识别系统的组成

射频识别系统在具体的应用过程中,根据不同的应用目的和应用环境,系统的组成会有所不同,但从射频识别系统的工作原理来看,系统一般都由信号发射机、信号接收机、发射接收天线几部分组成。

1. 信号发射机

在射频识别系统中,信号发射机为了不同的应用目的,会以不同的形式存在,典型的形式是标签(TAG)。标签相当于条码技术中的条码符号,用来存储需要识别传输的信息,另外,与条码不同的是,标签必须能够自动或在外力的作用下,把存储的信息主动发射出去。标签一般是带有线圈、天线、存储器与控制系统的低电集成电路。

按照不同的分类标准,标签有许多不同的分类。

(1)主动式标签、被动式标签

在实际应用中,必须给标签供电它才能工作,虽然它的电能消耗是非常低的(一般是百万分之一毫瓦级别)。按照标签获取电能的方式不同,可以把标签分成主动式标签与被动式标签。

主动式标签内部自带电池进行供电,它的电能充足,工作可靠性高,信号传送的距离远。另外,主动式标签可以通过设计电池的不同寿命对标签的使用时间或使用次数进行限制,它可以用在需要限制数据传输量或者使用数据有限制的地方,比如,一年内,标签只允许读写有限次。主动式标签的缺点主要是标签的使用寿命受到限制,而且随着标签内电池电力的消耗,数据传输的距离会越来越小,影响系统的正常工作。

被动式标签内部不带电池,要靠外界提供能量才能正常工作。被动式标签典型的产生电能的装置是天线与线圈,当标签进入系统的工作区域,天线接收到特定的电磁波,线圈就会产生感应电流,再经过整流电路给标签供电。

被动式标签具有永久的使用期,常常用在标签信息需要每天读写或频繁读写多次的地方,而且被动式标签支持长时间的数据传输和永久性的数据存储。被动式标签的缺点主要是数据传输的距离要比主动式标签小。因为被动式标签依靠外部的电磁感应而供电,它的电能就比较弱,数据传输的距离和信号强度就受到限制,需要敏感性比较高的信号接收器(阅读器)才能可靠识读。

(2)只读标签与可读可写标签

根据内部使用存储器类型的不同,标签可以分成只读标签与可读可写标签。

只读标签内部只有只读存储器 ROM(Read Only Memory)和随机存储器 RAM(Random Access Memory)。ROM 用于存储发射器操作系统说明和安全性要求较高的数据,它与内部的处理器或逻辑处理单元完成内部的操作控制功能,如响应延迟时间控制,数据流控制,电源开关控制等。另外,只读标签的 ROM 中还存储有标签的标识信息。这些信息可以在标签制造过程中由制造商写入 ROM 中,也可以在标签开始使用时由使用者根据特定的应用目的写入特殊的编码信息。这种信息可以只简单地代表二进制中的 "0" 或者 "1",也可以像二维条码那样,包含复杂的相当丰富的信息。但这种信息只能是一次写入,多次读出。只读标签中的 RAM 用于存储标签反应和数据传输过程中临时产生的数据。另外,只读标签中除了 ROM 和 RAM 外,一般还有缓冲存储器,用于暂时存储调制后等待天线发送的信息。

可读可写标签内部的存储器除了 ROM、RAM 和缓冲存储器之外，还有非活动可编程记忆存储器。这种存储器除了存储数据功能外，还具有在适当的条件下允许多次写入数据的功能。非活动可编程记忆存储器有许多种，EEPROM（电可擦除可编程只读存储器）是比较常见的一种，这种存储器在加电的情况下，可以实现对原有数据的擦除以及数据的重新写入。

（3）标识标签与便携式数据文件

根据标签中存储器数据存储能力的不同，可以把标签分成仅用于标识目的的标识标签与便携式数据文件两种。

对于标识标签来说，一个数字或者多个数字字母字符串存储在标签中，为了识别的目的或者是进入信息管理系统中数据库的钥匙（KEY）。条码技术中标准码制的号码，如 EAN/UPC 码，或者混合编码，或者标签使用者按照特别的方法编的号码，都可以存储在标识标签中。标识标签中存储的只是标识号码，用于对特定的标识项目，如人、物、地点进行标识，关于被标识项目的详细的特定的信息，只能在与系统相连接的数据库中进行查找。

顾名思义，便携式数据文件就是说标签中存储的数据非常大，足可以看做是一个数据文件。这种标签一般都是用户可编程的，标签中除了存储标识码外，还存储有大量的被标识项目其他的相关信息，如包装说明，工艺过程说明等等。在实际应用中，关于被标识项目的所有的信息都是存储在标签中的，读标签就可以得到关于被标识项目的所有信息，而不用再连接到数据库进行信息读取。另外，随着标签存储能力的提高，可以提供组织数据的能力，在读标签的过程中，可以根据特定的应用目的控制数据的读出，实现在不同的情况下读出的数据部分不同。

2. 信号接收机

在射频识别系统中，信号接收机一般叫做阅读器。根据支持的标签类型不同与完成的功能不同，阅读器的复杂程度是显著不同的。阅读器基本的功能就是提供与标签进行数据传输的途径。另外，阅读器还提供相当复杂的信号状态控制、奇偶错误校验与更正功能等。标签中除了存储需要传输的信息外，还必须含有一定的附加信息，如错误校验信息等。识别数据信息和附加信息按照一定的结构编制在一起，并按照特定的顺序向外发送。阅读器通过接收到的附加信息来控制数据流的发送。一旦到达阅读器的信息被正确地接收和译解后，阅读器通过特定的算法决定是否需要发射机对发送的信号重发一次，或者知道发射器停止发信号，这就是"命令响应协议"。使用这种协议，即便在很短的时间、很小的空间阅读多个标签，也可以有效地防止"欺骗问题"的产生。

3. 编程器

只有可读可写标签系统才需要编程器。编程器是向标签写入数据的装置。编程器写入数据一般来说是离线（off-line）完成的，也就是预先在标签中写入数据，等到开始应用时直接把标签黏附在被标识项目上。也有一些 RFID 应用系统，写数据是在线（on-line）完成的，尤其是在生产环境中作为交互式便携数据文件来处理时。

4. 天线

天线是标签与阅读器之间传输数据的发射、接收装置。在实际应用中，除了系统功率，天线的形状和相对位置也会影响数据的发射和接收，需要专业人员对系统的天线进行设计、安装。

7.2.3 数据通信

标签与阅读器之间的数据传输是通过空气介质以无线电波的形式进行的。一般地，可以用两个参数衡量数据在空气介质中的传播，数据传输的速度和数据传输的距离。由于标签的体积、电能有限，从标签中发出的无线信号是非常弱的，信号传输的速度与传输的距离就很有限。

为了实现数据高速、远距离的传输，必须把数据信号叠加在一个规则变化的信号比较强的电波上，这个过程叫调制，规则变化的电波叫载波。在 RFID 系统中，载波电波一般由阅读器或编程器发出。有多种方法可以实现数据在载波上的调制，如用数据信息改变载波的波幅叫调幅；改变载波的频率叫调频；改变载波的相位叫调相等等。一般来说，使用的载波频率越高，数据能够传输的速度越快，例如，2.4GHZ 频率的载波，可以实现 2Mbps（相当于每秒可以传输大约 200 万个字符）。但是，不能无限地提高载波频率以提高信息传输速度，因为，无线电波频率的选用是受到政府管制的，各个国家一般都对不同频率的无线电波规定了不同的应用目的，RFID 技术无线电波的选择也必须遵守这种规定。目前，国内一般采用通信频率为 2.4GHz 扩频技术进行通信。这是因为在我国 2.4G-2.4835GHz 的频段是无需向国家无线电管理委员会申请使用许可证的公用频段。过去，商业的无线数据传输一般采用窄带传输，即使用比较单一的载波频率传输数据。现在，商业领域广泛使用扩频技术传输无线数据，即使用有一定范围的频率传输数据，这就有了带宽的概念，带宽就是通信中使用的最高的载波频率与最低的载波频率之差。使用宽带频率传输数据最明显的优势是数据传输的速度进一步加快，而且可靠性更高，因为当一个频率的载波线路繁忙或出现故障时，信息可以通过别的频率载波线路传输。

影响数据传输距离远近的首要因素是载波信号与标签中数据信号的强度，载波信号的强度受阅读器功率大小控制，标签中数据信号的强度由标签自带电池功率（主动式标签）或标签可以产生的电能（被动式标签）大小决定。一般来说，阅读器和标签的功率越大，载波信号和数据信号越强，数据能够传输的距离越远。无线电波在空气介质中传播，随着传播的距离越来越远，信号的强度会越来越弱。从理论上说，无线电波的衰减程度与传输距离的平方成正比。在系统实际应用中应该注意的是，不能为了达到数据传输的距离而无限制地提高阅读器和标签的功率，因为与载波频率的选择一样，无线电波的功率是受到政府管制的。除了系统功率影响数据传输的距离外，空气介质的性质和数据传输路径也显著影响数据传输的距离。空气介质的性质包括空气的密度、湿度等性质。一般来说，采用的载波频率越高，空气性质不同对数据传输距离的影响越明显。空气的湿度越大或者是空气的密度越高，介质对无线电波的吸收越严重，数据传输的距离就越小。

另外，如果数据传输路径中有许多障碍物，也会显著影响数据传输的距离，因为无线电波碰到障碍物时，物体一般都会对无线电波产生吸收和反射。考虑到空气的性质和数据传输中经过障碍物，无线电波衰减的程度有时可以达到与传输距离的四次方成正比。影响数据传输距离的因素还包括发射、接收天线的设计和布置，噪声干扰等等。

7.2.4 射频识别系统的特点与分类

射频卡的几个主要模块集成到一块芯片中、完成与读写器通信，芯片上有内存部分用来储存识别号码或其他数据，内存容量从几个比特到几十千比特。芯片外围仅需连接天线（和电池）。卡封装可以有不同形式，如常见的信用卡的形式及小圆片的形式等。和条码、磁卡、IC 卡等同期或早期的识别技术相比，射频卡具有非接触、工作距离长、适于恶劣环境、可识别运动目标等优点。因此完成识别工作时无须人工干预、适于实现自动化且不易损坏，可识别高速运动物体并可同时识别多个射频卡，操作快捷方便。射频卡不怕油渍、灰尘污染等恶劣的环境，短距离的射频卡可以在这样的环境中替代条码，长距离的产品多用于交通上，可达几十米。

根据射频系统完成的功能不同，可以粗略地把射频系统分成四种类型：EAS 系统、便携式数据采集系统、网络系统、定位系统。

1. EAS 系统

Electronic Article Surveillance（EAS）是一种设置在需要控制物品出入的门口的 RFID 技术。这种技术的典型应用场合是商店、图书馆、数据中心等地方，当未被授权的人从这些地方非法取走物品时，EAS 系统会发出警告。

在应用 EAS 系统时，首先在物品上粘附 EAS 标签，当物品被正常购买或者合法移出时，在结算处通过一定的装置使 EAS 标签失活，物品就可以取走。物品经过装有 EAS 系统的门口时，EAS 装置能自动检测标签的活动性，发现活动性标签 EAS 系统会发出警告。EAS 技术的应用可以有效防止物品的被盗，不管是大件的商品，还是很小的物品。

应用 EAS 技术，物品不用再锁在玻璃橱柜里，可以让顾客自由地观看、检查商品，这在自选日益流行的今天有着非常重要的现实意义。典型的 EAS 系统一般由三部分组成：

（1）附着在商品上的电子标签，电子传感器；
（2）电子标签激活装置，以便授权商品能正常出入；
（3）监视器，在出口造成一定区域的监视空间。

EAS 系统的工作原理是：在监视区，发射器以一定的频率向接收器发射信号。发射器与接受器一般安装在零售店、图书馆的出入口，形成一定的监视空间。当具有特殊特征的标签进入该区域时，会对发射器发出的信号产生干扰，这种干扰信号也会被接收器接收，再经过微处理器的分析判断，就会控制警报器的鸣响。根据发射器所发出的信号不同以及标签对信号干扰原理不同，EAS 可以分成许多种类型。关于 EAS 技术最新的研究方向是标签的制作，人们正在讨论 EAS 标签能不能像条码一样，在产品的制作或包装过程中加进产品，成为产品的一部分。

2. 便携式数据采集系统

便携式数据采集系统是使用带有 RFID 阅读器的手持式数据采集器采集 RFID 标签上的数据。这种系统具有比较大的灵活性，适用于不宜安装固定式 RFID 系统的应用环境。手持式阅读器（数据输入终端）可以在读取数据的同时，通过无线电波数据传输方式（RFDC）实时地向主计算机系统传输数据，也可以暂时将数据存储在阅读器中，成批地向主计算机系统传输数据。

3. 物流控制系统

在物流控制系统中，RFID 阅读器分散布置在给定的区域，并且阅读器直接与数据管理信息系统相连，信号发射机是移动的，一般安装在移动的物体、人上面。当物体、人流经阅读器时，阅读器会自动扫描标签上的信息并把数据信息输入数据管理信息系统存储、分析、处理，达到控制物流的目的。

4. 定位系统

定位系统用于自动化加工系统中的定位以及对车辆、轮船等进行运行定位支持。阅读器放置在移动的车辆、轮船上或者自动化流水线中移动的物料、半成品、成品上，信号发射机嵌入到操作环境的地表下面。信号发射机上存储有位置识别信息，阅读器一般通过无线的方式或者有线的方式连接到主信息管理系统。

我国射频技术的应用也已经开始了，一些高速公路的收费站口，使用射频技术可以不停车收费，我国铁路系统使用射频技术记录货车车厢编号的试点已运行了一段时间，一些物流企业也正在准备将射频技术用于物流管理中。

7.2.5 射频识别技术在我国的应用前景

我国政府在 1993 年制定的金卡工程实施计划及全国范围的金融卡网络系统的十年规划，是一个旨在加速推动我国国民经济信息化进程的重大国家级工程。由此各种自动识别技术的发展及应用十分迅猛。现在，射频识别技术作为一种新兴的自动识别技术，也将很快地普及，可以说我国射频识别产品的市场是十分巨大的，举一个例子来说明，利用射频识别技术的不停车高速公路自动收费系统是将来的发展方向，人工收费包括 IC 卡的停车收费方式也终将被淘汰。随着经济交流、旅游的发展、我国的高速公路发展势头十分强劲、对自动收费系统的需求会日益增长、我国的国土面积大、公路多、车辆多，预计在未来十年内将有数十亿元的需求。

国内已有几家公司在引进国外的先进技术，开发自己的射频识别系统。现在，在锦山的一条高速公路上已应用了非接触射频卡自动收费，上海的公共汽车使用了电子月票，北京的机场高速公路上、深圳的皇岗口岸也使用了射频识别系统收费等等。

RFID 技术在下列几种应用中比较有发展前景。当然在这里仅仅罗列了 RFID 技术应用的一部分，但都是可行的，且十分重大。可以毫不夸张地预测，任何一种应用如果成为现实，都将会孕育一个庞大的市场。RFID 将是未来一个新的经济增长点。

1. 高速公路自动收费及交通管理

高速公路自动收费系统是 RFID 技术最成功的应用之一。目前中国的高速公路发展非常快，地区经济发展的先决条件就是有便利的交通条件，而高速公路收费却存在一些问题，一是交通堵塞，收费站口，许多车辆要停车排队，成为交通瓶颈问题；二是少数不法的收费员贪污路费、使国家损失了相当多的财政收入。RFID 技术应用在高速公路自动收费上能够充分体现它非接触识别的优势。让车辆高速通过收费站的同时自动完成收费。同时可以解决收费员贪污路费及交通拥堵的问题。

一般来说对于公路收费系统、车辆的大小和形状不同、需要大约 4m 的读写距离和很快的读写速度、也就要求系统的频率应该在 900MHz 和 2500MHz。射频卡一般在车的挡风玻璃后面。现在最现实的方案是将多车道的收费口分两个部分：自动收费口、人工收费口。天线架设在道路的上方。在距收费口约 50m~100m 处，当车辆经过天线时，车上的射频卡被头顶上的天线接收到，判别车辆是否带有有效的射频卡。读写器指示灯指示车辆进入不同车道，人工收费口仍维持现有的操作方式，进入自动收费口的车辆，养路费款被自动从用户账户上扣除，且用指示灯及蜂鸣器告诉司机收费是否完成，不用停车就可通过，挡车器将拦下恶意闯入的车辆。

1996 年，佛山市政府安装了 RFID 系统用于自动收取路桥费以提高车辆通过率，缓解公路瓶颈。车辆可以在 250km 的时速下在 0.5m/s 的时间内被识别，并且正确率达 99.95%。上海也安装了基于 RFID 的自动收取养路费系统。另外两个安装在广州的与上海和佛山的工程不同，广州的工程尝试在开放的高速公路上对正在高速行驶的车辆进行自动收费，通道采用 RFID 系统。中国有把握改善其公路基础设施，而现在最大的问题是应用于高速公路收取养路费的 RFID 技术没有统一的标准。各个厂家使用自己的专用标准，使得建立全国高速公路自动收费系统时，情况变得很混乱。

在城市交通方面，交通的状况日趋拥挤，解决交通问题不能只依赖于修路、加强交通的指挥、控制、疏导，而提高道路的利用率，深挖现有交通潜能也是非常重要的。而基于 RFID 技术的实时交通督导和最佳路线电子地图很快将成为现实。用 RFID 技术实时跟踪车辆，通过交通控制中心的网络在各个路段向司机报告交通状况，指挥车辆绕开堵塞路段，并用电子地图实时显示交通状况。能够使得交通流向均匀，大大提高道路利用率。还可用于车辆特权控制，在信号灯处给警车、应急车辆、公共汽车等行驶特权；自动查处违章车辆，记录违章情况。另外，公共汽车站实时跟踪指示公共汽车到站时间及自动显示乘客信息，给乘客很大的方便。用 RFID 技术能使交通的指挥自动化、法制化，有助于改善交通状况。

2. 门禁保安

将来的门禁保安系统均可应用射频卡，一卡可以多用，比如作工作证、出入证、停车卡、饭店住宿卡甚至旅游护照等等，目的都是识别人员身份、安全管理、收费等等。好处是简化出入手续、提高工作效率、安全保护。只要人员佩戴了封装成 ID 卡大小的射频卡、进出入口有一台读写器，人员出入时自动识别身份，非法闯入会有报警。安全级别要求高的地方、还可以结合其他的识别方式，将指纹、掌纹或颜面特征存入射频卡。1996 夏季奥林匹克运动会的安全机构采用射频卡结合生物测定学技术作为保安系统中的一种，运动员和官方人员随身携带含有自己手掌信息的射频卡，当他们在要进入某一安全区时，必须将其右手搁在扫描器上，只有该人同系统根据其手信息在安全库中检索出的三维图像一样，并且同其本人所携带的卡片上信息一致方可进入该区域，由于卡和携卡人是惟一联系的，所以只有卡主人才可使用自己的卡。而卡丢失、偷卡和借卡使用都构不成对安全的威胁。

公司还可以用射频卡保护和跟踪财产。将射频卡贴在物品上面如：计算机、传真机、文件、复印机或其他实验室用品上，该射频卡使得公司可以自动跟踪管理这些有价值的财产，可以跟踪一个物品从某一建筑离开，或是用报警的方式限制物品离开某地。结合 GPS 系统利用射频卡，还可以对货柜车、货舱等进行有效跟踪。

3. RFID 卡收费

国外的各种交易大多利用各种卡来完成，而在我国普遍采用现金交易，现金交易不方便也不安全，还容易出现税收的漏洞。目前的收费卡多用磁卡、IC 卡，而射频卡也开始抢占市场，原因是在一些恶劣的环境中、磁卡、IC 卡容易损坏、而射频卡则不易磨损、也不怕静电及其他情况。同时射频卡用起来很方便、快捷。甚至不用打开包，在读写器前摇晃一下，就完成收费。还可以同时识别几张卡，并行收费，比如公共汽车上的电子月票。我国大城市的公共汽车异常拥挤、人员素质差、环境条件差，一般在国外还较有效的收费系统在国内就无法使用。射频卡的使用有助于改善这个情况。

又比如会员制收费卡、职工就餐卡、商店收费、电话卡、储蓄卡等等均可使用射频卡。射频卡上有内存分区，不同区域有不同的安全级别，可以在各种应用中使用，互不干扰，而未来的发展必将使各种卡的应用统一到一张卡上，每个人手持一张卡就可以在各处使用。

4. 生产线自动化

用 RFID 技术在生产流水线上实现自动控制、监视，提高生产率，改进生产方式、节约了成本，举两个例子以说明在生产线上应用 RFID 技术的情况。

用于汽车装配流水线。德国宝马汽车公司在装配流水线上应用射频卡以尽可能大量地生产用户定制的汽车。宝马汽车的生产是基于用户提出的要求式样而生产的：用户可以从上万种内部和外部选项中选定自己所需车的颜色、引擎型号还有轮胎式样等，这样一来，汽车装配流水线上就得装配上百种式样的宝马汽车，如果没有一个有高度组织的、复杂的控制系统，是很难完成这样复杂的任务的。宝马公司就在其装配流水线上配有 RFID 系统，他们使用可重复使用的射频卡，该射频卡上可带有详细的汽车所需的所有要求，在每个工作点处都有读写器，这样可以保证汽车在各个流水线位置处能毫不出错地完成装配任务。

Motorola、SGSThomson 等集成电路制造商在竞争激烈的半导体工业中采用了加入了射频识别技术的自动识别工序控制系统。半导体生产对于超净的特殊需要，使得 RFID 应用在此非常理想，而其他自动识别系统，如条形码在如此苛刻的化学条件和超净要求下就不适用。

晶片是集成电路生产的关键。一片 8 英寸的晶片可以制造出 100~1000 个芯片。假如每片芯片零售价为 100 美元，那么一片晶片上所包含的芯片价值至少就是 10000 美元。一个晶片容器可装 25 个晶片，四个晶片容器可同时进行处理，那么一次误操作造成的损失就达 1000000 美元。显然，跟踪每个晶片容器并消除误操作是非常必要的。

在一个超净车间里，通常能有 800 位点，晶片容器要从一处位点移动到下一位点。有时，晶片会因进入了错误的堆而造成损失。射频识别系统将核查晶片堆、设备、工序和操作人员。如果其中任何一项的身份不对，设备将不能开始工作，同时向操作人员显示指示。

5. 仓储管理

将 RFID 系统用于智能仓库货物管理，RFID 完全有效地解决了仓库里与货物流动有关的信息的管理，它不但增加了一天内处理货物的件数，还监看着这些货物的一切信息，射频卡是贴在货物所通过的仓库大门边上，读写器和天线都放在叉车上，每个货物都贴有条码，所有条码信息都被存储在仓库的中心计算机里，该货物的有关信息都能在计算机里查到。当货物被装走运往别地时，由另一读写器识别并告知计算中心它被放在哪个拖车上。这样管理中心可以实时地了解到已经生产了多少产品和发送了多少产品，并可自动识别货物，确定货物的位置。

总之，射频识别技术在中国处于一个刚刚起步的阶段，但是它的发展潜力是巨大的，它的前景非常诱人。在信息社会，对于各种信息的获取及处理要求快速、准确，在不久的将

第7章 物流信息技术

来 RFID 技术就将同其他识别技术一样深入我们的生活，改善我们的生活。对于这样一个新技术，我们应当加强宣传力度，希望能够尽早普及它，利用它，提高我们的工作效率和经济效益。

7.3 电子数据交换（EDI）技术

7.3.1 基本概念

EDI 是英文 Electronic Data Interchange 的缩写，中文可译为"电子数据互换"，港、澳及海外华人地区称作"电子资料联通"。它是一种在公司之间传输订单、发票等作业文件的电子化手段。它通过计算机通信网络将贸易、运输、保险、银行和海关等行业信息，用一种国际公认的标准格式，实现各有关部门或公司与企业之间的数据交换与处理，并完成以贸易为中心的全部过程，它是 80 年代发展起来的一种新颖的电子化贸易工具，是计算机、通信和现代管理技术相结合的产物。

1. 定义

国际标准化组织（ISO）将 EDI 描述成"将贸易（商业）或行政事务处理按照一个共认的标准变成结构化的事务处理或信息数据格式，从计算机到计算机的电子传输"。而 ITU-T（原 CCITT）将 EDI 定义为"从计算机到计算机之间的结构化的事务数据互换"。又由于使用 EDI 可以减少甚至消除贸易过程中的纸面文件，因此 EDI 又被人们通俗地称为"无纸贸易"。

总之，EDI 指的是：按照协议，对具有一定结构特征的标准经济信息，经过电子数据通信网，在商业贸易伙伴的计算机系统之间进行交换和自动处理的全过程。

2. 内涵

对上述定义作一剖析，可以得出 EDI 的下列含义：

（1）定义的主体是"经济信息"，即 EDI 是面向经济信息的应用系统，如订单、运单、发票、报关单等。

（2）这些信息是"按照协议"形成的，"具有一定结构特征"这一点对 EDI 很重要。EDI 报文能被不同的贸易伙伴的计算机系统识别和处理，其关键就在于数据格式的标准化，即 EDI 标准。

（3）信息传递的路径是计算机到"电子数据通信网络"，再到对方的计算机，中间不需要人工干预。

3. EDI 系统模型

从上述 EDI 定义不难看出，EDI 包含了三个方面的内容，即计算机应用、通信网络和数据标准化。其中计算机应用是 EDI 的条件，通信环境是 EDI 应用的基础，标准化是 EDI 的特征。这三方面相互衔接，相互依存，构成 EDI 的基础框架。EDI 系统模型如图 7-3 所示。

图 7-3 EDI 系统模型

EDI 信息的最终用户是计算机应用软件系统，它自动地处理传递来的信息，因而这种传输是机-机、应用-应用的传输，为 EDI 与其他计算机应用系统（如 MIS）的互联提供了方便。

4. EDI 产生背景

在国际贸易中，由于买卖双方地处不同的国家和地区，因此在大多数情况下，不是简单直接地面对面地买卖，而必须以银行进行担保，以各种纸面单证为凭证，方能达到商品与货币交换的目的。这时，纸面单证就代表了货物所有权的转移，因此从某种意义上讲"纸面单证就是外汇"。

全球贸易额的上升带来了各种贸易单证、文件数量的激增。虽然计算机及其他办公自动化设备的出现可以在一定范围内减轻人工处理纸面单证的劳动强度，但由于各种型号的计算机不能完全兼容，实际上又增加了对纸张的需求，美国森林及纸张协会曾经做过统计，得出了用纸量超速增长的规律：即年国民生产总值每增加 10 亿美元，用纸量就会增加 8 万吨。此外，在各类商业贸易单证中有相当大的一部分数据是重复出现的，需要反复地键入。有人对此也做过统计，计算机的输入平均 70%来自另一台计算机的输出，且重复输入也使出差错的几率增高，据美国一家大型的分销中心统计，有 5%的单证中存在着错误。同时重复录入浪费人力、浪费时间、降低效率。因此，纸面贸易文件成了阻碍贸易发展的一个比较突出的因素。

另外，市场竞争也出现了新的特征。价格因素在竞争中所占的比重逐渐减小，而服务性因素所占比重增大。销售商为了减少风险，要求小批量、多品种、供货快，以适应瞬息万变的市场行情。而在整个贸易链中，绝大多数的企业既是供货商又是销售商，因此提高商业文件传递速度和处理速度成了所有贸易链中成员的共同需求。同样，现代计算机的大量普及和应用以及功能的不断提高，已使计算机应用从单机应用走向系统应用；同时通信条件和技术的完善，网络的普及又为 EDI 的应用提供了坚实的基础。

正是在这样的背景下，以计算机应用、通信网络和数据标准化为基础的 EDI 应运而生。EDI 一经出现便显示出了强大的生命力，迅速地在世界各主要工业发达国家和地区得到广泛的应用。正如香港 Tradelink 公司的宣传资料所指出的那样："当 EDI 于 60 年代末期在美国首次被采用时，只属于当时经商的途径之一；时至今日，不但美国和欧洲大部分国家，以至越来越多的亚太地区国家，均已认定 EDI 是经商的惟一途径"。

由于 EDI 具有高速、精确、远程和巨量的技术性能，因此 EDI 的兴起标志着一场全新的、全球性的商业革命的开始。国外专家深刻地指出："能否开发和推动 EDI 计划，将决定对外贸易方面的兴衰和存亡。如果跟随世界贸易潮流，积极推行 EDI 就会成为巨龙而腾飞，否则就会成为恐龙而绝种"。

20 世纪 60 年代末，欧洲和美国几乎同时提出了 EDI 的概念。早期的 EDI 只是在两个商业伙伴之间，依靠计算机与计算机直接通信完成。

70 年代，数字通信技术的发展大大加快了 EDI 技术的成熟和应用范围的扩大，也带动了跨行业 EDI 系统的出现。80 年代 EDI 标准的国际化又使 EDI 的应用跃入了一个新的里程。

时至今日，EDI 历经萌芽期、发展期已步入成熟期。英国的 EDI 专家明确指出："以现有的信息技术水平，实现 EDI 已不是技术问题,而仅仅是一个商业问题"。

7.3.2 EDI 的特点

由上述定义可知，EDI 包括了三方面的内容：格式化的数据与报文标准，通讯网络和计算机应用。这三方面内容相互依存构成了 EDI 的基本框架。经过 20 多年的发展与完善，EDI 作为一种全球性的具有巨大商业价值的电子化贸易手段及工具，具有几个显著的特点：

1. 单证格式化

EDI 传输的是企业间格式化的数据，如定购单、报价单、发票、货运单、装箱单，报关单等等，这些信息都具有固定的格式与行业通用性。而信件、公函等非格式化的文件不属于 EDI 处理的范畴。

2. 报文标准化

EDI 传输的报文符合国际标准或行业标准，这是计算机能自动处理的前提条件。目前最为广泛使用的 EDI 标准是：UN/EDI FACT（United Nations Rulers For Electronic Data Interchange For Administration，Commerce and Transport，联合国标准 EDI 规则适用于行政管理、商贸、交通运输）和 ANSIX.12（美国国家标准局特命标准化委员会第 12 工作组制定）。

3. 处理自动化

EDI 信息传递的路径是计算机到数据通讯网络，再到商业伙伴的计算机，信息的最终用户是计算机应用系统，它自动处理传递来的信息。因此这种数据交换是机-机，应用-应用，不需人工干预。

4. 软件结构化

EDI 功能软件由 5 个模块组成：用户界面模块，内部 EDP（Electronic Data Processing）接口模块，报文生成与处理模块，标准报文格式转换模块，通信模块。这 5 个模块功能分明，结构清晰，形成了 EDI 较为成熟的商业化软件。

5. 运作规范化

EDI 以报文的方式交换信息有其深刻的商贸背景，EDI 报文是目前商业化应用中最成熟、最有效、最规范的电子凭证之一，EDI 单证报文具有法律效力已被普遍接受。任何一个成熟、成功的 EDI 系统，均有相应的规范化环境作基础，如 EDI 存证系统，商贸伙伴（partner）的协议，管理法规与相应的配套措施，例如：联合国贸法会制定了《电子贸易示范法草案》，国际海事委员会制定了《电子提单规则》，上海市制定了《上海市国际经贸电子数据交换管理规定》等。

7.3.3 EDI 标准

EDI 报文能被不同贸易伙伴的计算机系统识别和处理，其关键就在于数据格式的标准化，即 EDI 标准。EDI 标准主要提供:语法规则、数据结构定义、编辑规则和协定、已出版的公开文件。

目前国际上流行的 EDI 标准是由联合国欧洲经济委员会（UN/ECE）制订颁布的《行政、商业和运输用电子数据交换规则》（EDIFACT），以及美国国家标准局特命标准化委员会第 12 工作组制订的 ANSI X.12。从内容上看，这两个标准都包括了 EDI 标准的三要素——数据元、数据段和标准报文格式。

EDIFACT 标准包括一系列涉及电子数据交换的标准、指南和规则。联合国推荐的 EDIFACT 标准由 UN/ECE 印刷为"联合国贸易数据交换指南"（UNEDID），它包括 10 个部分：

1. EDIFACT 语法规则（ISO9735）

EDIFACT 语法规则于 1987 年 3 月制订完成，并于当年 9 月被 ISO 接受成为国际标准，标准代号为 9735，此语法规则又称作 ISO9735。

ISO9735 包括 10 个部分和 3 个附录，它以简略形式表述"用户格式化的数据交换的应用实施"的语法规则。其中，第一部分说明了标准的适用范围；第二部分罗列了该标准的相关标准；第三部分说明在此标准中用到的名词的定义；第四部分说明了 EDIFACT 标准报文中用到字符集合的级别的划分；第五部分分级列出 EDIFACT 标准的字符集；第六部分定义了 EDIFACT 标准报文的结构；第七部分涉及把单证转换成 EDIFACT 标准报文过程中对 EDIFACT 标准报文数据元的压缩；第八部分说明了设计 EDIFACT 报文时段重复的可能性；第九部分是关于设计 EDIFACT 报文时段的嵌套；第十部分是数字型数据元使用的规定。附录 A 摘录了标准中特有名词术语的定义；附录 B 是 EDIFACT 报文中服务段的描述；附录 C 是段的先后顺序的说明。附录 A 与 B 同正文一道构成了 ISO9735，其中附录 A、附录 B 与正文一样，都具有标准的约束力。

2. 报文设计指南

"报文设计指南"是在 1989 年 12 月被 UN/ECE 接受并认可的。该指南的使用对象是：联合国标准报文（UNSM）草案的设计者；"联合国标准报文"的修改者；区域性国际标准报文的设计者。"报文设计指南"的制定是为了达到以下四个目的：

（1）介绍 EDIFACT 语法规则；
（2）为开发不同类型的报文提供一种统一的方法；
（3）为开发新报文，修订已有的报文提供一种持续性的方法；
（4）推荐使用一种 EDI 报文格式的标准层次结构和表示法。

这一指南分成 8 个部分，其中前三部分是对指南的说明介绍；第四部分是报文设计的总体规则，并按照报文的使用范围对报文类型进行划分；第五～第七部分从数据元选择入手分层次地阐述了报文设计步骤——数据元分析；段结构设计，报文结构设计；第八部分规定了报文格式的修改步骤，以及得到最新国际报文格式的办法。

3. 语法应用指南

这一指南的目的是帮助 EDI 用户使用 EDIFACT 语法规则，指南分成 11 个部分。前两部分是对指南的总体介绍；第三~第七部分的内容是：交换协议，EDI 专用名词术语，交换字符集的定义，对电子数据交换的元素——数据元、段和报文的要求，以及对 UN/EDIFACT 报文标准版本的规定；第八、九部分是指南的主体部分，第八部分介绍了 EDIFACT 基本语法规则，规定了 EDIFACT 报文的结构、功能段组的结构和功能段组的功能，第九部分介绍了段的构成，段的结构，并阐明了段压缩和嵌套的规则；第十、十一部分介绍了其他标准与 EDIFACT 标准相互转换的必要程序，和 EDIFACT 标准的支持与维护的手段。

4. EDIFACT 数据元目录（EDED）

EDIFACT 数据元目录是联合国贸易数据元目录（UNTDED）的一个子集，收录了近 640 个与设计 EDIFACT 报文相关的数据元，这些数据元通过数据元号与 UNTDED 相联系。这一目录对每个数据元的名称、定义、数据类型和长度都予以具体的描述。

5. EDIFACT 代码表（EDCL）

代码表收录了 103 个数据元的代码，这些数据元选自 EDIFACT 数据元目录，并通过数据元号与数据元目录联系起来。

6. EDIFACT 复合数据元目录（EDCD）

目录收录了在设计 EDIFACT 报文时涉及的 293 个复合数据元。目录中对每个复合数据元的用途进行了描述，罗列出组成复合数据元的数据元，并在数据元后面注明其类型，注有字母"M"的表示该数据元在此复合数据元中是必写的；注有字母"C"表示该数据元在此复合数据元中的出现与否是根据具体条件而定的。复合数据元通过复合数据元号与段目录相联系，组成复合数据元的数据元通过数据元号与数据元目录，代码表相联系。

7. EDIFACT 段目录（EDSD）

段目录定义了 229 个 EDIFACT 报文中用到的段。目录中注明了组成段的简单数据元和复合数据元，并在数据元后面标明此数据元是"必写的"或是"条件的"。段目录中除有段名外，每个段前均标有段的"标识"，"段标识"一般由 3 个英文字母组成，它们是段名称的英文字母缩写。每个段通过"段标识"与 EDIFACT 标准报文相联系。简单数据元和复合数据元通过数据元号和复合数据元号与 EDIFACT 数据元目录与复合数据元目录相联系。

8. EDIFACT 标准报文格式（EDMD）

EDIFACT 标准报文格式分成三级：0 级、1 级和 2 级。0 级是草案级，1 级是推荐草案级，2 级是推荐报文标准级。UN/ECE/WP.4 每年对标准报文都进行增订，并通过各大洲的报告人（Repporteur）向世界各国散发。每个国家都有权向本地区的报告人索取有关 EDIFACT 标准的材料。亚太地区的报告人是日本的伊东健治。最初制定的标准报文是发票的报文格式，目前发票报文格式是 2 级报文，该标准分成 4 个部分。前三部分是发票报文格式的总体描述，规定了报文使用范围和报文中用到的专有名词的定义；第四部分是报文定义部分，规定了报文的结构，报文包含段的功能，段表和分支表。

9. 贸易数据交换格式构成总览（UNCID）

总览介绍了 EDIFACT 国际标准产生的背景，欲达到的目的和对用户的要求。

10. 适当的说明解释

从以上可以看出，EDIFACT 标准的产生是国际上 EDI 的应用对 EDI 国际标准的迫切需求的结果。在世界变得越来越小的今天，企业实施 EDI 不得不考虑 EDI 的国际化，因此，掌握 EDI 的国际标准——EDIFACT 对实施 EDI 至关重要。

为了在国际贸易中更快、更省、更好地使用 EDI，世界各国特别是欧、美等工业发达国家，都在强烈要求统一 EDI 国际标准。即"讲一种语言，用一种标准（In speaking of the application of EDI, we must speak one language and use one standard）"。

在 EDIFACT 被 ISO 接受为国际标准之后，国际 EDI 标准就逐渐向 EDIFACT 靠拢。ANSI X.12 和 EDIFACT 两家已一致同意全力发展 EDIFACT，使之成为全世界范围内能接受的 EDI 标准。美国国家标准化协会欧共体事务主席 John Rusell 先生指出："X.12 向 EDIFACT 转变意味着美国的公司今后可在欧洲的市场上加快资金流动，改善用户服务。同时，从用户的角度来看，今后面对的将是惟一的国际标准"。因此，EDIFACT 成为统一的 EDI 国际标准已是大势所趋。我国有关部门和专家也一致认为，我国 EDI 标准应积极向国际标准靠拢，采用 EDIFACT 标准。

7.3.4 EDI 的组成与工作过程

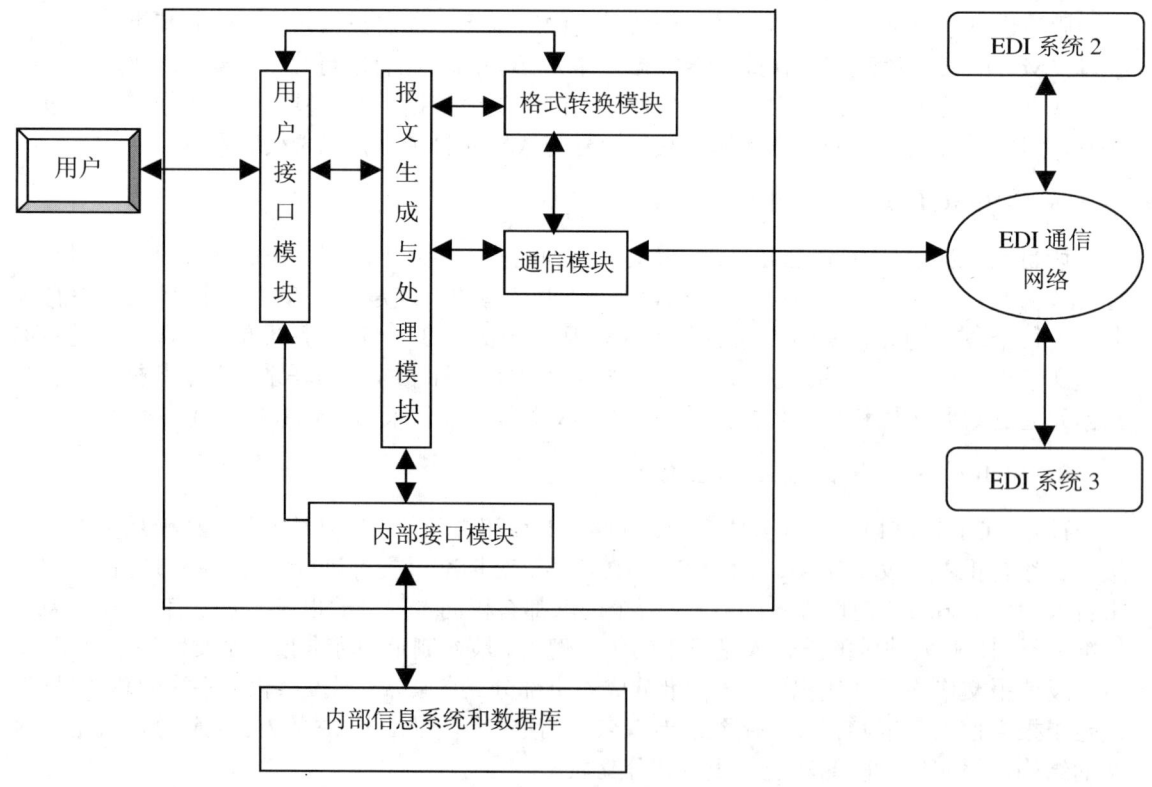

图 7-4 EDI 系统结构

1. EDI 系统功能模型

在 EDI 中，EDI 参与者所交换的信息客体称为邮包。在交换过程中，如果接收者从发送者所得到的全部信息包括在所交换的邮包中，则认为语义完整，并称该邮包为完整语义单元（CSU）。CSU 的生产者和消费者统称为 EDI 的终端用户。

在 EDI 工作过程中，所交换的报文都是结构化的数据，整个过程都是由 EDI 系统完成的。EDI 系统结构如图 7-4 所示。

（1）用户接口模块

业务管理人员可用此模块进行输入、查询、统计、中断、打印等，及时地了解市场变化，调整策略。

（2）内部接口模块

这是 EDI 系统和本单位内部其他信息系统及数据库的接口，一份来自外部的 EDI 报文，经过 EDI 系统处理之后，大部分相关内容都需要经内部接口模块送往其他信息系统，或查询其他信息系统才能给对方 EDI 报文以确认的答复。

（3）报文生成及处理模块

该模块有两个功能：

① 接受来自用户接口模块和内部接口模块的命令和信息，按照 EDI 标准生成订单、发票等各种 EDI 报文和单证，经格式转换模块处理之后，由通信模块经 EDI 网络发给其他 EDI 用户。

② 自动处理由其他 EDI 系统发来的报文。在处理过程中要与本单位信息系统相联，获取必要信息并给其他 EDI 系统答复，同时将有关信息送给本单位其他信息系统。

如因特殊情况不能满足对方的要求，经双方 EDI 系统多次交涉后不能妥善解决的，则把这一类事件提交用户接口模块，由人工干预决策。

（4）格式转换模块

所有的 EDI 单证都必须转换成标准的交换格式，转换过程包括语法上的压缩、嵌套、代码的替换以及必要的 EDI 语法控制字符。在格式转换过程中要进行语法检查，对于语法出错的 EDI 报文应拒收并通知对方重发。

（5）通信模块

该模块是 EDI 系统与 EDI 通信网络的接口。包括执行呼叫、自动重发、合法性和完整性检查、出错报警、自动应答、通信记录、报文拼装和拆卸等功能。

除以上这些基本模块外，EDI 系统还必须具备一些基本功能。

（1）命名和寻址功能

EDI 的终端用户在共享的名字当中必须是惟一可标识的。命名和寻址功能包括通信和鉴别两个方面。

在通信方面，EDI 是利用地址而不是名字进行通信的。因而要提供按名字寻址的方法，这种方法应建立在开放系统目录服务 ISO9594（对应 ITU-T X.500）基础上。在鉴别方面，有若干级必要的鉴别，即通信实体鉴别，发送者与接收者之间的相互鉴别等。

（2）安全功能

EDI 的安全功能应包含在上述所有模块中。它包括以下一些内容：

终端用户以及所有 EDI 参与方之间的相互验证；

数据完整性；

EDI 参与方之间的电子（数字）签名；

否定 EDI 操作活动的可能性；

密钥管理。

（3）语义数据管理功能

完整语义单元（CSU）是由多个信息单元（IU）组成的。其 CSU 和 IU 的管理服务功能包括：

IU 应该是可标识和可区分的；

IU 必须支持可靠的全局参考；

应能够存取指明 IU 属性的内容，如语法、结构语义、字符集和编码等；

应能够跟踪和对 IU 定位；

对终端用户提供方便和始终如一的访问方式。

2．工作过程

当今世界通用的 EDI 通信网络，是建立在 MHS 数据通信平台上的信箱系统，其通信机制是信箱间信息的存储和转发。具体实现方法是在数据通信网上加挂大容量信息处理计算机，在计算机上建立信箱系统，通信双方需申请各自的信箱，其通信过程就是把文件传到对方的信箱中。文件交换由计算机自动完成，在发送文件时，用户只需进入自己的信箱系统，如图 7-5 所示。

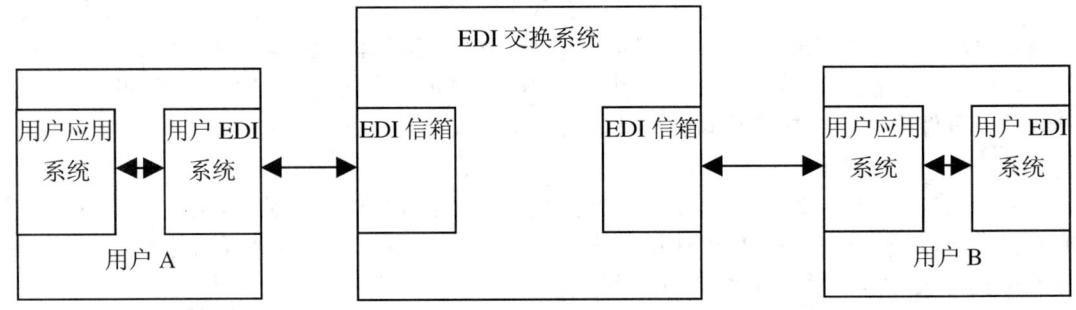

图 7-5　EDI 信箱通信与交换原理

图 7-6 所示为 EDI 系统工作流程。

流程中各功能模块说明如下：

（1）映射（Mapping）——生成 EDI 平面文件

EDI 平面文件（Flat File）是通过应用系统将用户的应用文件（如：单证、票据）或数据库中的数据，映射成一种标准的中间文件。这一过程称为映射（Mapping）。

平面文件是用户通过应用系统直接编辑、修改和操作的单证和票据文件，它可直接阅读、显示和打印输出。

（2）翻译（Translation）——生成 EDI 标准格式文件

其功能是将平面文件通过翻译软件（Translation Software）生成 EDI 标准格式文件。

EDI 标准格式文件，就是所谓的 EDI 电子单证，或称电子票据。它是 EDI 用户之间进行贸易和业务往来的依据。EDI 标准格式文件是一种只有计算机才能阅读的 ASCII 文件。它是按照 EDI 数据交换标准（即 EDI 标准）的要求，将单证文件（平面文件）中的目录项，加上特定的分割符、控制符和其他信息,生成一种包括控制符、代码和单证信息在内的 ASCII 码文件。

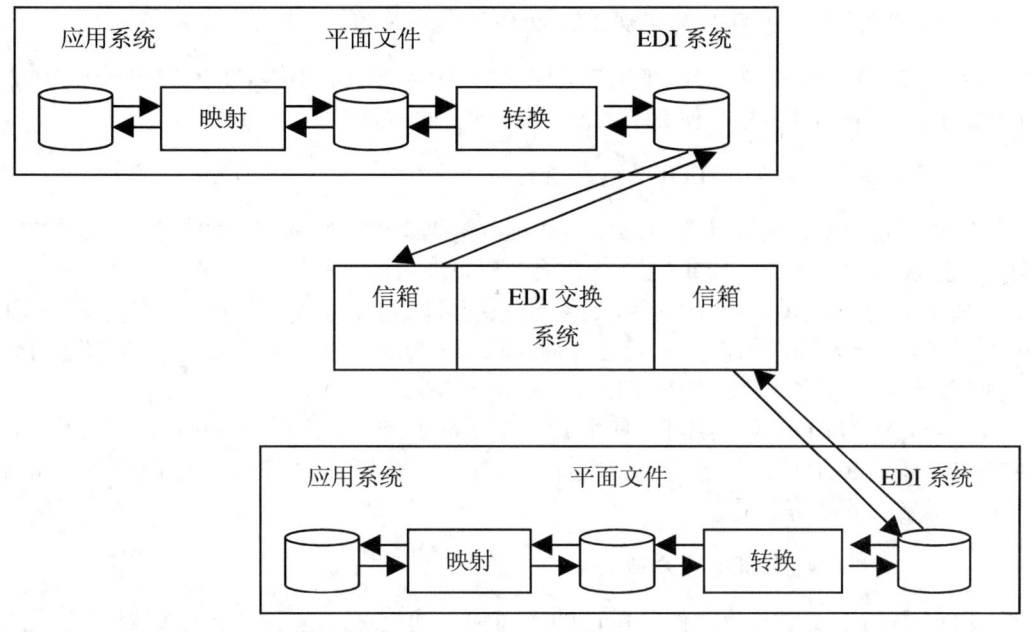

图 7-6 EDI 系统工作流程

（3）通信

这一步由计算机通信软件完成。用户通过通信网络,接入 EDI 信箱系统,将 EDI 电子单证投递到对方的信箱中。

EDI 信箱系统则自动完成投递和转接,并按照 X.400（或 X.435）通信协议的要求,为电子单证加上信封、信头、信尾、投送地址、安全要求及其他辅助信息。

（4）EDI 文件的接收和处理

接收和处理过程是发送过程的逆过程。首先需要接收用户通过通信网络接入 EDI 信箱系统,打开自己的信箱,将来函接收到自己的计算机中,经格式校验、翻译、映射还原成应用文件。最后对应用文件进行编辑、处理和回复。

在实际操作过程中,EDI 系统为用户提供的 EDI 应用软件包,包括了应用系统、映射、翻译、格式校验和通信连接等全部功能。其处理过程,用户可看做是一个"黑匣子",完全不必关心里面具体的过程。

7.3.5 实现 EDI 的环境和条件

要实现 EDI 的全部功能,需要具备以下几个方面的条件,其中包括 EDI 通信标准和 EDI 语义语法标准。

1. 数据通信网是实现 EDI 的技术基础

为了传递文件,必须有一个覆盖面广、高效安全的数据通信网作为其技术支撑环境。由于 EDI 传输的是具有标准格式的商业或行政有价文件,因此除了要求通信网除具有一般的数据传输和交换功能之外，还必须具有格式校验、确认、跟踪、防篡改、防被窃、电子签名、文件归档等一系列安全保密功能，并且在用户间出现法律纠纷时，能够提供法律证据。

2. 消息处理系统 MHS 为实现 EDI 提供了最理想的通信环境

为了在 MHS 中实现 EDI，ITU-T 根据 EDI 国际标准 EDIFACT 的要求，于 1990 年提出了 EDI 的通信标准 X.435，使 EDI 成为 MHS 通信平台的一项业务。

3. 计算机应用是实现 EDI 的内部条件

EDI 不是简单地通过计算机网络传送标准数据文件，它还要求对接受和发送的文件进行自动识别和处理。因此，EDI 的用户必须具有完善的计算机处理系统。

从 EDI 的角度看，一个用户的计算机系统可以划分为两大部分：一部分是与 EDI 密切相关的 EDI 子系统，包括报文处理、通信接口等功能；另一部分则是企业内部的计算机信息处理系统，一般称之为 EDP（Electronic Data Processing）。

一个企业的 EDP 搞得越好，使用 EDI 的效率就越高。同样，只有在广泛使用 EDI 之后，各单位内部的 EDP 的功能才能充分发挥。因此，只有将 EDI 和 EDP 全面有效地结合起来，才能获得最大的经济效益。

4. 标准化是实现 EDI 的关键

EDI 是为了实现商业文件、单证的互通和自动处理，这不同于人-机对话方式的交互式处理，而是计算机之间的自动应答和自动处理。因此文件结构、格式、语法规则等方面的标准化是实现 EDI 的关键。

UN/EDIFACT 标准已经成为 EDI 标准的主流。但是仅有国际标准是不够的，为了适应国内情况，各国还需制定本国的 EDI 标准。因此，实现 EDI 标准化是一项十分繁重和复杂的工作。同时，采用 EDI 之后，一些公章和纸面单证将会被取消，管理方式将从计划管理型向进程管理型转变。所有这些都将引起一系列社会变革，故人们又把 EDI 称为"一场结构性的商业革命"。

5. EDI 立法是保障 EDI 顺利运行的社会环境

EDI 的使用必将引起贸易方式和行政方式的变革，也必将产生一系列的法律问题。例如：电子单证和电子签名的法律效力问题，发生纠纷时的法律证据和仲裁问题等等。因此，为了全面推行 EDI，必须制定相关的法律法规。只有如此，才能为 EDI 的全面使用创造良好的社会环境和法律保障。

然而，制定法律常常是一个漫长的过程。在 EDI 法律正式颁布之前如何处理法律纠纷？国外一些发达国家一般的做法是，在使用 EDI 之前，EDI 贸易伙伴各方共同签订一个协议，以保证 EDI 的使用。如美国律师协会的"贸易伙伴 EDI 协议等"。

7.3.6 EDI 的安全问题

由于 EDI 技术将人们几百年来习以为常的白纸黑字式的文书往来的信息媒体，转变成电子化的报文（message），因而使传统的信息交换方式发生了一场革命。这种变化对促进社会进步有很大的意义。但也有一些变革前不曾碰到的新问题。比如，电子化的票据不能像传统的单据、票据一样具有相应的法律效力；无纸贸易中的商业秘密不易保护；网络环境下怎样确保发出的商业文件能被贸易伙伴准确接收；贸易伙伴借口计算机系统的原因抵赖自己的行为，否认接受或发出商业文件；电子传递的商业文件用什么方式代替纸面签字，传输的公文因无法盖上传统的印章，又如何确认公文的合法性和有效性等等。这些所谓的 EDI 安全问题若不有效地解决，人们就没有足够的信心使用 EDI 系统，EDI 系统本身也无法实现其"正确，完整、迅速"交换信息的目标。因而，EDI 的安全问题一直受到 EDI 技术界、用户界的密切关心，所有 EDI 系统开发者将系统能否提供安全服务视为 EDI 系统是否成熟的标志；用户团体视 EDI 系统是否有良好的安全服务为购买 EDI 系统的重要条件。欧洲共同体将安全列为推行 EDI 五大关键技术之一，国际标准化组织（ISO）和 CCITT 也分别成立专门研究小组，致力于 EDI 安全标准的开发。EDI 安全问题得到广泛的重视。

1. EDI 安全的内容

EDI 的安全，一般是指防止由 EDI 系统交换的信息被丢失、泄露、篡改，假冒 EDI 合法用户，提交或接受过程中出现的抵赖、否认以及 EDI 系统的拒绝服务。概括起来，EDI 安全包括两大方面的内容：一是 EDI 数据的安全，另一个是 EDI 系统的安全。EDI 数据的安全具体表现在数据的完整性、机密性和可用性；EDI 系统安全则包括实体安全、管理保护、计算机系统本身的软硬件保护和通信系统的安全等内容，重点是 EDI 数据的安全。

2. EDI 系统面临的威胁

EDI 系统运行后会碰到许多安全威胁或攻击。根据着眼点的不同，有偶发性和故意性两类：偶发性威胁指不带任何预谋的威胁，如系统故障、操作失误和软件出错，故意性威胁则指那些人为的，有预谋或动机的威胁。这种威胁一般称为攻击。如篡改商业合同数据，窃取商业机密，破坏 EDI 存储系统等行为。

根据威胁来源不同，还可以将威胁分为内部和外部两种。内部威胁是指系统的合法用户以故意或非法方式进行操作所产生的威胁，如内部工作人员利用工作之便或者软件固有缺陷，非法使用 EDI 资源或越权存取数据；外部威胁泛指搭线窃听，截取交换信息，冒充合法用户，为鉴别或访问机制设置旁路。EDI 系统面临的主要威胁和攻击，有以下六种：

（1）冒充

MTA 之间是以交换明文形式的 MTA 名称来彼此证实的，一个假冒合法的 MTA 可能会通过发送一个已知的 MTA 名与其他的 MTA 互联，冒名顶替偷窃工作资源和信息。

（2）篡改数据

数据被非授权更改会破坏数据的完整性。EDI 环境中篡改数据的现象与报文处理系统（MHS）提到的情况相同，攻击者会篡改在 EDI 系统中存储和传输的文电内容。

（3）偷看、窃取数据

EDI 系统中的用户及外来者未经授权偷看或窥视他人的文电内容以获取商业秘密，损害他人的经济利益。

（4）文电丢失

EDI 系统中文电丢失主要有三种情况，一是因为 UA、MS 或 MTA 的错误而丢失文电，二是因为安全措施不当而丢失文电，三是在不同的责任区域间传递时丢失文电。

（5）抵赖或矢口否认

抵赖或矢口否认是 EDI 系统较大的一种威胁。EDI 要处理的大量合同、契约，订单等商贸数据，其起草、递交、投递等环节都容易发生抵赖或矢口否认现象，尤其是基于 MHS 环境的 EDI 系统，采用自动转发、重新定向服务方式时，其危险性更大。

（6）拒绝服务

局部系统的失误及通信各部分的不一致所引起的事故（如路由表或映射表的错误项）而导致系统停止工作或不能对外服务，即所谓的拒绝服务。局部系统出自于自我保护目的而故意中断通信也会导致拒绝服务。这种拒绝是 EDI 系统中最可能出现而又危害巨大的威胁之一。

3. EDI 系统的安全服务

针对 EDI 应用系统所面临的威胁和攻击，EDI 系统首先要制定其安全策略，即规定 EDI 系统的数据在什么情况下允许存取、什么情况下不允许读写等方面的要求。一般来说，EDI 系统的安全策略是：

- 他人无法冒充合法用户利用网络及其资源。
- 他人无法篡改、替换和扰乱数据。
- 与文电交换的各种活动及其发生时间均有精确、完整的记录和审计。
- 确保文电在交换过程中不丢失。
- 确保商业文件（合同、契约、协议书……）不被无关者或竞争对手知悉。
- 防止因自然灾害、人为原因和机器故障而引起的系统拒绝服务。

安全服务是指 EDI 系统为用户提供的一组系统功能，用户通过它们来保护自己的数据、维护系统的正常工作。

开放式 EDI 系统的基本安全服务要遵循"ISO-7498/2"规定的 OSI 安全体系标准。系统中安全服务的实现手段主要有：

- 数字签名。EDI 业务的源点鉴别和文电内容的完整性由数字签名来实现。在数字签名中，采用密码算法产生的校验和，用校验和的方法来验证文电内容的完整性。源点鉴别则由合法源点给出用密钥加密信息的方法实现。
- 文电加密。文电内容的保密用对 EDI 文电内容加密的方法实现。EDI 文电加密的加密体制，既可用对称密码体制，如 DES 算法，也可用非对称密码体制，如 RSA。
- 源点不可抵赖。采用数字签名方法。由文电发送者对文电进行数字签名。
- 接收不可抵赖。采用数字签名方法来实现。由文电接收者在收到的文电中加上其身份识别信息和收到日期，计算和增加一个数字签名填满扩展了的文电，并将签了名的文电在交易完全接受之前发回源点。
- 访问控制。EDI 的访问控制一般采用常见的存取控制方法，例如访问控制表，能力表及标号等方法。
- 防止文电丢失。文电丢失可能发生在任何同等实体间的通信链路上，也可能源于操作失误或不当。防止文电丢失的方法是利用一个脱机的文档库将所有递交和投递的文电都保存起来；防止特定文电丢失，可采用安全审计跟踪的办法实现。对用户而言，文电的投递最好有回执，以便及时了解文电是否投到欲投递的地方而采取相应措施。
- 防拒绝服务。硬件采取双备份措施；有良好的应急计划，可以及时恢复系统的正常运行。

4. EDI 系统的法律保护问题

随着 EDI 的应用范围扩大，传统的以书面文字表达含义的合同、契约、意向书，各种单据会逐渐转变为电子信息，当在商业贸易中发生纠纷时，目前的法律就不能完全适用了。法律的初衷是减少贸易两方在协议上因文字而发生的纠纷，但采用 EDI 的目标是消除文书工作，因此一些传统的方式在 EDI 环境中将失去作用。例如合同以双方签字表示对协议的认可，而 EDI 传递的商业文件则无法签字。在现今的法律中，没有当事人的亲笔签字法律是不承认合同的法效的。尽管当前技术上已能提供数字签名，投递证明不可抵赖，文电完整性和可信性保护，但若得不到法律的正式承认，EDI 还是难以推广使用的。就目前来说，急待研究与 EDI 系统有关的法律问题有：

（1）电子文电的法效问题。按我国现有法律，只有白纸黑字的文件才有法律效力。EDI 是无纸信息的信息交换方式，电子化的文电也应与传统的纸张文本有相同的法律效力，可以作为证据。

（2）电子签名问题。目前电子签名还没得到法律的认可。

（3）EDI 纠纷的仲裁问题。EDI 广泛使用后，很多经济活动都通过 EDI 系统实现。当因 EDI 系统在商业活动中发生纠纷，例如，客户认为商业合同失密，发生抵赖和拒绝行为等，谁来当仲裁者，什么证据是可信的。

EDI 的法律保护问题是 EDI 能否推广应用的一个大问题。这个问题解决不好，会影响到许多 EDI 潜在用户。

国外对这方面已比较重视。美国律师协会的电子通讯服务工作组拟定了一份在 EDI 贸易中供贸易伙伴使用的样本合同，合同提供了 22 条法律规则来澄清一些基本问题；DEC 公司在本公司中设立法律部门，专门研究本公司应用 EDI 所碰到的法律问题，许多公司请律师来帮助本公司的 EDI 应用，避免出现法律问题。新加坡已通过有关法律，使电子数据能够具有法律效力并可作为法律诉讼的依据，该法律规定任何贸易数据都要保存 11 年以备查，这在国际上也属首例。

7.3.7 EDI 业务的发展趋势

随着 EDI 的飞速发展，特别是当 EDI 用户达到临界数量时，大量的新用户将参加进来。到那时就不是少数用户为了开创某一事业而应用，而是成千上万家用户为了市场竞争的需要而应用，其影响将是多方面的。

目前，大部分 EDI 用户所做的工作只占其纸张文字工作的 10%，人们期待着无纸办公时代的到来。未来 EDI 不仅在供销订货方面有用，而且在企业业务的其他方面也会施展才能，如市场研究等等。

另外，基于 EDI 的专家系统，将会为未来的自动化事务处理铺平道路。如在家庭计算机上使用健康监视装置，还可以安装家庭娱乐装置。

EDI 还可与很多现已成熟的技术结合使用，如同条码（Bar Code）、EFT、自动取款机（Automatic Teller Machine）等一起联机使用，因而将会产生更大的效益。

7.3.8 案例：EDI 在进出口通关业务中的应用

上海是我国最大的通关口岸，经济发达，内外贸历来居全国之首，围绕着贸易有关的行业如海关、外贸公司、运输业、银行、仓储业、港口、报关行、保险业等都是 EDI 应用的先行领域。为加速推广 EDI 技术，上海市 EDI 中心在吸取、运用国外先进 EDI 技术的同时，不断在实践中积累 EDI 开发及推广应用的经验，探索 EDI 技术在新时代的发展之路。为促进上海国际经贸事业的发展，使上海与国际接轨，体现上海在全国经济贸易、交通运输的龙头地位。上海市 EDI 中心于 1998 年推出了"海关 EDI 通关系统"（以下简称 EDI 通关系统），在该系统推出之前，海关通关业务基本采取手工作业，由报关员填制报关单证，赶赴专门的海关审单中心，交由海关人员审核，每份报关单海关人员需校验数十张附单后，方能盖章通过，一旦填制错误还须回返修改。这种方法不仅工作量大、手工处理周期长，而且由于种种人为因素难免会造成错报、漏审，缺乏全面性、合理性、监管力度不强；再加之报关人员填制通关单证不规范，造成了海关审单人员工作不便，对所处理的单证无法统计归档，难以形成业务积累。针对上述种种情况，上海市 EDI 中心与上海海关合作开发了 EDI 通关系统，该系统运行至今已有两年左右，基本情况良好，系统稳定。使用后，普遍反映现有模式较传统的手工业务有了很大的改进。该系统简化海关通关手续，加快通关速度。由于利用了先进的计算机技术和 EDI 数据通讯技术，以电子单证代替纸面单证进行交换处理，促进了海关及相关企业工作的规范化和制度化，提高工作效率和工作质量。该系统现已集成了货运舱单录入、普货进出口报关和快递物品通关（包括空运快递及邮政 EMS 速递）等软件。使用至今，EDI 海关通关系统用户仅上海地区就已达 400 余家，日平均处理 10000 余份单证，占上海通关总数的 40%。可以说该 EDI 通关系统的成功开发与应用为我国进出口业务的繁荣，海关业务的稳定发展做出了贡献，也对 EDI 技术在我国的应用起到了推动与示范的作用。

1. EDI 中心系统

EDI 中心服务系统作为海关信息系统的外部网，主要用于向社会提供报关服务，并且起到了隔离海关内部网与社会其他信息网的作用，使得各个进出口企业既可以得到方便的 EDI 通关服务，又可以保证海关内部信息系统的安全。而且 EDI 中心支持多种通信协议和灵活的报文翻译功能，可以方便地与各种不同的系统连接。其主要功能如下：

（1）通信服务功能：提供各种不同的接入方式，如 DDN、专线、拨号线、X.25 等；支持各种不同的通信协议，EDI 用户可选择 FTP、WWW、E-mail 等各种通信服务来传送报关单报文。

（2）报文翻译功能：系统能对各种报文进行灵活的翻译，可以将 EDIFACT 报文自由地翻译成 ANSI X12、TRADACOMS、ODETTE 或自定义格式中的任一种格式，反之亦然；除完成报文翻译外，系统还对报文的语法错误进行检查。

（3）管理功能：完善的计费系统，可对各类用户按其传输的信息量、传输距离的长短、是否享受优惠等条件按月打印收费通知书；数据备份和日志，对经 EDI 中心传送的所有报文进行备份，以备日后查阅，同时对系统处理报文的每一个阶段的状态自动做好日志，并对事先设定的特定事件，一旦发生即通过电子邮件、传呼机等手段向管理员报警，保证每一份报文都被正确地处理；用户授权，系统不但对用户身份进行检查，保证用户能正确地发送和接受 EDI 报文。

（4）安全和保密：使用数字签名和数据加密/解密技术，对通过 EDI 中心传输的一些敏感数据，系统提供数字签名和数据加密技术，防止数据被未经授权用户非法阅读。

（5）系统监控功能：系统提供分布或集中监控，允许从一点管理多个分系统；使用图形界面，可方便配置系统，维护系统，观察日志信息，浏览 EDI 标准或生成自定义格式。

（6）存证功能：EDI 存证是将用户已接收数据及用户在 EDI 系统的会话记录，加上一些必要的信息，按一定的格式以文件形式保存。在存证文件中包含有单证的发送方、接收方数据类型、单证类型、单证编号、接收/发送/删除时间及单证具体内容等重要信息，凡是发送成功的报文的存证既有发送信箱记录，同时提供根据用户身份分级检索，支持 Web 界面的检索、浏览及单证记费、统计等功能。

2. 用户端系统

用户端系统通过各种通信线路连接到 EDI 中心，EDI 中心对这些数据进行查错、翻译、加密/解密等处理后发送给指定的海关主机系统。同样的方法，海关主机系统通过 EDI 中心将海关回执发送给各个 EDI 用户。该系统的用户主要是各报关行、预录入公司等专业的进出口单证录入公司以及进出口货运、快递公司，目前上海约有 80%的报关行及 60%的货运公司使用该 EDI 系统。该系统主要包括各种单证录入软件、通信软件、报文翻译软件和系统配置软件，运行平台基于 INTEL PC 机和 Windows 95 操作系统，界面充分体现 Windows 95 的风格。录入软件主要完成舱单、报关单、合同备案、快递等单证的录入。在通关单证录入过程中该系统实现了在 PC 端进行脱机的数据管理功能，用户在 PC 上脱机输入表单，在需要传送、接收数据时才连至海关的网络系统，尽可能地减少通讯次数、通讯量、服务器占用时间；并实现了参数数据库的自动更新。录入软件依据海关通关业务规范和要求，提供丰富的报关自动化辅助决策表和数据代码表，帮助客户准确、快捷录入报关数据，检查各项数据的合法性和合理性，提示报关单证是否齐全，保障了报关数据的正确性。并采用菜单方式，结合多种形式的操作提示、帮助功能，简单易学，操作方便。通信软件主要完成 EDI 用户与 EDI 中心之间的报文发送和接收，通过 FTP 协议使用平文件格式发送，也可使用 E-mail 格式发送，或者使用 HTTP 协议经 Web Server 发送。报文翻译软件主要用于把录入好的报关单数据文件或合同文件按 EDIFACT 标准翻译成报文格式（例如 CUSDEC）发送到 EDI 中心。另外，把从 EDI 中心取回的海关回执报文（如 CUSRES）翻译成海关回执文件。

7.4 GPS/GIS 技术

众所周知，物流运输行业是推动国民经济快速发展必不可少的基础产业，各类物流运输仓储企业虽然在长期发展历程中已经积累了丰富的实践经验，但由于车辆动态信息的实时监控一直未得到解决，信息反馈不及时、不精确、不全面等问题导致了运力的大量浪费与运作成本的居高不下。面对当今客户日益增长的服务需求，以及国外物流企业运用信息技术与快速反应式运作抢滩中国物流市场的冲击，我们中国的物流运输企业必须采用新科技手段，运用 GPS/GIS 来武装自己，提高自身的服务质量与服务水平，才能自信地迎接来自各方的挑战。

7.4.1 全球定位系统（GPS）概念

GPS 是美国国防部发射的 24 颗卫星组成的全球定位、导航及授时系统。这 24 颗卫星分布在高度为 2 万公里的 6 个轨道上绕地球飞行。每条轨道上拥有 4 颗卫星，在地球上任何一点，任何时刻都可以同时接受到来自 4 颗卫星的信号。也就是说 GPS 的卫星所发射的空间轨道信息覆盖着整个地球表面。

GPS 的工作概念是基于卫星的距离修正。用户通过测量到太空各可视卫星的距离来计算他们的当前位置，卫星的左右相当于精确的已知参考点。每颗 GPS 卫星时刻发布其位置和时间数据信号，用户接收机可以测量每颗卫星信号到接收机的时间延迟，根据信号传输的速度就可以计算出接收机到不同卫星的距离。同时收集到至少四颗卫星的数据时就可以解算出三维坐标、速度和时间。

7.4.2 GPS 系统组成

GPS 由三大子系统构成：空间卫星系统、地面监控系统、用户接收系统。

1. 空间卫星系统

空间卫星系统由均匀分布在 6 个轨道平面上的 24 颗高轨道工作卫星构成，各轨道平面相对于赤道平面的倾角为 55º，轨道平面间距 60º。在每一轨道平面内，各卫星升交角距差 90º，任一轨道上的卫星比西边相邻轨道上的相应卫星超前 30º。

事实上，空间卫星系统的卫星数量要超过 24 颗，以便及时更换老化或损坏的卫星，保障系统正常工作。该卫星系统能够保证在地球的任一地点向使用者提供 4 颗以上可视卫星。

空间系统的每颗卫星每 12 小时（恒星时）沿近圆形轨道绕地球一周，由星载高精度原子钟（基频 F=10.23MHz）控制无线电发射机在"低噪音窗口"（无线电窗口中，2 至 8 区间的频区天线噪声最低的一段是空间遥测及射电干涉测量优先选用频段）附近发射 L_1、L_2 两种载波，向全球的用户接收系统连续地播发 GPS 导航信号。GPS 工作卫星组网保障全球任一时刻、任一地点都可对 4 颗以上的卫星进行观测（最多可达 11 颗），实现连续、实时地导航和定位。

GPS 卫星向广大用户发送的导航电文是一种不归零的二进制数据码 D（t），码率 50Hz。为了节省卫星的电能、增强 GPS 信号的抗干扰性、保密性，实现遥远的卫星通讯，GPS 卫星采用伪噪声码对 D 码作二级调制，即先将 D 码调制成伪噪声码（P 码和 C/A 码），再将上述两噪声码调制在 L_1、L_2 两载波上，形成向用户发射的 GPS 射电信号。因此，GPS 信号包括两种载波（L_1、L_2）和两种伪噪声码（P 码、C/A 码）。这四种 GPS 信号的频率皆源于 10.23MHz（星载原子钟的基频）的基准频率。基准频率与各信号频率之间存在一定的比例。其中，P 码为精确码，美国为了自身的利益，只供美国军方、政府机关以及得到美国政府批准的民用用户使用，C/A 码为粗码，其定位和时间精度均低于 P 码，目前，全世界的民用客户均可不受限制地免费使用。

2. 地面监控系统

地面监控系统由均匀分布在美国本土和三大洋的美军基地上的 5 个监测站、一个主控站和三个注入站构成。该系统的功能是：对空间卫星系统进行监测、控制，并向每颗卫星注入更新的导航电文。

地面监控系统各站的主要任务是：

（1）观测站

用 GPS 接收系统测量每颗卫星的伪距和距离差，采集气象数据，并将观测数据传送给主控点。5 个监控站均为无人值守的数据采集中心。

（2）主控站

主控站接收各监测站的 GPS 卫星观测数据、卫星工作状态数据、各监测站和注入站自身的工作状态数据。根据上述各类数据，完成以下几项工作：

- 及时编算每颗卫星的导航电文并传送给注入站。
- 控制和协调监测站间、注入站间的工作，检验注入卫星的导航电文是否正确以及卫星是否将导航电文发给了 GPS 用户系统。
- 诊断卫星工作状态，改变偏离轨道的卫星位置及姿态，调整备用卫星取代失效卫星。

（3）注入站

接受主控站送达的各卫星导航电文并将之注入飞越其上空的每颗卫星。

3. 用户接收系统

用户接收系统主要由以无线电传感和计算机技术支撑的 GPS 卫星接收机和 GPS 数据处理软件构成。

（1）GPS 接收机

GPS 卫星接收机的基本结构是天线单元和接收单元两部分。天线单元的主要作用是：当 GPS 卫星从地平线上升起时，能捕获、跟踪卫星，接收放大 GPS 信号。接收单元的主要作用是：记录 GPS 信号并对信号进行解调和滤波处理，还原出 GPS 卫星发送的导航电文，解求信号在站星间的传播时间和载波相位差，实时地获得导航定位数据或采用测后处理的方式，获得定位、测速、定时等数据。

微处理器是 GPS 接收机的核心，承担整个系统的管理、控制和实时数据处理。视屏监控器是接收机与操作者进行人机交流的部件。

目前，国际上已推出几十种测量用 GPS 接收机，各厂商的产品朝着实用、轻便、易于操作、美观价廉的方向发展。

（2）GPS 数据处理软件

GPS 数据处理软件是 GPS 用户系统的重要部分，其主要功能是对 GPS 接收机获取的卫星测量记录数据进行"粗加工"、"预处理"，并对处理结果进行平差计算、坐标转换及分析综合处理。解得测站的三维坐标，测体的坐标、运动速度、方向及精确时刻。

GPS 所以能够定位导航，是因为每台 GPS 接收机无论在任何时刻、在地球上任何位置都可以同时接收到最少 4 颗 GPS 卫星发送的空间轨道信息。接收机通过对接收到的每颗卫星的定位信息的解算，便可确定该接收机的位置，从而提供高精度的三维(经度、纬度、高度)定位导航及授时系统。而且和以前各种定位系统大不一样的是，GPS 接收机简单，小型的只有香烟盒大小，重量约 500 克，价格仅几百美元。任何人拿着这种接收机，都可以准确地知道自己在地球上的哪一点。GPS 接收机是被动式全天候系统，只收不发信号，故不受卫星系统和地面控制系统的控制。用户数量也不受限制。

目前，全球定位系统已广泛应用于军事和民用等众多领域中。GPS 技术按待定点的状态分为静态定位和动态定位两大类。静态定位是指待定点的位置在观测过程中固定不变，如 GPS 在大地测量中的应用。动态定位是指待定点在运动载体上，在观测过程中是变化的，如 GPS 在船舶导航中的应用。静态相对定位的精度一般在几毫米几厘米范围内，动态相对定位的精度一般在几厘米到几米范围内。对 GPS 信号的处理从时间上划分为实时处理及后处理。实时处理就是一边接收卫星信号一边进行计算，获得目前所处的位置、速度及时间等信息；后处理是指把卫星信号记录在一定的介质上，回到室内统一进行数据处理。一般来说，静态定位用户多采用后处理，动态定位用户采用实时处理或后处理。

7.4.3　GPS 系统特点

GPS 的问世标志着电子导航技术发展到了一个更加辉煌的时代。GPS 系统与其他导航系统相比，主要特点是：

（1）全球地面连续覆盖。由于 GPS 卫星数目较多且分布合理，所以在地球上任何地点均可连续同步地观测到至少 4 颗卫星，从而保障了全球、全天候连续实时导航与定位的需要。

（2）功能多、精度高。GPS 可为各类用户连续地提供高精度的三维位置、三维速度和时间信息。

（3）实时定位速度快。目前 GPS 接收机的一次定位和测速工作在 1 秒甚至更少的时间内便可完成，这对高动态用户来讲尤其重要。

（4）抗干扰性能好、保密性强。由于 GPS 系统采用了伪码扩频技术，因而 GPS 卫星所发送的信号具有良好的抗干扰性和保密性。

7.4.4　GPS 应用

1. 典型 GPS 应用系统简介

（1）基于 GPS 技术的车辆监控管理系统

该系统是将 GPS 技术、地理信息技术（GIS）和现代通讯技术综合在一起的高科技系统。其主要功能是将任何装有 GPS 接收机的移动目标的动态位置（经度、纬度、高度）、时间、状态等信息，实时地通过无线通信网链传至监控中心，而后在具有强大地理信息处理、查询功能的电子地图上进行移动目标运动轨迹的显示，并能对目标的准确位置、速度、运动方向、车辆状态等用户感兴趣的参数进行监控和查询，以确保车辆的安全，方便调度管理，提高运营效率。本系统应用广泛，特别适合对公安、银行、公交、保安、部队、机场等单位对所属车辆的监控和调度管理，也可应用于对船舶、火车等的监控。

（2）基于 GPS 技术的智能车辆导航仪

该装置是安装在车辆上的一种导航设备。它以电子地图为监控平台，通过 GPS 接收机实时获得车辆的位置信息，并在电子地图上显示出车辆的运动轨迹。当接近路口、立交桥、隧道等特殊路段时可进行语音提示。作为辅助导航仪，可按照规定的行进路线使司机无论是在熟悉或不熟悉的地域都可迅速到达目的地；该装置还设有最佳行进路线选择及路线偏离报警等多项辅助功能。

2. 利用 GPS 技术实现货物跟踪管理

货物跟踪是指物流运输企业利用现代信息技术及时获取有关货物运输状态的信息（如货物品种、数量、货物在途情况、交货期间、发货地和到达地、货物的货主、送货责任车辆和人员等），提高物流运输服务的方法。具体说就是物流运输企业的工作人员在进行物流作业时，利用扫描仪自动读取货物包装或者货物发票上的物流条形码等货物信息，通过计算机通讯网络把货物的信息传送到总部的中心计算机进行汇总整理，这样所有被运送货物的物流全过程的各种信息都集中在中心计算机里。可以随时查询货物的位置及状态。

货物跟踪的工作过程：货物装车发出后，当运输车辆上装载的 GPS 接收机在接收到 GPS 卫星定位数据后，自动计算出自身所处的地理位置的坐标，由 GPS 传输设备将计算出来的位置坐标数据经移动通信系统（GSM）发送到 GSM 公用数字移动通信网，移动通信网再将数据传送到基地指挥中心，基地指挥中心将收到的坐标数据及其他数据还原后，与 GIS 系统的电子地图相匹配，并在电子地图上直观地显示车辆实时坐标的准确位置，在电子地图上清楚而直观地掌握车辆的动态信息（位置、状态、行驶速度等）。同时还可以在车辆遇险或出现意外事故时进行种种必要的遥控操作，如图 7-7 所示。

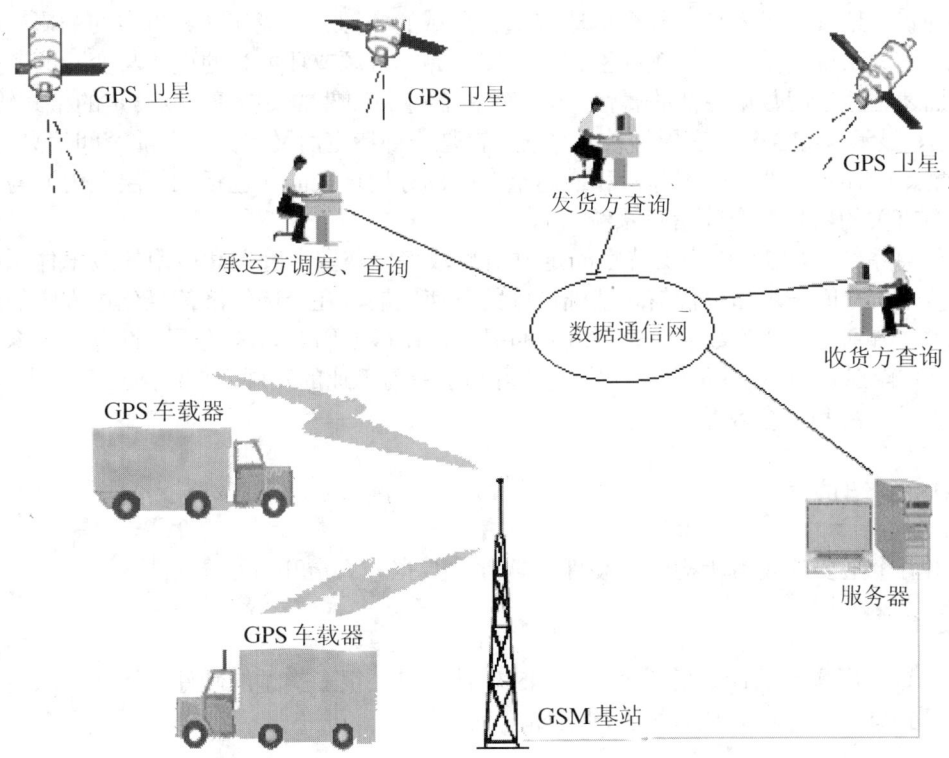

图 7-7 利用 GPS 技术进行货物跟踪示意图

货物跟踪系统提高了物流企业的服务水平，其具体作用表现在以下方面：

第一，当顾客需要对货物的状态进行查询时，只要输入货物的发票号码，马上就可以知道有磁货物状态的信息。查询作业简便迅速，信息及时准确。

第二，通过货物信息可以确认是否货物将在规定的时间内送到顾客手中，能即时发现没有在规定的时间内把货物交付给顾客的情况，便于马上查明原因并及时改正，从而提高运送货物的准确性和及时性，提高顾客服务水平。

第三，作为获得竞争优势的手段，提高物流运输效率，提供差别化物流服务。

第四，通过货物跟踪系统所得到的有关货物运送状态的信息丰富了供应链的信息分享源，有关货物运送状态信息的分享有利于顾客预告做好接货以及后续工作的准备。

7.4.5 地理信息系统（GIS）的概念

地理信息系统是以地理空间数据库为基础，采用地理模型分析方法，适时提供多种空间的和动态的地理信息，为地理研究和地理决策服务的计算机技术系统。具有以下三个方面的特征：

（1）具有采集、管理、分析和输出多种地理空间信息的能力，具有空间性和动态性；

（2）以地理研究和地理决策为目的，以地理模型方法为手段，具有区域空间分析、多要素综合分析和动态预测能力，产生高层次的地理信息；

（3）由计算机系统支持进行空间地理数据管理，并由计算机程序模拟常规的或专门的地理分析方法，作用于空间数据，产生有用信息，完成人类难以完成的任务。

通俗地讲，地理信息系统是整个地球或部分区域的资源、环境在计算机中的缩影；严格地讲，地理信息系统是反映人们赖以生存的现实世界（资源或环境）的现势与变迁的各类空间数据及描述这些空间数据特征的属性，在计算机软件和硬件的支持下，以一定的格式输入、存贮、检索、显示和综合分析应用的技术系统。它是一种特定而又十分重要的空间信息系统，它是以采集、贮存、管理、处理分析和描述整个或部分地球表面（包括大气层在内）与空间和地理分布有关的数据的空间信息系统。

地理信息系统（GIS）作为支持空间定位信息数字化获取，管理和应用的技术体系。随着计算机技术、空间技术和现代信息基础设施的飞速发展，在全国经济信息化进程中的重要性与日俱增。特别是当今"数字地球"概念的提出，使得人们对 GIS 的重要性有了更深地了解。进入 90 年代以来，地理信息系统在全球得到了空前迅速的发展，广泛应用于各个领域，产生了巨大的经济和社会效益。

7.4.6 GIS 的组成

GIS 由五个主要的元素所构成：硬件、软件、数据、人员和方法。

1. 硬件

硬件是 GIS 所操作的计算机。今天，GIS 软件可以在很多类型的硬件上运行。从中央计算机服务器到桌面计算机，从单机到网络环境。

2. 软件

GIS 软件提供所需的存储、分析和显示地理信息的功能和工具。主要的软件部件有：
（1）输入和处理地理信息的工具；
（2）数据库管理系统（DBMS）；
（3）支持地理查询、分析和视觉化的工具；
（4）容易使用这些工具的图形化界面。

3. 数据

一个 GIS 系统中最重要的部件就是数据了。地理数据和相关的表格数据可以自己采集或者从商业数据提供者处购买。GIS 将把空间数据和其他数据源的数据集成在一起，而且可以使用那些被大多数公司用来组织和保存数据的数据库管理系统，来管理空间数据。

4. 人员

GIS 技术如果没有人来管理系统和制定计划应用于实际问题，将没有什么价值。GIS 的用户范围包括从设计和维护系统的技术专家，到那些使用该系统并完成他们每天工作的人员。

5. 方法

成功的 GIS 系统，具有良好的设计计划和本身的事务规律，这些是规范、方法，而对每一个企业来说是具体的独特的操作实践。

7.4.7 GIS 的功能

1. 输入

在地理数据用于 GIS 之前，数据必须转换成适当的数字格式。从图纸数据转换成计算机文件的过程叫做数字化。目前，许多地理数据已经是 GIS 兼容的数据格式，这些数据可以从数据提供商那里获得并直接装入 GIS 中，无需用户来数字化。

2. 处理

将数据转换成或处理成某种形式以适应系统的要求。这种处理可以是为了显示的目的而做的临时变换，也可以是为了分析所做的永久变换。GIS 技术提供了许多工具来处理空间数据和去除不必要的数据。

3. 数据管理

对于小的 GIS 项目，把地理信息存储成简单的文件就足够了。但是，当数据量很大而且数据用户数很多时，最好使用一个数据库管理系统（DBMS），来帮助存储、组织和管理数据。

4. 查询分析

GIS 提供简单的鼠标点击查询功能和复杂的分析工具，为管理者提供及时的直观的信息。

5. 可视化

对于许多类型的地理操作，最终结果能以地图或图形来显示。

7.4.8 GIS 在物流应用

GIS 应用于物流分析，主要是指利用 GIS 强大的地理数据功能来完善物流分析技术。

国外公司已经开发出利用 GIS 为物流分析提供专门分析的工具软件。

完整的 GIS 物流分析软件集成了车辆路线模型、最短路径模型、网络物流模型、分配集合模型和设施定位模型等。

1. 车辆路线模型

用于解决一个起始点、多个终点的货物运输中，如何降低物流作业费用，并保证服务质量的问题。包括决定使用多少辆车，每辆车的形式路线等。

2. 网络物流模型

用于解决寻求最有效的分配货物路径问题，也就是物流网点布局问题。如将货物从 N 个仓库运往到 M 个商店，每个商店都有固定的需求量，因此需要确定由哪个仓库提货送给哪个商店的运输代价最小。

3. 分配集合模型

可以根据各个要素的相似点把同一层上的所有或部分要素分为几个组，用以解决确定服务范围和销售市场范围等问题。如某一公司要设立 X 个分销点，要求这些分销点要覆盖某一地区，而且要使每个分销点的顾客数目大致相等。

4. 设施定位模型

用于确定一个或多个设施的位置。在物流系统中，仓库和运输线共同组成了物流网络，仓库处于网络的节点上，节点决定着线路，如何根据供求的实际需要并结合经济效益等原则，在既定区域内设立多少个仓库，每个仓库的位置，每个仓库的规模，以及仓库之间的物流关系等，运用此模型均能很容易地得到解决。

我国将 GIS 应用于物流分析和物流研究中，迄今为止还处于起步阶段。

7.5 思 考 题

1. 什么是物流技术？什么是物流信息技术？
2. 条码技术有哪些特点？其应用系统是如何构成的？
3. 无线射频识别系统是由哪几部分组成的？有何特点？主要应用领域有哪些？
4. EDI 系统是由哪几部分组成的？实施 EDI 的条件是什么？
5. GPS 系统是由哪几部分组成的？应用 GPS 系统如何实现货物的跟踪与调度？

第8章 物流信息管理

信息技术的发展不仅使得信息得以产业化，同时也使得企业逐渐认识到信息的重要作用，开始致力于对企业有关的信息进行管理。在传统的企业管理活动中，管理者注意的是人力、财力、物力这三种基本资源。但在现代企业中，信息已经与人、财、物等资源一样，成为企业的第四种资源。人们开始懂得：忽视了对信息的管理，就不能提高效率、就难以保持企业的竞争力，难以提供良好的服务，也就谈不上是现代化的管理。特别是信息技术高度发展的今天，只有运用先进的信息技术，才能对以上四种资源进行有效的管理，在激烈的竞争中掌握主动权。最近十年来，企业的信息化已成为一种非常普遍的发展趋势。十年前，企业的领导很少关心信息技术，人们把与计算机打交道看作是大学、研究所做的研究工作。但是今天，信息技术被认为是支持企业发展的关键性技术，所有企业的领导都需要学习信息技术。

8.1 信息与系统

19世纪的一位印度哲学家说过，"世界上最伟大的东西是最简单的东西，它和你自己存在一样简单"。信息，一个多么迷惑现代人的概念，尽管它的传递速度可达光速极限，传播范围可及星际空间，尽管它已尽人皆知，俯拾皆是，似乎在当代还没有哪个概念能够像它这样得以如此迅速而广泛地传播。但是，究竟什么是信息，它在客观世界中处于何种地位，其本质运动规律是什么，又有几个人能说得清呢？

8.1.1 信息的概念

信息的概念是十分广泛的。世间万物的运动，人间万象的更迭，都离不开信息的作用。李太白的诗"日照香炉生紫烟，遥看瀑布挂前川，飞流直下三千尺，疑是银河落九天。"给我们带来了庐山瀑布的信息；苏东坡的词"大江东去，浪淘尽、千古风流人物。……"给我们传递的是赤壁怀古的信息。

信息的概念是十分普遍的。客观世界中存在着各种各样的信息现象。自然的演化需要信息，生命的进化也需要信息，人类的生活更是需要信息。没有信息，千变万化的事物之间就没有了联系，也就没有大千世界的统一。

我国汉语中很早就有"信息"这个词。早在一千多年前，唐朝诗人李中在《碧云集暮春怀故人》一诗中就留下了"梦断美人沉信息，目穿长路倚楼台"的佳句。当时，"信息"指的是音信、消息。

信息作为科学的概念，首先是在信息论中得以专门研究的。信息论是一门年轻的科学，关于信息论的研究工作可以说是从20世纪20年代的通信工程研究开始的。1928年，哈特莱（R.V.L.Hanley）在《贝尔系统技术杂志》上发表了一篇题为《信息传输》的论文。在这篇论文中，哈特莱把"信息"理解为选择通信符号的方式。他指出，发信者所发出的信息，就是他从通信符号表中选择符号的具体方式。例如，假定他在符号表中选择了这样一些符号："Iamwell。"他就发出了"我平安"的信息；如果他选择了"Iamsick。"这些符号，他就发出了"我病了"的信息。他还注意到，不管符号所代表的意义是什么，只要从符号表中选择的符号数目一定，发信者所能发出的信息的数量就被限定了。哈特莱的思想和研究成果，为信息论的创立奠定了基础。

信息论作为一门严密的科学，主要应归功于贝尔实验室的申农（Shannon）。他于 1948 年在《贝尔系统技术杂志》上发表的著名论文《通信的数学理论》标志着信息论的诞生。

申农是从通信工程的角度去研究信息传递与度量问题的。他认为，信息的多少意味着消除了的不确定性的大小。所谓不确定性，就是对客观事物的不了解、不肯定。通信的直接目的就是要消除接收端（信宿）对于发出端（信源）可能会发出哪些消息的不确定性。因此，信息被看做是用以消除信宿对信源发出何种消息的不确定性的东西。简单地说，"信息是指有新内容、新知识的消息"。这也就是说，信息与消息是有区别的。信息与消息的关系是内容与形式的关系。消息是信息的载体，其形式是多样的，具体的，如各种语言、文字、图像等等，而信息则是指包含在各种具体消息中的抽象内容。比如，人们收听广播，听到了一些新闻，也就是接收到了一些消息。这些消息的内容可能是已经知道的，也可能是还不知道的。事先已经知道的消息不是信息，因为人们不能从中获得新内容或新知识以消除不确定性。在接收者看来，信息必须是事先不知道其内容的新消息。可见，申农的信息定义是从信息在通信过程中的作用角度提出的。

几乎是与申农同时，维纳（N.Wiener）也发表了控制论的奠基性著作《控制论——关于在动物和机器中控制和通信的科学》，标志着控制论这门新兴学科的产生。

维纳把信息概念引入控制论，将信息概念与人的认识、动物的感知活动联系起来。他在 1950 年发表的论文《人有人的用处——控制论与社会》中指出，"人通过感觉器官感知外部世界"，"我们支配环境的命令就是给环境的一种信息"，因此，"信息这个名称的内容就是我们对外界进行调节并使我们的调节为外界所了解时而与外界交换来的东西。"这表明，信息就是我们在适应外部世界，并把这种适应反作用于外部世界的过程中同外部世界进行相互联系、相互作用、相互交换的一种内容。在这里，维纳把人与外界环境交换信息的过程看成是一种广义的通信过程，试图从信息自身具有的内容属性上给信息下定义，注意了信息的质的方面。这就给人们提供了一条深入揭示信息本质的正确途径。

所谓信息，并非指事物本身，而是指用来表现事物特征的一种普遍形式。我国学者钟义信指出："信息是事物存在的方式或运动的状态，以及这种方式/状态的直接或间接的表述。"从本质上说，信息是事物自身显示其存在方式和运动状态的属性，是客观存在的事物现象。但是，信息与认知主体又有着密切的关系，它必须通过主体的主观认知才能被反映和揭示。这表明，信息是一种比运动、时间、空间等概念更高级的哲学范畴，是一个复杂的、多层次的概念。

实际上，信息的概念是有层次的。在信息概念的诸多层次中，最重要的是两个层次：一个是没有任何约束条件的本体论层次，另一个是受主体约束的认识论层次。从本体论层次上来考察，信息是一种客观存在的现象，是事物的运动状态及其变化方式，也即"事物内部结构和外部联系的状态以及状态变化的方式"。世间一切事物都在不停地运动，因此都在不断地产生着本体论意义上的信息；站在主体的立场来考察信息概念，就会引出认识论层次上的信息定义：信息就是主体所感知或所表述的事物运动状态及其变化方式，是反映出来的客观事物的属性。

维纳在《控制论》中指出："信息就是信息，不是物质也不是能量。不承认这一点的唯物论，在今天就不能存在下去。"维纳在这里强调了信息的特殊意义。信息与物质、能量是有区别的，同时信息与物质、能量之间也存在着密切的联系。

信息与物质的关系：物质是信息存在的基础。信息是一切物质的基本属性，认知主体对于客观物质世界的反映都是通过信息来实现的。但信息不是物质，也不是意识，而是物质与意识的中介；信息的产生、表述、存储、传递等等都要以物质为基础，但物质具有质量，且遵循质量守恒定律，而信息本身没有质量，也不服从守恒定律；信息对物质有依附性，任何信息都离不开物质，都要以物质作为载体，但信息内容可以共享，其性质与物质载体的变换无关。

信息与能量的关系：能量是信息运动的动力。信息的传递、转换、获取、利用过程都要耗费一定的能量。信息必须与能量结合才具有活力，但信息效用的大小并不由其消耗的能量决定；各种形式的能量或信息在传递过程中都可以互相转换，但能量的传递与转换过程遵循能量守衡定律，而信息在传递与转换过程中并不服从守恒定律；信息的传递与获取离不开能量，能量的驾驭和转换则又需要信息。"知识就是力量"这句话所表现出的智慧是值得我们深思的。

8.1.2 信息的类型与特征

信息现象是十分复杂的。分析研究信息的类型与特征，有助于我们加深对信息概念的理解和对信息本质的认识。不同的信息经过分类后将呈现出自己的特征，这对于我们从纷繁复杂的信息现象中整理出一条简洁明晰的思维脉络是大有益处的。

1. 信息的类型

用不同的标准对信息进行分类，可以把信息划分为如下一些类型：

（1）按照信息的发生领域，可将信息划分为物理信息、生物信息和社会信息。

物理信息是指无生命世界的信息。形形色色的天气变化、地壳运动、天体演化……无生命的世界每时每刻都在散发着大量的信息。只是由于条件的限制，我们对于这类信息现象的认识还远远不够。

生物信息是指生命世界的信息。有关实验研究表明，植物之间存在着信息交换现象，植物能够感知并传递信息。动物之间更是有着特定的信息联系方式，各类动物都有自己交换信息的"语言"。而遗传信息的作用则是生命进化的重要原因。没有信息，就没有丰富多彩的生物界，更不会出现人类社会。

社会信息是指社会上人与人之间交流的信息，包括一切人类社会运动变化状态的描述。按照其活动领域，社会信息又可分为科技信息、经济信息、政治信息、军事信息、文化信息等等。社会信息是人类社会活动的重要资源，也是社会大系统的一类构成要素和演化动力。因此，社会信息是信息管理的主要对象。

（2）按照信息的表现形式，可将信息划分为消息、资料和知识

消息是关于客观事物发展变化情况的最新报道。消息反映的是事物当前的动态的信息，因此生存期短暂，有较强的时间性，主要用于了解情况，决策行止。

资料是客观事物的静态描述与社会现象的原始记录。资料反映的是客观现实的真实记载，因此生存期长久，有较强的累积性，主要用作论证的依据。

知识是人类社会实践经验的总结，是人类发现、发明与创造的成果。知识反映的是人类对客观事物的普遍认识和科学评价，因此对人类社会活动有重要的意义。人们通过学习掌握知识，可以增长创造才能，提高决策水平，更有效地开展各项社会活动。

（3）按照主体的认识层次，可将信息划分为语法信息、语义信息和语用信息

从主体对信息的认识层次上看，由于主体有感受力，能够感知事物运动状态及其变化方式的外在形式，由此获得的信息称为语法信息；由于主体有理解力，能够领会事物运动状态及其变化方式的逻辑含义，由此获得的信息称为语义信息；又由于主体具有明确的目的性，能够判断事物运动状态及其变化方式的效用，因此获得的信息称为语用信息。语法信息、语义信息和语用信息三位一体的综合，构成了认识论层次上的全部信息，即全信息。

语法信息是信息认识过程的第一个层次。它只反映事物的存在方式和运动状态，而不考虑信息的内涵。换言之，语法信息只是客观事物形式上的单纯描述，只表现事物的现象而不深入揭示事物发展变化的内涵及其意义。这一层次涉及到可能出现的符号的数目、信源的统计性、编码系统、信道容量等等，主要研究信道传递信息的能力，设计合适的编码系统，以高度的可靠性快速有效地传递数据，都是通信工程所关心的问题。

语义信息是信息认识过程的第二个层次。它是指认识主体所感知或所表述的事物的存在方式和运动状态的逻辑含义；换言之，语义信息不仅反映事物运动变化的状态，而且还要揭示事物运动变化的意义。从信源发出的数则消息，如果只是从通信符号的统计数量来看，其信息量可能相等，但信息量相等的消息其意义却可以是完全不同的。在信息检索中就要考虑到信息的语义问题。

语用信息是信息认识过程的最高层次。它是指认识主体所感知或所表述的事物存在方式和运动状态，相对于某种目的所具有的效用。换言之，语用信息就是指信源所发出的信息被信宿接收后将产生的效果和作用。同语义信息相比，它对信宿的依赖性更强，而且与信息传递时间、地点、环境条件等有着密切的关系。信息管理关注的主要是语用层次上的信息现象。

2. 信息的特征

所谓信息的特征，就是指信息区别于其他事物的本质属性。信息的基本特征是：

（1）普遍性。信息是事物运动的状态和方式，只要有事物存在，只要有事物的运动，就会有其运动的状态和方式，就存在着信息。无论在自然界、人类社会，还是在人类思维领域，绝对的"真空"是不存在的，绝对不运动的事物也是没有的。因此，信息是普遍存在着的。信息与物质、能量一起，构成了客观世界的三大要素。

（2）表征性。信息不是客观事物本身，而只是事物运动状态和存在方式的表征。一切事物都会产生信息，信息就是表征所有事物属性、状态、内在联系与相互作用的一种普遍形式。宇宙时空中的事物是无限的，表征事物的信息现象也是无限的。

（3）动态性。客观事物本身都在不停地运动变化，信息也在不断发展更新。特别是从语用信息的观点来看，事物运动状态及方式的效用是会随时间的推移而改变的。因此，在获取与利用信息时必须树立时效观念，不能一劳永逸。

（4）相对性。客观上信息是无限的，但相对于认知主体来说，人们实际获得的信息（实

得信息）总是有限的。并且，由于不同主体有着不同的感受能力、不同的理解能力和不同的目的性，因此，从同一事物中获取的信息（语法信息、语义信息和语用信息）肯定各不相同，即实得信息量是因人而异的。

（5）依存性。信息本身是看不见、摸不着的，它必须依附于一定的物质形式(如声波、电磁波、纸张、化学材料、磁性材料等等)之上，不可能脱离物质单独存在。我们把这些以承载信息为主要任务的物质形式称为信息的载体。信息没有语言、文字、图像、符号等记录手段便不能表述，没有物质载体便不能存储和传播，但其内容并不因记录手段或物质载体的改变而发生变化。

（6）可传递性。信息可以通过多种渠道、采用多种方式进行传递，我们把信息从时间或空间上的某一点向其他点移动的过程称为信息传递。信息传递要借助于一定的物质载体，因此，实现信息传递功能的载体又称为信息媒介。一个完整的信息传递过程必须具备信源（信息的发出方）、信宿（信息的接收方）、信道（媒介）和信息四个基本要素。

（7）可干扰性。信息是通过信道进行传递的。信道既是通信系统不可缺少的组成部分，同时又对信息传递有干扰和阻碍作用。我们把任何不属于信源原意而加之于其信号上的附加物都称为信息干扰。例如，噪声就是一种典型的干扰。产生噪声的因素很多，有传输设备发热引起的热噪声、不同频率的信号相干扰产生的调制间噪声、不同信道相干扰产生的串扰噪声、外部电磁波冲击产生的脉冲噪声等等。

（8）可加工性。信息可以被分析或综合，扩充或浓缩，也就是说人们可以对信息进行加工处理。所谓信息加工，是把信息从一种形式变换成另一种形式，同时在这个过程中保持一定的信息量。如果在信息加工过程中没有任何信息量的增加或损失，并且信息内容保持不变，那么就意味着这个信息加工过程是可逆的，反之则是不可逆的。实际上信息加工都是不可逆的过程。

（9）可共享性。信息区别于物质的一个重要特征是它可以被共同占有，共同享用，也就是说信息在传递过程中不但可以被信源和信宿共同拥有，而且还可以被众多的信宿同时接收利用。物质交换遵循易物交换原则，失去一物才能得到一物；信息交换的双方不仅不会失去原有信息，而且还会增加新的信息；信息还可以广泛地传播扩散，供全体接收者共享。

8.1.3 信息的功能

信息的功能是信息属性的体现，主要表现为以下 6 个方面：

1. 信息是认识客体的中介

所谓中介，就是信息赋予事物某种自身的新的质的规定性。这种规定性包含 4 个方面：作为自身关系；作为自身向其他事物的转化和过渡；作为自身与其他事物相互联系相互作用的方式；作为其他事物在自身中的映射着的方面。主体要想真正地认识客体，必须通过中介的作用。信息正是事物之间相互联系相互作用不可缺少的中间环节，它是物质与意识、实践与认识、主体与客体之间的中介。信息的中介功能贯穿于认识活动的始终，认识过程本身就是一个以信息为中介的信息运动过程。在认识过程中，物质通过信息这一桥梁，完成了从物质到意识的第一次飞跃；意识通过信息这一媒质，完成了从意识到物质的第二次飞跃。人类认识世界和改造世界的过程，是一个不断从客观世界获得信息，并对信息进行加工处理，形成新的认知结构，然后通过实践活动反作用于客观世界的过程。信息作为中介，始终贯穿于人类的认识过程。

2. 信息是人类思维的材料

所谓思维，是指发生在人脑中的信息变换，也即人脑对信息的加工处理过程。思维有三项基本要素，即思维主体、思维工具和思维材料。思维主体是指人脑及存在于其中的意识；思维工具就是逻辑（包括形式逻辑、归纳逻辑、数理逻辑和辩证逻辑）；思维材料就是自然界、人类社会所提供的大量客观事物的形象。而客观事物的形象是通过信息被人脑所感知的。思维是人脑对客观事物的反映，但人脑不是直接反映客观对象，而是通过接受与处理客观对象的信息来反映对象的。直接接触客观对象信息的是人的感官，感官把外部事物的信息摄取下来，人脑及其意识处理的是感官经神经系统送来的信息。信息不仅是思维的原材料，而且还推动着人脑思维活动的发展，决定着思维的方向和结果。一般说来，思维频率与信息量成正比。没有信息，人类的思维活动就不可能开展。

3. 信息是科学决策的依据

所谓决策，是指个人或组织为达成既定目标，从若干个可供选择的行动方案中挑选出最优方案并付诸实施的过程。随着社会问题的日趋复杂化，人们对决策的要求越来越高，仅凭个人直接经验和主观认识的经验决策也越来越多地让位于依靠科学程序与技术方法的科学决策了。科学决策是一个动态过程，其程序一般包括发现问题、确定目标、制订方案、评估选优、实施决策、追踪反馈等环节，为保证每一环节的科学性，必须配备有效的技术方法，如调查研究、预测技术、环境分析、智囊技术、决策树技术、可行性分析、效用理论等等。信息活动贯穿于科学决策的全过程，并渗透到决策过程的每一个环节。在每一环节上所运用的决策方法也无一不是建立在信息基础之上的。因此，及时获取决策活动所必需的、完整的、可靠的信息，是保证决策成功的前提条件。决策者只有迅速准确地获得信息，充分有效地利用信息，才能把握决策时机，提高决策效益。

4. 信息是有效控制的灵魂

所谓控制，是指施控主体对受控客体的一种能动作用，这种作用能使受控客体根据施控主体的预定目标而动作，并最终达到这一目标。控制是一种与信息紧密相关的作用，是利用信息来实现预定目标的行为，或者说是为了达成既定目标，根据信息来适应和调节变化，不断克服不确定性的行为。实现控制的手段是信息方法，主要是信息反馈方法。这是因为，控制与可能性空间密切相关，控制过程是在事物可能性空间中进行有方向选择的过程。没有选择就没有控制，控制活动的完成离不开选择，而信息正是选择得以进行的基础。正是在选择这一点上，控制和信息达到了耦合。因此，控制过程实际上就是信息的选择运用过程。控制的核心是反馈，而反馈过程就是信息借助于反馈回路的运动过程。没有信息，任何客体对象都无法进行控制。从控制的实现过程可以看出，信息贯穿于整个控制过程的始终，是一切控制赖以存在和实现的基础。信息是有效控制的灵魂，控制是信息运动的目的，控制与信息是不可分割的。

5. 信息是系统秩序的保证

所谓系统，是指由若干个相互作用又相互依赖的元素所组成的具有一定结构和功能的有机整体。我们把系统诸要素相互联系相互作用的内在组织形式或内部秩序叫做系统的结构，与此相对应，关于系统与环境相互联系相互作用的外在活动形式或外部秩序，则称之为系统的功能。显然，系统的结构是"要素的秩序"，旨在说明系统的存在方式，以及系统诸要素相互联系相互作用的性质和状态。这就需要获得描述系统内部关系和作用的所有信息，才能保证系统结构的有序性。信息因此成了系统组织程度的标志。系统的功能是"过程的秩序"，旨在表达系统的外部活动，即系统与环境之间进行物质、能量和信息交流的变换关系和相互作用。由此可见，信息对于系统是不可或缺的，整个系统正是通过信息的联系和作用才形成了整体的秩序。无论是系统的内部联系还是外部作用，都是通过信息交流而得以实现的。信息是一切系统组织的"粘结剂"。一个系统如果缺乏信息，那么它必然要走向混乱无序状态，直至最后灭亡。

6. 信息是社会发展的资源

所谓资源，是指在人类社会生产和生活中用以创造物质财富和精神财富的达到一定数量积累的原始材料。自古至今，人类一直在使用着大量的物质资源和能量资源，如土地资源、森林资源、水力资源、矿物资源、人力资源等等。信息虽然很早就被人类运用于生产和生活当中，但其利用范围和规模都是十分有限的。现代信息技术的飞速发展，极大地增强了人类生产、处理、传递和利用信息的能力，致使社会信息数量迅猛增长，大量的信息聚集起来就形成了一种宝贵的社会资源。与其他资源相比，信息资源具有特别重要的意义。这种意义在于，信息资源是人们借以对其他资源进行有效管理的工具。也就是说，人类对各种资源的有效获取、有效分配和有效使用无一不是凭借着对信息资源的开发利用来实现的。信息资源在推动社会经济发展、促进人类社会进步等方面正发挥着日益重要的作用。

信息资源与物质资源、能量资源一起，共同构成了现代人类社会资源体系的三大支柱。物质向人类提供材料，能量向人类提供动力，信息向人类提供知识和智慧。这三者正如一个人的体质、体力和智力，只有三者健全发展的人，才是一个真正健康的人。对于一个系统来说，物质使系统具有形体，能量使系统具有活力，信息则使系统具有灵魂。只有三者的有机结合，才能使系统真正发挥其功能，朝着进步的方向演化。

8.1.4 系统的概念

系统是无处不在、无所不包的。人体内部有呼吸系统、消化系统、神经系统等等；自然界为人类和其他生命形式安排了奇妙的生物系统；人类为自身生存和发展也设计建造了各种各样的生产和生活系统；人类所居住的地球只不过是太阳系中的一颗行星，太阳系又寄身于浩瀚的银河系中，而银河系也只是茫茫宇宙之中的一片星云，……这些都是天体系统。我们无时无刻不与一定的系统相接触，也无时无刻不处于一定的系统之中。透过这些系统的具体形式，我们可以归纳出系统的一般概念。

系统这个词最早出现于古希腊语中，意为"部分组成的整体"。一般系统论的创立者、著名的美籍奥地利生物学家贝塔朗菲（L V.BenalanHy）把系统定义为"相互作用的诸要素的复合体"，认为"系统的定义可以确定为处于一定的相互关系中并与环境发生关系的各组成部分（要素）的总体（集）"。一般说来，系统是由相互联系、相互作用的多个元素有机集合而成的，能够执行特定功能的综合体。这一定义表明，系统必须满足以下几个条件：

（1）由两个以上的元素组成，而且往往是非常大量的元素。系统越庞大，构成元素越多，元素间的关系越是复杂。构成系统时必不可少的元素称为要素。

（2）元素之间存在着相互制约的有机联系，保持某种功能。实际上系统总是把具有不同性质、不同功能的元素合成在一起，产生更高价值的整体功能。

（3）系统中存在着物质、能量和信息流动。其中，信息流动控制着其他流动，使之更加有序。

系统处于活动状态时，还会与其他系统进行物质、能量或信息等的交换流动。这种流动可以是由其他系统流向该系统，也可以是由该系统流向其他系统。这样，一个系统就要与其他一些外部系统发生相互影响。从广义而言，后者称为前者的环境。从环境向该系统的流动称为输入，从该系统向环境的流动称为输出。同时，我们把这类与外界环境有交换关系的系统称为开放系统，反之则称为封闭系统。严格地讲，封闭系统是不存在的，因为人们把它定义为与外界没有关联的系统，这就与它的运动发展规律相矛盾。而划分出一种单独的封闭系统类型则是基于以下认识：一些系统具有自我调节或控制的特性。在这个意义上，一个封闭系统应当理解为，相对于一定时间、场合下，不依赖于外界的经常影响而具有稳定生存能力的任何系统。封闭系统这个永远带有相对性的概念，是为了描述在有限的时间、范围内，某些外部条件保持不变的系统的功能。

8.1.5 系统的特性

1. 系统的整体性

组成系统的各个元素不是简单地集合在一起，而是有机地组成一个整体，每个元素要服从整体，追求整体最优，而不是每个元素最优。这就是通常所说的全局观点。有了系统的整体性，即使在系统中每个元素并不十分完善，通过综合、协调，仍然使整体系统达到较完美的程度。反之，如果不考虑整体利益，单纯的追求每个元素达到最好的结果，从全局看整个系统还可能是最差的系统。

2. 系统的层次性

系统是有层次的，大系统是由若干小的系统（或称子系统）有机组成的，子系统可由更小的子系统构成，从而形成一种层次结构。用这种观点分析系统就是系统分解。基于物质的无限性，系统的层次也是无限的。整个宇宙是由无限多个层次的系统所构成的。但由于人们认识的局限性，我们现在所认识的宇宙，只是宇宙总的无限多个层次中的一部分，可分为三大层次：无机系统、生物系统和社会系统。

3. 系统的相关性

组成系统的各个元素相互关联并相互作用。例如在国民经济系统中，工业系统为农业系统提供机械设备、化肥等，而农业系统为工业系统提供原料、粮食和市场等。系统的各个元素的相互关联、相互支援和相互制约，使它们有机地结合在一起形成具有特定功能社会系统。

4. 系统的目的性

任何系统都是有目的和目标的。例如教育系统的目的是为了提高教学水平、提高人的素质，其目的是通过系统的功能达到和实现的，因此任何系统都具备某种功能。

5. 系统对环境的适应性

任何系统都处于一定的环境之中，系统总要受到环境的影响和制约。系统也要对环境的变化作出某种反应。我们把环境对系统的影响称为刺激或冲击，而系统对环境的反应称为反响。系统对环境的适应性表现为环境对系统提出的限制和系统对环境的反馈控制作用。

我们称系统中有意义的元素为实体（Entity），描述实体特征的变量称为属性（Attribute），实体运动的规定时间称为活动（Activity），描述在任何时间的形态的变量称为状态变量（State）。

8.1.6 系统的一般模型

系统可以是抽象的也可以是物理的。上述的系统定义实际上是针对物理系统而言的，而抽象系统是一些相关的思想或观念的有序排列。例如，神学系统是一套条理分明的有关神和神与人类之间关系的思想体系。物理系统不仅局限于概念的范畴，还能表现为活动或行为，为了达到某一目的，物理系统的各个部分相互作用。

物理系统的一般模型包括输入、处理和输出三个部分，如图 8-1 所示。定义和描述一个系统的各种特征，构成了系统的边界。系统属于边界之内，边界之外称为环境。为了说明边界的概念，我们给出如表 8.1 所示的实例。在表中原材料库存既可属于生产系统，又可排除在外，这要看原材料库存对实现生产系统的目的是否必要。

图 8-1　系统的一般模型

表 8.1　系统边界实例

系　　统	边　　界
计算机	中央处理器、输入设备、输出设备和存储设备构成该系统
汽车	车体加上轮胎和车体所包含的所有部件构成该系统
生产	生产设备、在制品库存、有关生产人员和生产规程等构成该系统

系统都由子系统组成，每个子系统又可由另外一些子系统组成，每个子系统都通过自己边界划定它们的范围。反映子系统之间相互联结和相互作用的部分称为接口。接口以输入和输出的形式处于子系统的边界上。图 8-2（a）、(b)、(c) 给出了子系统和边界上接口的例子。

图 8-2（a）说明计算机系统由输入子系统、输出子系统、中央处理子系统和存储子系统组成。

图 8-2（b）说明如果将中央处理器看成一个系统，则它又由运算子系统、控制子系统和内存子系统组成。

图 8-2（c）表示了一个计算机应用系统及其接口构成情况，该系统由输入校验子系统、分类排序子系统、修改子系统和输出子系统组成。

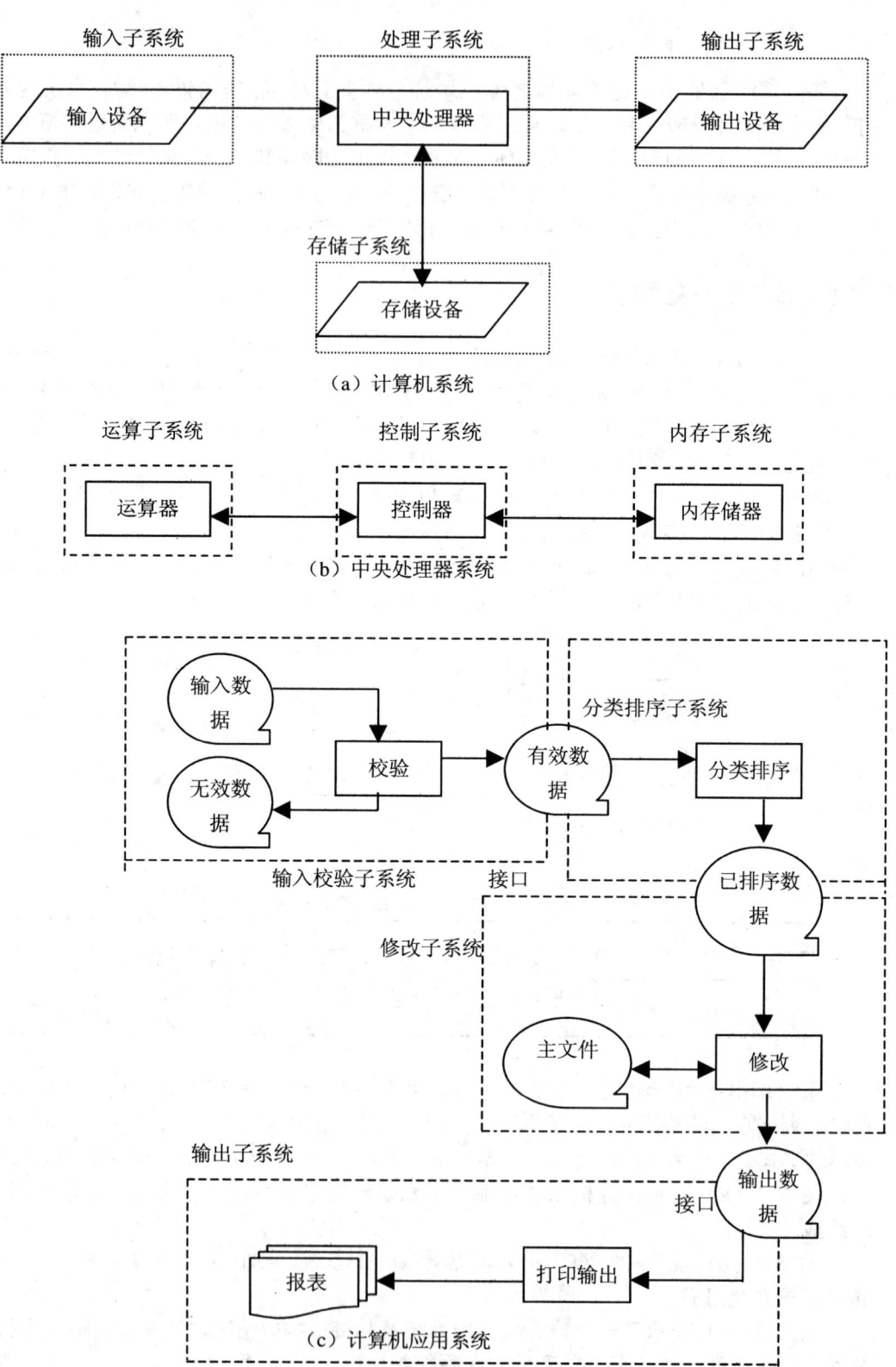

图 8-2 系统与边界接口实例

8.1.7 系统方法

所谓系统方法，就是按照事物本身的系统性把对象放在系统的形式中加以考察的一种方法，是一种立足整体、统筹全局、使整体与部分辩证地统一起来的科学方法。具体地说，就是从系统的观点出发，始终着重在整体与部分（要素）、要素与要素、整体与外部环境的相互关系中揭示对象的系统性质和运动规律，以达到最佳地处理问题的一种方法。在运用系统方法考察客体对象时，一般应遵循整体性、历时性和最优化的原则。

整体性原则是系统方法的出发点。它是指把对象作为一个合乎规律的由各个构成要素组成的有机整体来研究。系统整体的性质和规律，只存在于各部分之间相互联系、相互作用、相互制约的关系中，单独研究其中任一部分都不能揭示出系统的规律性，各组成部分的孤立特征和局部活动的总和，也不能反映整体的特征和活动方式。因此，它不要求人们像以前那样，事先把对象分割成许多简单的部分，分别加以考察后再把它们机械地叠加起来，而是把对象作为整体对待，从整体与部分的相互关系中揭示系统的特征和运动规律。

历时性是系统方法的又一个基本原则。所谓历时性，是指在运用系统方法分析研究对象时，应着重注意系统以什么方式产生，在其发展过程中经历了哪些历史阶段，以及它的发展前景如何。也就是说，把客体当作随时间变化着的系统来考察，从客体的形成过程和历史发展中认清现象的本质规律。任何系统都有一个生命周期，即系统从孕育、产生、发展到衰退、消亡的过程。由于现代社会系统内部信息流动的速度不断加快，对于信息系统来说，这种历时性则表现得更为明显。

最优化原则是指从许多可供选择的方案中挑选出一种最优方案，以便使系统运行于最优状态，达到最优效果。它可以根据需要和可能为系统确定最优目标，并运用最新技术手段和处理方法把整个系统分成不同等级和不同层次结构，在动态中协调整体与部分的关系，使部分的功能和目标服从系统总体的最优功效，达到整体最佳的目的。例如，对一个信息系统的设计和控制问题，系统方法可以根据信息环境与信息系统的关系，根据信息需要和可能提供的资源条件，为该系统确定一个最优目标；通过分析系统结构，研究如何把这个大系统划分成若干个子系统，如采购、生产、运输、营销等；每个子系统又可分为更低一级的分支系统，以便逐阶分级进行最优处理，然后在最高一级统一协调求得整个系统的最优化。

8.2 信 息 系 统

信息系统（Information System，IS）是一个广泛的概念，目前尚无一致的意见，名称也不完全统一，有人使用"管理信息系统"（简称 MIS）、"信息与决策系统"、"组织的信息系统"等类术语。

信息系统可以是人工的或者基于计算机的、独立或综合的、批处理的或联机的。基于计算机的信息系统通常称为"现代信息系统"，而且常常省略了"现代"二字，简称为"信息系统"。独立的信息系统是为了满足某个特定的应用领域（例如，人事管理）而设计的，它的文件有一定的冗余。综合的信息系统利用一个信息资源共享的数据库来达到综合目的。

在批处理信息系统中，将事务和数据分批地进行处理或产生报表，例如银行的票据处理系统。而联机的信息系统多见于像航空售票系统这类并行性强的系统。多数联机系统也有批处理的要求。

8.2.1 信息系统概念

信息系统是一种由人、计算机（包括网络）和管理规则组成的集成化系统。该系统利用计算机软硬件，手工规程，分析、计划、控制和决策用的模型、数据库，为一个企业或组织的作业、管理和决策提供信息支持。

实际上，信息系统是一个金字塔形的结构，它包括四个层次：最低层为初级信息系统，它进行一般的事务数据处理，以改善人工数据处理。第二个层次是在计算机网络、数据库支持下，用于作业计划，决策制定和控制的信息系统。第三个层次为用于辅助战术计划和决策活动的信息系统。第四层（最顶层）为支持最高决策者进行战略决策的信息系统。这一层不仅要运用数据库、方法库和模型库，而且还要用人工智能、专家系统的技术，所以最高层又称为智能化信息系统。信息系统的层次结构图如图 8-3 所示。

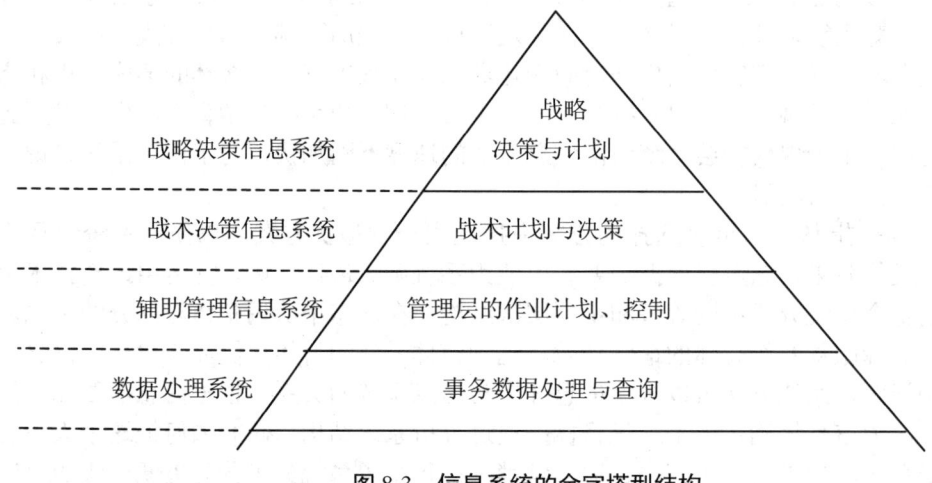

图 8-3 信息系统的金字塔型结构

8.2.2 信息系统的结构

社会系统可以按功能划分为一个又一个的组织。组织是指在社会系统中为实现共同目标而形成的具有一定形式和结构的人的群体和关系，它所面临的主要任务就是管理，即对组织的人、财、物、信息等进行管理。在组织活动中，由人员、资金、物资、信息等要素组成了各种"流"。其中，信息流伴随着其他"流"而产生、并通过管理活动起着引导人员、资金、物资等进行有规则流转的作用。现代狭义的信息系统概念就是指基于计算机和通信技术等现代化信息技术手段之上的、集组织的各种信息流为一体并为组织管理提供信息服务的系统。信息管理是组织的一种重要的管理行为，也是信息系统的基本功能。

作为一个系统，信息系统也必然有一定的结构。这种结构反映了信息系统所具有的特点、功能以及现阶段人们对信息系统的认识和技术发展水平。信息系统的结构就是指组成信息系统各部分之间的相互关系的总和。信息系统虽然是组织信息流的综合体，但其结构与组织的结构不一定相同。组织结构一般是树状的,是为完成组织各项目标而形成的管理体系,而信息系统的结构可以不受组织结构的束缚,多是网状的,是为满足信息采集、处理、存储、分析、传递等需要建立起来的体系。随着信息技术的发展,信息系统的结构也经历了由低级向高级、由简单到复杂、由单项到综合的发展过程。

1. 信息系统的物理结构

信息系统的物理结构是指避开信息系统各部分的实际工作和软件结构,只抽象地考察其硬件系统的拓扑结构。信息系统的物理结构一般有三种类型:集中式、分散-集中式和分布式。

(1) 集中式

早期的信息系统,由于计算机和通信设备所限,都采用集中式的结构。集中式是由一台主机带若干终端,运行多用户操作系统供多个用户使用。主机承担系统所有的数据处理、数据存储和应用管理,因此必须有大存储容量、超高速 I/O 传输速率,一般由小型机甚至中型大型机担任;终端一般是非智能的,即没有信息处理能力,只是将键盘输入送主机和将主机输出送显示器的哑终端;多用户操作系统有很多,不同的机型都有专用的多用户操作系统,惟一能在不同机型上运行的操作系统是 Unix,但不同机型上的版本也是不兼容的。这种系统结构的优点是数据高度集中,便于管理控制,缺点是系统灵活性差,扩展能力有限,且维护困难,一旦主机出现故障则造成整个系统的瘫痪。为保证系统的可靠性,通常需采用高代价的双机系统或容错机。

(2) 分散-集中式

20 世纪 70～80 年代出现了微型计算机和计算机网络系统,但由于当时的微机功能十分有限,故多采用分散-集中式系统。这就是用微机或工作站执行应用软件和数据库管理软件,通过局域网与由一台或几台作为整个系统的主机和信息处理交换中枢的小型机乃至大型机相联。这种结构的优点是,主机主要作为文件服务器负责根据用户的请求读取传送文件,并可集中管理共享资源,各个工作站既能相互独立地处理各自的业务,必要时又是一个整体,可相互传递信息,共享数据,因而较灵活,易扩展。缺点是文件服务器提供服务的能力有限,它仅以将整个文件在网络中传输的方式进行服务,因而导致网络通信负荷重,系统维护较困难。

(3) 分布式

80~90 年代,在计算机网络技术和分布式计算的基础上出现了一种新的客户机/服务器(client/server)模式,对信息系统的结构体系产生了极大的影响。这种结构由微机、工作站充当客户机,负责执行前台功能,如管理用户接口、采集数据和报告请求等;由一台或分散在不同地点的多台微机、工作站、小型机或大型机充当服务器,负责执行后台功能,如管理共享外设、控制对共享数据库的存取、接受并回答客户机的请求等,再用总线结构的网络把客户机和服务器连接起来。它与分散-集中式的区别在于将系统的任务一分为二,即客户机承担每个用户专有的外围应用功能,负责处理用户的应用程序,服务器承担数据库系统的数据服务功能,负责执行数据库管理软件。这样,两种设备功能明确,可以高度优化系统的功避免网络堵塞。这种结构任务分布合理,资源利用率高,有较强的可伸缩性和可扩展性,系统开发与维护较为方便,而且可靠性也相对较高。但随着系统规模的不断扩大,构成 C/S 体系结构的多类型部件的兼容问题也会变得越来越复杂,组织的信息资源共享问题仍有待解决。

2. 信息系统的逻辑结构

信息系统的逻辑结构是从其功能角度来描述的,是指各功能子系统的联合体。信息系统的基本功能是管理与组织活动有关的信息,为组织管理提供信息支持。根据组织的业务活动和管理层次,信息系统的逻辑结构可以从两个方面进行分析。

(1) 基于组织业务功能的信息系统结构

组织的业务功能是多种多样的。例如,在一个制造业企业,其典型的业务功能包括:研究开发、生产、市场销售、财会、物资、人事以及信息管理、行政管理等。每种业务活动都有一定的信息需求,并会产生伴随着业务活动的信息流,从而产生了按照职能结构原则设计的信息系统。信息系统支持着组织机构的各种功能子系统,与组织的业务功能平行地开发出各信息子系统,形成了基于组织业务功能的信息系统结构。主要包括:研究开发子系统、生产子系统、市场销售子系统、物资供应子系统、财会子系统、人事子系统、信息处理子系统、行政管理子系统等。

(2) 基于组织管理功能的信息系统结构

信息系统是为组织管理提供信息支持服务的,这意味着信息系统的结构也可以按组织管理活动的层次来划分。组织的管理活动一般分为三个层次,即作业控制层、管理监督层和战略规划层,每一层次的管理决策功能和信息需求各不相同(如表 8.2)。相应的信息系统的结构亦可分为作业控制子系统、管理监督子系统和战略规划子系统。

表 8.2　组织管理活动的层次

管理层次	决策特征	功能特征	信息需求特征				
			信息源	信息形式	时间性	精确度	信息范围
作业控制	短期的、结构化决策;决策过程和方法均有固定规律可循,能用形式化的方法描述求解	充分有效地利用既有资源提高工作效率,以求在预算允许范围内完成各项任务	内部的	定义完善、描述明确的结构化信息	短期的记录性信息	较高;以定量为主	狭窄的;细节信息
管理监督	中期的、半结构化决策;决策过程和方法有一定规律可循,但又不能完全确定	建立组织经营的预算和资源保证,对各部门的活动进行监督、检查和综合衡量	主要是内部的,结合少部分外部的	部分能明确说明的半结构化信息	现实的动态性信息	适中;既有定量信息,又有定性信息	有一定概括的局部信息

（续表）

管理层次	决策特征	功能特征	信息需求特征				
			信息源	信息形式	时间性	精确度	信息范围
战略规划	长期的、非结构化决策；决策过程和方法无规律可循，难以用确定的程序和方法表达	确定组织的目标，制订实现该目标所采用的战略规划和竞争策略	以外部为主	模糊的、不确定的非结构化信息	长期的预测性信息	较低；以定性为主	广泛的；综合信息

作业控制是确保组织的各项业务活动能充分有效地完成的过程，所要进行的步骤一般都是相当稳定的，进行决策和产生的行动通常持续时间较短（一天到一周）。作业控制子系统的信息支持主要有日常业务处理、报表处理和查询处理。如销售服务，需要对销售数据进行收集、统计、查询，产生销售报表，对各种会计账簿登录、查询及产生相应的报表等。作业控制层主要处理的是组织内部的业务数据，数据处理量大，是组织信息系统的基础。

管理监督层的任务是保证组织经营所需要的各种资源，综合衡量组织的业务进展情况，检查控制组织生产经营的主要经济技术指标。管理监督子系统的信息支持包括编制计划和预算，分析计划执行情况并提供组织经营情况的综合报告，提出今后的行动方案，如对组织的人事、财务、合同、库存等方面进行微观调控。管理监督子系统所需要的数据来自作业控制子系统，它所产生的信息又提供给战略规划子系统使用。

战略规划层的主要任务就是制订有关发展战略和竞争战略，并利用这些战略来达到组织的目标。战略规划子系统的信息支持包括用数学模型进行模拟或利用辅助软件等方法去探索实现组织目标的途径，或根据组织内外多方面的信息去预测组织未来的发展情况。战略规划子系统所需要的信息一方面来自组织内部作业控制层和管理监督层，另一方面则是更重要的组织环境信息，如国内外政治、经济、科技发展状况，竞争对手的情况等等。由于决策环境的不确定性和管理模型的不精确性，因此要解决的问题也多是非结构化的。系统给决策者提供一个分析问题、构造模型和模拟决策过程及其效果的环境，能够在广度和深度上扩展决策者的视野。随着组织竞争的日趋激烈和组织战略决策的急迫需要，服务于组织战略规划层的决策支持系统（DSS）、战略信息系统（SIS）和竞争情报系统（CIS）应运而生。这类信息系统关系到组织的整体利益，代表着信息系统的发展方向。

8.2.3 信息系统开发

一个系统从诞生到死亡所持续的时间，称为寿命。而在其生存期间的全部活动过程，称为系统的生命周期。图 8-4 描述了系统生命周期的概念。其中，系统的诞生过程就是系统的开发过程；系统运行过程是发挥系统功能、产生效益的过程；系统修改过程是根据某种要求对系统功能进行部分修改或扩充的过程；系统死亡过程是判定系统已不能满足要求而必须进行新系统开发以代替旧系统的过程。

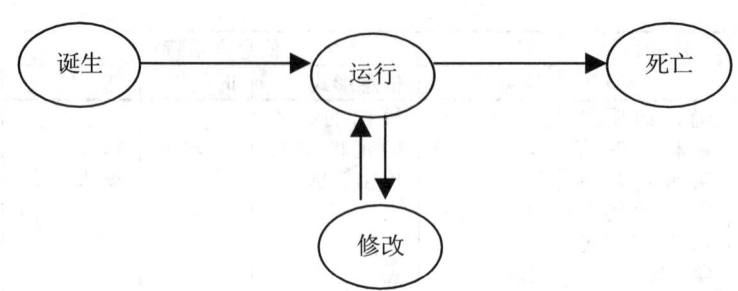

图 8-4　系统的生命周期

信息系统开发是构建信息系统的功能、确立信息系统的有效性的过程。在日益走向高度信息化的当今社会，在组织内外的激烈竞争中，如何运用信息资源获得竞争优势?如何建立现代化的信息系统以增强自己的竞争实力?这是现代社会、组织和个人得以生存和发展的关键所在。因此，建立一个理想而实用的信息系统，全面、准确和及时地提供各类有用信息，以充分有效地满足各级管理决策活动的需要，是信息系统开发的首要任务。

1. 信息系统的开发策略

信息系统的开发过程是非常复杂的，它涉及许多工作人员，各种不同性质的业务工作及多种多样的专门知识和技术。如何按系统设计目标的要求，综合协调地将人、工作、技术有效组织起来，形成信息系统的整体功能，是一项十分困难的任务。为此，在实际开发一个信息系统时，首先必须制定相应的开发策略，即包括问题识别、系统调查、可行性研究、制定信息系统开发计划、确立信息系统的开发原则、过程与方法等各个方面在内的一种信息系统开发总体方案。

（1）问题识别

问题识别是根据用户的需求状况和组织的管理现状，分析和识别组织所面临的问题的性质、特点，以便确定信息系统开发的必要性。问题识别阶段需要进行的工作有：

① 确定用户的信息需求，即信息系统用户所欲获取的信息内容和急待解决的问题。在决定开发一个信息系统之前，首先应当了解用户的信息需求变动状况，对未来的信息系统有何新的要求，以明确系统开发的目标、任务和范围。

② 确定组织的管理体制和管理模式，即考察现有的组织结构、管理体制是否稳定，会不会在短期内有较大的变革压力；现行的管理模式是否合理，能不能满足组织管理和竞争战略的发展需要等。

③ 确定组织的经营环境和竞争对手的情况，明确信息系统在未来组织中的地位和作用。

（2）系统调查

系统调查的目的是收集对开发对象有影响的各种信息，进行分析和评价，为掌握系统的目标、功能、各种约束条件及可利用的资源等打下良好的基础。信息系统开发需要进行的调查项目主要有：

① 环境调查。对系统内外环境的有关情况进行调查，以收集环境信息，为深入调查做准备。环境调查也是系统开发人员了解组织的一个过程，其内容包括：组织的目标和特色、产品和服务、发展历史和业界动向、现有资源以及政治、经济、法律、文化、技术等约束条

件。

② 功能调查。在环境调查分析的基础上要对组织和现有信息系统的功能进行调查，以分析和展开新系统的功能。主要内容包括：组织具有的各项整体功能、各项功能中包含的业务活动及其信息关联、现有信息系统的功能及其存在的问题。

③ 业务调查。目的是掌握每项业务活动的信息功能、信息属性和信息流程，为建立新系统的逻辑模型提供素材。包括：信息的输入调查、输出调查、处理调查、存储调查以及信息代码和信息格式调查等。

（3）可行性研究

可行性研究是在问题识别和系统调查的基础上，从目标、技术、经济和社会环境等方面对拟开发项目进行分析论证，研究其条件可能性，评估其效果和效益，最后拟定出以最小的人力、物力、财力消耗取得最佳经济效益和社会效益的可行方案，从而避免资源浪费和一些不必要的失败。信息系统的可行性研究大致包括以下四个方面的内容：

① 目标可行性。深入研究用户的信息需求，以确定系统开发的目标是否切实可行，是否能满足组织进一步发展的需要。

② 技术可行性。根据现有的技术条件考虑用户所提出的要求能否达到，例如，组织基础管理技术手段的可行性、计算机软硬件的可行性、技术开发力量的可行性等等。

③ 经济可行性。经济方面的可行性主要是信息系统的投入和效益两个问题。具体内容有：了解系统开发可投入多少人力、财力、物力等资源，以确定根据现有资源和约束条件应建成何种规模的系统；评估系统开发后可能带来的效益，包括直接效益和间接效益、经济效益和社会效益，并根据系统的总费用预算（包括开发费用和运行费用）和预期效益进行投资效果分析等等。

④ 社会环境可行性。主要是指一些社会的或人为的环境因素对系统的影响。如由于社会制度、管理体制、安全保密或其他某些特殊的原因可能会给系统运行带来影响。另外，由于信息系统的实施将会给该组织的各方面带来很多变化，如工作方式的变化、管理模式的变化以及人的权力、职责、作用、工作范围的变化等等，这些都会对信息系统的开发和运行产生极大的影响，必须在事前有所考虑。

（4）信息系统的开发计划

信息系统的开发计划包括当前开发计划和长期开发计划。当前计划一般根据具体问题、具体情况而定，没有什么统一的模式。主要包括系统开发的工作计划、投资计划、进度计划、资源利用计划等。但无论如何，当前计划必须与长期计划保持一致。

制定长期计划的主要目的是确定组织信息系统建设的长期（5年左右）目标。长期计划是从整体、战略的观点出发规划信息系统建设的蓝图，并用以指导各阶段系统开发的实施。主要包括：

① 信息系统的发展战略：从组织发展的长期目标出发，确定信息系统的整体目标和实现这个目标的方针、方法。

② 长期开发方案：在计划期内进行信息系统建设的概略结构。其主要目的是在整体上、逻辑上定义系统建设的基准，以保证信息系统在开发过程中整体上的平衡和逻辑上的一致性。

③ 数据资源计划：主要是设计数据库系统的概要模型和制定数据库开发计划等。

④ 长期开发计划书：描述各项信息系统工程之间的相互关联、优先次序及长期工程实

施的日期安排等。

2. 信息系统的开发原则

开发一个信息系统，应遵循下述一般原则：

（1）系统思考原则

信息系统开发的理论基础是系统论和系统工程，其基本思想是将一切被研究对象均视为系统，注意考察各部分、各环节之间的联系，运用综合的而不是单一的措施，谋求最满意的整体优化效果。这种系统思考的思想主要反映在以下几个方面：

在信息系统的开发过程上，应采取先自顶向下（Top—Down）总体规划，后自底向上（Bottom—Up）分步实施的方法。这就是把信息系统开发过程分为总体规划和分步实施两个基本阶段。第一阶段先将整个系统作结构化的划分，然后从高层到基层，从整体到局部，从一个组织的功能、机制、任务到其内部每一个经营管理活动的细节，来进行系统分析与设计。主要任务包括：进行系统调查，初步明确系统的信息需求和功能需求，确定系统目标，划分若干个子系统，提出设备选型和系统软件选择方案，制定系统实施计划、投资计划和人员培训计划等；第二阶段先逐个编制具体程序模块，然后按一定结构堆砌成一个个子系统，直至最后生成整个信息系统。其主要任务是按规划对每个子系统进行详细调查，进行数据库规范化设计、代码设计、模块设计和程序设计等。这一过程的特点是要不断同用户交流，根据用户的意见对设计进行多次修改，使系统逐步得以完善。近几年由于采用了比较先进的软件工具，如 FoxPro、Excel、Visual Basic 等，普遍运用了代码生成技术，使信息系统开发速度大大提高。

在信息系统的结构与功能设计上，应努力做到信息资源开发利用的充分、合理与有效。其中包括：运用先进的计算机与通信技术进行技术环境的集成，将支持各子系统的小运行环境集中统一在一个大运行环境之中；系统各部门的元数据应高度集成化，尽可能减少数据的冗余量，增加数据的一致性，实现数据资源的共享；对已有的数据、信息要做进一步的分析处理，以便充分发挥信息系统的高层次决策支持功能。

在信息系统的开发环境建设上，应注意协调信息系统与组织管理模式的关系。信息技术是信息系统的基础，但信息系统的开发决不仅仅是信息技术的问题。信息系统是服务于组织经营管理的，它不可避免地要受到许多人文和社会因素的制约，特别是受组织管理模式的影响。当然，它也会反过来对组织管理模式的变革产生推动作用。在信息系统开发时应充分考虑到组织管理模式可能发生的变化，使系统具有一定的适应环境变化的能力。

（2）规范标准原则

信息系统开发能够得以成功的前提条件是组织机构有较高的管理水平。信息系统开发的大量实践业已表明，信息系统实现整体优化的关键是提高组织的管理水平，而不是取决于信息技术。要建立一个满意的信息系统，首先要从全局出发，制定和完善各种管理制度和标准，理顺组织各层次、各部门之间的关系，确定合理的工作流程，明确每个岗位的职责、每项业务的规范，使整个组织在一个高水平的管理模式下运行。组织管理的规范化、标准化、系统化和科学化是信息系统建设的基础，而信息系统建设也是对组织管理工作的改进。

另一方面，规范标准原则要求按照规范化、标准化的方法和技术来开发信息系统，即要实现信息的标准化。信息的标准化包括代码标准化和信息格式标准化两个问题。

代码是信息在信息系统中的表示方式，任何信息都是通过一定的编码方法，以代码的方式输入并存储在信息系统中的。代码标准化要根据本单位的实际情况，在不脱离整个社会信息环境的条件下进行。从信息处理的角度，应注意：

① 尽量采用相应的国际编码或国家编码，以便于信息交流；
② 代码长度不宜过长，以便节省存储空间，加快处理速度，但必须能容纳下并区分开所涉及的实体或属性；
③ 要在代码中分段反映出一定的逻辑含义，以便于进行信息检索或其他处理；
④ 每个代码段都应留有一定的余地，以便在必要时扩充。

任一组织机构中都有许多文件、单据、账目、报表等，其中很多数据项是重复的，格式和内容也没有统一的规定。这种情况不仅有碍于信息交换，也不利于信息系统的设计与实施。在信息系统开发过程中，系统开发人员应同有关业务人员进行认真的讨论，对每种信息格式的内容，如应包括哪些数据项，每个数据项的类型与长度等，作出统一的规定。

（3）参与协同原则

信息系统建设不仅是系统开发人员的工作，而且是从单位领导到全体业务人员都应当关注的问题。信息系统开发是一项复杂的系统工程，涉及到管理体制、管理方法的改革，人员调配、机构调整以及各业务部门的协调，人力、物力和资金等资源的投入等重大问题，主要领导必须通盘考虑，反复比较各种方案，然后做出决策。大量实践证明，在信息系统开发过程中，能否取得主要领导的积极参与和支持，是开发工作能否顺利进行的关键。领导者要充分认识到建设信息系统的必要性和重要性，了解系统开发的过程和方法，以便直接领导系统开发工作，及时督促和检查工作进展情况。

信息系统建设的最大难点不在于开发，而在于生存。决定信息系统生存与否的是用户，因此，一定要让信息系统的使用者来参与系统开发。信息系统的引入对于用户传统的工作方式是一场管理革命，它改变的是人们的工作习惯、人与人之间的信息联系，因而是一项棘手的工作。用户的参与和协同将会改变他们的立场，他们会理解信息系统开发是自己的事情。人们拥护或反对一项改革通常取决于两点，一是这项改革是否对自己有利，二是自己在这项改革中是否处于主动地位。如果用户能够把信息系统当作自己的系统，是主动参与的开发、自主推动的改革，那么用户就会喜欢这个系统，愿意使用、维护与改进这个系统，自觉地推进组织的信息化进程。

3. 信息系统的开发方法

人们在信息系统开发实践中已研制出了众多的开发方法与开发工具。目前的信息系统开发方法主要有三大类：一是基于自顶向下的生命周期思想和结构化系统开发的方法，如生命周期法或结构化分析设计技术（SADT）、战略数据规划法、企业系统规划（BSP）法等，二是基于自底向上的快速系统开发思想和新一代系统开发工具的方法，如快速原型法、快速应用开发（RAD）方法、计算机辅助软件工程（CASE）方法等，三是面向对象的系统开发方法。

（1）生命周期法

生命周期法的基本思想是，用系统的观点和系统工程的方法，按照用户至上的原则，结构化、模块化，自顶向下地逐级对信息系统进行分析与设计。生命周期法将整个信息系统的开发过程划分为系统规划、系统分析、系统设计、系统实施、系统运行维护等五个阶段十几个步骤，各阶段、各步骤首尾相连，形成一个系统的生命周期循环。每一阶段都有明确的工作任务和目标以及预期要达到的阶段性成果，以便于计划和控制进度，有条不紊地协调各方面的工作。各阶段都要求写出完整而准确的文档资料，并经过确认总结，作为下一阶段开发的依据。在实际开发过程中，要严格按照划分的工作阶段，一步步展开工作。如遇到较小或较简单的问题，可跳过某些步骤，但不可打乱或颠倒之。按照生命周期法的理论，信息系统的开发过程应永远置于这样一个循环过程之中。系统开发生命周期各阶段的主要工作任务是：

① 系统规划阶段：根据用户的系统开发请求，确定问题，进行系统调查和可行性研究，提出系统规划方案。

② 系统分析阶段：分析业务流程、数据流程，分析功能与数据之间的关系，提出系统逻辑方案。

③ 系统设计阶段：在系统概念设计的基础上，进行物理设计、代码设计、数据库/文件设计、输入/输出设计、模块结构与功能设计等，同时根据设计要求采购与安装设备。

④ 系统实施阶段：首先进行程序开发（编程与调试），然后进行规程开发，即建立相应的技术文档（系统设计说明书、用户手册等），同时进行人员培训以及数据准备，最后投入试运行。

⑤ 系统运行维护阶段：进行日常运行管理和效果评价，并在运行中对系统进行调整和维护。如果出现了不可调和的重大问题（这种情况一般是在若干年后系统运行环境已发生根本变化时才会出现），则用户将会进一步提出开发新系统的要求。这标志着老系统生命的结束和新系统孕育的开始，即一个完整的信息系统生命周期。

生命周期法是目前普遍为人们接受的一种传统的主流方法，它的突出优点是：

① 强调系统开发过程的整体性和全局性，强调在整体优化的前提下来考虑具体的系统分析设计问题，即所谓的自顶向下的观点；

② 强调开发过程各阶段的完整性和顺序性，强调应严格地区分开发阶段，一步一步严格地进行系统分析与设计，这样使每一步的工作都能及时地得到总结，发现问题可及时反馈和修正，从而避免了开发过程的混乱状态。但是随着时间的推移，生命周期法也逐渐暴露出了很多缺点和不足之处。突出表现为：

① 它的起点太低，所使用的工具（主要是手工绘制各种各样的分析设计图表）落后，致使系统开发周期过长而带来了一系列的问题，例如，组织的资源条件和竞争环境等都在不断改变，管理模式的变革和信息技术的发展都会促使系统需求发生较大的变化，因而使开发出来的系统相对滞后，缺乏适合组织竞争需要的快速反应能力；

② 这种方法要求系统开发者在早期调查中就要充分掌握用户需求、管理状况以及预见可能发生的变化，这不大符合人们循序渐进地认识事物的客观规律性。实际上，用户一开始对系统需求的认识是模糊的、不完备的，因而系统开发者对用户需求的理解也不可能是全面的，二者都需要在系统开发过程中不断深化。更何况，用户需求和管理状况还会随时间推移发生变化，而这种变化有时是难以预料的。这就使生命周期法在实际工作过程中有一定的难度。

（2）快速原型法

快速原型法是针对生命周期法存在的弱点，在 80 年代初期提出的一种系统开发方法。在软件开发中，"原型"是软件的一个可运行的早期版本，它反映了最终系统的部分重要特性，可由设计者和用户通过在运行模式中对原型的使用来对其进行评估。原型可用来确定用户的需求，验证设计的灵活性，训练最终用户以及创建成功的系统。快速原型法是利用原型辅助系统开发的一种新思想。它要求在用户提出了基本需求的基础上，利用高级开发工具和环境，快速地实现一个原型系统，提供给用户和开发者进行修改。用户同开发者等有关人员在反复试用原型的过程中加强交流与反馈，进一步加深对系统的理解，确定用户需求的各种细节，逐步减少分析与交互过程中的误解，弥补遗漏，通过反复评价和不断改进原型系统，逐渐完善系统的功能，直至满意为止。

快速原型法将学习机制明确地引入了系统开发过程。它的基本假设是，系统的初步分析是不完善的，需要进一步修正，不存在一次完成系统分析与设计的奢望。这就使用户和开发人员从原型开发出现的错误中学习到更多的知识。快速原型法还假定用户必须主动参与并积极指导原型系统开发的全过程。这反映在，用户的需求在一个快速有反馈的开发过程中可由用户的直接参与而逐步搞清楚，一个成功的系统必须通过用户主动参与原型的反复评估过程才能实现。快速原型法的基本开发模式为：

快速分析：分析人员与用户紧密配合，迅速确定系统的基本需求，并根据原型所要体现的特性（界面形式、处理功能、总体结构或模拟性能等）指定基本规格说明，以满足开发原型的需要。这里的关键是要注意分析与描述内容的选取，围绕运用原型的目标，集中力量，确定局部的需求说明，从而尽快开始构造原型。

构造原型：在快速分析的基础上，根据基本规格说明尽快实现一个初始原型，使原型成为可执行系统。这里要求具备强有力的软件工具支持，主要考虑原型系统能够充分反映所要评价的特性，而暂时忽略一些次要内容和细节要求。例如，如果要利用原型确定系统的总体结构，可借助菜单生成器迅速实现系统的控制结构，忽略转储、恢复等功能，使用户可通过运行菜单了解系统的总体结构。

运行原型：这是进行交流、发现问题、消除误解的重要阶段。由于原型忽略了很多内容，集中反映要评价的特性，外观看来难免残缺不全。用户在开发人员的指导下运行原型，通过使用，努力发现各种不合要求的部分，提出新的需求。各类人员在共同运用原型的过程中进一步加深对系统以及相互之间的理解。

评价原型：在运行试用原型的基础上，考核评价原型的特性，分析运行效果是否满足规格说明的要求，以及规格说明的描述是否满足用户的愿望。通过纠正以往分析中的错误和交互中的误解，增添新的需求，并适应因环境的变化或用户的新想法而引起的需求变动，提出全面的修改与扩充方案，建立扩充了的原型。

修改原型：根据评价原型活动的结果（修改意见）进行反复修改，直至满足用户需求。若原型运行效果未满足规格说明的要求，表明对规格说明存在不一致的理解和实现方案不够合理，则根据明确要求迅速修改原型；若规格说明不准确（有模糊性或未反映用户意图）、不完整（有遗漏）、不一致，或需求有所变动和增加，则需修改并确定新的规格说明，重新构造或修改原型。这样，修改过程代替了初始分析，从而形成了原型开发的循环过程。用户与开发者在这种循环过程中不断交互、讨论，逐步逼近系统的最终要求。

快速原型法在基本思想上已突破了传统开发思想中严格的阶段划分，以上仅是为表述方便而将原型运用过程逐段解释。在强有力的软件工具支持下，上述各种活动往往交融在一起，或合二为一或交叉进行。这种方法的优点在于：

① 系统开发初期只需提出其基本功能，不必像生命周期法那样在系统开发的开始阶段就要明确定义系统各部分的功能。系统功能的扩充和完善是在开发过程中逐步实现的，因而比较容易适应不断变化着的环境；

②　对需求分析采用启发式动态定义方式，使得需求分析原型逐步深入和不断提高，即使是模糊需求也会变得越来越清晰。这符合人的认识规律，使系统开发易于成功；

③　快速提供原型，开发信息反馈速度快，需求分析或系统设计一旦不准确可及时、方便地得到验证和修改。这充分体现了信息系统开发的反复性与渐进性规律，可大幅度提高系统开发质量，降低维护费用；

④　用户参与信息系统开发的全过程，彻底体现了协同参与原则，真正实现了以用户为中心的开发活动。这样可大大提高系统的实用性和用户的可接受性，同时在开发过程中通过培训提高了用户的水平。总之，快速原型法是一种有利于实现逐步投资、增量开发模式且投资少、风险小、周期短、见效快、成本低的信息系统开发方法。

快速原型法的不足之处是，系统开发过程中的管理手段不够规范。开发一个较大的信息系统，是一项复杂的系统工程，必须有一套科学的管理办法才能保证项目的顺利完成。而这方面正是生命周期法的优势所在。按照系统工程理论建立起来的生命周期法适用于系统要求明确、规模大且结构程度高的信息系统开发；快速原型法则适用于预先难以确定系统要求或系统功能要求，在系统开发过程中可能发生重大变化的应用系统，因其原型的修改和调整频繁，通常用于规模小、结构不太复杂的系统开发。把生命周期法和快速原型法结合起来，扬长避短，对于信息系统开发实践具有重要的指导意义。

（3）面向对象法

面向对象（Object—Oriented）法是一种新兴起的信息系统开发方法。这种方法最早应用于某些工程技术领域，后来被引入软件工程和信息系统开发中。面向对象法的基本思想是，任何现实世界的实体（Entity）都可模拟为一个对象（Object），每一对象都有自身的状态和行为。对象的状态由一组属性（Attribute）值来刻画，行为则由一组方法（Method）来刻画。每一个对象都定义了一组方法，它们实际上可视为允许作用于该对象上的各种操作（Service）。复杂的对象可由相对比较简单的对象以某种方法组成，一组结构相同（有相同的属性）、行为相同（有相同的方法）的对象构成一个对象类（Class）。对象按"类"（Class）、"子类"（Subclass）与"超类"（Superclass）的概念构成一种层次关系（或树状结构）。在这种层次结构中，上一层对象所具有的一些属性可被下一层对象所继承，从而避免了开发工作中信息的冗余性。面向对象法就是要将客观世界抽象地看成是若干相互联系的对象（对象类），然后根据对象和方法的特性研制出一套软件工具，使其能够映射为计算机软件系统结构模型和进程，从而实现信息系统的开发工作。其开发模式包括面向对象分析（OOA）、面向对象设计（OOD）、面向对象编程（OOP）三部分。

①　面向对象分析：分析需要研究的是什么问题，属于哪个问题域；分析该问题在整个系统中的位置，以及和上下层次的关系（属性的继承）；调查、询问、收集材料，考察以往的结果。

②　面向对象设计：定义对象的属性及操作，确定每个对象的状态；定义对象间的通信机制，确定每个对象及其类间的关系。

③　面向对象编程：用面向对象的程序设计语言、工具产生 OOA 及 OOD 的结果，实现对象的内部机理和细节；用面向对象的快速原型法对系统进行优化。

面向对象法在解决实际问题时是从一个具体的实体着手的，它通过确定代表实体的术语的方法找出需要研究的实体，然后去研究每个实体的属性、特征和功能。这与面向过程的结构化系统开发方法首先着眼于解决方案的做法有着根本的不同。面向对象法以实体对应着的对象为基础,把信息和操作封装到对象里去,利用特定的软件工具直接完成从对象客体的描述到软件结构之间的转换,这是它最主要的特点和成就。面向对象法的应用,解决了传统的结构化方法中客观世界描述工具与软件结构的不一致性问题,缩短了开发周期,降低了开发费用,所以是一种很有发展前途的信息系统开发方法。

8.3 物流信息系统

8.3.1 物流信息

整个物流过程是一个多环节(子系统)的复杂系统。物流系统中的各个子系统通过物质实体的运动将它们联系在一起,一个子系统的输出就是另一个子系统的输入。合理组织物流活动,就是使各个环节相互协调,根据总目标的需要适时、适量地调度系统内的基本资源。物流系统中的相互衔接是通过信息予以沟通的,基本资源的调度也是通过信息的传递来实现的。例如,物资调运是根据供需数量和运输条件来进行的,装卸活动的组织是按运送货物的数量、种类、到货方式以及包装情况来决定的。因此,物流内控必须以信息为基础,一刻也不能离开信息。为了使物流活动正常而有规律地进行,必须保证物流信息畅通,如图 8-5 所示。

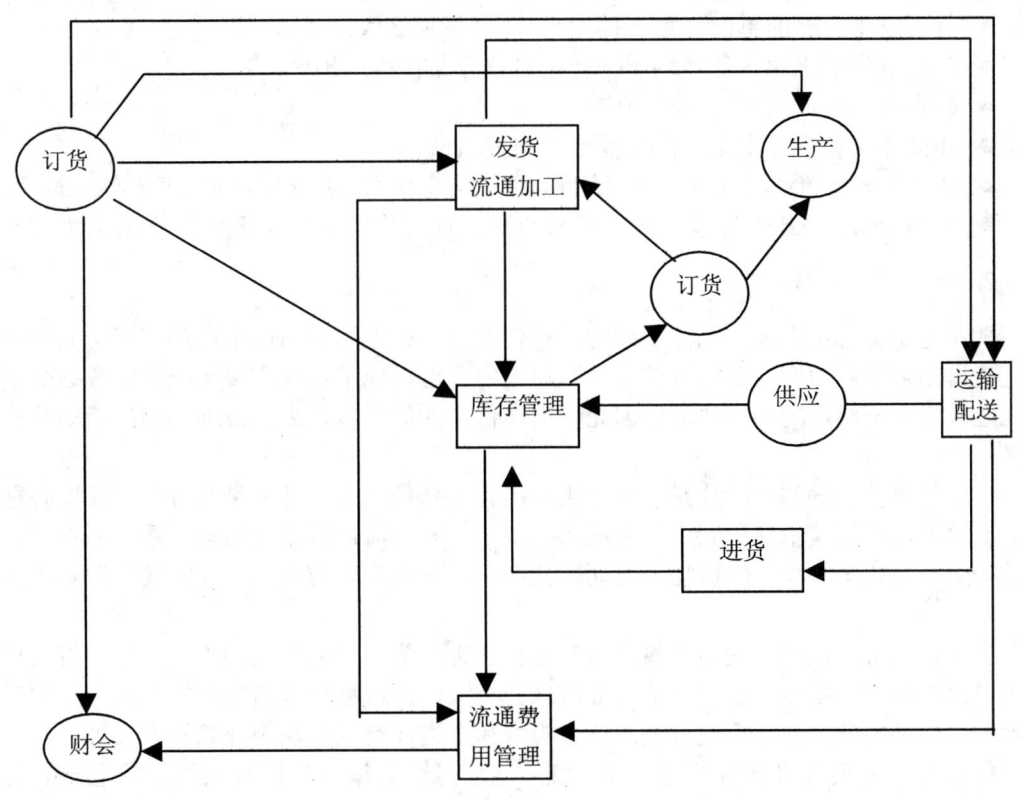

图 8-5 物流信息流动

1. 物流信息的分类

物流信息是随企业的物流活动同时发生的。物流的各种功能是为了使运输、保管、装卸、配送圆满化所必不可缺的条件。在物流活动中，按照所起的作用不同，将物流信息分类如下：
- 订货信息；
- 库存信息；
- 生产指示信息（采购指示信息）；
- 发货信息；
- 物流管理信息。

一般来说，在企业的物流活动中，按照顾客的订货要求，接受订货处理是物流活动的第一步。因此，接受订货的信息是全部物流活动的基本信息。接着，根据发货信息把货物移到指定的地方准备发货。商品库存不足时，制造厂把接受订货的信息和现有商品的库存信息进行对照，根据生产指示信息安排生产；在销售业中按照采购指示信息安排采购。物流管理部门进行管理和控制物流活动，必须收集交货完毕的通知，物流成本费用、仓库、车辆等物流设施的机械工作率等信息作为物流管理信息。

物流信息特征

物流信息一般具有如下特征：
- 物流信息涉及多方面，而且绝对量多。
- 高峰时与平时的信息量差别很大。
- 每天发生信息的单位（每一件大小），并不那么大。
- 信息发生的来源、处理场所、转达对象分布在很广地区。
- 要求与商品流通的时间相适应。
- 和商流、生产等本企业内其他部门的关系密切。
- 在货主与物流业者及有关企业之间，物流信息相同，各连接点的信息再输入情况较多。
- 有不少物流系统的环节，同时兼办信息的中转和转送，贯穿于生产经营活动的全过程。

2. 物流信息的标准化

随着电子商务的发展，物流系统的信息化要求日益迫切，与电子商务相配套的物流信息系统建设必须加大力度。在物流信息系统建设中，通过标准化来实现系统间的数据交换与共享已经成为电子商务的必然要求。因此，用现代化的信息技术来支撑现代物流活动具有重要意义。

物流信息分类编码标准化是信息分类标准化工作的一个专业领域和分支，其核心是将信息分类编码标准化技术应用到现代物流系统中，实现物流信息系统的自动数据采集和系统间的数据交换与资源共享，促进物流活动的社会化、现代化和合理化，在实践中做到"货畅其流"。

所谓信息分类编码就是对大量的信息进行合理分类，然后用代码加以表示。将信息分类编码以标准的形式发布，就构成了标准信息分类编码，或称标准信息分类代码。人们通常借助代码进行手工方式或计算机方式的信息检索和查询，特别是在用计算机方式进行信息处理时，标准信息分类编码显得尤为重要。统一的信息分类编码是信息系统正常运转的前提。美国从 1945 年起就开始研究标准信息分类编码问题，1952 年起正式着手物资编码标准化工作，经过 6 年的时间完成了国家物资分类编码。我国从 1979 年起着手制定有关标准，到现在已经发布了几十个信息分类编码标准，特别是干部、人事管理信息系统指标体系分类与代码，基本做到了数据元与分类代码齐备，构筑了一个较为完整的代码体系。

物流信息分类编码标准体系旨在汇集与物流信息系统相关的现有国家标准，提出待制定的相关国家标准，一方面明确标准制定工作的需求，另一方面反映现有标准化状况，为物流信息系统设计人员提供参考，为进一步采用国际标准和国外先进标准提供支撑。

物流信息分类编码标准体系总表分三个层次，第一层次为门类，第二层次为类别，第三层次为项目。整个标准体系分为三个门类。第一门类为基础标准，这些标准是制定标准时所必须遵循的、全国统一的标准，是全国所有标准的技术基础和方法指南，具有较长时期的稳定性和指导性；第二门类为业务标准，它是针对物流活动（装卸、搬运、仓储、运输、包装和流通加工）的技术标准，对物流信息系统建设具有指导意义；第三门类为相关标准，它是伴随人类社会技术进步（特别是通信和信息处理技术进步）而产生的专门领域标准，其中 EDI（电子数据交换）应用与商业贸易和政府审批（如报关等），它与物流活动密切相关，而 GPS（全球定位系统）则是提供对运输工具（含运输物品）的动态实时跟踪和导航的工具系统，也与物流活动密切相关。

8.3.2 物流信息与物流的关系

1. 物流管理对物流信息的要求

物流信息是随企业的物流活动而同时发生的，是实现物流功能必不可少的条件。物流管理对信息的质量有很高的要求，主要表现在以下三个方面：

- 信息充足。有效的物流系统需要充足的信息，提供的信息是否充足、是否能满足物流管理的需要至关重要。企业物流经理应了解信息系统，并懂得如何管理信息系统。
- 信息准确。信息必须准确，只有准确的信息才能为物流管理提供帮助。许多企业的可用信息非常少，并且模棱两可，导致物流决策不当。其原因主要是这些企业仍在使用过时的成本会计方法、管理控制系统，在当今竞争异常激烈的市场上，这些方法已经不能胜任了。这些老方法严重扭曲了生产成本，提供的信息不能满足物流经理的决策需要。例如，许多物流经理投入大量的资金和设备来提高仓库、运输、库存控制的效率，大大降低这些领域的人力成本。物流经理进行决策的时候，并不考虑沉没成本，只要边际贡献大于零，方案就是可行的。但按照成本会计，成本中却包含了沉没成本，这样，会计提供的信息就不能很好地满足物流经理决策需要。
- 通讯顺畅。管理需要及时准确的信息，就要求企业通讯顺畅。通讯的方式必须使人容易接受，否则就会产生误解，导致决策失误。

2. 物流信息对物流的影响

信息对物流表现的重要性，在历史上并没有得到过充分的重视。这种疏忽起因于缺乏适当的技术来产生所需要的信息。管理部门也不太赏识和深刻理解迅速和准确的信息交流是如何改善物流表现的。历史上的这些缺陷现在都已被排除了。目前的技术能够处理绝大多数所需信息的各种要求。一旦需要，人们随时都能获得基于实时的信息。经理们正在学习如何使用这类信息技术去设计新的和独特的物流解决方案。

（1）信息质量的影响

信息质量上的缺陷会造成无数个作业上的问题。典型的缺陷可以划分成两大类：首先，所收到的信息会在趋势和事件方面不准确。由于大量的物流是在未来的需求之前发生的，不准确的判断或预测都会引起存货短缺或过剩，过分乐观的预测会导致不恰当的存货定位。其次，有关订货的信息会在具体的顾客需求方面不准确。处理不准确的订货会产生所有的物流成本，而实际上并没有完成销售。的确，由于退回存货的费用往往会增加物流成本，即使另外存在着销售机会，设法向其他顾客提供所需的服务也会再次产生费用。由此可见，信息需求成分中的每一个错误都会对总的供应链产生潜在的隐患。

（2）信息传递速度的影响

信息迅速流动的好处直接关系到工作程序的平衡。对一个厂商来说，要想实现快速的交付，可能采用两种方法：其一是，在当地的销售办事处积累1周的订单，把它们邮寄到地区办事处，在批量的基础上处理订单，把订单分配给配送仓库，然后，通过航空进行装运；其二是，通过来自顾客的电子数据交换，随时可取得提单，然后使用速度较慢的水上运输。两者相比，显然前者是没有多大意义的，而后者则可能实现在较低的总成本下甚至更快的全面交付。由此可见，关键的目标是要平衡物流系统的各个组成部分。

一个厂商的物流系统的设计越有效，它对信息的准确性越敏感，而协调的、准时的物流系统是不可能用过度的存货来适应作业上的差错的，这是因为安全库存已被控制在最低限度。信息流反映了一个物流系统的动态情况，不准确的信息和作业过程中的延迟都会削弱物流表现。因此，物流信息的质量和及时性是物流作业的关键因素。

8.3.3 物流信息系统

物流信息系统是企业管理信息系统的一个重要的子系统，是通过对与企业物流相关的信息进行加工处理来实现对物流的有效控制和管理，并为物流管理人员及其他企业管理人员提供战略及运作决策支持的人机系统。物流信息系统是提高物流运作效率，降低物流总成本的重要基础设施。

1. 物流信息系统所涉及的主要企业经营活动

物流信息系统管理分为两类活动流，即调控活动流和物流运作活动流。调控活动包括企业总体的安排调度与需求计划，具体为战略计划、能力计划、物流计划、生产计划、采购计划等。物流运作活动包括订单的产生与跟踪、库存配置、产成品在分销设施之间和分销设施与顾客指定地点之间的运输以及采购等。

调控活动流程是整个物流信息系统构架的支柱。战略、能力、物流、生产、采购等计划指导企业资源在从原材料采购到产成品送货过程中的分配与调度。上述计划在物流中的具体实施便构成企业主要的增值活动，而正是这些增值的活动为企业带来利润。

尽管调控活动中的各项计划工作是相对独立的，计划周期也各不相同，但如果各项计划出现不一致、失调或扭曲，则会造成运作的低效率和库存的过量或短缺。例如，对战略计划缺乏充分的理解与贯彻会导致生产和物流库存的不协调；同样，如果不充分估计到生产、采购和物流能力限制，也会导致系统的应变力差和低效率；各项计划工作不协调的另一个典型后果是过高的安全库存量设置。物流信息系统的一个重要作用就是帮助实现各项计划的一致性。

物流运作活动中的信息流主要包括顾客订单和企业采购订单的接收与发送、处理及相关的货物运输调控。主要的物流运作活动包括订单管理与订货处理、分销运作、库存管理、货物运输、采购等。

库存管理直接与调控信息流和物流运作信息流相联系，是两大信息流的集成与结合部分。以顾客实际需求驱动的库存管理称为响应式管理，典型的如重订货点（Reorder Point）法；基于预测的库存管理称为计划式管理，典型的如分销资源计划（DRP）。计划驱动的库存管理模式更接近于调控计划层面，而响应式的库存管理模式更接近于物流运作活动层面。

2. 物流信息系统的主要内容

物流信息系统的框架如图 8-6 所示。物流信息系统概括地说主要包括三个部分，即输入、数据库管理、输出。系统的基本功能是进行物流信息处理，主要目标是为企业物流系统的计划和运作提供决策支持。

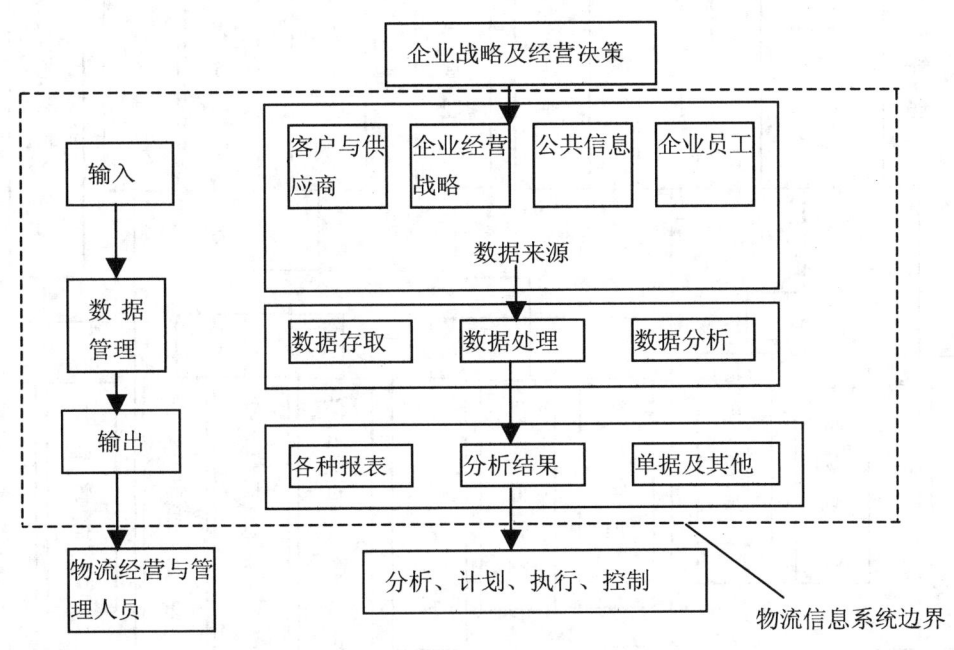

图 8-6　物流信息系统框架

3. 物流信息系统的功能结构

通过信息系统管理物流，可以有效地提高整个物流的灵活性。物流的灵活性是指一个企业的物流运行可以适应多种内部及外部环境的变化，如企业重组或兼并以及各种形式的客户需求变化。国际上多数先进的企业（集团）都采用了 3PL 服务，也正是为了提高物流的灵活性。假如某公司是第三方物流服务企业，它应该能够帮助自己的企业客户实现新的经营策略，包括配送网络的构建等等。它的客户可能很多，有很多的企业，需要不同类型的配送服务，由于它是专业性的物流公司，应当有比较多的服务（产品）种类，这时，它对于企业的价值就显示出来了。

基于互联网和信息技术的物流信息系统（LIS），由于其投入相对少，又能显著提高企业物流的运营效率和管理水平，越来越多的企业（及 3PL 公司）愿意采纳这项集管理和信息技术为一体的系统。要实现前述的各种物流价值，信息系统应包括以下几个主要方面，其总体功能结构如图 8-7 所示。

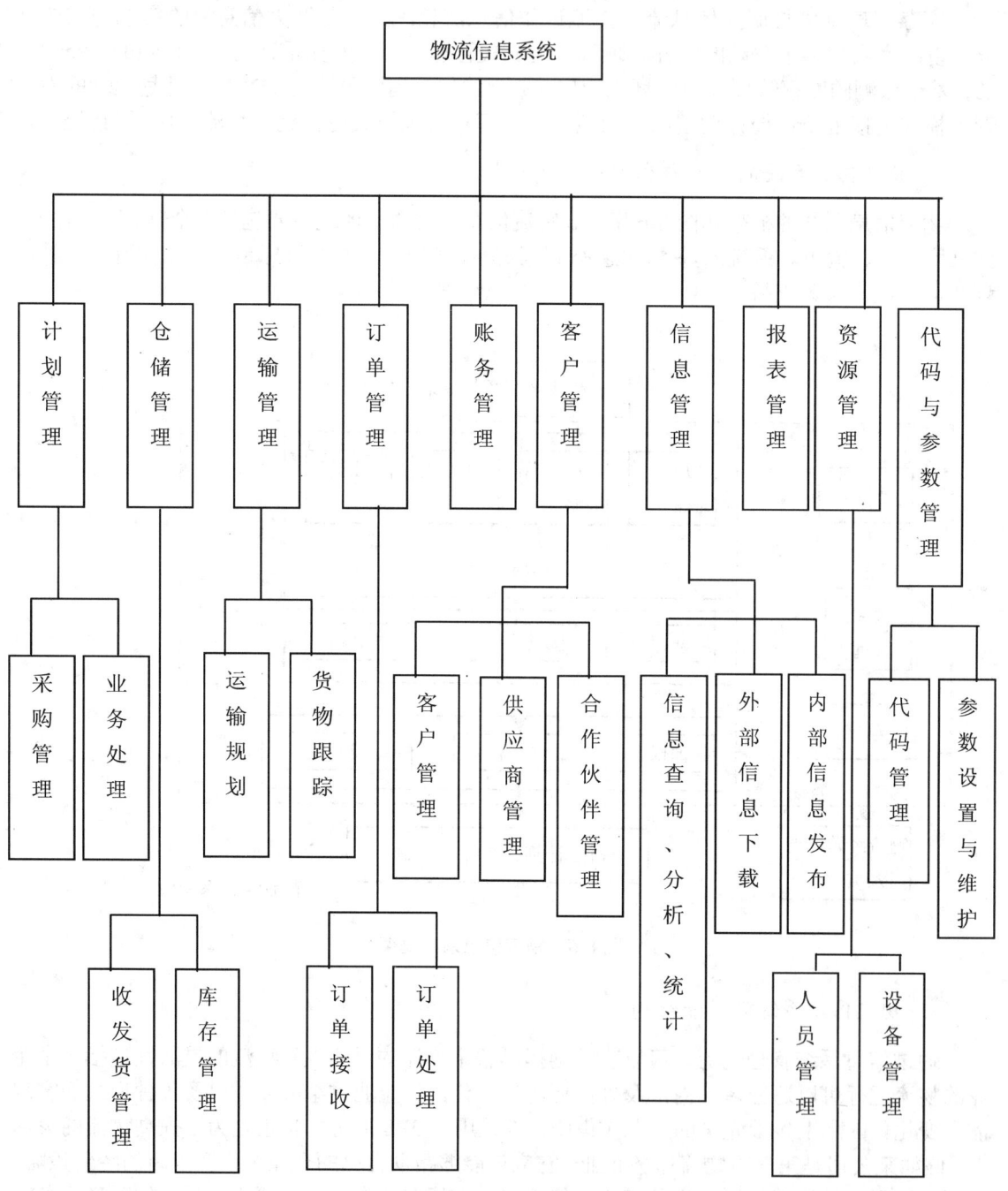

图 8-7　功能结构图

(1) 仓储管理。使用仓储管理系统（WMS）管理仓库的收发、分拣、摆放、补货、移库、盘点等等，同时 WMS 可以进行库存分析、与财务系统集成。更加先进的 WMS 还能帮助企业实现"逆向物流"（返修、回收等），并适应企业产品"推迟"策略对配送中心的管理需求。

(2) 运输管理。使用运输管理系统（TMS）优化运输模式组合，如空运、陆运或水运等，寻求最佳的运输路线。TMS 还可实现在途物品的跟踪，并在必要时调整运输模式，实现车队管理、运输计划、调度与跟踪、与运输商的电子数据交换（信息集成）等。

(3) 订单管理。订单管理系统是办理从客户（用料单位）处接受订单、准备货物、明确交货时间、交货期限、剩余货物管理等作业的系统。办理接受订货手续是交易活动的始发点，所有物流活动均从接受定货开始。为了迅速准确地将商品送到，必须准确迅速地办理接受订货的各种手续，高效有序地处理各种订单。

(4) 账务管理。包括应收账款管理、应付账款管理、费用稽核等。

(5) 客户关系管理。对客户和供应商进行全面管理的系统。不仅要保存客户、供应商的基本信息，而且要保存以往企业对客户、供应商对企业的服务、销售信息，还可以设置客户、供应商的商品信息。

(6) 代码及参数管理。实体代码化是信息系统的基础，代码设计与管理是信息系统的一个重要组成部分，设计出一个好的代码方案对于系统的开发和使用都极为有利。它可以使许多计算机处理（如某些统计、校对、查询等）变得十分方便，也使事务处理工作变得简单。同样的，系统设置的参数化使得系统变得灵活且易于维护。

(7) 报表管理。包括采购、销售、配送、库存、成本毛利等与经营管理有关的业务报表。

(8) 计划管理。计划管理在整个物流系统中承担着指导全局的重要作用，是物流业务的控制与协调的中心，因此于其他功能模块之间存在着非常复杂的联系。计划管理包括采购计划、补货计划、配送计划等业务的管理。

(9) 信息管理。信息管理作为内外信息交流的吐纳口，是实现供应链管理的重要途径，主要承担着信息查询、信息下载和信息发布等功能。是企业协调内部各环节、联系企业与供应商、企业与客户的窗口。

(10) 资源管理。为了充分发挥人力和设备资源的潜力，改进劳动生产率，需要建立员工的培训系统和绩效评估系统，设备档案和技术性能评估系统。

根据企业管理的职能和信息的层次性，可以将物流信息系统的结构化分成决策层、管理层、操作层和基础层四大部分。如图 8-8 所示。

4. 建立物流信息系统应考虑的非技术因素

信息系统是企业信息化的基础，物流信息系统是企业信息系统的重要组成部分。建立信息系统是企业迈向现代化的必经之路，但是必须具备一定的条件，否则，不但浪费了人力、物力、财力，系统的建设和实施也很难成功。再好的技术、再好的硬件设备，有时花了钱却达不到预期的效果。其原因往往不是技术的因素，而是非技术因素。下面就分析非技术因素有哪些。

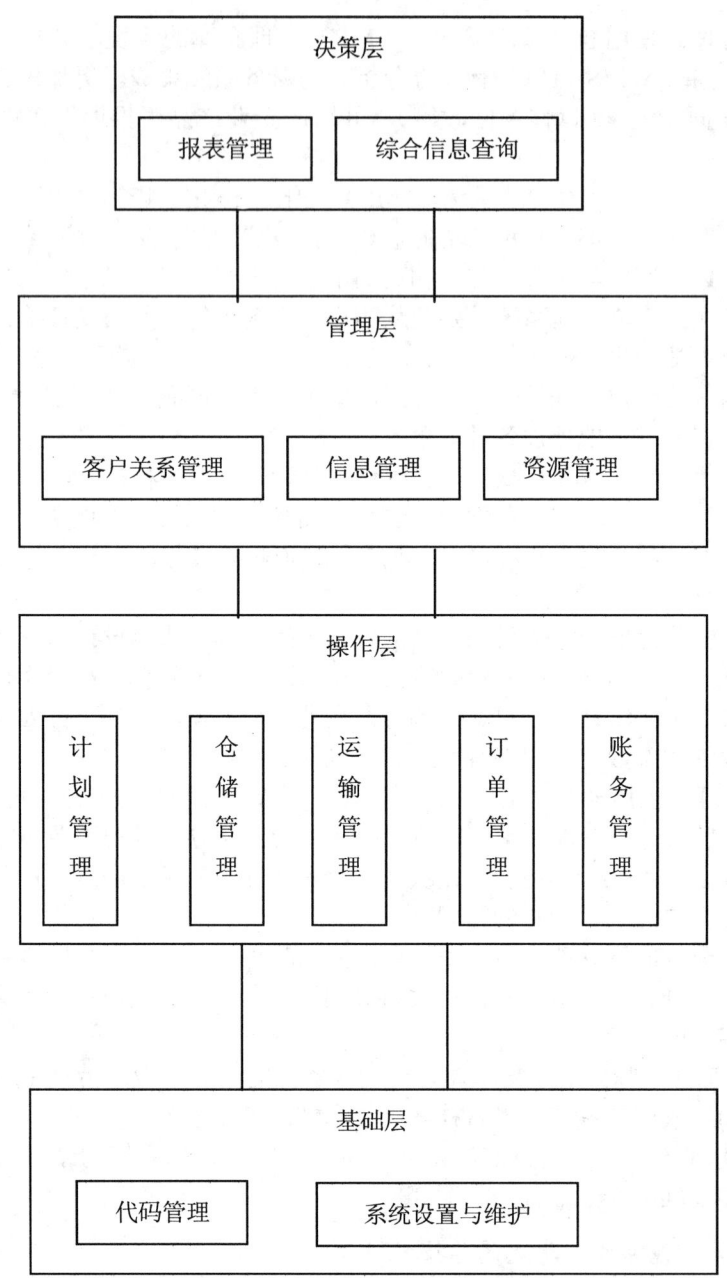

图 8-8　物流信息系统的结构

　　根据经验，系统建设的好坏、效率的高低与很多非技术因素有关。我们在开发或购买软件时是为了提高管理水平、工作效率，所以十分注意它的功能和技术性能指标。对于企业管理类软件来说，我们只注意它的技术因素就会把我们引入一个误区。管理类的软件和其他软件是不同的，它是直接与人打交道的，我们必须把它像对待技术一样一个字节一个字节地去研究，去找到解决问题的答案。如果对这样的研究有了一个结果，那么就会为技术应用管理扫清障碍，提供科学指南。

信息系统的建设，除了硬件设备的采购与安装外，主要的工作是在软件上。不论是外购、为外开发还是自行开发，都不能解决软件成功应用的问题，需要一个导入期。

从软件的生产过程来看，要改善管理，我们要为客户提供一个改善管理的软件，首先我们要分析用户的需求，用软件工程的方法对这些需求进行分析，用技术手段怎样设计来实现这些需求，设计完之后就要编程了，编好以后要进行检查、阶段测试、现场测试。制作好以后交给用户，发现技术性能指标都达到需求要求，这个软件的生产就完毕了。完毕以后并不代表软件被很好的应用，事实上软件应用的过程不亚于软件生产过程，因为其中包括了信息的导入过程，而且过程特别复杂。

从软件的应用过程来看。首先，要把软件所包含的管理理念相结合，确定管理的目标；接下来要进行业务流程的重组。还要进行相应的组织机构的调整，科学地进行项目进程的控制。这些都做完以后还要看看是否达到原来预期的管理目标，如果达到了，这个软件的导入过程就完成了。

所以说软件生产和技术应用两个过程中各个因素的综合作用构成了管理软件在一个企业的导入。让软件和企业互相融合，融合到像一个人体是最好的效果。一个企业由于信息技术的应用，必然导致手工状态下业务流程的变化。如果在应用信息技术的同时还保留手工业务流程，就会出现两个问题：第一是计算机拷贝手工；第二是重复操作，这样一来信息技术所应发挥的作用就会大打折扣。只有充分利用信息技术的资源，通过业务流程的重组，解决好非技术因素，使二者有机配合，才能达到业务动作的最优化。

8.4 信息系统资源管理

信息系统建设是一项长期的工作，不存在一个一劳永逸的最终产品。为保证信息系统的持续有效性，必须不断更新和扩充信息系统的资源，并加以合理配置和有效管理。一个组织的信息系统资源包括：信息人员、信息技术、数据和信息，以及信息系统开发与运行所必需的财力、物力投入和有关管理制度、政策法规等。随着信息技术的飞速进步和组织竞争的日趋激烈，组织的信息系统也面临着诸多挑战和机遇，感受到了前所未有的压力和冲击。如何充分有效地开发利用组织内外的信息资源，加强对信息系统资源的管理，不断发展和完善组织的信息系统以强化竞争实力，获得竞争优势，已成为现代组织管理的重要任务。

8.4.1 信息系统的运行管理

信息系统是一个面向社会、服务于管理领域的人机交互式系统，信息系统的效益需要人机双方不断努力才能发挥出来，其中人的一方起着积极的、主动的作用。这主要表现在，信息系统开发完成后人们还有大量的运行管理、评价、维护等工作要做，系统运行中的一些问题，如运行管理制度和监理审计制度的建立、系统质量评价和效益分析等，都需要人们去研究解决。这些问题的研究也从实践的角度丰富了信息系统管理的研究体系，推动了信息系统管理研究的发展。

1. 信息系统的运行管理制度

所谓信息系统的运行管理制度，是指在信息系统开发工作基本完成后，确保系统按预定目标运行并充分发挥其效益的一切必要条件、运行机制及保障措施。其主要内容包括：

（1）系统运行目标管理

信息系统运行的目标管理首先要求弄清组织的目标和信息系统的目标，在明确目标的前提下才能有效地开展工作。在总结20世纪60年代计算机信息系统的得失时，美国著名管理学家西蒙（Herbert A.Simon）指出，60年代计算机应用失败的原因在于，他们不是帮助领导者来筛选信息，而是提供了越来越详细的资料。信息系统完全搞错了目标，他们忽视了这样一点：在信息泛滥的时代，更多的资料并不重要，更重要、更宝贵的是领导者的时间，领导者需要的是具有信息选择分析功能、能够及时有效地支持管理决策的信息系统。西蒙的观点直至今天对于我们清醒地认识信息系统的目标还有着重要的启示。

信息系统是为组织管理服务的，因此，信息系统的目标总是与组织管理的目标紧密相连。一旦明确了信息系统的目标，就应该按照目标管理的原则和方法对信息系统实施目标管理。即根据组织各层次上管理目标的性质，制定信息系统的相应工作目标，就实现各项目标的具体计划和方法与各阶层的信息人员达成协议并赋予他们以相应的权力，最后进行检查与评价。目标管理能大大加快信息系统的反应速度，减轻高层管理的信息负担，使为战略决策服务的高层信息系统能够有更多的时间和精力去关注组织环境的变化，对外部信息作出及时的响应。

（2）系统基础数据管理

信息系统的工作基础是数据处理，而现代组织一般都存在着数据流量大、结构复杂、表现形式多样化等特点，既有成本、产品、库存、销售等有形数据，又有经营状况、市场声誉等无形数据，既有文本数据，又有代码、图形数据，等等各种不同数据结构、不同数据类型的信息同处于一个信息系统之中，因此，在进行数据采集与组织的过程中，必须从系统的观点出发，通盘考虑数据的全面采集与组织，不仅要得到数据值，而且还必须细致考虑数据在整个系统中的位置以及各类数据相互之间的数量与逻辑联系，还要确定原始数据的存储和派生数据的计算，以及各种数据的存储量、转换方式和处理频度，才能有效地完成数据采集与组织工作。

在信息系统中，数据采集与组织是关系到系统效率与成败的重大问题，因此，必须详细调查，精心设计，慎重处理和安排好数据的采集与组织。同时，应加强对数据采集与统计渠道的管理、计量手段与计量方法的管理、原始数据的管理、系统内部各种运行文件和历史文件的归档整理等，并配备一些相应的管理设备。

（3）系统运行规范管理

对于一个现代组织，尤其是大型社会组织来说，其信息系统往往也是一个复杂的大系统，要有一整套运行规范来管理和控制信息系统的运行。系统运行过程中应当遵守的基本规范有：信息系统操作规程、系统修改扩充规程、系统定期维护制度、安全保密制度以及系统运行状态记录和日志归档等。

（4）系统运行结果管理

一个比较成熟的信息系统，不仅具有快速查询与统计功能，而且能向组织管理者提供决策与预测信息。信息系统的运行结果管理就是要对系统运行的结果进行分析和预测，得出某些能反映组织业务活动发展趋势的信息，提高管理者的决策能力。由于现代社会组织的决策活动面对的多是半结构化或非结构化问题,因此,即使信息系统原先设计有分析预测功能,也需要根据组织环境和竞争对手的变化情况对其结果进行分析验证。

(5)系统运行管理的组织机构

信息系统是由人来管理的,因此必须有一个高效率的、各司其职的组织机构来负责信息系统的运行管理。在现代社会,任何一个组织都应该有自己的信息技术与信息系统管理人才,有一支稳定的信息系统运行管理队伍,有一名全面负责组织信息工作的高级管理人员——信息主管(CIO)。但是,应当认识到,信息工作是组织全体成员的大事,不能仅仅依赖信息系统的工作人员。从根本上讲,组织的信息能力不仅与信息系统的开发运行水平有关,而且取决于全体成员的信息意识和信息素质。信息系统的运行效果与人的关系极为密切。每一个组织都应当加强信息教育,激励全体成员参与信息资源管理,都来建设和使用信息系统。

2. 信息系统的评价体系

在信息系统开发阶段也要进行系统评价,但那时的评价是预测性的。信息系统投入运行后,由于系统资源和环境的不断变化,需要对信息系统的运行状况和效益及时进行分析评价,并以此作为系统维护、更新或进一步推广的依据。信息系统运行阶段的评价内容主要包括:

(1)系统质量评价

所谓质量评价,就是在一定范围内和特定条件下对某一事物优劣程度的鉴定。质量评价的关键是要选择评定质量的指标以及评定优劣的标准。质量的概念是相对的。所谓优质只能是在某种特定条件下达到相对满意的标准,实际上,永远不可能有绝对意义上的最优。信息系统的质量评价主要有以下一些参考指标和标准:

① 有效性。即考察信息系统的整体功能是否达到了预定的要求,对解决预定的管理决策问题是否有效,系统运行的结果是否充分满足了用户的需求等等。

② 实用性。即考察系统对组织管理工作有怎样的作用,用户的满意程度如何等等。

③ 可靠性。即考察系统运行是否稳定可靠,系统的错误检验和故障恢复手段是否完备有效,有无重大问题急待改进或解决等等。

④ 灵活性。即考察系统的兼容能力大小,有无伸缩性和可扩充性,适应环境变化的灵敏性如何等等。

⑤ 安全性。即考察系统的安全保密性能如何,有无安全保护措施以及系统的安全级别等等。

⑥ 可近性。即考察用户对信息系统的可接近程度。

⑦ 易用性。即考察用户利用信息系统的方便程度。

⑧ 输出信息的质量。即考察系统所提供信息的响应速度、精确程度以及先进性、适用性、完整性和可靠性等等。

(2)系统效益评价

信息系统的效益评价主要是衡量系统对用户的影响,即信息系统的开发和运行给用户带来了多大的利益。评价信息系统的总体效益是十分困难的,因为信息系统的效益具有整体综合性、形式多样性和时间滞后性等特点,既有直接效益,又有间接效益,既可表现为经济效益,又可表现为社会效益。信息系统的直接效益主要是指组织管理活动中通过信息系统的开发利用所产生的直接收益,例如,组织的工作效率、劳动生产率的提高,对各种资源利用率的提高，产品产量的提高、质量的改善和成本的降低，以及对各级组织管理者的决策支持等等；间接效益包括信息系统建立后对组织管理各方面的广泛影响，例如，信息系统对组织的经营发展战略和组织内部的管理运行机制的影响，管理效果的优化，对组织管理模式和管理决策方法所产生的触动和改进，管理劳动性质的变化等等；经济效益主要是指可以用经济指标定量核算的效益，而社会效益则涉及各种难以定量说明的益处。迄今为止，信息系统的效益评价主要是对其直接的经济效益进行评价。

评价信息系统直接经济效益的主要指标是年利润增长额和投资效果系数(或投资回收期)。利润是一项综合性的指标，它既反映了产量的增长，又反映着质量的提高和消耗的降低。应用信息系统后利润增加的计算公式为：

$$P = (A2 - A1) \div A1 \times P1 + (C1 - C2) \div 1000 \times A2$$

式中 A1，A2：应用信息系统前与后产品销售总额（千元）；

C1，C2：应用信息系统前与后每千元产品的费用（元）；

P1：应用信息系统前产品销售的利润总额（千元）。

投资效果系数反映了信息系统所占用的资金与应用后每年所获利润的对比关系。投资效果系数大，说明投资效果好。投资效果系数的倒数是投资回收期，其含义是通过每年应用信息系统所获利润回收投入的全部资金所需的期限。投资回收期短，说明投资效果好。计算公式如下：

投资效果系数 $E = P / K$

投资回收期 $T = K / P$

式中 K 为信息系统投资总额。

8.4.2 信息系统的安全管理

现代信息系统是以计算机和网络为基础的开放系统，随着计算机与网络通信技术的加速普及，信息系统的安全性问题愈益突出。

1. 信息安全研究的发展

所谓信息安全，是指保护信息资源，防止未经授权者或偶然因素对信息资源的破坏、更动、非法利用或恶意泄露，以实现信息保密性、完整性与可用性的要求（即 CIA）。其中保密性（Confidentiality）定义了哪些信息不能被窥探，哪些系统资源不能被未授权的用户使用；完整性（Integrity）决定了系统资源如何运转以及信息不能被未授权的来源所替代或遭到改变和破坏；可用性（Availability）指防止非法独占资源，每当用户需要时，总能访问到合适的系统资源。信息安全研究经历了三个发展阶段：

（1）通信安全

最早研究通信安全问题的是由保密术发展起来的保密学。保密学是研究通信安全保密的科学，是保护信息在传递过程中不被敌方窃取、解读和利用的方法。它包含两个相互对立的分支：密码学和密码分析学。前者是研究把明文（plaintext）变换成没有密码就不能解读或很难读懂的密文的方法；后者是研究分析破译密码的方法。彼此目的相反，但在发展中又相互促进。密码由两个基本要素构成，即密码算法和密钥。密码算法是一些公式、变换法则、运算关系；密钥可看作是算法中的可变参数，改变密钥也就改变了明文与密文之间的数学关系。对明文进行加密时所采用的一组规则称为加密算法，对密文进行解密（decryption）时所采用的一组规则称为解密算法。加密和解密操作通常都在密钥的控制下进行。传统密码体制使用的加密密钥和解密密钥相同,称为单钥或对称密码体制(私钥密码体制)。基于成本、兼容性和推广使用的考虑,密码算法逐步走向标准化,即算法公开使密码保护仅限于保护密钥。1977年1月15日,美国国家标准局(NBS)正式公布实施了美国数据加密标准(DES),公开了DES加密算法,并广泛应用于商业数据加密。虽然DES的安全性目前已受到怀疑,但由于其执行速度快、效率高而仍被普遍使用。1996年12月15日,美国总统克林顿签署了"关于密码技术出口控制的管理"的总统命令,并于1997年1月1日生效。根据该命令,任何签字在两年内实施密钥重获机制,即确保有一个备用密钥集可经常用于解密数据,以便为执法机关等政府部门提供一个进入密码数据的后门的美国厂商都马上可以出口56位DES的密码产品。而且一旦重获机制就位后,对密钥长度就完全没有限制了。

20世纪70年代中期,人们又提出了加密密钥与解密密钥不同的双钥体制,或称非对称密码体制(公钥密码体制),即加密密钥可以公开而解密密钥则由用户自行秘密保存,使得收发信双方无需事先交换密钥即可建立起保密通信。其中较著名的是RSA公钥密码体制,它被认为是密码学发展史上的一个里程碑,是密码技术的一次革命。RSA基于大数高次幂求模运算,使得即使采用对RSA有效的攻击手段(如大数分解法)进行破译,也需要在每秒10亿次的计算机上运算10l天的时间!由此足见其保密强度是很高的。但由于正常的RSA加解密过程亦需进行复杂的数学运算,所以速度较DES慢得多。RSA现已成为世界许多官方标准的组成部分,它适用于大型网络通信加密和数字签名验证,随着技术的发展将逐步走向成熟。

(2)计算机安全

随着计算机在社会各领域的广泛运用,围绕着计算机的安全问题也越来越突出。与通信安全相比,计算机安全具有更广泛的内容,涉及计算机硬件、软件、数据等方面的安全问题。除沿用通信安全的理论、方法和技术外,计算机安全研究有自己独特的内容,并构成了独自的研究体系。早在1971年,莱姆普荪(Lampson)的存取监控器模型就为计算机安全保护思想的实现提供了基本的理论;1972年舍尔(Schell)提出的"安全内核"概念是信息安全研究的一个重要成果;1984~1988年间,西蒙斯(Simmons)又提出并完善了认证理论。归纳起来,对计算机系统安全的基本要求包括:用户身份验证、存取访问控制、数据完整性、审计、容错五个方面。

在计算机安全研究中,主体(Subject)和客体(Object)这两个重要概念的提出使计算机安全中最重要的研究内容——存取访问控制的研究得以模型化。保护客体的安全、限制主体的权限构成了存取访问控制的主题。可信计算机理论将安全保护归结为存取访问控制,被调用的程序或欲存取的数据和信息被称为客体,主动发出访问要求的人或进程被称为主体,一切主体欲对某一客体进行的访问都毫不例外地接受访问控制。1983年,美国国防部公布了"可信计算机系统评估标准"(TCSEC),即有名的"橘皮书"(Orangebook),对多用户计算机系统的安全等级划分进行了规定。其基本思想是:计算机安全即是指计算机系统有能力控制给定主体对给定客体的存取访问,根据不同的安全应用需求确定相应强度的控制水平,即不同的安全等级。根据橘皮书的规定,可信计算机安全级别分为四类七级:D,C1,C2,B1,B2,B3,A1。D级最低,不具备安全特性,A1级为最高安全等级。橘皮书已成为国际上评估计算机系统安全的一个标准,它定义了计算机安全的许多观念,但它主要是面向操作系统的安全性评估标准。1978年,古德斯(Gudes)等人提出了数据库的多级安全模型，把计算机安全研究扩展到了数据库领域；1988 年，邓宁（Denning）提出了数据库视图技术，为实现最小数据泄露提供了技术途径。这些成果都为计算机安全研究发展到信息系统安全研究奠定了坚实的基础。

（3）信息系统安全

信息系统的广泛建立和网络化发展，使计算机应用的主要形式上升为信息网络状态。这种网络化的信息系统纵横交错，构成了集通信、计算机和信息处理于一体的复杂大系统，所采用的通信介质多种多样，网络组件繁杂；构成其基础的计算机、操作系统和网络可能是同构的，也可能是异构的；实现计算机连接的网络结构可能是多种拓扑结构的混合；信息处理既有集中式，又有分布式；信息出入口多，且分布面广。因此，信息系统的安全问题具有广泛的内容，研究信息系统的安全管理问题与建立信息系统同样重要和迫切。

现代信息系统的安全可以理解为计算机安全在网络环境下的拓展，它的实现是安全保密学科理论的综合运用。把信息系统安全研究作为一个独立的课题提出还是最近十来年的事情。

2. 信息系统的安全需求

信息系统自身存在着一些固有的脆弱性，如信息资源的分布性、流动性大，系统所存储与处理的数据高度集中、具有可访问性，信息技术专业性强、隐蔽程度高，系统内部人员的可控性低，等等。这些弱点在信息系统的实际运行中易诱发各种风险，对其安全性构成了潜在的威胁（如表 8.3 所示）。

表 8.3 信息系统常见的风险及其对安全特性的威胁

常见的风险	对信息安全特性的威胁		
	保密性	完整性	可用性
人为错误	★	★	★
自然灾害	★	★	★
后门	★	★	★
电磁泄漏	★		
硬设备故障	★		★
程序错误或缺陷	★	★	★
病毒		★	★
逻辑炸弹	★	★	★
特洛伊木马	★	★	★
搭线窃听	★		
传输指向错误	★		
访问假冒	★	★	
资源盗用		★	
恶意破坏		★	★
伪造文件或记录		★	
偷窃	★	★	★

针对信息系统本身固有的脆弱性和常见的风险，信息系统的基本安全需求包括：

（1）用户身份验证。系统要识别进入者的身份并确认是否为合法用户。在网络环境下识别用户身份比单机复杂得多，大量黑客随时随地都可能尝试截获合法用户的口令向系统渗透，如果口令不加密传送，或是每次密钥相同，则极易被破译。因此，每次远程输入用户

第 8 章　物流信息管理

联机口令都必须加密，而且必须每次都变更密钥以防被人截获后下次重发来冒名顶替。

（2）存取访问控制。系统要确定合法用户对哪些资源享有何种授权，可进行什么类型的访问操作。在网络环境下不但要有独立计算机系统上本地用户对本地资源的访问控制，而且还涉及到哪些用户可访问哪些本地资源以及哪些本地用户可访问哪些网络资源的问题。

（3）信息交换的有效性和合法性。信息交换的双方应能证实所收到的信息内容和顺序都是正确的；应能检测出所收到的信息是否是过时的或重复的。信息交换的双方要对对方的身份进行鉴别以保证所收到的信息是由确认的一方发送来的；不能抵赖、否认收到或发过信息，也不能对所收到的信息进行随意删改或伪造。

（4）软件和数据的完整性。信息系统的软件和数据不可非法复制、修改或破坏，并且要保证其真实性和有效性。为此，要尽量减少误操作、硬件故障、软件错误、掉电、强电磁干扰等意外以防止毁坏运行中的程序和数据；要具备有效的完整性检验手段以检测错误程序、不正确输入等潜在性错误；对存储介质要定期检查以防止由于物理损伤而破坏数据的完整性。

（5）加密。利用密码技术对传输和存储的信息都要进行加密处理以防泄露。仅采取物理安全措施（如机房进出制度）和操作入口控制措施（如访问控制）是挡不住有技术、有经验的入侵者的，因此加密是提高信息安全性的根本措施。加密的基本要求是，所采用的密码体制要有足够的保密强度，要有有效的密钥管理，包括密钥的产生、存储、分配、更换、保管、使用乃至销毁的全过程。

（6）监理。为防止系统出现差错而采取的预防性措施。包括：外部监理——组织的上级主管部门或专业监理机构对系统运行情况的独立检查；管理监理——对系统开发战略、运行管理制度以及质量效益评估体系等进行监理；操作监理——对日常的输入/输出操作、维护、修改、更新等系统运行操作过程和制度进行监理；安全保密监理——对系统各项安全保密措施的监理。

（7）审计。对使用系统资源、涉及信息安全的有关操作，应有一个完整的记录和彻底的检查，以便系统出现问题时分析原因，弄清责任。审计应与报警结合起来，每当有违反系统安全的事件发生时，要向系统安全管理人员发出相应的提醒和告警信息以便及时采取补救措施。

（8）防病毒。计算机病毒是一种恶意程序，它通过不同的途径潜伏或寄生在系统的正常程序或存储媒体里，当某种条件或时机成熟时就会滋生并感染系统，使信息资源受到不同程度的损害。在网络环境下，计算机病毒更容易复制传播，危害性极大。对付计算机病毒必须以预防为主，应采取消灭传染源、切断传播途径、保护易感染部位等措施，增强系统对病毒的识别与抵抗能力。

（9）防辐射。计算机系统工作时有辐射和传导电磁信号泄漏，若被对手接收下来，经过提取处理就可恢复出原信息而造成失密。对于重要的信息系统，在设计时应考虑采用信息泄漏防护技术和有关措施。

（10）防灾。信息系统的灾害主要指火灾、水灾、风灾和地震等自然灾害和恐怖活动、电力中断、网络中断、软硬件出错等人为灾害。这些灾害常常是突发性、毁灭性的，有些是不可抗拒的，一旦发生往往损失巨大。因此，必须制定一整套灾害对策，建立备份体制和危机管理体制，尽量避免或减少重大损失。

3. 信息系统的安全措施

随着信息系统的广泛建立和各种不同网络的互联互通，人们意识到，不能从单个安全功能、单个网络来孤立地、个别地考虑安全问题，而必须从体系结构上系统地、全面地考虑安全管理。这就是说，信息系统安全管理的对象是整个系统而不是系统中的某个或某些元素。一般来说，系统内外所有因素都是管理的内容。从系统内部看，有通信安全、计算机安全、操作安全、人事安全、资源安全等；从系统外部环境看，有法律、道德、文化传统、社会制度等方面的内容。按照系统的观点，信息系统安全追求并强调均衡性，因而各项因素管理要相互协调，不能重此轻彼。这就是信息系统安全的综合性原则。

现代信息系统的安全管理既是一个复杂的技术问题，也是一项要求严格的管理规范。信息系统是一种内容繁多、结构复杂、环境多变的人机系统，系统安全问题仅靠技术手段的支持是远远不够的。这是因为，在技术上要实现一个绝对安全的信息系统几乎是不可能的，一个系统甚至一项安全技术或多或少总有一些所谓的缺陷及安全漏洞。因此，要想有效地保护信息系统的安全，必须从信息安全技术、组织机构与人事管理、信息安全法制建设等方面采取综合治理措施。

（1）技术管理

信息安全技术包括：密码技术、鉴别技术、访问控制技术、信息流控制技术、数据保护技术、软件保护技术、病毒检测及清除技术、内容分类识别和过滤技术、网络隐患扫描技术、信息泄漏防护技术、系统安全监测报警与审计技术等等。目前信息安全技术的发展速度很快，国外不断有新型的安全产品投放市场，但进入中国市场的产品安全级别很低。我国已研制出防（反）病毒卡（软件）、安全路由器、保密网关、防火墙以及各种环境下的加密机等关键设备，但总的来说，国内自主开发的安全产品甚少，尚不能满足信息系统的安全需求。

（2）组织管理

对于任一级别的信息系统，都应有相应级别的、负责信息安全的专门管理机构。其主要职能是：制定、审查信息安全措施；确定实施安全措施的方针、策略和原则；组织实施安全措施并协调、监督、检查安全措施的执行情况。安全管理机构的人员要按不同任务进行分工以确立各自的责任。一类人员是负责整个系统安全的领导，另一类人员按分工具体管理系统的安全工作，如保安员、安全管理员、安全审计员、系统管理员、网络管理员等。对于较少涉及密级信息的部位，也有不少敏感信息，也需要有一定的组织机构和人员保证。

（3）人事管理

信息系统的安全威胁大多来自人的因素，因此，在信息系统的安全管理上要有一套完整、严格的工作规范和标准，有健全的人事管理制度，以防止和最大限度地减少由于人为原因给系统带来的不安全因素。不仅对用户的行为要实行有效的监控，而且更重要的是要加强对系统内部工作人员的管理。统计表明，大多数威胁信息安全的案例是由系统内部的工作人员引发的。他们可能无意中造成错误，也可能为发泄私愤而蓄意破坏信息系统，甚至可能为满足私欲而内外勾结窃取机密信息或进行经济犯罪。为此，"攘外"必先"安内"，在人事审查录用、工作绩效评价以及调动、免职等方面应有具体的安全措施。此外还要加强思想教育和安全业务培训，不断提高工作人员的思想素质、业务素质和职业道德，才能把系统安全建立在牢固的基础上。

（4）法制管理

信息系统安全问题的解决最终要依靠法制的保障。因此，有必要通过法制手段制定有关信息安全的法律规范,强制性地贯彻实施信息安全技术与安全管理等措施,保护信息系统的资源不受侵害。我国政府高度重视信息系统的安全立法问题,1996 年成立的国务院信息化工作领导小组曾设立政策法规组、安全工作组及其专家组,并与国家保密局、安全部、公安部等职能部门进一步加强了信息安全法制建设的组织领导和分工协调。在信息安全法规建设方面,我国已制定了《中华人民共和国计算机信息系统安全保护条例》(1994 年 2 月 18 日发布实施)和《中华人民共和国计算机信息网络国际联网管理暂行规定》(1996 年 2 月 1 日发布实施,1997 年 5 月 20 日修订)。此外,1997 年 10 月 1 日正式生效的新《刑法》也增加了专门针对威胁信息系统安全的计算机犯罪行为的条款。其中明文规定:违反国家规定,侵入国家事务、国防建设、尖端科学领域的计算机系统的,处 3 年以下有期徒刑或拘役;违反国家规定,对计算机信息系统功能进行删除、修改、增加、干扰,造成计算机系统不能正常运行,后果严重的处 5 年以下有期徒刑,后果特别严重的处 5 年以上有期徒刑;违反国家规定,对计算机信息系统中存储、处理或者传输的数据和应用程序进行删除、修改、增加操作,后果严重的应负刑事责任。

8.5 思考题

1. 信息的本质属性和功能是什么?
2. 系统有什么特性?
3. 信息系统的开发应遵循哪些原则?
4. 物流信息有哪些特征?物流管理对物流信息有什么要求?
5. 信息系统的运行管理包含哪些内容?
6. 信息系统的基本安全需求包括哪些因素?

第 9 章 供应链管理基础

随着改革开放的不断深入,市场经济的日趋完善,流通企业已逐步迈向市场,加入到市场激烈竞争的洪流中去。激烈的竞争使他们意识到,企业集团的规模效应以及与合作伙伴之间的真诚合作,追求共同利益是在洪流中生存、搏击、制胜的法宝。而科技的迅猛发展,以顾客为中心的现代营销观念已逐步取代了以生产和产品为中心的营销观念,又使他们意识到,哪个企业能够以敏锐的洞察力发现顾客需求并在最短的时间内,运用各种先进技术,以最低的成本、最优的服务满足这种需求,它就会在激烈的市场竞争中脱颖而出。

近年来,为了顺应时代的需要,顺应市场的需要,顺应竞争的需要,生产厂商、分销商、代理商引入了供应链管理理念。尤其是自 20 世纪 90 年代以来,随着电子商务的推广,供应链管理也出现了新的方式——集成供应链管理(Integrated Supply Chain Management)系统研究,这已经成为国内外管理学、物流学、采购学领域专家学者的一个研究热点。本章就着重介绍电子商务环境下供应链管理的新的发展。

9.1 供应链管理概述

9.1.1 供应链与供应链管理

供应链的概念是 20 世纪 80 年代初提出的,但其真正发展却是在 90 年代后期。供应链译自于英文的"Supply Chain",供应链管理则译自英文的"Supply Chain Management(SCM)"。

1. 供应链定义

所谓供应链,是指产品生产和流通过程中所涉及的原材料供应商、生产商、批发商、零售商以及最终消费者组成的供需网络,即由物料获取、物料加工、并将成品送到用户手中这一过程所涉及的企业和企业部门组成的一个网络。供应链一般分为内部供应链和外部供应链。形象一点,可以把供应链描绘成一棵枝叶茂盛的大树:生产企业构成树根;独家代理商则是主干;分销商是树枝和树梢;满树的绿叶红花是最终用户;在根与主干、枝与干的一个个结点,蕴藏着一次次的流通,遍体相通的脉络便是信息管理系统。

供应链是社会化大生产的产物,是重要的流通组织形式和市场营销方式。它以市场组织化程度高、规模化经营的优势,有机地联结生产和消费,对生产和流通有着直接的导向作用。电子商务将供应链的各个参与方连结为一个整体,实现了供应链的电子化管理,这也正是我们要讨论供应链及其管理的必要所在。

2. 供应链分类

供应链分为内部供应链和外部供应链。内部供应链是指企业内部产品生产和流通过程中所涉及的采购部门、生产部门、仓储部门、销售部门等组成的供需网络。而外部供应链则是指企业外部的，与企业相关的产品生产和流通过程中涉及的原材料供应商、生产厂商、储运商、零售商以及最终消费者组成的供需网络。内部供应链和外部供应链共同组成了企业产品从原材料到成品到消费者的供应链。可以说，内部供应链是外部供应链的缩小化。如对于制造厂商，其采购部门就可看作外部供应链中的供应商。它们的区别只在于外部供应链范围大，涉及企业众多，企业间的协调更困难。在电子商务中，我们更加注重"B to B"模式下从产品供应商到定购产品企业的外部供应链的综合管理。

3. 供应链管理定义

供应链管理是在现代科技发达及产品极其丰富的条件下发展起来的管理理念，它涉及各种企业及企业管理的方方面面，是一种跨行业的管理，并且企业之间作为贸易伙伴，为追求共同经济利益的最大化而共同努力。所以开展电子商务必须加强对供应链的管理。

首先，供应链管理是一种运作管理技术，它能够使企业的活动范围从仅仅最佳的物流活动扩展为大到所有的企业职能。这些职能包括市场营销、加工制造和财务，所有这些职能都以最佳的方式紧密地结合在一起，成为一个整体。在这个层面上的企业集成将使企业管理者能够将他们日常的、在竞争中起决定性作用的主要价值活动的运作联结在一起，并保持高度的协同。这种运作活动包括四个方面，第一个方面是输入物流，包括销售预测、库存计划、寻找资源和采购以及内向运输；第二个方面是处理活动，包括生产、增值处理、处理过程中的库存管理以及产成品仓储；第三个方面是输出活动，包括产成品存货、顾客订单管理、外部和企业内的运输活动；第四方面包括物流系统计划、物流设计和物流控制。对供应链管理的运作进行高效管理，可以确保围绕着企业的战术目标，将所有的工作职能优化，并为顾客创造价值。

其次，供应链管理是物流一体化管理的扩展，其目的是将组织的物流职能和供应链中合作伙伴使用的对等职能的物流部分进行合并或紧密联结，以便将企业内部物流职能和外部供应商和顾客，或者第三方物流联盟联结在一起，形成一个完整的集成化系统。另外，还能使库存计划人员直接通过计算机网络查看他们供应商的库存，或者使生产人员能够满足统一计划的顾客需求。在当今的业务环境中，任何企业都不能独立地参与竞争，或是自己全部占有保持市场领导地位的所有竞争能力和知识，所以要整合供应链的综合优势并加强供应链的运作管理，对物流环节的集成，是其中的一个重要方面。

最后，应该指出的是，供应链管理的最重要方面是它的战略。供应链管理的实际应用是以一个共同的目标为核心组织在一起的。最初，供应链管理被认为是一种关于加快物品和信息在供应通道中流动的运作管理活动，这种活动可以优化业务环节，并能使他们和供应链中的伙伴的活动保持同步，以在整个供应链中降低成本，提高生产率。然而这仅是供应链管理概念所涵盖的一部分，供应链管理应加入至关重要的战略方面。供应链管理包含加快发货速度，降低成本的方面，也包含利用新的管理方法和信息技术的力量，以便在针对市场具体需求的产品和服务方面实现重大突破。尽管供应链管理的运作方面能为企业提供生存能力及市场竞争能力，然而供应链管理的战略作用使得供应链中的合作伙伴达成共识，构筑发展和互利的供应链联盟，管理复杂的客户和供应商之间的关系，以便在市场中处于领导地位，并开拓业务，探索新的机遇。

通过以上讨论，给出了供应链管理的定义：

供应链管理 Supply Chain Management（SCM）是利用计算机网络技术全面规划供应链中的商流、物流、信息流、资金流等并进行计划、组织、协调与控制。

4. 供应链管理的原则与目标

供应链管理的原则是：

（1）供应链管理必须站在一个战略的高度来对供应链中的核心能力和资源进行集成；

（2）供应链管理必须以客户为中心，使整个供应链成为一个具有高度竞争力的，能为消费者提供最大价值的源泉；

（3）强调供应链中贸易伙伴之间的密切合作，共享利益，共风险；

（4）应用现代信息技术和通信技术，如条码技术、POS 系统、电子数据交换等；

（5）遵从共同的标准和规范，将它们应用于原材料、产品、服务、运输单元和位置的标识至关重要。EAN（International Article Numbering Association）标识和自动数据采集标准是改进过程的重要部分。

供应链管理的目标是：

（1）持续不断地提高企业在市场上的领先地位；

（2）不断对供应链中的资源及各种活动进行集成；

（3）根据市场需求的扩大，不断地满足顾客价值；

（4）根据市场的不断变化，缩短从产品的生产到消费者手中的时间；

（5）根据市场的不确定性，缩短供应与需求的距离；

（6）根据物流在整个供应链中的重要性，企业要消除各种损耗，从而降低整个物流成本和物流费用，使物、货在供应链中的库存下降；

（7）提高整个供应链中所有活动的运作效率，降低供应链的总成本，并赋予经营者更大的能力来适应市场变化并作出及时反应，从而得到人尽其才，物尽其用，货畅其流。

5. 供应链管理的载体

供应链管理的载体是计算机管理信息系统，它分为两部分，其一是企业内部网 Intranet，即企业内部财务、营销、库存等所有的业务环节全部由计算机管理，目的是使企业内部管理明细化。同时建立一个企业外部网，目的是建立一些应用功能，包括与生产厂商各个部门的互联，以达到快速沟通、快速解决问题的能力；同时，财务结算也要通过现代的电子方式实施联网；还包括代理商与下游企业间的订单体系、管理体系的实现。外部网将执行一体化的指令，包括物价指令、库存查询系统、网上培训系统等。通过公共的浏览器可以浏览所有的公共信息，并建立和实施对整个市场的统计，促进信息逆向流动。

其二是有严格的计算机管理的物流配送中心，制定适应供应链的配送原则和管理原则。物流配送中心分为面向内部的和面向外部的物流配送中心两部分，后者不仅仅是物流的配送流动，因为物流在流动过程中会产生相当多的信息流，包括需求单的确认和发送等。同时，对于一个单品来讲，既要面向本地区的区域市场也要面向外部市场。所以，内外物流中心要配合，要对产品的上下线做相应的管理工作。

6. 供应链管理的特点

在一个完整的供应链中，厚此薄彼必然会使供应链出现薄弱环节，最终导致供应链的断裂，而批发必须依赖于完整的供应链而存在。因此，批发商与上游制造商及下游零售商的关系都要重视。批发商可以与厂商联合搞配送和代理，可以和零售商联合搞批零一体化，可以与厂商和零售商联合搞产供销一体化。总之要与上游及下游靠得更近。

供应链管理与传统的物料控制及储运管理有很大的不同，主要表现在以下四个方面：

（1）将供应链看成一个整体，而不是将供应链看成是由采购、制造、分销、销售等构成的一些分离的功能块；

（2）要求并最终依靠对整个供应链进行战略决策，"供应"是整个供应链上各个功能部门的共同目标，坚持这一点具有战略意义，因为它对整个供应链的成本及供应链的市场份额有重大影响；

（3）供应链管理对库存有不同的看法，从供应链角度来看，库存不一定是必需的，它只是起平衡作用的最后的工具；

（4）供应链管理要求采用系统的、集成化的管理方法来统筹整个供应链的各个功能。为了确保达成共同目标，高层管理部门采取一定办法消除供应链内各部门之间的目标冲突是十分重要的。

供应链管理同时具备如下特征：

（1）管理目标呈现多元化特征和超常的性质

在传统的管理活动中，管理目标一般是针对现有问题来制定的，设计的管理行为主要着力于最终解决问题，因此管理的目标比较单一，以最终能解决问题为管理的追求；供应链管理的目标则较复杂，它不仅追求问题的最终解决，而且还关注解决问题的方式，要求以最快的速度、最优的方式、最佳的途径解决问题。这就使得管理的目标既有时间方面的要求，也有成本方面的要求，同时还有效果的追求。例如，"在最合适的时间，将合适的产品，以最低的价格送到合适的消费者手中"，正说明了供应链管理的目标多元化。在供应链管理的各项目标中，有些目标以常规眼光来看是相互矛盾和冲突的。传统管理目标的定位主要是建立在企业自身可以利用的资源基础之上，即企业在确定管理目标时，是以当前现有的资源条件作为决策依据，强调目标的现实可行性。但在供应链管理中，企业的管理目标却往往较少受到自身资源实力的限制。这是因为通过内外资源的集成使用，企业可以超越自身实力来进行管理目标定位，从而延伸企业的目标，显示出超常的性质。

（2）管理视野极大拓宽

管理视野代表着管理主体行为的活动范围。管理视野越窄，管理行为就越受限制，管理的影响力度也就必然越小。在集成思想指导下，供应链管理的视野得到极大的拓宽，过去那种围绕企业内某具体部门，或某个企业或某个行业的点、线或面式的管理疆域，现在已被一种更加开放的全方位、立体式的管理空间所取代。在这里，管理的触角从一个部门伸到了另外一个部门，从企业内伸到了企业外，从本行业伸到了其他相关的诸多行业。总之，管理视野是全方位、立体状的，从而为供应链管理提供了充分自由的运作空间。

（3）管理要素更加多样，包容度大大增加

在过去的管理活动中，人、财、物，是基本的管理要素。随着社会科技的进步，一方面，上述管理要素的内容不断演化更新；另一方面，各种新的管理要素也大量涌现，各种管理要素的重要性也相继发生转换。由于科技已上升为经济增长的主要推动力量，因而它在管理中的地位也变得至关重要。在供应链管理中，管理要素的种类和范围都比以往有更大的拓展。从人、财、物，到信息、知识、策略等，管理对象无所不包，几乎涵盖了所有的软、硬资源要素,因而使得管理者的选择余地大大增加,同时管理难度也进一步加大。尤其应引起管理人员注意的是,软性要素在供应链管理中的作用日渐重要,由于供应链管理中知识、智力的含量大大增加,在许多情况下,信息、策略和科技等软性要素常常是决定供应链管理成败的关键。

（4）管理系统的复杂度增加,系统边界日益模糊

从本质上来看,企业供应链管理行为既是由企业内在本质所决定的并受企业支配的各项活动的总和,又是随着外界环境的变化而变化并受外在环境刺激所作出的各种决策和对策的反应。供应链管理行为所涵盖的不只是企业内部的技术行为,而是涉及一系列广泛而又复杂的社会经济行为。它融合了宏观与微观、纵向与横向、外部环境与内部要素的交互作用,并且彼此之间形成一个密切相关的、动态的、开放的有机整体。而且,其中的各项要素之间又交织成相互依赖、相互制约、相互促进的关系链,从而使得供应链管理行为极其复杂,难以把握。另外,由于供应链管理打破了传统管理系统的边界限制,追求企业内外资源要素的优化整合,即企业的内部资源、功能及优势与外界的可以相互转化、相互协调、相互利用,形成一种"内部优势外在化、外部资源内在化"的态势,从而使管理的系统边界越来越难以确定。因此,在供应链管理中,必须运用非常规的分析方法才有可能较好地把握管理系统的内在本质。

9.1.2 实现供应链管理的流程与职能

供应链的第一环节是制造商,制造商从原料供应商那里得到生产资料后加工成产成品。然后,其产品由供应链的第二环也是最关键的一环——独家物流配送中心负责某一固定范围的销售。在独家代理商后又分流到供应链的第三环——各区域的分销商,由其负责各大区域的销售工作。在各区域的分销商下游又分布着供应链的第四环——众多的零售商,由它们销售给最终用户。这是供应链的最简单的基本构架。标准的供应链流程如图9-1所示。

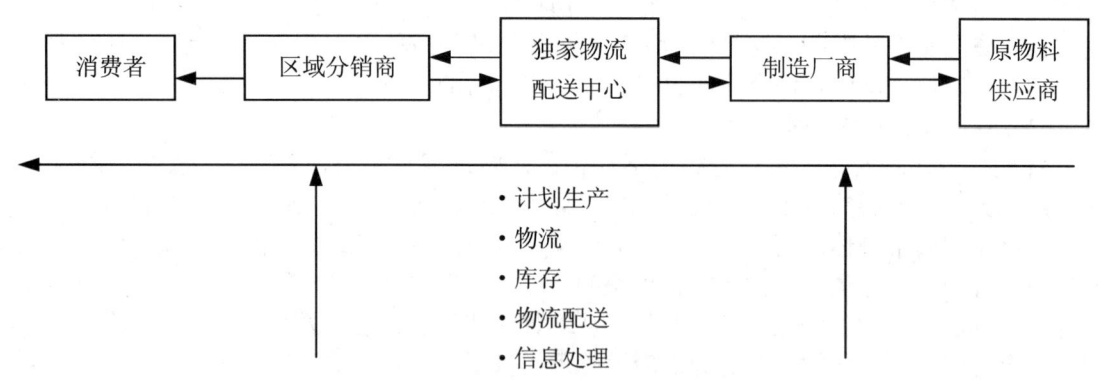

图9-1 标准的供应链管理流程

供应链管理的实现,把供应商、生产厂家、分销商、零售商等在一条链路上的所有环节都联系起来进行优化,使生产资料以最快的速度,通过生产、分销环节变成增值的产品,达到有消费需求的消费者手中。这不仅降低了成本,减少了社会库存,而且使社会资源得到优化配置,更重要的是通过信息网络、组织网络实现了生产及销售的有效连接和物流、信息流、资金流的合理流动。

在企业的活动中,供应链是客观存在的,它以"链"的形式将制造商、零售商、客户和供应商连接在一起,形成一条不可分割的、能共享技术和资源的业务流程。一种产品从设计、制造直至最终交付给客户的全过程中,会牵涉到若干个企业。

从企业发展的历程来讲,企业在最初的发展中一般首先关心的是管理好企业自身,即整合企业内部的产品设计、生产制造、供应、订单执行、运输、库存、销售及售后服务等各个环节。比如说,很多美国的企业在20世纪70年代和80年代初,都大力开展贯穿于企业内部的物流管理,借此提高企业的经营效益。但实践证明,这对不少企业来说是远远不够的,有时甚至是费力不讨好。

以食物链为喻,在"草—兔子—狼"的食物链中,为便于论述,假设在这一自然环境中只生存这三种生物,如果把兔子全部杀掉,那么草就会疯长起来,狼也会因兔子的灭绝而饿死。可见,食物链中的每一种生物之间是相互依存的,破坏食物链中的任何一种生物,势必导致这条食物链失去平衡,最终破坏人类赖以生存的生态环境。同样道理,在供应链"企业A—企业B—企业C"中,企业A是企业B的原材料供应商,企业C是企业B的产品销售商,如果企业B忽视了供应链中各要素的相互依存关系,而过分注重自身的内部发展,生产产品的的能力不断提高,但如果企业A不能及时向他提供生产原材料,或者企业C的销售能力跟不上企业B产品生产能力的发展,那么就可以得出这样的结论:企业B生产力的发展不适应这条供应链的整体效率。

综上所述,一方面,供应链是客观存在的,但"链"的组成形式不一定合理;另一方面,对于合理存在的供应链需要我们将其维持在一个最优的平衡态上。可见,链上的企业只开展其内部作业的一体化管理是有很大局限性的,企业必须与其业务伙伴(供应商及客户)协同工作,共同优化和管理整个供应链,共同为客户提供优质的产品和服务,共同降低成本和库存,即对整个供应链上所涉及的物流、信息流和资金流实行一体化管理,才能有效地提高企业效率,共享供应链管理为企业带来的效益。

另外,也可以把整个供应链上所涉及的所有企业看作是一个"广义企业",类似于一个集生产、运输、市场营销等业务职能于一身的集团公司。原材料供应商、销售渠道供应商(批发商和零售商)以及消费者自身都是SCM中的主要参与者。通过供应链的管理而建立起来的"广义企业"与通过电子商务建立起来的"虚拟企业"其实质是一样的。

供应链管理的主要职能包括营销管理、物流一体化管理、生产过程管理以及财务管理等。

1. 营销管理

管理整个供应链的市场营销过程和销售过程,以及持续不断地提供客户价值。

2. 物流一体化管理

管理自供应商开始的物流。它包括生产计划、采购和库存管理。

3. 生产过程管理

管理生产过程,降低生产成本。

4. 财务管理

利用财务媒体,与供应商及客户一起管理资金流。

供应链管理的主要流程包括计划、实施和评估三个阶段。

5. 计划

包括需求预测和补货，旨在使正确的产品在正确的时间和地点交货，还可以使信息沿着整个供应链流动。这需要深入了解客户的需求，同时也是成功管理供应链的根本所在。

6. 实施

主要关注运作效率，包括如客户订单执行、采购、制造、存货控制以及物流配送等应用系统，其最终目标是综合利用这些系统，以提高货物和服务在供应链中的流动效率。其中，关键是要将单个商业应用提升为能够运作于整个商业过程的集成系统。

7. 评估

是指对供应链运行情况的跟踪，以便于制定更开放的决策，更有效地反应变化的市场需求。利用电子商务工具，如财务管理系统，可进行有效的信息审核和分析。为了解决信息通路问题，许多公司正在开发集成数据仓库，它可提供数据分析工具，管理者能够在不影响系统运作性能的情形下分析商业信息。

9.1.3 供应链管理模式分析

通常把对一条供应链中所有要素的物流、信息流、资金流进行一体化管理的战略称为供应链管理（SCM）。

一方面，供应链管理在客观上是一种表现形式，如供应链的组成形式、在链中所运用的推销手段以及服务项目等；另一方面，它又被看做是一项集计算机技术、网络通信技术、自动数据采集技术（ADC）等科学技术的综合应用，具体应用包括对通过 EDI 方式获得的数据进行生产/销售预测、库存分析、利润分析、资源分析等。

需要强调的是：对信息数据的管理是供应链管理的重点与难点。管理信息数据离不开两个关键技术：数据扫描/条码技术和信息通信技术。数据扫描技术主要是指在销售点或货仓内扫描条码，旨在使传统的手工操作能实现自动化处理。信息通信技术是指利用 EDI 网络或其他电子方式发送促销资料、订购单以及发货通知等，其目的是以最快的速度、最准确的方式进行最新信息的通信。

在供应链管理中，制造业与流通业是两大参与方，只有双方保持密切联系并有机地组成一体，才能真正实现整个供应链的管理与优化。

其实，"供应链管理"这个概念并不是某个人一下萌生出来的想法，它是商业在过去的 30 年中逐渐发展，尤其是在全球自由贸易的推动下才形成的。

在 20 世纪 70 年代，商业主要集中于供应链中的某一特定职能企业，换句话说，此时制造业、商业或分销业企业注重的是企业内部的自身发展，比如说，制造企业（生产厂家）、商业企业（零售商）或分销业企业（配送中心）。随着 20 世纪 80 年代的到来，人们逐渐认识到，如果将处理各种业务的企业联合起来，就能提高企业的生产率和利润。进入 20 世纪 90 年代，人们又认识到，企业单靠产品质量优势并不一定就能成功。事实上，客户期望能获得高水平、多方位的服务，比如：客户要求企业按时、按量、按质地在指定地点交货。换句话说，企业的"客户价值"（指为客户提供更好的产品质量、更好的品种、更好的现货服务、更好地方便客户，降低整个供应链的总成本）意识提高了。

在这种新的意识形态下,企业不再单纯从提高供应链效率或降低成本的角度对待 SCM,而是将主要精力放在满足客户日益增强的需求上。这种趋势促使大量企业从致力于内部效率的商业模式转换为以客户价值为导向的商业模式。

以客户价值为导向的商业模式的基本思想是:提倡企业与供应链中的贸易伙伴通过积极合作与经营而赢得利润,这要比想方设法降低成本有用得多。俗话说,钱不是省来的,而是赚来的,说的就是这个道理。这就要求供应链上的企业必须首先了解客户需要你生产什么样的产品,提供什么样的服务。因为在市场经济中,客户是上帝。商业的成功取决于在尽可能降低满足客户需求成本的同时,对变化的客户需求的反应能力。由此,"高效客户反应"(Efficient Consumer Response,缩写 ECR)的实施战略应运而生。

为了满足客户的需求,提高客户价值,企业必须加强信息集成。信息集成意味着企业能够使客户订单、库存报告、销售数据报告以及其他关键信息从一个企业(部门)开放地、自动地流向另一个企业(部门),也就是说企业与企业之间,部门与部门之间必须实现信息共享。在这种新的商业模式中,市场竞争不再被单纯地看作是企业与企业之间的竞争,而是供应链与供应链之间的竞争。因此,提高管理不同的供应链的能力就显得非常重要了。

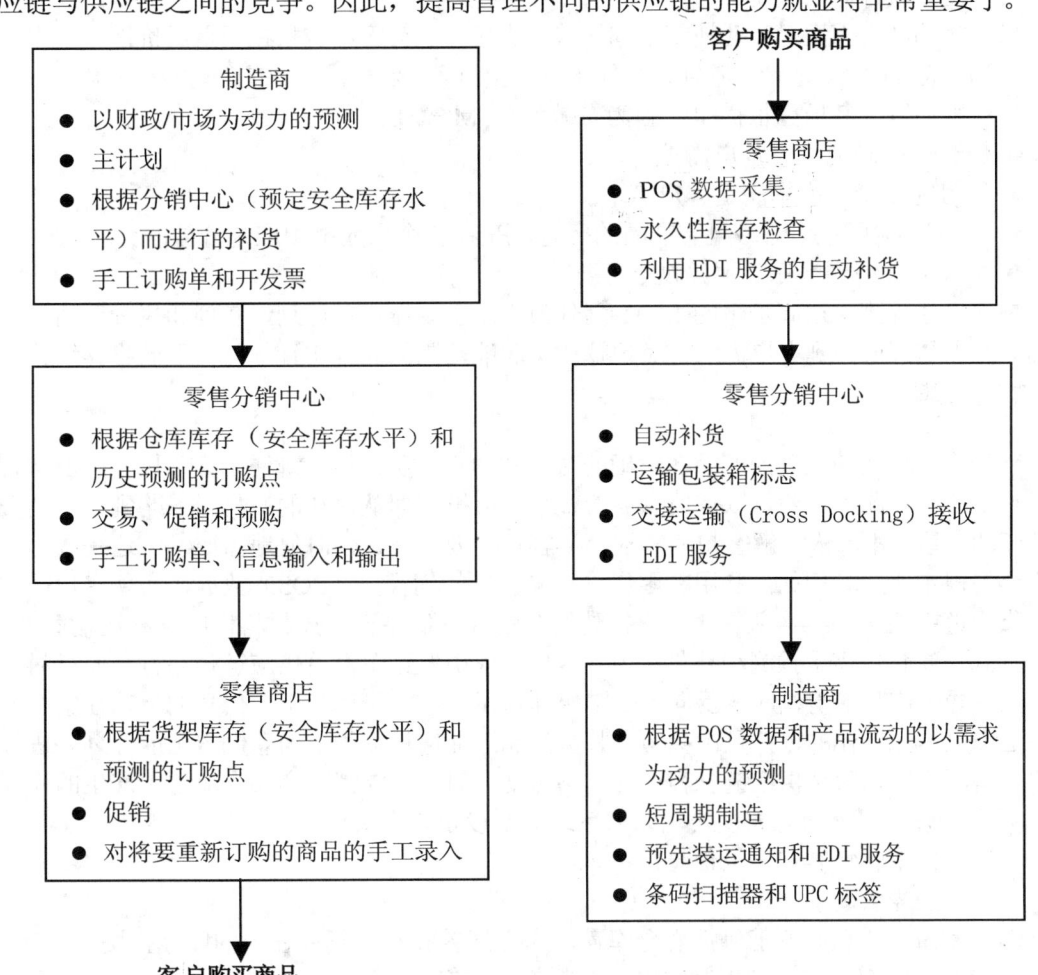

图 9-2 两种供应链模式

传统的供应链模式叫做"推销"模式,即根据商品的库存情况,有计划地将商品推销给客户。而现今流行的供应链模式是"需求动力"模式,顾名思义,该供应链模式源于客户需求,客户是该供应链中一切业务的源动力。两种供应链模式的流程如图9-2所示。

"需求动力"的概念既简单,又复杂。在超市的收款台前,扫描器采集到客户所购商品的确切信息。这种行为将最终引发产品从分销仓库中发出。数据在分销仓库进一步集中后又传给制造商,这样,制造商就可以为下一次交货以补充分销仓库提前做准备。为此,制造商将调整交货计划和采购计划,同时更新生产计划,以便原材料供应商改变他们相应的交货计划。

"需求动力"模式的要求有:
(1)增加产品的可替换形式;
(2)缩短订货间隔期;
(3)改进质量,降低单元成本;
(4)提高运作优势;
(5)设立执行评估系统。

供应链的动力因素对商业战略正施加着巨大压力。公司不应只在质量或价格上获得竞争优势,而应依靠适物、适量、适时的发货能力占领市场。然而,很少有公司懂得怎样管理"需求动力"供应链。其原因很简单,因为有效的SCM需要公司:
● 快速、准确地收集客户需求;
● 尽可能以最低成本满足客户需求;
● 从原材料采购到制造/组装产品的所有决策在整个供应链中应是开放的;
● 将成品分销到客户手中并收集必要款项。

前文已经提到,最高水平的SCM划分为三个主要流程:计划、实施和执行评估。三过程的共同点是:考虑到客户需求,对超越狭义职能范围的流程实行优化。下面将详细论述。

1. 计划系统

计划系统旨在使正确的产品在正确的时间和地点交货。该系统便于订单执行以及从客户那里收集信息。此外,还可以使信息沿着整个供应链,即从最初的原材料采购到最终消费平滑地流动。这要求深入了解客户的需求——客户需要什么,何时何地需要——这是成功管理供应链的根本所在。例如,利用在零售终端采集到的销售点(POS)数据,实现客户需求信息在供应链中的传递——从零售商直接传给分销商、制造商、原材料供应商和运输商。

计划系统包括需求预测和补货在内。客户需求引发订单沿着供应链传递直至原材料供应商,然后导致产品沿着供应链反向流回零售商那里。在电子商务下,信息的流动在整个商品的流通中应是无纸化的,并且由参与方共享。制造业应根据需求信息制定生产计划并进行原材料采购。只有当整个供应链以客户的购买为动力时,才能消除商品在流通中产生的库存。

为了支持"需求动力"模式,计划系统需要设定三个目标:
(1)有效地收集客户需求信息;
(2)适应需求变动;
(3)使需求信息服务于包括安全库存、库存周转和补货频率在内的库存投资。

这就要求我们为下列过程制定出一个完善的方案:
(1)订单的生成和计划,用以借助市场预测来测试客户需求;

（2）订单执行和记录，用以向补货程序提供原料；这需要与分销需求计划（DRP）、卖方管理的存货（VMI）和连续补货程序（CRP）进行协调。

2. 实施系统

实施系统有利于货物和服务在供应链中的物理流动。在传统理论中，它包括一些应用系统，如客户订单执行、存货控制以及生产与后勤系统。实施系统主要关注的是运作效率，因此有必要寻求一个新的解决方案，使日常的商业运作流水线化和自动化，以降低成本，提高生产率。而提高运作效率的第一步关键在于将主要的商业应用提升为能够运作于整个商业过程的简单的集成系统。只有这样，公司才能使其产品在供应链中高效地流动。

进行跨职能集成的需求已成为实施系统的一个中心议题。近年来，公司发现，跨职能优化往往要比某一职能的局部优化产生的效果好。例如，使生产力利用率最大化的目标常与使库存最小化的目标相抵触。这使得公司不得不在客户服务、存货以及生产成本之间权衡，以便最大限度地利用现有的人力、物力的信息资源。因此，可以得出这样的结论：实施系统旨在将订单履行、采购、制造以及分销管理综合起来，以加强供应链的合作。

3. 执行评估系统

执行评估过程是对供应链运行情况的跟踪。这便于制定较为开放的决策并对变化的市场做出有效的反应。其间，会计和财务管理系统是真正的焦点问题。所以要在这些方面利用电子商务工具如数据库管理进行有效的信息审核和分析。但事实证明，这说起来容易，做起来难。大多数商业运作系统与传统的汇报工具是用于交易的处理，而不是为了更好地获取决策支持信息而设计的。

为了解决信息通路问题，许多公司正在开发集成数据库。该数据库提供数据分析工具，管理者能够在不影响运作系统性能的情形下分析商业信息。例如，在分析零售趋势方面，管理者希望从不同国家、地区、销售代表或生产线角度对年销售收入进行分析；他们还希望通过年销售收入分析，更好地了解季节性的浮动。此类商业分析涉及大量的统计计算。

还有一种执行评估趋势是利用基于 Web 的软件媒体做预先积极的分析。所说的软件媒体是代表用户工作的程序。这些程序在拥有成千上万兆宇节的数据环境中是非常有用的。在这么多可用的信息中优化出管理层所需的信息是很重要的。毕竟组织中不同的人对究竟哪项业务需特别留心或需采取特殊行动持有不同的看法。软件媒体能够帮助用户制定出适用于他们自身的用于筛选信息的标准，还能够帮助管理者对其商业运作进行预先积极地监控并在主要商业事件中即刻反应出来。

9.1.4　供应链管理与传统企业管理

SCM 具有独立的商业职能——市场营销、物资管理、购买、制造和分销。为使所有职能发挥协调一致的作用，需要的不只是单个的公司，而是涉及从供应商直至客户的整个供应链中的所有公司的合作（如图 9-3 所示）。

在以上供应链的职能中，业务流程的合作和数据集成是很常见的。通常，竞争优势是通过以较低的成本集成供应链的各项活动而获得，而不是靠相互竞争取得。各项活动之间的合作与对各种供应链关系的管理可能成为竞争优势的来源，还可能带来附加客户价值。

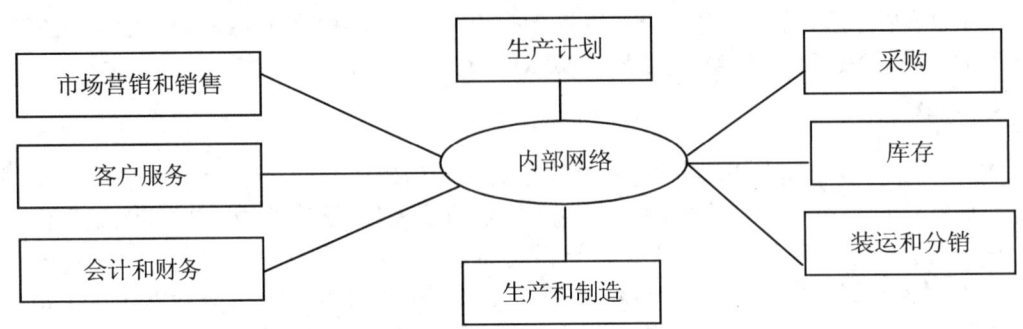

图 9-3　连接供应链职能的内部网络

要想将上述职能有效地统一起来，就要求所有的参与方将主要技术和商业过程的目标定位于"消除浪费，使长期利润最大化以及增加最终客户价值"。为了实现该目标，公司必须找出它在供应链中不具有竞争力的部分，了解未被满足的客户需求，改进目标并快速实现该目标。大多数商业的发展还跟不上商业应用需求；即使跟上了，又要花费很多时间去适应不断变化的商业环境。通过客户/服务器计算建立模块软件是一个大有前途的供应链应用的开发方向。如果实施顺利的话，模块的应用将推动公司走向更高境界的商业流程，公司能够快速开展业务工作，必要时还可进行业务再造。这种朝向模块化的发展是在 Web、内部网络（Intranet）以及应用包之后的一种主要发展趋向。

供应链管理是一种全新的管理理念及方法，其核心就是强调运用集成的思想和理念指导企业的管理行为实践。也就是说，传统管理方式是以分工理论为基础，而供应链管理则突出一体化的整合思想，二者的出发点显然是迥异的。由于集成贯穿了供应链管理活动的全局和整个过程，因而通过各项管理对象、资源要素的集成，可以实现全方位、全范围和全阶段的优化，激发单项优势之间的聚变放大作用，从而最终促进整个管理活动效率的提高。

由于供应链管理是在知识经济时代诞生的一种新型管理模式，它所面临的管理环境与以往相比截然不同，因此，与工业化鼎盛时期产生发展的传统的企业管理理论相比，供应链管理在研究、处理问题的方法上有很大不同。传统的企业管理重视劳动分工与专业化，技术与管理的界限分明；供应链管理则重视系统的集成，如设计、制造、销售过程的集成，技术、管理与人的集成等。传统的企业管理着重研究企业内部人、物料、设备技术等各项资源的合理配置和有效利用；供应链管理则不单对企业内部各类资源，还注重把企业内部条件与外部环境结合起来，对企业外部可用资源也进行有效的利用。传统的企业管理着重研究人与机器、人与环境的关系，目的在于改善劳动条件、提高体力劳动的工作效率；供应链管理则更加注重人的智力因素与精神因素的作用，强调通过组织结构、工作方式的改变，发挥人的主动性、积极性和创造性，建立一个人机和谐、综合集成的系统。传统的企业管理方法重物流、轻信息，重过程分解、轻系统优化，而供应链管理则正好弥补了这些缺陷。

9.2　供应链管理中的物流管理

面对全球竞争的加剧、客户要求以及能否获得原材料的严重不可预测性，当今的企业被迫采取一系列新的生产过程并实施不同的制造战略。同时，制造商也意识到提高整个供应链的管理，即要从快速交货以及缩短从产品订购到支付款项的周转时间才是企业提高竞争能力的最佳手段。物流管理是供应链管理中不可忽视的部分，本节将探讨供应链管理中的重要环节——物流管理。

9.2.1 供应链管理与物流管理

首先来分析传统物流管理的三大缺陷：

1. 库存太大

传统供应链上的库存缓冲，使得制造商和零售商都有某些产品的库存，而这正是造成供应链上其他环节缺货的原因。在供应链上，如果各个公司的仓储和存货点不一致，库存问题就会扩大化。由于供应链的每个参与方都有库存，再加上库存管理的失误和供应链上各环节的相互影响，当货物达到供应链的最后时，库存水平与实际的货物需求几乎毫无关系。

2. 反应太慢

传统的市场/配销渠道的松散是固有的。由于在供应链上再定货过程的脱节，就不能满足热销产品的销售需求。

3. 处理需求单一

传统的物流管理处理产品的方式单一。如：公司关于挥发性产品和非挥发性产品的库存水平相似，并通过同一种物流网络对它们进行分发。

在过去，仓库主要用于贮存和处理货物。货物周转和循环很慢。一个卡车给配销中心运来一车货物，配销中心收货并进行实物存贮。过了一段时间，当产品被记录进公司的库存系统后，如果有订购，它就会被装到出库的卡车上运出。整个过程可能需要几天甚至几个星期，而其他货物则放在库存中。

电子商务时代，在物流管理较好的公司，当产品在运送途中时，配销中心就已接到电子通知，并知道卡车将于上午 6 点到达。这可使公司对该卡车货物进行征订。当卡车到达时，工人可将产品卸下来并通过扫描输入到系统，此时库存记录会马上变更。计算机根据征订结果，通知工人将某种产品取下来并与库中或某被选产品匹配打包，并装入出库的卡车上运交客户。这样，货物可不在仓库停留，进出库几乎是同时的。

许多学者将供应链管理认为是物流一体化管理的一部分或代名词，其原因是供应链管理与物流管理有着十分密切的关系。供应链管理是从物流管理发展而来的，但是供应链管理已经超出了物流管理的范围。有学者将供应链管理的演化分为四个阶段。第一阶段是仓储与运输，第二阶段是总成本管理，第三阶段是物流一体化管理，第四阶段是供应链管理，如图 9-4 所示。物流一体化管理将企业内部的物流活动和战略同供应链上贸易伙伴的物流活动和战略进行集成，以增进整个渠道的顾客服务和降低总成本，而供应链管理的核心是通过供应链上贸易伙伴的密切合作来获得潜在竞争优势。物流是为满足顾客需求，对来源点到使用点的货物、服务及相关信息的有效率、有效益的活动和储存，进行计划、执行与控制的供应链过程的一部分，可见物流管理的战略导向是顾客需求，物流是供应链过程的一部分。物流一体化将物流视为获取最大的内部战略优势的资源，而供应链管理则以物流运作的一体化为基础，来创建"虚拟组织"，它超过渠道界限，将所有的核心竞争能力联结在一起，以便通过所有的供应渠道来探求实现竞争优势的未知领域。供应链管理与物流一体化的区别可以从以下三个方面加以说明：

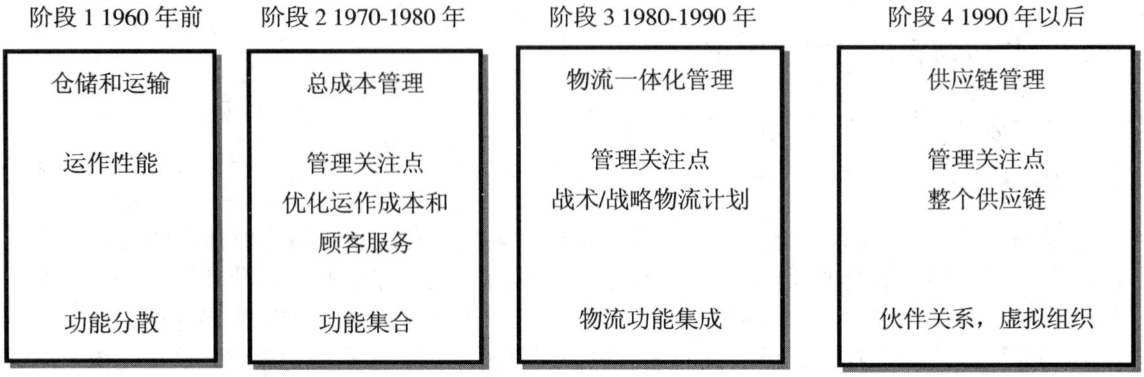

阶段 1 1960 年前	阶段 2 1970-1980 年	阶段 3 1980-1990 年	阶段 4 1990 年以后
仓储和运输	总成本管理	物流一体化管理	供应链管理
运作性能	管理关注点 优化运作成本和顾客服务	管理关注点 战术/战略物流计划	管理关注点 整个供应链
功能分散	功能集合	物流功能集成	伙伴关系，虚拟组织

图 9-4　供应链管理的发展

（1）供应链管理是物流运作管理的扩展。供应链管理要求企业从仅关注物流活动优化，转到关注优化所有的企业职能，包括需求管理、市场营销和销售，制造、财务和物流，将这些活动紧密地集成起来，以实现在产品设计、制造、分销、顾客服务、成本管理以及增值服务等方面的重大突破。鉴于成本控制对市场的成功仍很关键，物流绩效将逐渐根据整个企业的 JIT 和快速响应目标做评估。这种内部的定位要求高层管理将企业的战略计划和组织结构的关注点放在他们物流职能的能力上。

（2）供应链管理是物流一体化管理的延伸。供应链管理将公司外部存在的竞争优势机会包含在内，关注外部集成和跨企业的业务职能，通过重塑他们与他们的代理商、顾客和第三方联盟之间的关系，来寻找生产率的提高和竞争空间的扩大。通过信息技术和通讯技术的应用，将整个供应链联接在一起，企业将视他们自己和他们的贸易伙伴为一个扩展企业，从而形成一种创造市场价值的全新方法。

（3）供应链管理是物流管理的新战略。供应链管理的运作方面关注传统的物流运作任务，如加速供应链库存的流动，与贸易伙伴一起优化内部职能，并且提供一种在整个供应链上持续降低成本以提高生产率的机制。然而供应链管理的关键要素和真正力量将在于它的战略方面。供应链管理扩展企业的外部定位和网络能力将使公司建立一个共同市场和竞争视野，构造一个变革性渠道联盟，以寻找在产品和服务方面的重大突破，并且管理复杂的渠道关系，使企业能主导市场方向，产生有关的新业务，探索关键性的新机会。

通过以上的讨论，可看到，供应链管理的产生有着深刻的经济学和管理学动因。它与物流管理、战略管理、营销管理和业务流程重组等有着十分密切的内在联系。供应链管理的产生是许多管理学思想和方法相互渗透、相互融合的结果。可以在许多管理学科中找到供应链管理的雏形，它位于物流管理、业务流程重组、战略管理及营销管理等学科发展的交汇点上，如图 9-5 所示。但供应链管理绝不是这些管理学内容的叠加，它是从一个全新的角度去考察和理解的。

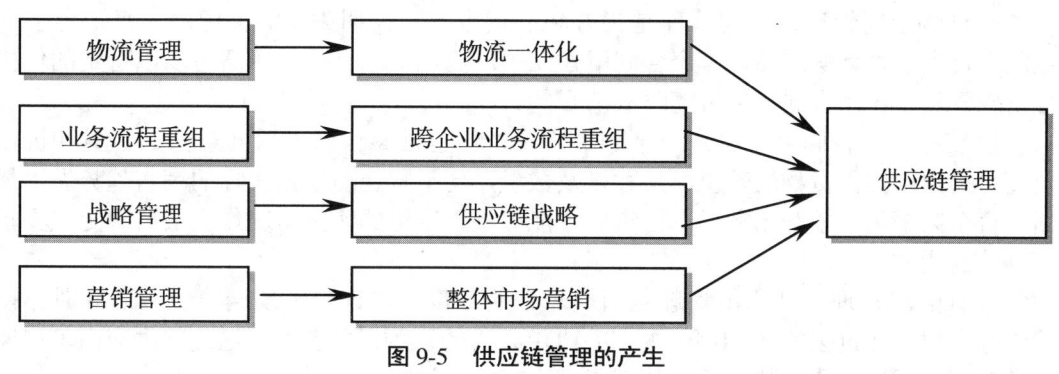

图 9-5 供应链管理的产生

9.2.2 物流管理的基本功能

在供应链管理的背景下，物流管理是将原料管理和实物相配销的一套规范，它涉及原料和产品从供应商并通过公司的配销系统到达零售商和客户的整个过程的移动和储存。物流管理处理货物的物理移动，其范围起始于原料的供应，终止于被消耗。物流管理的目的是在给客户提供最佳服务的同时使成本达到最小。

物流管理的基本功能可分为：库存管理、订购过程管理、配销管理和仓库管理（如图 9-6 所示）。

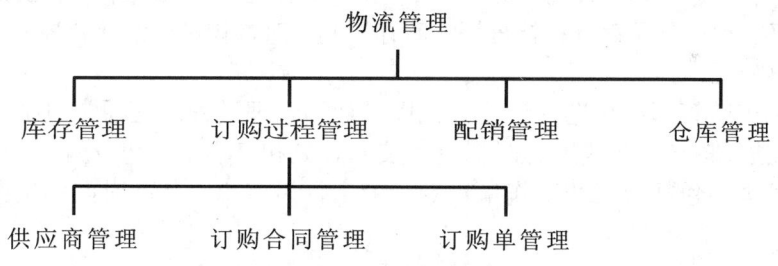

图 9-6 物流管理的基本功能

1. 库存管理

目标是缩短订购——运输——支付的周期时间。当多数伙伴都用电子形式连接起来时，过去用传真和邮寄形式传递的信息，现在可以马上发送。可以跟踪单证，确保单证的接收，提高审计能力。有效的库存管理方案能够降低库存水平，加速库存周转，消除缺货事件的发生。

2. 订购过程管理

订购过程是指给供应商发出订购单的过程。它可细分为三大行为：

（1）供应商管理：通过供应商管理，企业可利用配销单据等对整个补充网络做计划，并向供应商自动发出订购单。这样可以简化常规交易，减少纸张处理，为每日的征购活动提供一个电子通信框架。运用在线产品目录和供应商名单，采购部门可建立需求和订购单证。其效益可以从订购单处理上的开支和员工的减少、订购单数目的增加以及交易循环时间的缩短上来体现。

（2）订购合同管理：合同管理是买方和供货方建立长期关系的关键。一旦决定从一个特定的供货方那里订购产品，一个合同就建立了。例如一个食品零售商可以以特定的价格与豌豆供应商签定一个合同，也可随时取消合同。

在服装行业，合同可能仅是一个购买协议，仅包括零售商最后同意买的数量和价格。供货商可给出要提供货物的颜色、尺寸以及数量，便于零售商根据实际的销售趋势做出最佳判断。直至某销售旺季开始之后，零售商才能够根据店里的实际情况作出最后决定，要求发运其订购的货物。

（3）订购单管理：订购单管理是指检查订购数量、将订购单发送给供应商并对已接收货物进行支付。在过去的5~10年中，以EDI方式的订购日益普遍，这使得供应商可快速收到订购单并尽早地交货，从而缩短从订货到交货的时间。

3. 配销管理

如果货物被接收，就必须将它们放在仓库里。一旦产品进入零售商的直接负责区内，配销管理便意味着对成品货物的运输、贮存等。换句话说，一旦货物进入了他们的控制区（配销中心、仓库等），配销管理便指的是规划、协调和控制货物的物理流。

以下是配销管理的几个过程。

（1）配销需求计划（DRP）：根据配销管理过程，后勤系统为仓库、劳力、运输、车队管理的容量装载提供相关计划。配销需求计划给出配销系统需要服务区域内的数量、类型和配销中心位置的评估。

（2）实物库存管理（PIM）：测量库存水平和产品在仓库的周转率。它决定库存水平、商业服务的等级管理；分配存货和补货等的库存控制；对货物进行统计和控制；实现仓库和商店间货物的再分配。

（3）运输和车队管理：指选择运输方式以及运输管理过程。这通常包括：车队规划、车队管理、装载规划、车辆计划、道路选择、交货计划和车辆跟踪和监测。

（4）劳力管理：包括劳工和工作量规划、劳工行为监测、劳动时间和出勤记录以及人事和工资册等。

4. 仓库管理

指货物位置管理、产品放置和提取、收货和发货过程以及对这些过程的检测。仓库管理的基本目标是使操作费用和商店希望提供服务的水平相平衡。相关的费用分为三种：劳力、空间和设备。服务水平由收货、贮存、提取和发送货物水平来决定。这通常通过对比被提取的和希望提取的货物的数量来衡量。提取过程指商店根据订购单对产品进行选择和分类来选择产品。

仓库管理也叫收货和仓储管理。收货通常叫进货，即接收货物并入库，对照送货人提供的订购单对货物进行计数和检查。多数零售商在收货时有某种质量控制系统，质检员将接收到的货物的样品与组织内的质量标准进行对照，检测货物质量。

以往，仓库管理的操作劳动强度很大。然而，条码技术、手持扫描仪和EDI的引入改变了传统的工作方式，提高了工作效率。从而实现了对物流管理的电子化，达到了电子商务中对贸易过程实时跟踪的基本要求。

9.2.3 物流管理的目标

在电子商务条件下供应链中物流管理的目标是：在恰当的时间和地点交付正确的产品（通常还包括以正确的质量水平交付）。该目标给出了物流管理必须解决的三个变量：需求的产品或服务（可利用性）等级；花费水平（它意味着提高操作效率）；减少整个供应链的库存水平。

这些目标对零售物流管理提出的要求包括：适时地以良好的状况、在恰当的温度、完好无损地、用满足操作精度和效率的最简洁的文字说明，并以最低的花费给商店交付所订购的产品。为了满足上述要求，需要在整个供应链间传递信息，使配销产品的需求和状态通知到供应链里的每个功能参与方。

配销系统中货物的快速移动完全依赖信息。不幸的是，物流信息系统缺乏精确性是当今配销渠道集成的最大障碍，多数公司仍致力于交易系统上。虽然交易系统对公司的日常操作十分重要，但它们不能提出快速战略决策。而战略决策是公司良好管理的标志，因为它可以建立对公司生产、物流和订购活动的整体看法。

通过供应链管理可将信息从客户需求一直传递到原材料供应商。这意味着可以做出计划并提高预测的稳定性。一旦公司消除了需求的不确定性，便可降低库存。这不只是针对一个公司，而是针对供应链中的所有参与方。

对于物流管理而言，预测是一个重要功能。一个好的库存管理系统应该能够面对随机波动因素绘出相对稳定的预测，以便对实际销售变更做出反应。预测必须考虑到销售推动和季节变更因素，使在增加销售的同时将商业库存降至最小。这可通过预测变更趋势来实现，使业务快速反应。

预测系统是利用历史的销售数据和先进的预测算法来进行精确评估。一个好的预测系统能减轻库存分析家处理和调整库存的工作量，提供库存调整的具体方案；它使库存分析家以最小的人力介入处理日常项目，并集中精力处理异常情况。

季节的变更可使预测复杂化。各种零售形式都受季节性因素的影响。例如，在服装行业，每个季节都有新的款式和颜色。季节性也与天气和事件有关。在食品类，圣诞布丁只是在圣诞之前销售。在运动类产品中，网球拍在温布尔登比赛期间或之后，比其他时间销售得更多。季节因素影响了需求的高峰期和低谷期，对零售商而言，能够了解产品的季节性因素对精确预测需求具有非常重要的意义。

9.3 供应链管理中的物流运作技术

9.3.1 第三方物流系统

第三方物流系统（TPL）是一种实现物流供应链集成的有效方法和策略，它通过协调企业之间的物流运输和提供后勤服务，把企业的物流业务外包给专门的物流管理部门来承担，特别是一些特殊的物流运输业务。通过外包给第三方物流承包者，企业能够把时间和精力放在自己的核心业务上，提高了供应链管理和运作的效率。例如，有一家销售额达 6000 万元的箱包企业工厂总部位于北京,该箱包企业为了完成原料采购和产品分销等物流功能可以有两种选择:采用第三方物流或企业自营物流。公司根据各第三方物流服务的报价及自营费用的情况进行了计算,得到如下结果:公司自行承担物流功能需要占用车辆、仓库、办公用房等固定资产,要负担相应的维修及折旧费用,还要负担有关人员的工资奖金,年物流费用为277万元,约占销售额的4.62%。而委托第三方采购全套物流服务,所需物流费用为200万元,约占销售额的3.33%。两者之比为78/100(200/277)。采用第三方物流后,该公司的成本可节约28%。

第三方物流系统提供一种集成运输模式,它使供应链的小批量库存补给变得更为经济。因为在某些情况下,小批量的货物运输(非满载运输)显然是不经济的,但是多品种小批量生产的供应链环境必须小批量采购、小批量运输,这就提高了货物的供应频率,运输频率的增加就要增加运输费用,显然不经济。第三方物流系统是一种为大多数企业提高运输服务的实体,它为多条供应链提供运输服务,比如,当多家供应商彼此位置相邻时,就可以采用混装运输的办法,把各家供应商的货物依次装在同一辆货车上,实现小批量交货的经济性,这就是第三方物流系统提供联合运输(集成运输模式)的好处。

第三方物流系统还可以提供其他形式的物流服务功能,如顾客订单处理等。采用第三方物流系统,企业可以获得如下的好处:降低成本、使企业更加集中于核心业务的发展、改进服务质量、快速进入国际市场、获得信息咨询、获得物流经验、减少风险。

9.3.2 卖方管理库存

卖方管理库存(Vendor Managed Inventory,简称VMI)是生产厂家等上游企业对零售商下游企业的流通库存进行管理和控制。具体地说,生产厂家基于零售商的销售等信息,判断零售商的库存是否需要补充。如果需要补充的话,自动地向本企业的物流中心发出发货指令,补充零售商的库存。VMI方法包括了POS、CAO和CRP等技术。在采用VMI的情况下,虽然零售商的商品库存决策主导权由作为供应商的生产厂家把握,但是,在店铺的空间安排、商品货架布置等店铺空间管理决策方面仍然由零售商主导。

VMI是在EDI/Internet、ID代码、条码、条码应用标识符以及连续补货程序支持下,将零售商向供应商发出订单的传统订货方法,变为供应商根据用户库存和销售信息决定商品的补给数量。为了快速响应用户"降低库存"的要求,供应商通过和用户(分销商、批发商或零销商)建立合作伙伴关系,主动提高向用户交货的频率,使供应商从过去单纯地执行用户的采购订单变为主动为用户分担补充库存的责任,在加快供应商响应用户需求速度同时,也使用户减少库存水平。美国达可海德(DH)服装公司把卖方管理库存(VMI)看做是增加销售量、提高服务水平、减少成本、保持竞争力和加强与客户联系的战略性措施。VMI经过一段时间的运行,根据DH公司信息系统部副总裁的统计,分销商的库存减少了50%,销售额增加了23%,取得了较大的成效。

要实施VMI,首先供应商和批发商一起确定供应商的订单业务处理过程所需要的信息和库存控制参数,然后建立一种订单的处理标准模式,如EDI标准报文,最后把订货、交货和票据处理各个业务功能集成在供应商一边。

库存状态(对供应商)是透明的。供应商能够随时跟踪和检查到销售商的库存状态,从而快速地响应市场的需求变化,对企业的生产(供应)状态作出相应的调整。

卖方管理库存的实施可以分如下几个步骤：

第一，建立顾客情报信息系统。要有效地管理销售库存，供应商必须能够获得顾客的有关信息。通过建立顾客的信息库，供应商能够掌握需求变化的有关情况，把由批发商（分销商）进行的需求预测与分析功能集成到供应商的系统中来。

第二，建立销售网络管理系统。供应商要很好地管理库存，必须建立起完善的销售网络管理系统，保证自己的产品需求信息和物流畅通。为此，必须：

（1）保证自己产品条码的可读性和惟一性；
（2）解决产品分类、编码的标准化问题；
（3）解决商品存储运输过程中的识别问题。

第三，建立供应商与分销商（批发商）的合作框架协议。供应商和销售商（批发商）一起通过协商，确定处理订单的业务流程以及控制库存的有关参数（如再订货点、最低库存水平等）、库存信息的传递方式（如 EDI 或 Internet）等。

第四，组织机构的变革。这一点也很重要，因为 VMI 技术改变了供应商的组织模式。过去一般由会计经理处理与用户有关的事情，引入 VMI 技术后，在订货部门产生了一个新的职能负责用户库存控制，提高库存补给服务水平。

9.3.3 计算机辅助订货（CAO）

计算机辅助订货是一个基于零售的系统，当货架上的存货低于预定水平时，或者根据 POS 数据产品销售量达到一定程度时，CAO 系统自动生成商店补货订单。计算机系统跟踪商店内所有商品的存货，调整进货与销售。CAO 系统通过使用计算机将下列信息集合起来，准备一份商店订单，主要包括以下内容：商店的基本情况、实际销售与预期销售、安全库存水平、有效订货数量、准确的货架与库存水平、影响需求的特殊因素。

要充分理解 CAO 及其作用，了解传统订货过程的运作非常重要。当商店店员看到货架上的某一种商品少了或者空了，就要下订单。下订单要考虑的因素有：再订货点、现有库存、交货周期、预期收货、销售预测和调整因素等。调整因素包括季节影响、地区影响及促销影响。下订单的过程被称为"按库存订货"。

订货大多由人工完成，而且非常复杂。虽然现金收款机可能装备了扫描器，但这只简化了购买交易。扫描器提供的数据没有被进一步利用。根据产品种类和库存周转，在一星期内需要多次订货。从而在订货上用去大量时间。这种劳动密集型工作延长了商店的补货过程。商店自动订货过程为这个问题提供了解决方案，由计算机生成商店订单代替人工订单。在一个 CAO 系统中，由扫描器采集销售数据，并储存在 POS 数据库中，由相应的计算机软件根据这些数据自动计算出补货数量，生成订单。这些订单由商店店员核对，并传送到 RDC 或零售商总部。通常每个商店都有下订单的最后期限。

CAO 系统要处理的工作非常复杂。系统要处理各种产品，从保质期很短的鲜活产品到订货后 9 个月才能交货的纺织品。

CAO 系统在订单中要考虑下列因素：

1. 商店的基本情况

CAO 系统都有每个商店基本情况的文件。包括商店的产品、价格和促销数据。它包括商店订购和储存的每种产品，还有每种产品的货架容量，即在每个货架上能放置多少数量，这由自动空间管理系统确定。

2. 实际销售与预期销售

CAO 的奥秘在于它掌握了消费者的购物行为，以这些信息为基础，来决定何时向货架补货、补多少货。消费者的消费行为反映在销售数据上，保存在 POS 数据库中。为了计算商店的订货，CAO 系统计算出下一个补货周期的销售预期，然后制定出适当的订货数量，确保库存不缺货。销售预期由预测系统以每个 POS 数据库中的单个产品近期的销售记录为基础计算得出。预测系统同样会考虑促销、季节和特殊因素（见 SKU 预测）。生成的订单反映了销售预期、目前的库存和先前已发出但还没有交货的订单。

3. 安全库存水平

CAO 系统还要计算并保持商店某个商品的安全库存水平，其为商店的最小库存，保证即使有销售波动，商店也不缺货。其根据 POS 数据库中各种销售记录由统计学分析计算得出。补货订单是为安全缓冲区补货，同时为下次补货间隔的预期销售提供存货。

4. 物流有效订货数量

CAO 系统首先根据上述几点计算出理论数值。然后经调整计算出物流有效订货量（即几层托盘、整个托盘、整个卡车等，或者满足贸易条款的要求）。这个物流信息保留在产品、价格和促销数据库中。

5. 准确的商店库存水平

为了解订货内容，CAO 系统需要知道库存中有何种产品。准确的商店库存水平（货架上的和仓库中的）应通过实时盘库系统或定期盘库系统来维持。

6. 影响需求的特殊因素

CAO 系统还需考虑特殊因素对需求的影响，如季节变化、促销、假期、气候条件、特殊事件等。当 CAO 系统已经计算出商店的订货，商店店员要确认订单，如果需要还可对订单进行人工更改。一旦确定，订单将通过 EDI 订购单报文自动地传送给 RDC。

CAO 带来了诸多便利。由于库存计算已经完全实现自动化，实实在在地节省了人力。并且由于发货数量与货架需要的数量相匹配，补货程序简单了许多。

通过采用 CAO，消除了人工操作，缩短了订货至交货的时间，使得货架上每种产品只保持少量库存，甚至商店实现零库存。精确的订货提高了效率，减少了浪费。

对零售商和供应商来说，商店中产品的可获得性是最为重要的，CAO 提高了产品的可获得性。由于现在订单由 CAO 系统作出，RDC 能为补货做出更好的计划。RDC 不再为不知道商店订货行为而苦恼，它可以进入每个商店的 POS 数据库，更好地对所有商店的总需求进行预测。因此，在提高对商店的服务水平的同时，仓库的库存也随之降低。

9.3.4 通过式运输

通过式运输是一个配销系统，仓库和配销中心接收的货物不是用于储存，而是要马上配给到零售商店。通过式运输要求入库和出库的各项活动高度统一。通过消除放置、储存和取货的操作，极大地降低了分销成本。在托盘通过式运输中，所有托盘直接送到出口，与其他供应商运货车上类似的托盘集合在一起，无须再行处理。托盘是由按商店订单预先挑选的、多个供应商的产品组成的。在包装箱通过式运输中，每个托盘被分解为多个卷型笼（roll cage），然后卷型笼通过传送带被送到装运区，与装入其他卷型笼的货物一起送往商店。

通过式运输依赖于商品入库与商品送货的同步进行。小批量的频繁交货取代供应商不经常的大批量交货。主要目的是减少甚至消除零售商配销中心（RDC）中的库存，同时提高运输效率。通过式运输的特点是交货周期非常短。

通过式运输实施起来可以多样化，在 RDC 可直接由托盘提供相应数量的产品，也可将托盘分解，按商店的订单将托盘或卷型笼组合在一起送至商店。显然，对零售商来说这样可使公司运作顺畅，减少了资金占用。同时由于 RDC 只用于商品配销而不贮存，减小了仓库面积。这样，RDC 每平方米的货物周转能力提高了。另一个优点是由于产品在物流中时间缩短了，其货架寿命就增加了。产品到顾客手中更为新鲜，减少了产品到达保质期仍没有卖出去的情况。最后，采用 RDC 能够提高商店的管理水平。

对供应商来说，由于订单更多，少量送货的次数增加，货车不能满载，提高了运输成本。这些影响可以通过程序上小小的变化而减轻。如果所定的商品数量不能装满一个卡车，供应商可增加一些商品来填满卡车。这些多出的商品再从第二天的订单中减去，但其需要在 RDC 中存放。这种方式称之为滚动库存，尤其适合于快速送货。

9.3.5 POS

获得准确的销售数据依赖于能够准确扫描 EAN 条码。制造商必须对国际 EAN 和国家编码组织十分了解，以便编码和条码能够为有效补货提供基础数据。消费者行为通过扫描器在 POS 数据中反映出来。一旦数据被记录下来，将长久保存在商店的 POS 数据库中。这个数据库与零售促销记录表相结合，记录以往促销数据的波动（见产品、价格和促销数据库）。POS 数据库用于有效补货系统，从而预测未来销售，制作建议定单，判断补货效果。POS 数据库有三种形式：

（1）本周记录。记录当前活动的最新信息。它提供需要补货的关键信息，并显示本周内每日产品的销售进展情况。同时也记录本周销售预测、安全存货等级和已脱销产品的详细情况。

（2）每周记录。此记录包含了与本周记录相似的信息，以星期为单位进行了分析。它显示了某种产品进货后每周的销售情况。这对进行销售预测与订货决定是有价值的。

（3）全部记录。包括所有其他已有记录，以及最初的预测、缓冲库存和由 CRP 产生的一周内每天的订单数量。这些信息对单个产品是有用的，但对性能分析和未来补货调整没有价值。

9.4 供应链管理现状与问题

9.4.1 供应链管理的现状与分析

1. 现状

供应链管理的概念引入我国是近几年的事，直到 1998 年有关供应链管理的报道才见诸于各种报刊杂志。因为供应链管理与物流管理的关系密切，因此在 1998 年以后，各种有关物流的报刊杂志在供应链管理方面的报道才日益增多，同时，在国内有关物流的会议上有关供应链管理的研讨也在逐渐增多。由于供应链管理与计算机集成制造密切相关。因此 1998 年以后，在各种有关计算机集成制造和工业控制与管理的刊物上，有关供应链管理的报道也日趋增多，在有关各种集成制造技术的研讨会上，供应链管理的研讨也呈现不断增加的趋势。从总体上讲，供应链管理已经引起了我国理论界的高度重视，都在探讨供应链管理思想和方法，但人们对它的认识还相当肤浅，在概念上也未得到统一，我国对供应链管理的研究尚处于起步阶段。

近几年来，理论界对物流的认识已趋统一，但在实践中，有些人接触了一些物流知识，但理解不够深入，常以为物流就是诸如运输、保管和流通加工等，物流不过是个新名词，所以心安理得地将自己的仓库改名为物流中心或配送中心，将贸易公司或运输公司改名为物流公司。因此，理论界之外对物流的认识尚不到位，更谈不上供应链管理了。

作为一种新的供应链管理理念，供应链管理刚刚引进我国，在我国的应用尚处于启蒙阶段。但作为一种集多种管理思想、方法和技术于一体的管理学的新概念。尽管供应链管理的各种技术和方法在我国的一些先进企业已经得到了初步的应用，但是从总体上讲，多数企业还不知道供应链管理为何物，无论从理论研究上，还是实际应用上，仍处于启蒙阶段。

2. 供应链管理及支持技术

为了加快供应链中物流、信息流、资金流的流动，为精确、可靠、快速地采集和传送信息，供应链必须运用电子商务，采用先进的技术——即支持技术优化业务流程、降低运行成本和费用等，去对产品进行接收、跟踪、分拣、存贮、提货及包装。

在 1997~1998 年，电子商务在我国信息和商业领域中成为了一个热门话题，一些企业不乏大胆尝试，如个别商业企业开始积极上网直接面对消费者，同时也出现了充分运用计算机网络信息的商品交易中心。虽然由于种种原因，如市场培育不成熟，没形成相应的电子支付手段等等，制约了探索者们的开拓脚步，但电子商务的发展将促进优化供应链管理的实现。

优化供应链管理的实现，不仅需要高效快速的物流、资金流，更需要快速、正确的信息流，否则，优化供应链管理只能成为一句空话。而电子商务的发展，将为信息流的快速、准确提供保证。假设有一包括制造商、配送中心、批发商、零售商的供应链，且整个供应链内部都建立了 Intranet，实行信息共享。那么，零售商的顾客消费数据、某个产品的市场销售情况都会通过网络，尽快地反馈到制造商，制造商再对产品进行合理的改进，这必将提高产品的市场占有率，从而使整个供应链对市场需求做出快速反应，给供应链带来极大的效益。

另外，供应链上的各企业，还应有效地利用因特网。在 2001 年 9 月 6 日、7 日举行的"2001 北京互联网发展论坛"上，英特尔公司中国区总裁陈伟锭这样描绘着世界："今天在互联网经济中的情况下，我们看到每两分钟，有 400 个新的使用者会同互联网连接；两分钟内在 eBay 网址有 1000 个产品上网拍卖；再隔两分钟也可以看到通过亚马逊网有 300 万个交易完成；每两分钟从雅虎网下载的信息量达到 100 万页……"互联网上的网络新闻组有多达数万种分类信息，其中不乏有价值的物流商业信息。目前我国一些大的物流企业也开始利用因特网来获取信息。比如，国内一家物流企业利用因特网，从代表了世界范围后勤储运合作关系，延伸大趋势的美国 Monlo 与 NIKE 的签约中得到启示，开始寻找新的经济增长点。该企业在大范围内开展跨行业的经营活动，同数家外资企业签订了类似的合同，获得了经济效益。由此可见，有效利用因特网，也可为整个供应链提供无限的商机。

供应链的支持技术主要包含 ID 代码、条码、EDI、条码应用标识符、网络通信技术等等。

(1) ID 代码

为实现对物品、贸易单元、托运物、位置及财产等的标识而给其分配的代码。国际物品编码协会已制订的 ID 标准有 EAN-13、EAN-14、SSCC-18 以及位置码等。这些 ID 代码的编码规则保证了其在全球范围内的惟一性。

(2) 条码

条码是 ID 代码的符号表示，它是为实现对信息的自动扫描而设计的。它是实现快速、准确而且可靠地采集数据的有效手段。目前 EAN 已制订的条码标准有 EAN-13 条码、ITF-14 条码。贸易单元 128 条码等。

(3) EDI

EDI 是一种信息管理或处理的有效手段，它的目标是提高贸易伙伴间的通信效益，它在充分利用现有计算机及通讯网络的基础上，按照统一规定的一套通用的标准格式，在一计算机上将贸易伙伴之间必须交换的各种数据格式化，通过网络传输，把格式化的数据传到另一个计算机上。国际物品编码协会（EAN）为了提高整个供应链的运作效益、已在 UN/EDIF ACT 标准的基础上制订了流通领域 EDI 标准 EANCOM。

(4) 应用标识符

应用标识符是 EAN 和 UCC（美国统一代码委员会）制定的用于传输那些无法在计算机文件中查到或无法用 EDI 方式传输的数据的标准。应用标识符与数据库、EDI 的整合为供应链上的信息处理和传输提供了有效的技术支撑。

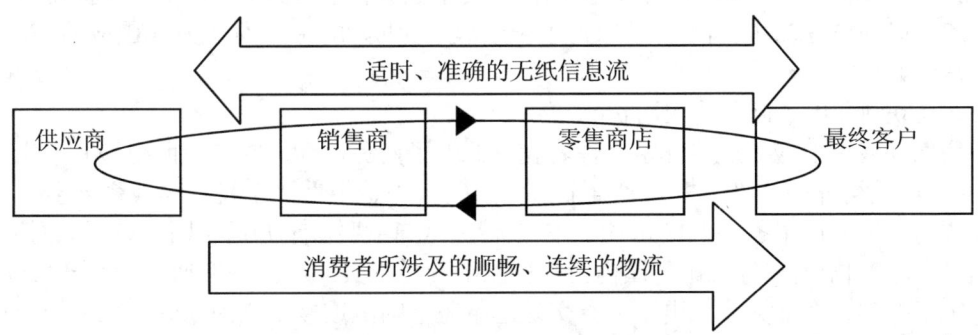

图 9-7 高效供应链管理示意图

但供应链管理的支持技术的实施并不等于供应链有效管理的实施，要实施有效的供应链管理，首先必须改善供应链的业务流程，然后再以较低的成本使这些流程自动化，以进一步降低供应链的成本和时间。具体地讲，需要将条码扫描技术 POS 系统、EDI 以及 EFT 等技术集成起来，在供应链上建立一个高效的供应链集成系统，以确保产品能不间断地由供应商流向最终用户（如图 9-7 所示）。与此同时，信息流能在开放的供应链中循环流动，这样才能真正地满足用户对产品和信息的要求，即给用户提供最优质的产品的适时准确的时间。

3. 支持技术的应用

(1) 条码技术的应用状况

我国条码技术的应用始于 20 世纪 80 年代末 90 年代初。应该说我国商品上使用条码是迫于国外的压力。1990 年许多国外的进口商向我国的出口商发出通知，要求我们在规定的时间内给自己的商品包装上印制商品条码，否则将不予进口。在这种形势下，我国的许多商品被迫印上了条码。同时在国内有关部门的积极推动下，许多非出口企业也开始给商品印制条码，随着带条码商品的增多，许多零售业开始尝试建立自己的条码 POS 系统。从 1990 年我国企业开始使用商品条码以来，每年使用条码的企业数量呈直线上升趋势。截止到 2000 年年底，我国已有 8 万 9 千家使用商品条码的企业，大约 80 万种商品使用了条码，为我国商业自动化的建立做出了非常重要的贡献。

（2）EDI 在供应链中的应用状况

我国对 EDI 的研究始于 1990 年。原国家技术监督局会同有关部委于 1992 年 5 月召开了"中国 EDI 发展战略与标准化"研讨会，会议形成了"中国 EDI 发展总体战略"建议草案。从此开辟了我国发展和应用 EDI 技术的新局面。

我国 EDI 的最早应用是在中远集团。除了中远集团的 EDI 应用以外，我国的海关和商检已开始进行 EDI 的尝试。EDI 通关系统试点成功后，开始在局部进行推广应用。截止到 1996 年底，已开通 EDI 通关处理的海关有北京、天津、上海、广州、九龙、杭州和宁波 7 个海关。EDI 通关用户已达 350 家。"九五"期间，海关加大了 EDI 的应用推广力度，在完成海关与通关企业单位之间运用 EDI 技术进行自动交换报关单据，并利用海关内部计算机应用系统在进行审单、放行等主要通关业务的基础上，进一步扩展系统功能，与报关业务有关的舱单核销、税费缴库、许可证核销、保税加工货物监管、转关运输监管、出口退货等业务也实施 EDI。商检也是我国应用 EDI 技术较早且较广泛的行业之一。"八五"期间，商检 EDI 的应用试点取得了很大的进展，一些试点项目已达到实用程度。

"九五"期间，由科技部牵头在深圳市商贸企业进行了 EDI 试点，试点主要由零售企业天虹和自己的 5 家供应商展开，取得了一定程度的成功。从总体上看我国应用 EDI 的企业仍非常少。

（3）互联网和电子商务的应用状况

互联网在我国的应用速度非常之快。我国的电子商务活动，在 20 世纪 90 年代初就开始了。90 年代初开始的"金桥"、"金卡"、"金关"、"金卫"、"金税"等一系列金字工程为电子商务的发展创造了条件。1998 年中国银行在全国主要城市开通了国内第一家网上银行。1998 年 5 月深圳招商银行推出了国内第一种网上支付工具——"一网通"，为全面开展电子商务奠定了基础。在证券业，电子证券交易已覆盖全国，连接了全国 300 多家证券公司的近 2600 个营业部，开户投资者超过 6000 万户。1999 年，国内实现了"网上炒股"。但是从我国整体情况，特别是从企业的情况看，电子商务的大规模普及仍是一次前所未有的挑战。到目前为止，企业对电子商务的重要性并没有足够的认识。

9.4.2 我国供应链管理面临的问题

尽管供应链中的配送业、零售业、仓储运输业都有了良好的发展势头，但我国供应链管理的实现仍然面临着极大的困难。在我国，技术和财力方面对实施供应链管理的支撑虽然有一定的困难，但却不是主要障碍。实施供应链管理的主要问题，如观念问题、组织机构问题、贸易伙伴关系问题、技术问题、标准化问题、物流成本问题、信息共享问题等。

1. 观念问题

目前,我国许多"大而全""小而全"的小农经济思想观念严重。正如一位英国人所说:"中国人认为摊子越大越好,因此造成负债亏损;而外国注重效率,效益越大越好。"从我国第三方物流发展的艰难历程也说明我国企业领导"大而全"、"小而全"思想影响之深。美国与日本分别于1990年和1996年出现第三方物流,目前第三方物流量分别占物流总量的57%和80%以上。而我国第三方物流仅占全国物流的10%~30%左右。

再拿配送中心的建立来说明问题。目前虽然不少政府领导和企业领导对我国建立物流配送中心积极性很高,但建成什么样的配送中心尚不十分清楚。由于陈旧观念的影响,不少连锁企业要建成自己的物流配送中心。然而,建设一个物流中心,不但需要巨额资金,而且要有大片土地和昂贵的软硬件设备,更为重要的是要有经验丰富的管理人才,可是由于配送点少,物流量小,利用率低,很难达到预期的投资效果,甚至把连锁店搞垮。

2. 标准化问题

标准化是供应链管理高效运作的关键措施之一。尽管过去的10年中我国在供应链物流标识标准的建立方面取得了一定的成绩,但是目前仍存在许多问题:

首先,尽管我国已经建立了供应链物流标识标准体系,并制定了一些重要的国家标准,如《商品条码》、《储运单元条码》、《物流单元条码》等,但这些标准的应用推广仍存在着严重的问题。除了《商品条码》应用较好以外,其他标准的应用很不乐观,就拿《储运单元条码》来说,应用的正确率不足15%~20%。

其次,货物运输过程中的基本设备不标准,供应链的信息传达不畅,影响了信息共享与高效运作。在国外先进国家,集装箱的尺寸、集装箱中托盘的尺寸、卡车的大小、仓库的货架都已经成功配套。我国企业有的采用欧美的标准,也就是澳大利亚采用的标准,也有的使用日本的标准,还有少量是自己定义的标准。有时可以看到 $0.9\times1.1m$ 的托盘上装有按照 $1\times1.2m$ 托盘设计的可口可乐包装箱,结果就有一部分胀出来了,没办法,底下只有用砖头撑着。国家原来对这种标准化不重视,标准化好的只有集装箱这一块,可集装箱的普及率才有30%~40%。仅仅一个托盘的非标准化,就带来运输、仓储、搬运等各方面巨大的效率差异。可更糟糕的是,除了托盘、车辆等看得见的标准不统一,在整个供应链过程中还有相当部分是"看不见的非标准化"。或者说部分环节标准化,但整个供应链却没有将各环节的标准统一起来。

第三,商品信息标准化工作滞后。在供应链管理和电子商务中,统一的商品信息对供应链成员的信息交换和共享非常重要。我国许多部门和单位都在建立自己的商品信息数据库,但数据库的字段、类型和长度都不一致,形成一个一个"信息孤岛"。

3. 传统企业中存在的问题

传统企业的组织结构是顽固的、坚硬的,它建立于职能的基础之上,成为阻碍供应链实施的又一大障碍。

传统组织是按职能分派责任的,如采购职能、产品职能、销售职能等。传统组织中由高级主管领导"垂直"职能,他们是"贵族",享有相当大的权力,并竭力保护其领域不被其他职能贵族以不正当的方式侵入。传统组织的垂直职能还反映在预算系统中。每个职能都由预算驱使,以控制职能消耗,公司好似运行于消耗之上。它们最基本的目标是控制、增加利润输出，把输出作为组织、计划、控制的基础。

如果单个职能靠预算系统激励"优化"费用，那么这是以增加整个系统库存为代价的。如果产品通过维持长线产品的运转和大批量生产，追求单位产品费用，那么就会产生比即时需求更多的库存。同样，如果采购管理通过货物采购追求低材料费，那么原材料库存也会增加。库存将类似于缓冲器那样存在于整个供应链中，既增加了财政负担和流动资金紧张，又隐藏了最终需求的可见度，造成上游企业对下游的真正需求不能及时准确地了解。

传统组织的又一问题是费用"透明度"问题，因为与跨职能领域物流相关的费用是很难估量的，不同产品混合的真正费用是很难揭露的。而传统组织处于高水平的聚积状态，一般只在职能基础上辨别费用，模糊了费用的透明度。

4. 贸易协作问题

供应链管理思想需要企业废弃传统的"零和"，而向"双赢"乃至"多赢"发展。许多零售商都在设法通过压低商品的进货价格来获得利润，为了压价，不惜提高交易成本，看来获得了利益，实际上增加了许多非增值活动，这些非增值活动产生的成本最终还得转嫁到消费者身上。还有一些企业，由于不能与贸易伙伴实现信息共享，对未来的市场作出较正确的预测，而不得不把存货的风险转移到供应链中的其他企业。另外，我国的一些大型零售企业存在一种"店大欺客"的现象，普遍向其供应链成员收取所谓的"进店费"，每种产品的费用达数万元。这种情况不仅影响了供应链成员的合作关系，而且由于进店商品的数量与收取的费用有直接关系，而国家标准和 POS 系统的建立需要每种商品项目印上不同的商品条码，为了减少进店费，供应商又不得不减少商品项目数，给不同的商品项目印上相同的条码，这又反过来影响了零售商 POS 系统扫描，阻碍了商品条码的正确使用。

在现有企业内部，每个人都习惯于关注系统中单一组件的效率，而没有人去考虑整体效益。例如，运输部门追求低运输费用，采购部门愿意增加订购量以减少单价，销售部门希望高库存以减少缺货损失。这些部门自身利益的追求与供应链的整体利益常发生冲突。在企业之间，各成员不愿意与他人共享信息，也不愿意牺牲自己的利益去争取供应链的最大利益。

5. 技术问题

（1）条码技术的应用问题

条码技术在我国的应用仅有十几年的历史，但企业应用商品条码的深度和广度跟世界发达国家还有相当大的差距。这主要表现在：首先生产企业使用条码多数是迫于国际、国内的压力。尽管从数量上讲，我国使用条码的企业总数仅低于美国、日本和德国，但企业规模多数都比较小，无法与国外先进国家的企业相比。其次，生产企业应用条码的比例很少。再者，有些企业虽然申请了商品条码，但却没有给自己的商品印上条码，或者只给出口（或进超市）的部分商品印上条码。第四，条码的质量尚不够高，比如编码错误，印刷质量不合格等。第五，多数零售企业使用条码扫描 POS 系统，主要是用于自动结算，很少将信息用于供应链的全过程，没有与贸易伙伴共享 POS 系统的信息。

供应链物流中的条码，如 ITF 条码、EAN/UCC-128 条码的应用至今还是空白。在推广物流条码的过程中，物流企业埋怨生产企业不给商品的物流单元上印制条码，影响他们建立自动扫描系统，而生产企业则埋怨物流企业不建立应用系统，给商品物流单元印上物流条码，费时费钱，徒劳无功。这种互相推诿的情况，反映了我国企业尚未树立起供应链管理的思想和观念。物流条码的普及率低，使用不规范，也给配送中心的物流运作带来了极大的困难。

以上海华联公司配送中心为例，有140家供应商向其供货，在所配送的近2万种商品中，规范使用物流条码的商品大约在15%～20%左右。

（2）EDI技术的应用问题

EDI在我国的应用可以说是步履艰难。自90年代初，我国开始研究EDI以来，尽管在交通、海关、商检等部门都曾进行过EDI尝试，但是到目前为止，仅有少数几家大企业在实施EDI，如中远集团、山东抽纱进出口公司等，而这些公司都与外商进行EDI交换，是迫于国外的压力而实施EDI的。国内企业之间进行EDI交易的非常少。EDI在我国未能得以发展的主要原因可以归纳为以下几方面。

EDI标准体系过于复杂，它的实施需要贸易伙伴间的密切合作方能完成。

实施EDI花费较大，中小企业难以承受，且缺乏EDI方面的人才。即使在国外，EDI多在一些大企业中进行，而我国的企业多为中小企业。

我国许多生产企业的信息化水平太低，许多企业尚没有建立自己的EDP系统。许多零售商都有通过EDI提高工作效率的意愿，开始时非常积极，但其供应商的信息化水平太低，有的甚至连电脑都没有，这种情况确实挫伤了零售商的积极性。

科研与应用脱节。自90年代以来，在国家有关部门的支持下，许多部门都开始进行EDI技术的研究，并将许多EDIFACT标准转化为国家标准，仅商贸领域，现已有十多个EDI报文标准。但问题是制定标准的人不了解实际的业务情况，而熟悉业务情况的人又不了解标准。

实施EDI最主要的目的是业务处理的自动化，减少人工操作，减少差错率，提高效率。我国的许多企业虽然认识到这一点，但是迫于近期目标，不愿花太多的资金投资在技术上，更何况劳动力相对来说要便宜得多。所以他们往往把主要的精力放在扩大生产规模上，并不重视EDI的实施。

EDI的安全性和法律问题至少在我国还没有得到解决。

我国的"条块"分割现象仍比较严重。目前，我国EDI的实施仍以部门为主，如海关、商检、远洋运输等，每一个部门都建立自己的网络，无法实现网络的互接与数据共享，这并不是技术上的问题，而是思想观念的问题。"九五"期间，国家科技部在深圳市进行的EDI试点，其目的就是以城市为单位，打破过去各部门"条块"分割的现象，通过深圳市EDI服务中心的网络，实现海关、海运、税务等部门之间的EDI交易。尽管作为科研项目，已经于2000年12月25日通过验收，但事实上这些部门并非通过EDI服务中心实施EDI。虽然市政府多次出面进行协调，但无济于事，各部门仍在建立自己的EDI网络，这种情况不利于EDI的实施，更不利社会资源的优化配置，与供应链管理的思想相差甚远。

（3）互联网和电子商务的应用问题

尽管我国现有超过2650万的因特网用户，也是世界因特网应用最多的国家之一。但总体上讲，应用水平还比较低。我国实施电子商务存在的主要问题有两个。一是人们对电子商务的认识仍不够深刻。仅仅将网站作为媒体，对企业产品服务内容的广告发布和信息发布，还不能说是真正意义上的电子商务。二是电子商务遇到了物流这一瓶颈。一个完整的电子商务过程，与传统的商务过程一样，是由商流、物流、信息流和资金流4部分组成。任何一次商品流通过程，都是这"四流"实现的过程，电子商务也不例外。电子商务的物流瓶颈在我国现阶段的主要表现为，在网上实现商流活动后，没有一个有效的社会物流配送体系对实物的转移提供低成本的、适时的、适量的转移服务。配送的成本过高，速度过慢是电子商务的买方最不满意之处。

6. 信息共享问题

众所周知，供应链管理的基本出发点是通过联合计划和共享信息来实现协同运作的效益。但目前我国的企业在这一方面还存在不少问题。中国物品编码中心的调查显示，在被调查的 234 家企业，仅有 8 家企业邀请相关的贸易伙伴参加新产品的开发。这说明在新产品开发方面，大多数企业还是在单独作战。很少企业能够将自己的各项职能与贸易伙伴集成起来。信息共享也不容乐观。就拿在我国比较先进的宝洁公司来说，仍然无法得到其产品每日的销售数据，而不得不花重金去专业的顾问公司购买其产品的市场占有率信息。这种信息不共享的现象严重地影响了供应链运作的效率。

7. 人才问题

供应链管理引入我国尚不到三年的时间，国内企业界人士对此知之尚浅，更缺乏对供应链管理人才的教育和培养。尽管有些企业在某些方面的运作体现了供应链管理的思想，但根本不了解供应链管理是怎么回事。供应链管理是一个跨组织、跨行业的管理理念，它涉及诸多领域的高新技术，不但需要专门的技术人才，而且需要精通各种管理理论、方法、手段，又谙熟与供应链有关的诸多技术的综合型人才。目前我国的这种状况严重地影响了供应链管理思想的发展、传播和实施。

8. 运作成本问题

世界上经济发达国家或地区的物流成本占 GDP 的比重都比较低。例如，1996 年物流支出在欧洲工业化国家 GDP 的比重为 12%左右。美国的物流费用占 GDP 的 10.5%，日本占 11.37%，全球每年用于物流的费用达 3.43 万亿美元。通过现代物流的合理化运作，一些发达国家把降低物流费用作为提高国民经济水平的重要措施。如在 70 年代，美国物流平均成本相当于 13.7%，1989 年则为 11.1%，1996 年降低到 10.5%。比之中国，仅从运输成本看，就占国民经济的 30%；而发达国家仅为 10%，这种供应链物流运作成本高的情况，说明了我国物流运作中的低效率，但也为供应链管理提供广阔的施展空间。

9.4.3 我国供应链管理的对策分析

针对我国供应链管理的现状和面临的问题，应首先加强供应链管理的研究力度，开展启蒙教育，转变观念；其次，要加快条码、EDI 和电子商务的推广应用；第三，要成立相应组织，开展供应链管理的协调工作和标准化工作；第四，要鼓励理论界与企业界的结合，加快供应链管理的推广；第五，要加快商品信息数据库和配送中心的建设，发展第三方物流；第六，要加强人才培养，改革组织结构；最后，要以商店的高效补货为突破口，积极试点。

1. 加强供应链管理的研究力度和启蒙教育，转变观念

我国供应链管理的理论和实践都处于起步阶段。许多理论问题尚未研究透彻，就连供应链管理的概念也没有得到统一。好在它已经引起了政府部门和一些研究单位、大专院校、行业协会的重视，开始进行供应链管理的研究探索。政府应该资助一些有条件的单位，加大供应链管理的研究力度，为这项新管理理念的广泛传播和实际应用打下理论基础。

供应链管理包含了诸多管理技术和方法，我国的企业界和公众对此了解还十分肤浅，严重地影响着它的应用推广，有些企业虽然在供应链的局部运作方面已经体现了供应链管理

的思想，但对供应链管理却不了解。因此有关部门应该加强供应链管理的启蒙教育，例如，大学应该设立供应链管理课题，研究单位应举办讲座，企业应积极组织并参加供应链管理的研讨会，媒介应该大力宣传供应链管理的理念。

通过加强供应链管理的启蒙教育，使企业真正地认识到，在当今快速变化的市场中，仅靠自身的力量已经无法取得竞争优势，必须把自己融入到供应链中，融入到自己所处的企业生态系统中，在培养起自己核心竞争力的基础上，加强与贸易伙伴的合作，将自己不擅长的业务外包出去，转变过去"大而全""小而全"的落后观念，转变过去"越大越好"的思想，把企业的目标放在追求实效上。只有能够真正地向客户提供有价值的服务，自己才能生存和发展。

2. 加快条码、EDI、电子商务的推广力度

条码技术、EDI 技术和电子商务是供应链管理的核心支撑技术。它们应用水平的高低直接关系到供应链管理的成败。

针对我国条码技术应用存在的问题，应该在继续推广商品条码技术应用的同时，不断提高商品条码的应用质量，引导生产企业应用商品条码进行业务管理，改变过去被动应用商品条码的情况，要让商品条码真正为自己的企业服务。同时还要加大 ITF 条码、128 条码的应用步伐，在商品包装、运输工具、供应链成员等供应链过程中各实体的有效标识和自动数据采集中应用条码技术，为整个供应链管理中的信息交换和信息共享打下基础。

传统的 EDI 在我国的应用推广很不理想，但因特网的普及为 EDI 的发展创造了前所未有的机会。国际上已经开始应用 XML 的标准在因特网上进行 EDI 的实际运用。我国也已经开始制定 XML 标准。应结合我国的实际情况，大力发展应用 XML，在因特网上实现 EDI（有人称之为 XDI）。有关部门也应该加强法律法规建设和因特网的安全性研究，为 EDI 的实施做保障。

在我国开展电子商务是推动国民经济和社会信息服务的重要组成部分，对改变社会经济的运作模式，推动信息产业的发展和提供新的经济发展机遇具有重要意义。同时，电子商务的应用直接影响供应链管理的运作水平，政府应该在电子商务的发展中发挥宏观指导作用，加强各部门的相互协调，保持政策、法规和标准的一致性，制定电子商务的有关政策。企业界应该结合自己的情况，制定切实可行的解决方案，媒体应该正确引导，放弃过去一味地炒作，让电子商务能够真正地发挥作用。

3. 成立相应组织，加强标准化工作

从国外供应链管理的实践来看，其推广工作主要由各种行业协会来做。许多组织为了达到共同的目标，坐在一起，探讨供应链管理的应用，为供应链管理的发展做出了突出的贡献。常用的供应链管理方法——快速响应（QR），高效消费者响应（ECR）、品类管理等都是靠一些行业协会的大力推广发展起来的。如美国的"用国货为荣委员会"、VICS 委员会（Voluntary Inter-Industry Communications Standards Committee）、美国统一代码委员会（UCC）、美国食品营销协会（FMI）、美国食品制造商协会（GMA）、美国食品代理商协会（NFBA）、美国肉类协会（AMI）等为 QR、ECR 品类管理的应用和发展发挥了十分重要的作用。现在美国的供应链委员会（The Supply Chain Council）于 1996 年提出了一个跨行业的供应链运作参考模型（SCOR），许多企业都在应用这一模型来对企业的供应链进行分析，以指导供应链管理的运作。另外，欧洲于 1994 年成立欧洲 ECR 委员会，亚洲已成立了亚洲

ECR委员会，各个国家也相继成立自己的ECR委员会或供应链管理委员会。在亚洲，日本、新加坡、韩国、泰国、马来西亚、中国香港等国家和地区也成立了供应链管理的协会性组织。

我国目前正在向市场经济过渡，政府的行政职能对企业的作用正在逐渐减弱，更何况供应链管理的实施，并非哪一个行政主管部门就能包揽下来。根据目前我国的形势，各个行业或跨行业协会的职能将会不断加强。成立供应链管理委员会既适合国际惯例，又符合我国目前的政策。

标准化工作对供应链管理非常重要。与供应链管理有关的标准涵盖范围很大。目前，最为重要的两个方面是物流标识标准和运输工具标准化。在这两个方面，我国的标准化工作尚不到位。虽然物流标识技术标准已经基本完备，但其应用推广情况很不乐观。而运输工具的标准化工作尚缺乏力度。尽管国家标准的行政主管部门是国家质量技术监督局，但各类标准的归口却是设在各个部门的标准化技术委员会。例如条码标准的归口单位是中国物品编码中心，集装箱标准的归口单位是中国包装总公司，托盘标准的归口单位是铁科研。因此，为了使各类标准能够协调统一，需要由国家标准化工作的主管部门出面对这些单位的标准化工作协调，各单位之间也应积极配合，共同努力，把标准化工作做好。

4. 理论界应与企业界结合，加快供应链管理的推广

长期以来，受计划经济体制的影响，我国的研究单位、大专院校等跟企业界的联系较少。许多科研成果仅停留在实验室中，无法转换成现实的经济效益。我国事业型科研单位众多，仅中央级的研究所就有800多家，每年都有大量科研成果，但是许多科研项目以验收或鉴定为目标，根本不考虑今后的实际应用。许多人成果很多，但应用很少。这自然与目前的科研体制有着十分密切的关系。其实我国政府已认识到了这一点，已经对科研体制进行改革，首先对242个研究单位进行转制改革，但时至今日，真正转制的几乎没有。可见我国长期以来形成的科研机制的改革，并非短时间内能够完成。

就供应链管理而言，可以说我国的理论界已经对此有了一定深度的了解，但企业界的认识还比较肤浅。因此国家应加快科研体制改革的步伐，鼓励理论界与企业界的结合，只有这样，才能保证供应链思想的广泛传播和实际应用。

5. 加快商品信息数据库和配送中心的建设，发展第三方物流

在供应链过程中，信息对供应链的成员非常重要。商品制造商在生产之前需要获得足够的商品市场信息，以预测未来市场对商品种类、容量、周期等方面的需求，并由此决定投入产品开发、研制、生产和销售等的资金、人力、物力和时间。批发商、分销商和零售商在经营商品之前也需要获取足够的商品市场信息，以及POS系统的销售信息，以决定购进和销售产品的种类、品牌和数量。消费者在购买商品之前，更是需要对商品的功能、性能、价格、质量、款式、安全、寿命等方面作出比较之后，才能作出购买决定。因此，建立商品信息数据库对供应链管理意义重大。

国外先进国家早在90年代初就开始建立商品信息数据库。像澳大利亚、美国、日本、新加坡都建立了本国的商品信息数据库，为本国电子商务和供应链管理发挥了十分重要的作用。因此，我国政府应该在商品信息标准化的基础上，加快商品信息数据库的建设，为供应链管理的运作提供技术和信息平台。

从国外的经验来看，建立配送中心是提高供应链物流运作效率的最有效的方法。通过配送业务可以极大地降低物流运作成本。但是应该注意的是，我们不能照搬国外的模式，必

须结合我国企业的特点，提出适合我国国情的配送中心的解决方案。

目前，我国物流尚未形成独立产业，各级各类的物流广泛分布于各系统各部门，基本还处于自我服务、自我封闭的状态，难以发挥其系统功能。物流应当成为独立产业，按大生产分工来衡量，它不应该属于其他行业，应成为自主经营、自负盈亏，为全社会服务的产业，只有这样才能提高生产力，才能提高社会效益。因此，政府应大力提倡组建第三方物流，宣传组建第三方物流对国家和企业的好处，使各部门各系统自觉自愿地摆脱物流业，集中精力搞好主业。

6. 加强人才培养，改变传统的组织结构

建立一支高素质的经营管理者队伍，已是当务之急。企业领导人员的知识更新和能力调整已成为最为迫切的任务。特别是企业界应该加强供应链管理及其相关知识的学习，通过各种途径，切实搞好职工队伍培训，加强人才培养，才能适应当前日益多变的市场竞争环境。

另外，我国绝大多数企业的组织结构仍以传统的职能为中心，难以适应供应链管理的要求，因此应该有计划、有步骤地进行组织结构的改革，建立以流程为中心的组织，逐步建立新的供应链激励机制，确保供应链管理的稳步实施。

7. 以零售商店的高效补货为突破口，积极试点

相对制造业来说，我国的零售业的信息化水平较高。尤其是一些近几年才涉足我国的国外零售商，他们有较好的内部管理信息系统，条码 POS 系统应用也相当成功，思想观念也比较先进，并且对供应商也有较强的号召力。因此，从一些大型零售商店为突破口，进行高效补货的试点。一开始可应用本书第 7 章提出的初级模型，取得成功后，才逐步推广。然后再尝试向更高级的补货方式发展，这样就可以起到由点到线，再由线到面的效果。

9.5 思考题

1. 什么是供应链？
2. 什么是供应链管理？
3. 实现供应链管理的流程和意义是什么？
4. 电子商务下供应链管理中的物流管理的目标是什么？
5. 供应链的支持技术有哪些？
6. 简述我国实现供应链管理面临的主要问题有哪些？

第 10 章 供应链管理方法

供应链管理理论的产生远远落后于具体的技术与方法。供应链管理最早多是以一些具体的方法出现的。本章将讨论四种最常见的供应链管理方法：快速反应（QR）、有效客户反应（ECR）、电子订货系统（EOS）和企业资源计划系统（ERP）。

10.1 快速反应（QR）

10.1.1 快速反应的概念

快速反应 Quick Response（QR）是指物流企业面对多品种、小批量的买方市场，不是储备了"产品"，而是准备了各种"要素"，在用户提出要求时，能以最快速度抽取"要素"，及时"组装"，提供所需服务或产品。

QR 是美国纺织服装业发展起来的一种供应链管理方法。它是美国零售商、服装制造商以及纺织品供应商开发的整体业务概念，目的是减少原材料到销售点的时间和整个供应链上的库存，最大限度地提高供应链管理的运作效率。

QR 要求零售商和供应商一起工作，通过共享 POS 信息来预测商品的未来补货需求，以及不断地监视趋势以探索新产品的机会，以便对消费者的需求能更快地作出反应。在运作方面，双方利用 EDI 来加速信息流，并通过共同组织活动来使得前置时间和费用最小。

QR 的着重点是对消费者需求作出快速反应。QR 的具体策略有待上架商品准备服务（Floor Ready Merchandise）、自动物料搬运（Automatic Material Handling）等。实施 QR 可分为三个阶段：

（1）第一阶段：对所有的商品单元条码化，即对商品消费单元用 EAN/UPC 条码标识，对商品贸易单元用 ITF-14 条码标识，而对物流单元则用 UCC/EAN-128 条码标识。利用 EDI 传输订购单报文和发票报文。

（2）第二阶段：在第一阶段的基础上增加与内部业务处理有关的策略。如自动补库与商品即时出售等，并采用 EDI 传输更多的报文，如发货通知报文、收货通知报文等。

（3）第三阶段：与贸易伙伴密切合作，采用更高级的 QR 策略，以对客户的需求做出快速反应。一般来说，企业内部业务的优化相对来说较为容易，但在贸易伙伴间进行合作时，往往会遇到诸多障碍，在 QR 实施的第三阶段，每个企业必须把自己当成集成供应链系统的一个组成部分，以保证整个供应链的整体效益。例如，Varity Fair 与 Federated Stores，是北美地区的先导零售商，在与他们的贸易伙伴采用联合补库系统后，他们的采购人员和财务经理就可以省出更多的时间来进行选货、订货和评估新产品。Boscov's 百货商店也声称在采用 QR 策略后，可以将其订货时间从原来的 6 周降到 2 周。

10.1.2 QR 的产生背景

20 世纪 60~70 年代，美国的杂货行业面临着国外进口商品的激烈竞争。80 年代早期，美国国产的鞋、玩具以及家用电器的市场占有率下降到 20%，而国外进口的服装也占据了美国市场的 40%。面对与国外商品的激烈竞争，纺织与服装行业在 70 年代和 80 年代采取的主要对策是在寻找法律保护的同时，加大现代化设备的投资。到了 80 年代中期，美国的纺织与服装行业是通过进口配额系统保护最重的行业之一，而纺织业是美国制造业生产率增长最快的行业。尽管上述措施取得了巨大的成功，但服装行业进口商品的渗透却在继续增加。一些行业的先驱认识到，保护主义措施无法保护美国服装制造业的领先地位，他们必须寻找其他方法。

1984 年，美国服装、纺织以及化纤行业的先驱们成立了一个用国货为荣委员会（Crafted with Pride in USA Council），该委员会的任务是为购买美国生产的纺织品和服装的消费者提供更大的利益。1985 年该委员会开始做广告，提高了美国消费者对本国生产服装的信誉度。该委员会也拿出一部分经费，研究如何长期保持美国的纺织与服装行业的竞争力。1985~1986 年，Kurt Salmon 协会进行了供应链分析，结果发现，尽管系统的各个部分具有高运作效率，但整个系统的效率却十分低。于是纤维、纺织、服装以及零售业开始寻找那些在供应链上导致高成本的活动。结果发现，供应链的长度是影响其高效运作的主要因素。

整个服装供应链，从原材料到消费者购买，时间为 66 周：11 周在制造车间，40 周在仓库或转运，15 周在商店。这样长的供应链不仅各种费用大，更重要的是，建立在不精确需求预测上的生产和分销，因数量过多或过少造成的损失非常大。

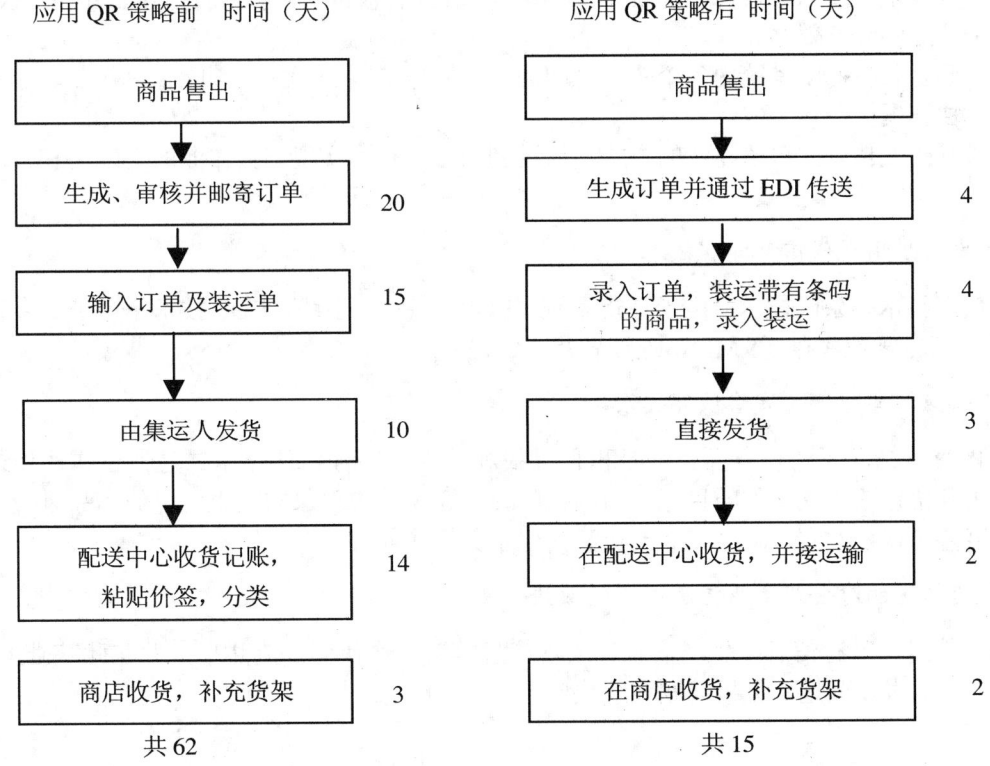

图 10-1　应用 QR 前后补货周期比较

整个服装供应链系统的总损失每年可达 25 亿美元，其中 2/3 的损失来自于零售或制造商对服装的降价处理以及在零售时的缺货。进一步的调查发现，消费者离开商店而不购买的主要原因是找不到合适尺寸和颜色的商品。

这项研究导致了快速反应策略的应用和发展。快速反应是零售商及其供应商密切合作的策略，应用这种策略，零售商和供应商通过共享 POS 系统信息、联合预测未来需求、发现新产品营销机会等，对消费者的需求做出快速的反应。从运作的角度来讲，贸易伙伴需要用 EDI 来加快信息的流动，并共同重组他们的业务活动，以将订货前导时间和成本极小化。在补货中应用 QR 可以将交货前导时间降低 75%（如图 10-1 所示）。

10.1.3 实施 QR 成功的条件

美国是 QR 的发源地，有许多企业都已开始实施 QR，并取得了成功。实施 QR 的零售商有 Sears、Wal-Mart、Kmart 等。实施 QR 的供应商有 Levi Strauss、VF Corp、Nike 以及 Panasonic 等。实施 QR 的承运商有 Roadway 和 Schneider。

Black Burn 在对美国纺织服装业研究的基础上，认为 QR 成功的 5 项条件是：

1. 改变传统的经营方式、企业经营意识和组织结构

（1）企业不能局限于依靠本企业独自的力量来提高经营效率的传统经营意识，要树立通过与供应链各方建立合作伙伴关系，努力利用各方资源来提高经营效率的现代经营意识。

（2）零售商在垂直型 QR 系统中起主导作用，零售店铺是垂直型 QR 系统的起始点。

（3）在垂直型 QR 系统内部，通过 POS 数据等销售信息和成本信息的相互公开和交换，来提高各个企业的经营效率。

（4）明确垂直型 QR 系统内各个企业之间的分工协作范围和形式，消除重复作业，建立有效的分工协作框架。

（5）必须改变传统的事务作业的方式，通过利用信息技术实现事务作业的无纸化和自动化。

2. 开发和应用现代信息处理技术

这些信息技术有条码技术，电子订货系统（EOS），POS 系统，EDI 技术，电子资金转账（EFT），卖方管理库存（VMI），连续补货（CRP）等。

3. 与供应链各方建立战略伙伴关系

具体内容包括以下两个方面。一是积极寻找和发现战略合作伙伴。二是在合作伙伴之间建立分工和协作关系。合作的目标定为削减库存，避免缺货现象的发生，降低商品风险，避免大幅度降价现象发生，减少作业人员和简化事务性作业等。

4. 改变传统的对企业商业信息保密的做法

将销售信息、库存信息、生产信息、成本信息等与合作伙伴交流共享，并在此基础上，要求各方在一起发现问题、分析问题和解决问题。

5. 供应方必须缩短生产周期,降低商品库存

具体来说供应方应努力做到:缩短商品的生产周期;进行多品种少批量生产和多频度少数量配送,降低零售商的库存水平,提高顾客服务水平;在商品实际需要将要发生时采用 JIT 方式组织生产,减少供应商自身的库存水平。

10.1.4 实施 QR 的收益

对于零售商来说,大概需要销售额的 1.5%~2%的投入以支持条码、POS 系统和 EDI 的正常运行。这些投入包括 EDI 启动软件、现有应用软件的改进、租用增值网、产品查询、开发人员费用、教育与培训、EDI 工作协调、通信软件、网络以及远程通讯费用、CPU 硬件、条码标签打印的软件与硬件等。

实施 QR 的收益是巨大的,它远远超过其投入。它可以节约销售费用的 5%,这些节省不仅包括商品价格的降低,也包括管理、分销以及库存等费用的大幅度减少。Kurt Salmon 协会的 David Cole 在 1997 年曾说过:"在美国那些实施第一阶段 QR 的公司每年可以节省 15 亿美元的费用,而那些实施第二阶段 QR 的公司每年可以节省费用 27 亿美元。"他提出,如果企业能够过渡到第三阶段(联合计划、预计和补库),每年可望节约 60 亿美元的费用。

根据研究结果显示,QR 的效果如表 10.1 所示。

表 10.1 QR 的效果

对象商品	实施 QR 的企业	零售业者的 QR 效果
休闲裤	零售商:Wal-Mart 服装生产厂家:Semiloe 面料生产厂家:Milliken	销售额:增加 31% 商品周转率:提高 30%
衬衫	零售商:J.C.Penney 服装生产厂家:Oxford 面料生产厂家:Burlinton	销售额:增加 59% 商品周转率:提高 90% 需求预测误差:减少 50%

研究结果显示,零售商在应用 QR 系统后,销售额大幅度增加,商品周转率大幅度提高,需求预测误差大幅度下降。应用 QR 系统后之所以有这样的效果,其原因是:

1. 销售额的大幅度增加

应用 QR 系统:① 可以降低经营成本,从而能降低销售价格,增加销售;② 伴随着商品库存风险的减少,商品以低价位定价,增加销售;③ 能避免缺货现象,从而避免销售的机会损失;④ 易于确定畅销商品,能保证畅销品的品种齐全,连续供应,增加销售。

2. 商品周转率的大幅度提高

应用 QR 系统可以减少商品库存量,并保证畅销商品的正常库存量,加快商品周转。

3. 需求预测误差大幅度减少

根据库存周期长短和预测误差的关系(如图 10-2 所示)可以看出,如果在季节开始之前的 26 周进货(即基于预测提前 26 周进货),则需求预测误差(缺货或积压)达 40%左右。如果在季节开始之前的 16 周进货,则需求预测误差为 20%左右。如果在很靠近季节开始的

时候进货，需求预测误差只有10%左右。应用QR系统可以及时获得销售信息，把握畅销商品和滞销商品，同时通过多频度小数量送货方式，实现实需型进货（零售店需要的时候才进货），这样使需求预测误差可减少到10%左右。

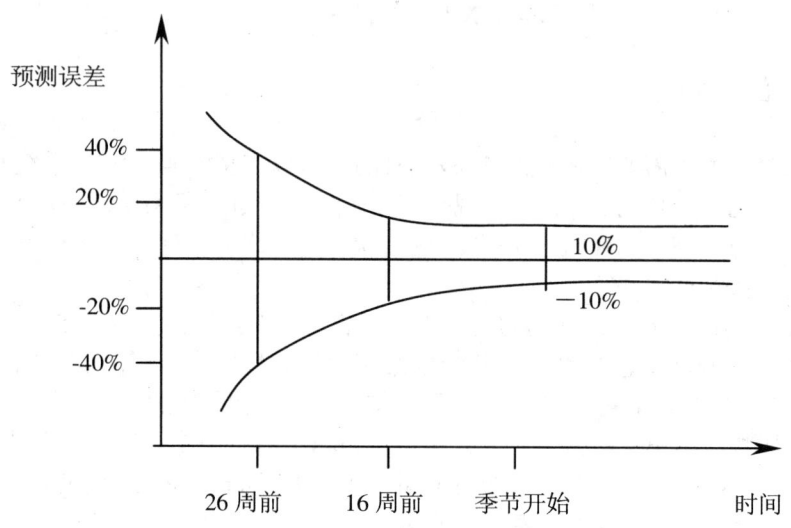

图10-2　库存周期与预测误差的关系

这里需要指出的是，虽然应用QR的初衷是为了对抗进口商品，但是实际上并没有出现这样的结果。相反，随着竞争的全球化和企业经营的全球化，QR系统管理迅速在各国企业界扩展。航空运输为国际间的快速供应提供了保证。现在，QR方法成为零售商实现竞争优势的工具。同时随着零售商和供应商结成战略联盟，竞争方式也从企业与企业间的竞争，转变为战略联盟与战略联盟之间的竞争。

10.1.5　QR的最新发展

QR已有10多年的历史，如今尽管QR的原则没有变化，但QR的策略以及技术却今非昔比。最初，供应链上的每一个业务实体（如制造商、零售商或承运商）都单独发挥作用。因此，每一个企业都对其贸易伙伴的业务不感兴趣，更谈不上同其贸易伙伴共享信息。随着市场竞争的加剧，业主及经营者逐渐认识到：应改进自己的业务系统，提高产品的质量，以便为客户提供最好的服务。但令人失望的是，他们很少考虑内部系统的改变给他们的客户和供应商带来的不利影响。

20世纪80年代末到90年代初，在市场竞争的强大压力之下，一些先导企业开始考虑评估和重构他们做生意的方式，从而导致了对供应链物流和信息的重组活动。在80年代，人们对供应链的优化的聚焦点是技术解决方案，现在已转变为重组他们做生意的方式以及与贸易伙伴的密切合作方面。例如，Proctor & Gamble 与 Wal–Mart 通过密切合作来确定库存水平和营销策略。

目前在欧美，QR的发展已跨入第三个阶段，即联合计划、预测与补货（Collaborative Planning, Forecasting and Replenishment，简称CPFR）阶段。CPFR是一种建立在贸易伙伴

之间密切合作和标准业务流程基础上的经营理念。它应用一系列技术模型,这些模型具有如下特点:
- 开放,但安全的通信系统;
- 适应于各个行业;
- 在整个供应链上是可扩展的;
- 能支持多种需求(如新数据类型,各种数据库系统之间的联结等)。

我国学者已对 CPFR 进行了研究,提出了基于 CPFR 的供应链管理的运作过程模型,如图 10-3 所示该过程模型,分为 3 个阶段共 9 个步骤。第 1 个阶段为计划,包括步骤①和②;第 2 个阶段为预测,包括步骤③~⑧;第 3 个阶段为补给,包括步骤⑨。

具体步骤为:

① 建立供应链合作伙伴关系的指南和规则,共同达成一个通用业务协议,包括合作的全面认识、合作目标、机密协议、资源授权、合作伙伴的任务和成绩的检测。

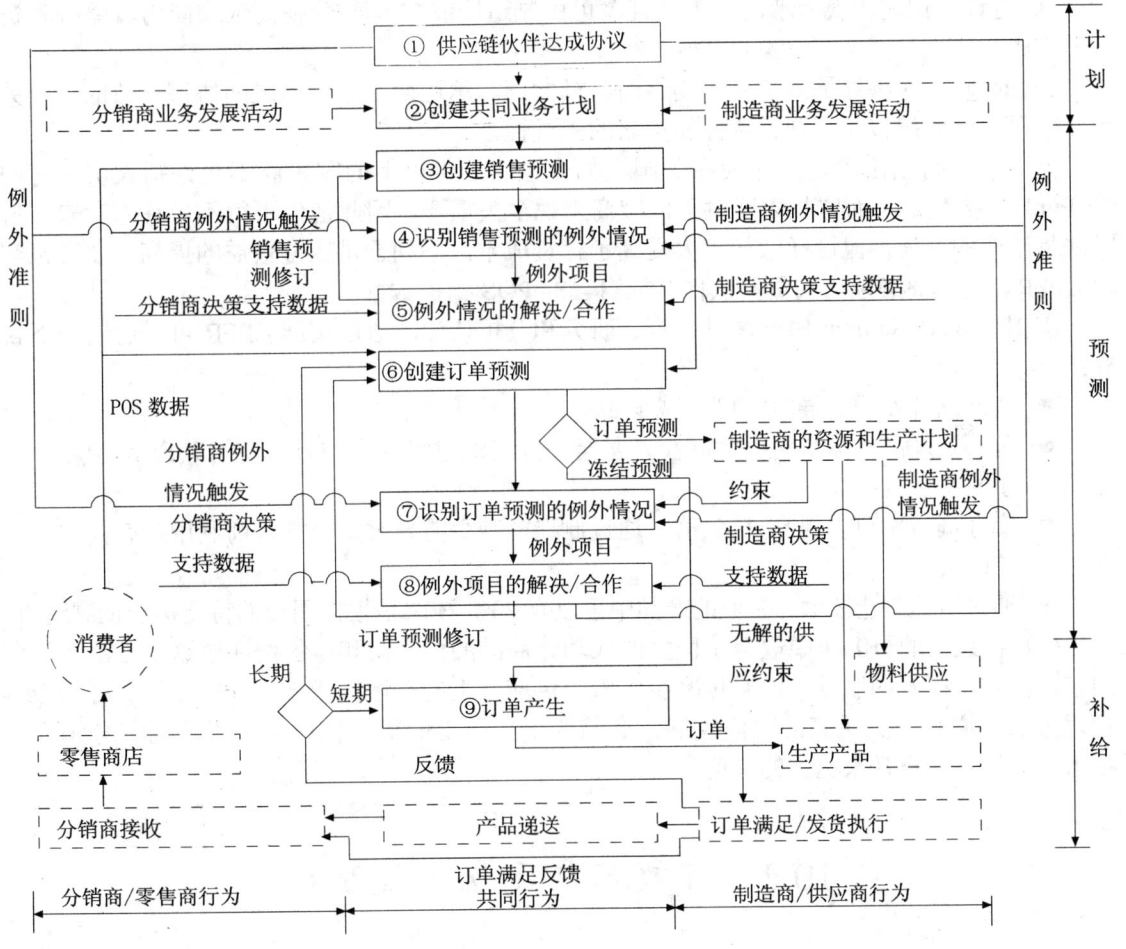

图 10-3 基于 CPFR 的供应链运作过程

② 供应链合作伙伴相互交换战略和业务计划信息,以发展联合业务计划。建立合作伙伴关系战略,定义分类任务、目标和策略,并建立合作项目的项目管理简况,如订单最小批

量、交货期、订单间隔等。

③ 利用零售商 POS 数据、因果关系信息和已计划事件信息，创建一个支持共同业务计划的销售预测。

④ 识别分布在销售预测约束之外的项目，每个项目的例外准则需在步骤①中得到认同。

⑤ 查询共享数据、E-mail、电话、交谈会议等，解决销售预测例外情况，并将产生的变化提交给销售预测（如步骤③）。

⑥ 合并 POS 数据、因果关系信息和库存策略，产生一个支持共享销售预测和共同业务计划的订单预测，提出分时间段的实际需求数量，并通过产品及接收地点反映库存目标。

⑦ 识别分布在订单预测约束之外的项目。

⑧ 查询共享数据、E-mail、电话、交谈、会议等，调查研究订单预测例外情况，并将产生的变化提交给订单预测（如步骤⑥）。

⑨ 将订单预测转换为承诺订单，订单可由制造厂或零售商/分销商依靠能力、系统和资源来完成。

CPFR 研究的重点是供应商、制造商、批发商、承运商及零售商之间协调一致的伙伴关系，以保证供应链整体计划、目标和策略的先进性。

然而，值得指出的是，即使在美国，如今也有一半以上的零售商不允许别人访问他们的 POS 扫描数据，而这些数据对于供应商来说至关重要，因此他们不得不用高库存来应付因缺货造成的损失，但这样做却大大提高了存货成本，不利于供应链效益的提高。要真正实现 CPFR，零售商必须向其贸易伙伴开放自己的 POS 扫描数据。

美国的 Kurt Salmon 协会通过调查、研究和分析认为，通过实施 CPFR 可以达到如下目标：

- 新产品开发的前导时间可以减少 2/3；
- 可补货产品的缺货将大大减少，甚至消除（通过供应商与零售商的联合从而保证 24 小时供货）；
- 库存周转率可以提高 1~2 倍（通过制造商减少前导时间、零售商利用顾客需求导向策略）；
- 通过敏捷制造技术，企业的产品中可以有 20%~30%是根据用户的特定需求而制造的。

QR 在过去的 10 年中取得了巨大的成功。商品的供应商和零售商通过这一方法为他们的客户提供了更好的服务，同时也减少了整个供应链上的非增值成本。QR 作为一种供应链管理方法，必将向其更高的阶段发展，必将为供应链上的贸易伙伴——供应商、分销商、零售商和最终客户带来更大的价值。

10.2 有效客户反应（ECR）

10.2.1 ECR 的概念

有效客户反应 Efficient Customer Response（ECR）是以满足顾客要求和最大限度降低物

流过程费用为原则，能及时作出准确反应，使提供的物品供应或服务流程最佳化的一种供应链管理战略。

ECR 即"有效客户反应"，它是在食品杂货分销系统中，分销商和供应商为消除系统中不必要的成本和费用，给客户带来更大效益而进行密切合作的一种供应链管理方法。

ECR 的最终目标是建立一个具有高效反应能力和以客户需求为基础的系统，使零售商及供应商以业务伙伴方式合作，提高整个食品杂货供应链的效率，而不是单个环节的效率，从而大大降低整个系统的成本、库存和物资储备，同时为客户提供更好的服务。

要实施有效客户反应，首先，应联合整个供应链所涉及的供应商、分销商以及零售商，改善供应链中的业务流程，使其最合理有效；然后，再以较低的成本，使这些业务流程自动化，以进一步降低供应链的成本和时间。具体地说，实施 ECR 需要将条码、扫描技术、POS 系统和 EDI 集成起来，在供应链（由生产线直至付款柜台）之间建立一个无纸系统（如图 10-4 所示），以确保产品能不间断地由供应商流向最终客户，同时，信息流能够在开放的供应链中循环流动。这样，才能满足客户对产品和信息的需求，即给客户提供最优质的产品和适时准确的信息。

有效客户反应是一种运用于工商业的策略，供应商和零售商通过共同合作（如：建立供应商/分销商/零售商联盟），改善其在货物补充过程中的全球性效率，而不是以单方面不协调的行动来提高生产力，这样能节省由生产到最后销售的贸易周期的成本。

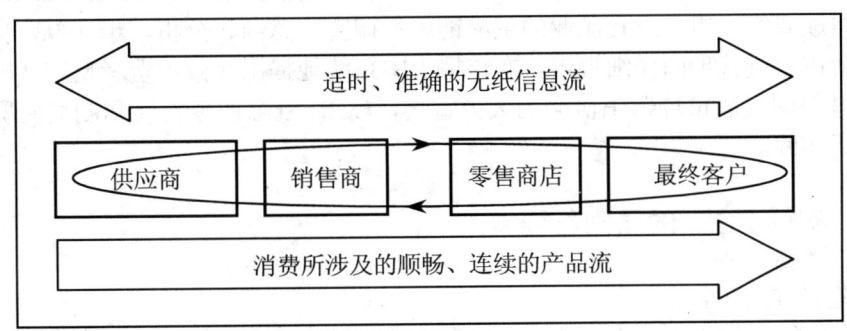

图 10-4　ECR 系统示意图

通过 ECR，如计算机辅助订货技术，零售商无需签发订购单，即可实现订货；供应商则可利用 ECR 的连续补货技术，随时满足客户的补货需求，使零售商的存货保持在最优水平，从而提供高水平的客户服务，并进一步加强与客户的关系。同时，供应商也可从商店的销售点数据中获得新的市场信息，改变销售策略；对于分销商来说，ECR 可使其快速分拣运输包装，加快订购货物的流动速度，进而使消费者享用更新鲜的物品，增加购物的便利和选择，并加强消费者对特定物品的偏好。

20 世纪在 60 年代和 70 年代，美国日杂百货业的竞争主要是在生产厂商之间展开。竞争的重心是品牌、商品、经销渠道和大量的广告和促销，在零售商和生产厂家的交易关系中生产厂家占据支配地位。进入 80 年代特别是到了 90 年代以后，在零售商和生产厂家的交易关系中，零售商开始占据主导地位，竞争的重心转向流通中心、商家自有品牌（PB）、供应链效率和 POS 系统。同时在供应链内部，零售商和生产厂家之间为取得供应链主导权的控制，同时为商家品牌（PB）和厂家品牌（NB）占据零售店铺货架空间的份额展开着激烈的竞争，这种竞争使得在供应链的各个环节间的成本不断转移，导致供应链整体的成本上升，而且容易牺牲力量较弱一方的利益。

在这期间，从零售商角度来看，随着新的零售业态如仓储商店、折扣店的大量涌现，使得它们能以相当低的价格销售商品，从而使日杂百货业的竞争更趋激烈。在这种状况下，许多传统超市业者开始寻找对应这种竞争方式的新管理方法。从生产厂家角度来看，由于日杂百货商品的技术含量不高，大量无实质性差别的新商品被投入市场，使生产厂家之间的竞争趋同化。生产厂家为了获得销售渠道，通常采用直接或间接的降价方式作为向零售商促销的主要手段，这种方式往往会大量牺牲厂家自身的利益。所以，如果生产商能与供应链中的零售商结成更为紧密的联盟，将不仅有利于零售业的发展，同时也符合生产厂家自身的利益。

另外，从消费者的角度来看，过度竞争往往会使企业在竞争时忽视消费者的需求。通常消费者要求的是商品的高质量、新鲜、服务好和在合理价格基础上的多种选择。然而，许多企业往往不是通过提高商品质量、服务好和在合理价格基础上的多种选择来满足消费者，而是通过大量的诱导型广告和广泛的促销活动来吸引消费者转换品牌，同时通过提供大量非实质性变化的商品供消费者选择。这样，消费者不能得到他们需要的商品和服务，他们得到的往往是高价、不甚满意的商品。对应于这种状况，客观上要求企业从消费者的需求出发，提供能满足消费者需求的商品和服务。

在上述背景下，美国食品市场营销协会（UC Food Marketing Institute，简称为 FMI）联合包括 Coca-Cola、P&G、Safeway Store 等 6 家企业与流通咨询企业 Kurt Salmon Associates 公司一起组成研究小组，对食品业的供应链进行调查、总结、分析，于 1993 年 1 月提出了改进该行业供应链管理的详细报告。在该报告中系统地提出高效消费者反应（ECR）的概念体系。经过美国食品市场营销协会的大力宣传，ECR 概念被零售商和制造商所接纳并被广泛地应用于实践。

10.2.2　实施 ECR 的原则与要素

实施 ECR 的原则：

（1）以较少的成本，不断致力于向食品杂货供应链客户提供更优的产品、更高的质量、更好的分类、更好的库存服务以及更多的便利服务。

（2）ECR 必须由相关的商业带头人启动。该商业带头人应决心通过代表共同利益的商业联盟取代旧式的贸易关系，而达到获利之目的。

（3）必须利用准确、适时的信息以支持有效的市场、生产及后勤决策。这些信息将以 EDI 的方式在贸易伙伴间自由流动，它将影响以计算机信息为基础的系统信息的有效利用。

（4）产品必须随其不断增值的过程，从生产至包装，直至流动至最终客户的购物篮中，以确保客户能随时获得所需产品。

（5）必须采用通用一致的工作措施和回报系统。该系统注重整个系统的有效性（即通过降低成本与库存以及更好的资产利用，实现更优价值），清晰地标识出潜在的回报（即增加的总值和利润），促进对回报的公平分享。

实施 ECR 的四大要素是：高效产品引进（Efficient Product Introductions）、高效商店品种（Efficient Store Assortment）、高效促销（Efficient Promotion）以及高效补货（Efficient Replenishment）（如表 10.2 和图 10-5 所示）。

表 10.2 ECR 四大要素的内容

高效产品引进	通过采集和分享供应链伙伴间时效性强的更加准确的购买数据,提高新产品的成功率
高效商店品种	通过有效地利用店铺的空间和店内布局,来最大限度地提高商品的获利能力。如建立空间管理系统,有效的商品品种等
高效促销	通过简化分销商和供应商的贸易关系,使贸易和促销的系统效率最高,如消费者广告(优惠券、货架上标明促销)、贸易促销(远期购买、转移购买)
高效补货	从生产线到收款台,通过 EDI,以需求为导向的自动连续补货和计算机辅助订货等技术手段,使补货系统的时间和成本最优化,从而降低商品的售价

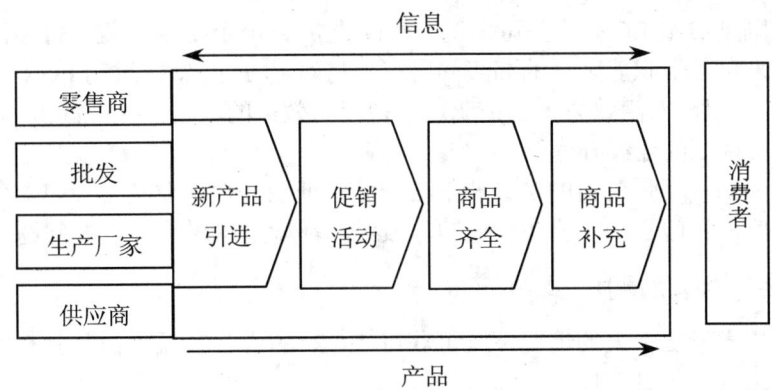

图 10-5 ECR 的运作过程

10.2.3 实施 ECR 的效益

根据欧洲供应链管理委员会的调查报告,接受调查的 392 家公司,其中制造商实施 ECR 后,预期销售额增加 5.3%,制造费用减少 2.3%,销售费用减少 1.1%,货仓费用减少 1.3% 及总盈利增加 5.5%。而批发商及零售商也有相似的获益:销售额增加 5.4%,毛利增加 3.4%,货仓费用减少 5.9%,货仓存货量减少 13.1% 及每平方米的销售额增加 5.3%。由于在流通环节中缩减了不必要的成本,零售商和批发商之间的价格差异也随之降低,这些节约了的成本最终将使消费者受益,各贸易商也将在激烈的市场竞争中赢得一定的市场份额。

对客户、分销商和供应商来说,除这些有形的利益以外,ECR 还有着重要的不可量化的无形利益(如表 10.3 所示)。

表 10.3 ECR 的无形利益

客户	增加选择和购物便利,减少无库存货品,货品更新鲜
分销商	提高信誉,更加了解客户情况,改善与供应商的关系
供应商	减少缺货现象,加强品牌的完整性,改善与分销商的关系

10.2.4 ECR 的实施方法

1. 为变革创造氛围

对大多数组织来说，改变对供应商或客户的内部认知过程，即从敌对态度转变为将其视为同盟的过程，将比 ECR 的其他相关步骤更困难，时间花费更长。创造 ECR 的最佳氛围首先需要进行内部教育以及通信技术和设施的改善，同时也需要采取新的工作措施和回报系统。但公司或组织必须首先具备一贯言行一致的强有力的高层组织领导。

2. 选择初期 ECR 同盟伙伴

对于大多数刚刚实施 ECR 的公司来说，建议成立 2~4 个初期同盟。每个同盟都应首先召开一次会议，来自各个职能区域的高级同盟代表将对 ECR 及怎样启动 ECR 进行讨论。成立 2~3 个联合任务组，专门致力于已证明可取得巨大效益的项目，如提高货车的装卸效率、减少损毁、由卖方控制的连续补库等。

以上计划的成功将增强公司的信誉和信心。经验证明：往往要花上 9~12 个月的努力，才能赢得足够的信任和信心，才能在开放的非敌对的环境中探讨许多重要问题。

3. 开发信息技术投资项目，支持 ECR

虽然在信息技术投资不大的情况下就可获得 ECR 的许多利益，但是具有很强的信息技术能力的公司要比其他公司更具竞争优势。

那些作为 ECR 先导的公司预测：在 5 年内，连接他们及其业务伙伴之间的将是一个无纸的、完全整合的商业信息系统。该系统将具有许多补充功能，既可降低成本，又可使人们专注于其他管理以及产品、服务和系统的创造性开发。

10.2.5 ECR 与 QR 的比较

ECR 主要以食品行业为对象，其主要目标是降低供应链各环节的成本，提高效率。而 QR 主要集中在一般商品和纺织行业，其主要目标是对客户的需求作出快速反应，并快速补货。这是因为食品杂货业与纺织服装行业经营的产品的特点不同：杂货业经营的产品多数是一些功能型产品，每一种产品的寿命相对较长（生鲜食品除外），因此，订购数量的过多（或过少）的损失相对较小。纺织服装业经营的产品多属创新型产品，每一种产品的寿命相对较短，因此，订购数量过多（或过少）造成的损失相对较大。

二者共同特征表现为超越企业之间的界限，通过合作追求物流效率化。具体表现在如下三个方面：

1. 贸易伙伴间商业信息的共享

即零售商将原来不公开的 POS 系统单品管理数据提供给制造商或分销商，制造商或分销商通过对这些数据的分析来实现高精度的商品进货、调达计划，降低产品库存，防止出现次品，进一步使制造商能制定、实施所需对应型的生产计划。

2. 商品供应方进一步涉足零售业，提供高质量的物流服务

作为商品供应方的分销商或制造商比以前更接近位于流通最后环节的零售商，特别是零售业的店铺，从而保障物流的高效运作。当然，这一点与零售商销售、库存等信息的公开是紧密相联的，即分销商或制造商所从事的零售补货机能是在对零售店铺销售、在库情况迅速了解的基础上开展的。

3. 企业间订货、发货业务全部通过EDI来进行，实现订货数据或出货数据的传送无纸化

企业间通过积极、灵活运用这种信息通讯系统，来促进相互间订货、发货业务的高效化。计算机辅助订货（CAO）、卖方管理库存（VMI）、连续补货（CRP）以及建立产品与促销数据库等策略，打破了传统的各自为政的信息管理、库存管理模式，体现了供应链的集成化管理思想，适应市场变化的要求。

从具体实施情况来看，建立世界通用的惟一的标识系统以及用计算机连接的能够反映物流、信息流的综合系统，是供应链管理必不可少的条件，即在POS信息系统基础上确立各种计划和进货流程。也正因为如此，EDI的导入，从而达到最终顾客全过程的货物追踪系统和贸易伙伴间的沟通系统的建立，成为供应链管理的重要因素。

10.3 电子订货系统（EOS）

电子订货系统 Electronic Ordering System（EOS）即电子订货系统是指将批发、零售商场所发生的订货数据输入计算机，即刻通过计算机通讯网络连接的方式将资料传送至总公司、批发业、商品供货商或制造商处。因此，EOS能处理从新商品资料的说明直到会计结算等所有商品交易过程中的作业，可以说EOS涵盖了整个商流。在寸土寸金的情况下，零售业已没有许多空间用于存放货物，在要求供货商及时补足售出商品的数量且不能有缺货的前提下，更必须采用EOS系统。EDI/EOS因内涵了许多先进的管理手段，因此在国际上使用非常广泛，并且越来越受到商业界的青睐。

10.3.1 EOS流程

EOS系统并非单个的零售店与单个的批发商组成的系统，而是许多零售店和许多批发商组成的大系统的整体运作方式。EOS系统基本上是在零售店的终端利用条码阅读器获取准备采购的商品条码，并在终端机上输入订货材料；利用电话线通过调制解调器传到批发商的计算机中；批发商开出提货传票，并根据传票，同时开出拣货单，实施拣货，然后依据送货传票进行商品发货；送货传票上的资料便成为零售商的应付账款资料及批发商的应收账款资料，并接到应收账款的系统中去；零售商对送到的货物进行检验后，便可以陈列与销售了。EOS系统流程图如图10-6所示，EOS系统构成如图10-7所示。

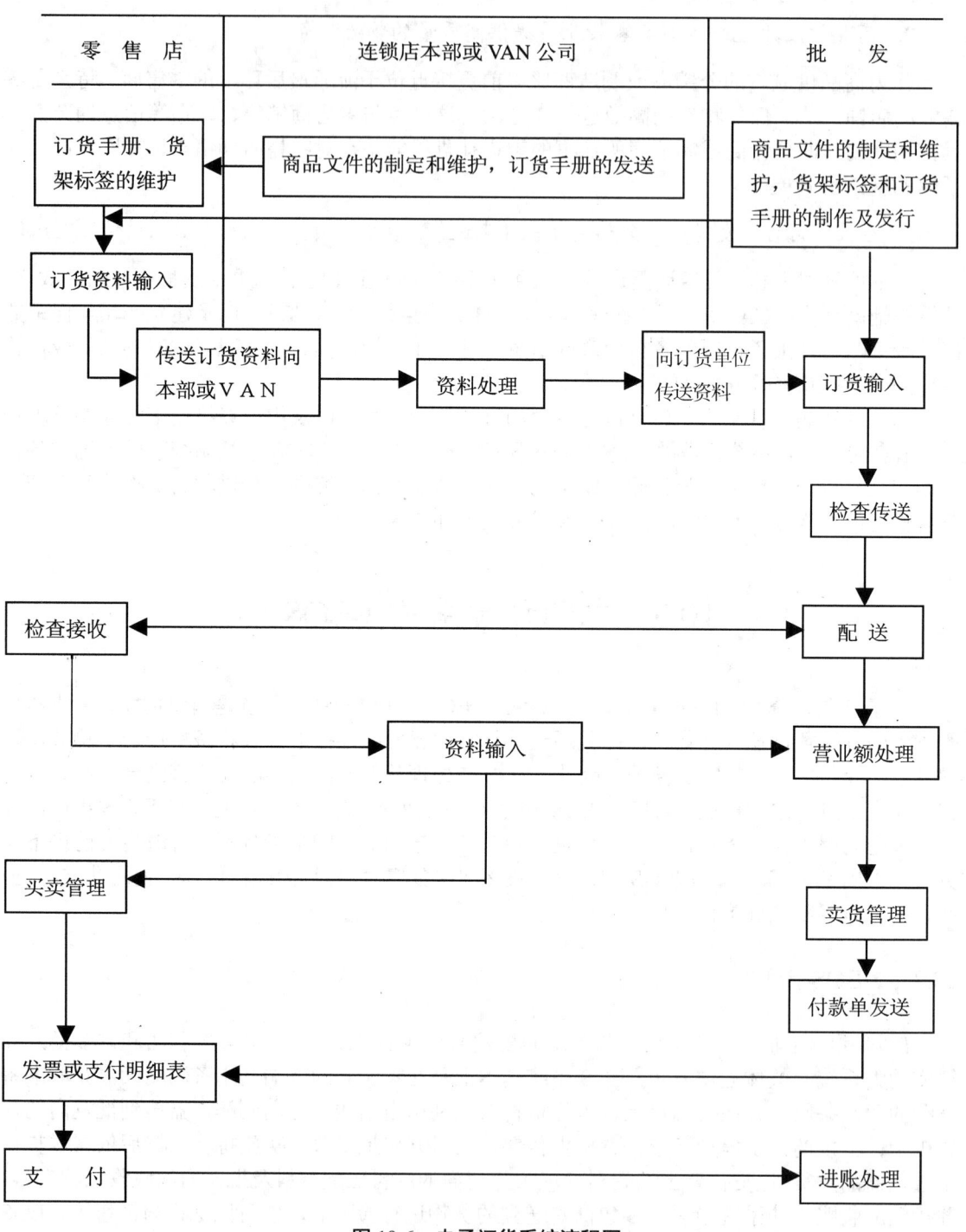

图 10-6　电子订货系统流程图

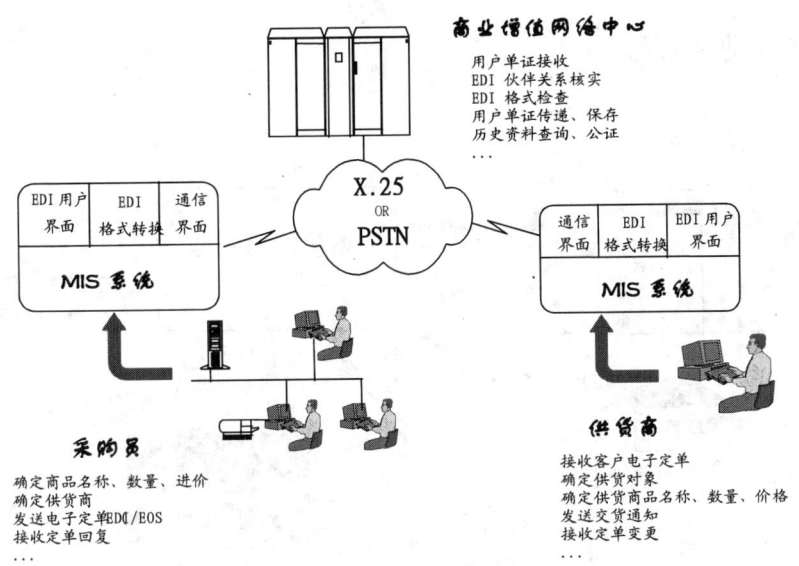

图 10-7 电子订货系统示意图

从商流的角度来看电子订货系统，不难分析批发、零售商场、供货商、商业增值网络中心在商流中的角色和作用。

批发、零售商场：采购人员根据 MIS 系统提供的功能，收集并汇总各机构要货的商品名称、要货数量，根据供货商的可供商品货源、供货价格、交货期限、供货商的信誉等资料，向指定的供货商下达采购指令。采购指令按照商业增值网络中心的标准格式进行填写，经商业增值网络中心提供的 EDI 格式转换系统而成为标准的 EDI 单证，经由通讯界面将订货资料发送至商业增值网络中心。然后等待供货商发回的有关信息。

商业增值网络中心：不参与交易双方的交易活动，只提供用户连接界面，每当接收到用户发来的 EDI 单证时，自动进行 EOS 交易伙伴关系的核查，只有互有伙伴关系的双方才能进行交易，否则视为无效交易；确定有效交易关系后还必须进行 EDI 单证格式检查，只有交易双方均认可的单证格式，才能进行单证传递；并对每一笔交易进行长期保存，供用户今后的查询或在交易双方发生贸易纠纷时，可以根据商业增值网络中心所储存的单证内容作为司法证据。

供货商：根据商业增值网络中心转来的 EDI 单证，经商业增值网络中心提供的通讯界面和 EDI 格式转换系统而成为一张标准的商品订单，根据订单内容和供货商的 MIS 系统提供的相关信息，供货商可及时安排出货，并将出货信息通过 EDI 传递给相应的批发、零售商场。从而完成一次基本的订货作业。

当然，交易双方交换的信息不仅仅是订单和交货通知，还包括：订单更改、订单回复、变价通知、提单、对账通知、发票、退换货等许多信息。

VAN（商业增值网络中心）是共同的情报中心，它是通过通讯网络让不同的机种的计算机或各种连线终端相通，促进情报的收发更加便利的一种共同情报中心。实际在这个流通网络中，VAN 也发挥了莫大的功能。VAN 不单单是负责资料或情报的转换工作，也可与国内外其他地域的 VAN 相联并交换情报，从而扩大了客户资料交换的范围。

10.3.2 EOS 业务过程

1. 销售订货业务过程

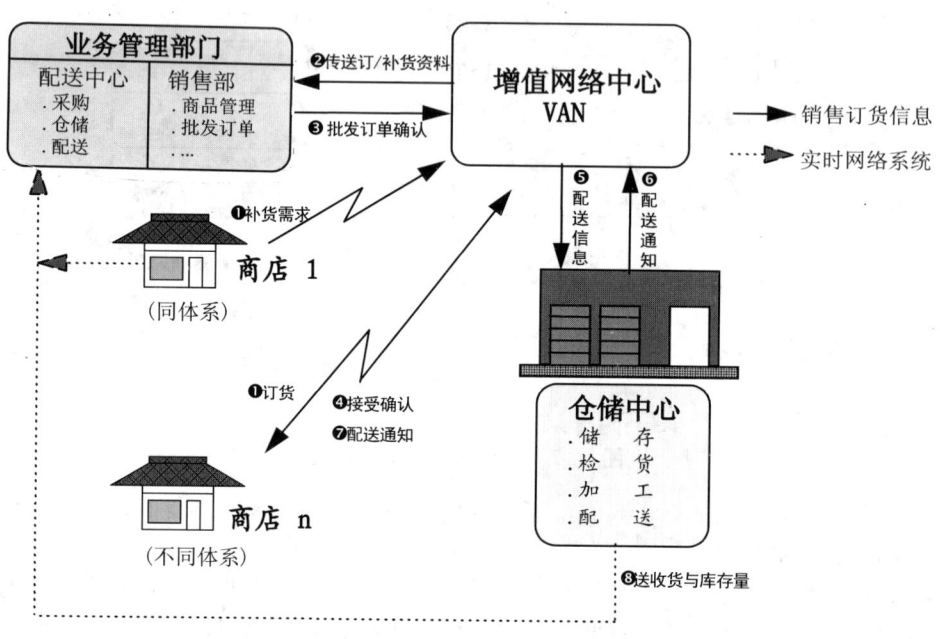

图 10-8　销售订货作业流程图

销售订货作业流程如图 10-8 所示，我们可以将基本的批发、订货作业过程中的业务往来划分成以下几个步骤：

（1）各批发、零售商场或社会网点根据自己的销售情况，确定所需货物的品种、数量，按照同体系商场根据实际网络情况补货需求或通过增值网络中心或通过实时网络系统发送给总公司业务部门；不同体系商场或社会网点通过商业增值网络中心发出 EOS 订货需求。

（2）商业增值网络中心将收到的补货、订货需求资料发送至总公司业务管理部门。

（3）业务管理部门对收到的数据汇总处理后，通过商业增值网络中心向不同体系的商场或社会网点发送批发订单确认。

（4）不同体系的商场或社会网点从商业增值网络中心接收到批发订单确认信息。

（5）业务管理部门根据库存情况通过商业增值网络或实时网络系统向仓储中心发出配送通知。

（6）仓储中心根据接收到的配送通知安排商品配送，并将配送通知通过商业增值网络传送到客户。

（7）不同体系的商场或社会网点从商业增值网络中心接收到仓储中心对批发订单的配送通知。

（8）各批发、零售商场、仓储中心根据实际网络情况将每天进出货物的情况或通过增值网络中心或通过实时网络系统，报送总公司业务管理部门，让业务部及时掌握商品库存数量，以合理保持库存；并根据商品流转情况，合理调整商品结构等工作。

上述 8 个步骤组成一个基本的电子批发、订货流程，通过这个流程，将某店与同体系商场（某店中非独立核算单位）、不同体系商场（某店中独立核算单位）和社会网点之间的商流、信息流结合在一起。

2. 采购订货业务过程

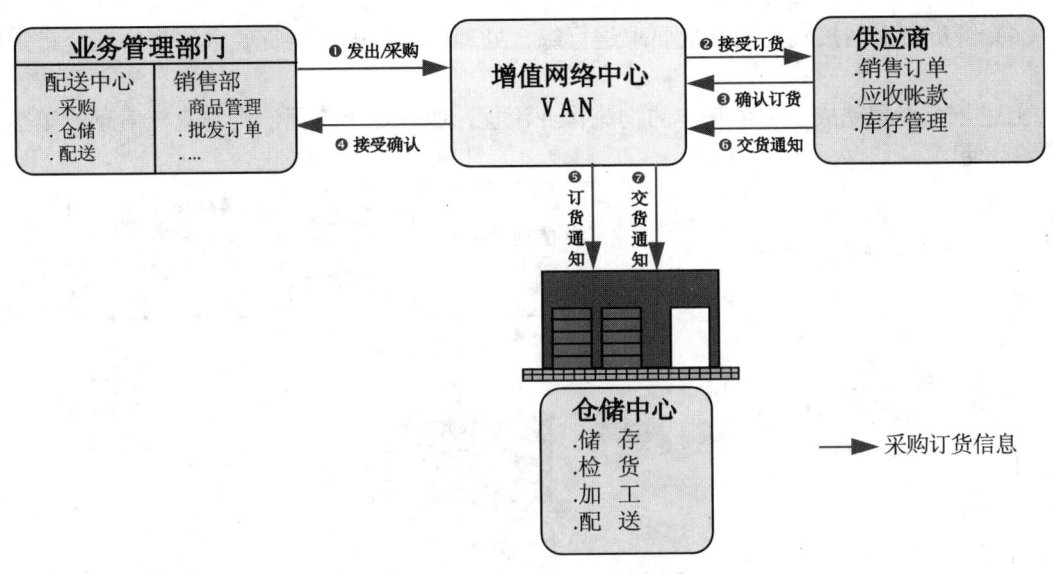

图 10-9 采购订货作业流程图

采购订货作业流程如图 10-9 所示，我们可以将向供货商采购作业过程中的业务往来划分成以下几个步骤：

（1）业务管理部门根据仓储中心商品库存情况，向指定的供货商发出商品采购订单。

（2）商业增值网络中心将总公司业务管理部发出的采购单发送至指定的供货商处。

（3）指定的供货商在收到采购订货单后，根据订单的要求通过商业增值网络对采购订单加以确认。

（4）商业增值网络中心将供货商发来的采购订单确认发送至业务管理部门。

（5）业务管理部门根据供货商发来的采购订单确认，向仓储中心发送订货信息，以便仓储中心安排检验和仓储空间。

（6）供货商根据采购单的要求，安排发运货物，并在向总公司交运货物之前，通过商业增值网络中心向仓储中心发送交货通知。

（7）仓储中心根据供货商发来的交货通知安排商品检验并安排仓库、库位或根据配送要求进行备货。

上述 7 个步骤组成一个基本的采购订货流程，通过这个流程，将某店供货商之间的商流、信息流结合在一起。

10.3.3 EOS 与物流管理

1. 物流作业过程

物流作业流程如图 10-10 所示，将供货商发运作业过程中的业务往来划分成以下几个步骤：

（1）供货商根据采购合同要求将发货单通过商业增值网络中心发给仓储中心。

（2）仓储中心对接收到商业增值网络中心传来的发货单进行综合处理，或要求供货商送货至仓储中心或发送至各批发、零售商场。

（3）仓储中心将送货要求发送给供货商。

（4）供货商根据接收到的送货要求进行综合处理，然后根据送货要求将货物送至指定地点。

上述4个步骤完成了一个基本的物流作业流程，通过这个流程，将物流与信息流牢牢地结合在一起了。

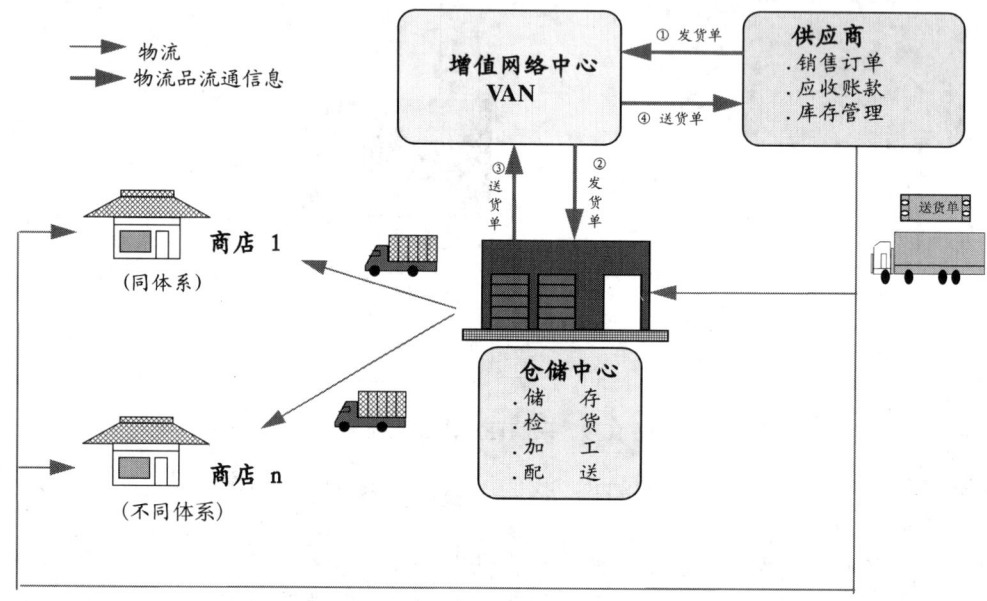

图 10-10　物流作业流程图

综上所述，某店配销中心管理系统可根据实际情况，参照对商流、物流、信息流的流程分析，并掌握住资金流，组合成一个完整并强有力的配销管理系统。常说商场如战场，只有牢牢控制住商业四大流之间的关系，才能牢牢地把握住商机，从而在商战中赢得胜利。但是某店若急于一步到位，便可能会因为没有积累正确的经验而终究导致失败，因此必须明确地定出应用目的，分阶段来进行。此外完全由自己公司的人力和成本来进行也非良策，不如多加利用外面的专门机构，通过商业增值网络进行资料传送、分析、加工，处理成有用的数据资料再回馈到公司，待基础管理扎实之后再全面展开才是明智之举。

2. 仓储作业过程

公司（采购部）向供应商发出定购单，供应商接单后按订购单上商品和数量组织货品，并按订购单指定地点送货，可以向多个仓库送货，也可直接送到指定的商店。下面分析供应商把商品送到某一仓库后发生的商品流动全过程。商品送到某仓库（送/收货单）后，一般卸在指定的进货区，在进货区对新进入的商品进行商品验收手续，验收合格的商品办入库手续，填写收/验/入库单（商品名、数量、存放位置等信息），然后送入指定的正品存放区的库位中，正品存放区的商品是可供配送的，这时总库存量增加。对验收不合格的商品，填写退货单，并登录在册，另行暂时存放，适时退给供货商以调换合格商品。调换回的商品同样有收/验/入库的过程。

商品的出库：当仓库收到配货中心配货清单后，按清单要求（商品名、数量、库位等）备货，验证正确出库待送。若是本地批发，按销货单配货发送，配送信息要及时反馈给配货中心，这时配货中心的总库存量减少，商品送交客户后，也有客户对商品验收过程。当客户发现商品包装破损、商品保质期已到、送交的商品与要求的商品不符等情况时，客户会退货（退库单），客户退货后配货中心要补货给客户，对退回的商品暂存待处理区，经检验后做处理，如完好的商品（错配退回）送回正品存放区（移转单），对质量和包装有问题的商品归回给供应商（退货单），过期和损坏的商品作报废处理（报废单）等，这一些商品处理的流动过程也影响到总库存量的变化，掌握和控制这些商品的流转过程也就有效地控制和掌握了总库存量。

在库存的管理中也会发现某些商品因储运、移位而发生损伤，有些商品因周转慢使保质期即将到期等情况，这时应及时对这些商品作转移处理，移至待处理区（移转单），然后作相应的退货、报废、削价等处理，商品在此流动过程中也会使仓库的总库存量发生变化，因此这些流动过程也必须在配货中心的掌握和控制之中。

配货中心掌握了逻辑上的商品总库存量和物理上的分库商品库存量，在配货过程中如果发现因配货的不平衡引起某仓库某商品库存告急，而另一仓库此商品仍有较大库存量时，配货中心可用库间商品调拨的方式（调拨单）来调节各分库的商品库存量，满足各分库对商品的需求，增加各库配货能力，但并不增加总库存量，从而提高仓库空间和资金的利用率。

配货中心通过增值网还可掌握本系统中各主体商场、连锁超市的进销调存的商业动态信息。由于商场架构不同、所处区域不同，面对消费对象也不同，因此各商场动销的商品结构也不同。配货中心的计算机系统会对各商场的商品结构作动态的调整（内部调拨），从而达到降低销售库存，加速商品的流通，加快资金流转的目的，以较低的投入获得最高的收益。

在某店的配货中心系统中，商品的选配应是自动化和智能化的。这样便可降低配货过程的工作量，提高配货效率，提高正确配货率，合理配货的数量，减少商品库存数和库存资金，达到资源优化配置和资产存量盘活的目的。

自动化选配商品有两种方式：被动式配送和主动式配送。

10.3.4 EOS 的效益与发展趋势

EOS 系统的效益可以从给零售业和批发业带来的好处中明显看出。

1. EOS 系统给零售业带来的好处

（1）压低库存量

零售业可以通过 EOS 系统将商店所陈列的商品数量缩小到最小的限度，以便使有限的空间能陈列更多种类的商品，即使是销量较大的商品也无需很大库房存放，可压低库存量，甚至做到无库存。商店工作人员在固定时间去巡视陈列架，将需补足的商品以最小的数量订购，在当天或隔天即可到货，不必一次订购很多。

（2）减少交货失误

EOS 系统订货是根据通用商品条码来订货的，可做到准确无误。批发商将详细的订购资料用计算机处理，可以减少交货失误，迅速补充库存，若能避免交错商品或数量不足，那么，把对商品的检验由交货者来完成是十分可取的，零售商店只作抽样检验即可。

（3）改善订货业务

由于实施 EOS 系统，操作十分方便，无论任何人都可正确迅速地完成订货业务，并根据 EOS 系统可获得大量的有用信息。如：订购的控制；批发订购的趋势；紧俏商品的趋势；其他信息等等。若能将订货业务管理规范化，再根据 EOS 系统就可更加迅速准确地完成订货业务。

（4）建立商店综合管理系统

以 EOS 系统为中心确立商店的商品文件，商品货架系统管理，商品架位置管理，进货价格管理等等，便可实施商店综合管理系统。如：将所订购的商品资料存入计算机，再依据交货传票，修正订购与实际交货的出入部分，进行进货管理分析，可确定应付账款的管理系统；而批发业运用零售商店中商品的货架标签来发行，也可据此提供商品咨询等，大大改善了交货体系。

2. EOS 系统给批发业带来的好处

（1）提高服务质量

EOS 系统可以满足顾客对某种商品少量、多次的要求，缩短交货时间，能迅速、准确和廉价地出货、交货。EOS 系统提供准确无误的订货，因此减少了交错商品，减少了退货。计算机的库存管理系统可以正确、及时地将订单输入，并因出货资料的输入而达到正确的管理从而减少缺货现象的出现，增加商品品种，为顾客提供商品咨询，共同使用 EOS 系统，使得零售业和批发业建立良好的关系，做到业务上相互支持，相辅相成。

（2）建立高效的物流体系

EOS 系统的责任制避免了退货、缺货现象，缩短了交货时检验时间，可大幅度提高送货派车的效率，降低物流的成本。同时，可使批发业内部的各种管理系统化、规范化，大幅度降低批发业的成本。

（3）提高工作效率

实施 EOS 系统可以减轻体力劳动，减少事务性工作，减少以前专门派人去收订购单，登记、汇总等繁杂的手工劳动，以前 3 小时至半天的手工工作量，现在实施 EOS 系统后，10 分钟即可完成。通常退货处理要比一般订货处理多花 5 倍的工时，实施 EOS 系统后，避免了退货，减少了繁杂的事务性工作。

（4）销售管理系统化

EOS 系统使得销售管理系统化、一体化，大大提高了企业的经济效益。

3. EOS 标准化、网络化

要实施 EOS 系统，必须做一系列的标准化准备工作。以日本 EOS 的发展为例，从 20 世纪 70 年代起即开始了包括对代码、传票、通讯及网络传输的标准化研究，如：商品的统一代码，企业的统一代码、传票的标准格式，通讯程序的标准格式以及网络资料交换的标准格式等。

在日本，许多中小零售商，批发商在各地设立了地区性的 VAN 网络，即成立区域性的 VAN 营运公司和地区性的咨询处理公司，为本地区的零售业服务，支持本地区的 EOS 系统的运行。

在贸易流通中，常常是按商品的性质划分专业的，如食品、医药品、玩具、衣料等，因此形成了各个不同的专业。1975 年，日本各专业为了流通现代化的目标，分别制定了自己的标准，形成专业 VAN。目前已提供服务的有食品、日用杂货品、医药品等专业。

利用地区网，专业网的 EOS 系统工作形式如图 10-11 所示。

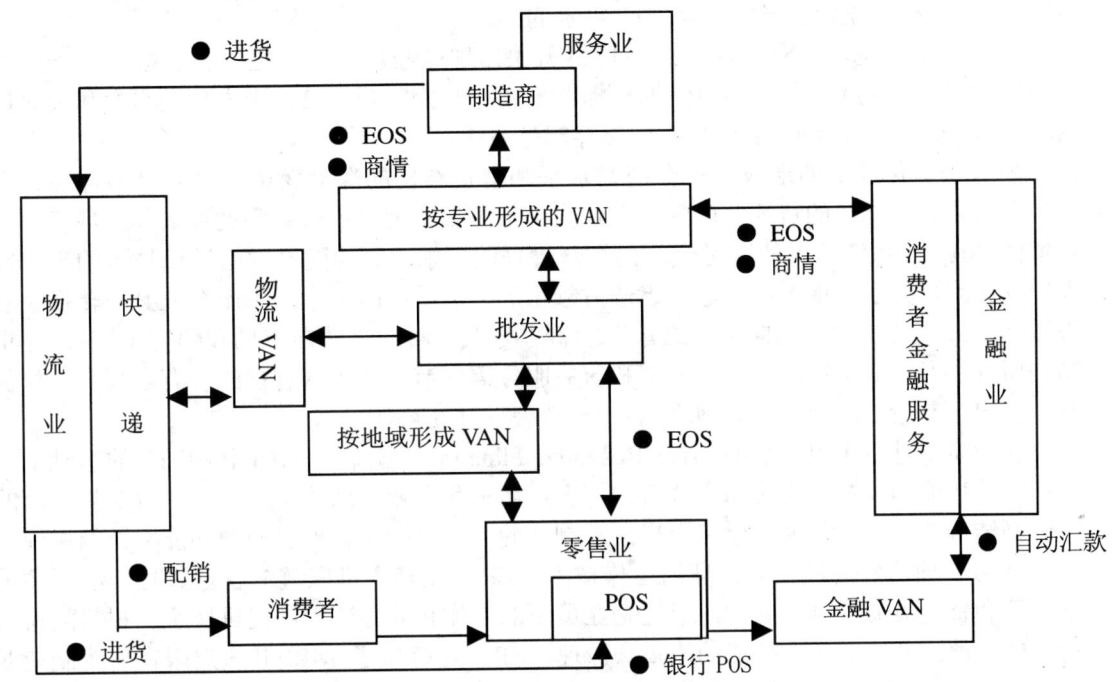

图 10-11　电子订货系统网络应用

10.4　企业资源计划（ERP）

企业资源计划（ERP）的产生可追溯到材料需求计划（MRP）和及时生产（JIT）。1970 年 Joseph A. Orlicky，George W. Plossl 和 Olivers W. Wight 三人在 APICS 的学术年会上，首先提出了材料需求计划的概念和基本框架，并得到该协会的大力支持和推广。材料需求计划是根据市场需求预测和顾客定单制定产品的生产计划，然后基于产品生成进度计划，组成产品的材料结构表和库存状况，通过计算机计算所需材料的需求量和需求时间，从而确定材料的加工进度和订货日程的一种实用技术。

在实施 MRP 时，与市场需求相适应的销售计划是 MRP 成功的最基本的要素。如果销售领域能准确、及时提供每个时间段的最终产品需求的数量和时间，则企业就能充分发挥 MRP 的功能，有效地实现 MRP 的目标。从这一思路出发，人们把 MRP 的原理应用到流通领域，发展出营销渠道需求计划 DRP（Distribution Requirement Planning）。

1981 年 Oliver W. Wight 在材料需求计划的基础上，将 MRP 的领域由生产、材料和库存管理扩大到营销、财务和人事管理等方面，提出了制造资源计划（Manufacturing Resource Planning，简称 MRPⅡ）。

及时生产（JIT）方式最早由日本丰田汽车以"看板"管理的名称开发出来，并应用于生产制造系统，其后 JIT 方式的"及时"哲学被广泛地接受并大力推广。近年来，在供应链管理中，特别是由制造业和零售企业组成的生产销售联盟中，极其重视 JIT 哲学。及时生产、及时管理、及时采购等概念都是在 JIT 哲学的影响下产生的。

应该指出的是，及时管理方式与材料需求计划在经营目标、生产要求方面是一致的，但在管理思想上是不同的。MRP 讲求推动概念和计划性，而 JIT 讲求拉动概念和及时性；MRP 认为库存必要，而 JIT 认为一切库存都是浪费。

随着全球化经济的形成，社会消费水平和消费结构的深刻变革，产品呈多样性、个性化、系统化和国际化的特征，以面向企业内部信息集成为主，单纯强调离散制造环境和流程环境的 MRPⅡ 系统已不能满足全球化经营管理的要求。因为随着网络通讯技术的迅速发展和广泛应用，为了实现柔性制造，迅速占领市场，取得高回报率，生产企业必须转换经营管理模式，改变传统的"面向生产经营"的管理方式，转向"面向市场和顾客生产"，注重产品的研究开发、质量控制、市场营销和售后服务等环节，把经营过程的所有参与者，如供应商、客户、制造工厂、分销商网络纳入一个紧密的供应链中。

企业资源计划 ERP（Enterprise Resource Planning）就是在 MRPⅡ 和 JIT 的基础上，通过前馈的物流和反馈的物流和资金流，把客户需求和企业内部的生产活动，以及供应商的制造资源结合在一起，体现完全按用户需求制造的一种供应链管理思想的功能网链结构模式。

作为一项重要的供应链管理的运作技术，ERP 在整个供应链的管理过程中，更注重对信息流和资金流的控制，同时，通过企业员工的工作和业务流程，促进资金、材料的流动和价值的增值，并决定了各种流的流量和流速。ERP 已打破了 MRPⅡ 只局限在传统制造业的格局，并把它的触角伸向各行各业，如金融业、高科技产业、通讯业、零售业等，从而使 ERP 的应用范围大大扩展。为给企业提供更好的管理模式和管理工具，ERP 还在不断地吸收先进的管理技术和 IT 技术，如人工智能、精益生产、并行工程、Internet/Intranet、数据库等。未来的 ERP 将在动态性、集成性、优化性和广泛性方面得到发展。若将 ERP 与卖方管理库存技术（VMI）相结合，可以开发出下一代的 ERP 产品——供应链规划（Supply Chain Planning，简称 SCP）。它可以将企业所在的供应链中的所有职能都集成到一个单一的框架中，使得整个供应链就像一个扩展企业一样运作。

10.4.1 MRP 是 ERP 的核心功能

只要是"制造业"，就必然要从供应方买来原材料，经过加工或装配，制造出产品，销售给需求方，这也是制造业区别于金融业、商业、采掘业（石油、矿产）、服务业的主要特点。任何制造业的经营生产活动都是围绕其产品开展的，制造业的信息系统也不例外，MRP 就是从产品的结构或物料清单（对食品、医药、化工行业则为"配方"）出发，实现了物料信息的集成——一个上小下宽的锥状产品结构：其顶层是出厂产品，是属于企业市场销售部门的业务；底层是采购的原材料或配套件，是企业物资供应部门的业务；介乎其间的是制造件，是生产部门的业务。如果要根据需求的优先顺序，在统一的计划指导下，把企业的"销产供"信息集成起来，就离不开产品结构（或物料清单）这个基础文件。在产品结构上，反映了各个物料之间的从属关系和数量关系，它们之间的连线反映了工艺流程和时间周期；换句话说，通过一个产品结构就能够说明制造业生产管理常用的"期量标准"。MRP

主要用于生产"组装"型产品的制造业,如果把工艺流程(工序、设备或装置)同产品结构集成在一起,就可以把流程工业的特点融合进来。

通俗地说,MRP 是一种保证既不出现短缺,又不积压库存的计划方法,解决了制造业所关心的缺件与超储的矛盾。所有 ERP 软件都把 MRP 作为其生产计划与控制模块,MRP 是 ERP 系统不可缺少的核心功能。

10.4.2 MRP 是 ERP 的重要组成

MRP 解决了企业物料供需信息集成,但是还没有说明企业的经营效益。MRP 同 ERP 的主要区别就是它运用管理会计的概念,用货币形式说明了执行企业"物料计划"带来的效益,实现物料信息同资金信息集成。衡量企业经营效益首先要计算产品成本、产品成本的实际发生过程,还要以 MRP 系统的产品结构为基础,从最底层采购件的材料费开始,逐层向上将每一件物料的材料费、人工费和制造费(间接成本)累积,得出每一层零部件直至最终产品的成本。再进一步结合市场营销,分析各类产品的获利性。MRP 把传统的账务处理同发生账务的事务结合起来,不仅说明账务的资金现状,而且追溯资金的来龙去脉——例如将体现债务债权关系的应付账、应收账同采购业务和销售业务集成起来、同供应商或客户的业绩或信誉集成起来、同销售和生产计划集成起来等,按照物料位置、数量或价值变化,定义"事务处理(Transaction)",使与生产相关的财务信息直接由生产活动生成。在定义事务处理相关的会计科目之间,按设定的借贷关系,自动转账登记,保证了"资金流(财务账)"同"物流(实物账)"的同步和一致,改变了资金信息滞后于物料信息的状况,便于实时做出决策。

ERP 是一个高度集成的信息系统,它必然体现物流信息同资金流信息的集成。传统的 MRP 系统主要包括的制造、供销和财务三大部分依然是 ERP 系统不可跨越的重要组成。

所以,MRP 的信息集成内容既然已经包括在 ERP 系统之中,就没有必要再突出 MRP。形象地说,MRP 已经"融化"在 ERP 之中,而不是"不再存在"。

总之,从管理信息集成的角度来看,从 MRP 到 MRPⅡ再到 ERP,是制造业管理信息集成的不断扩展和深化,每一次进展都是一次重大的质的飞跃,然而,又是一脉相承的。

10.4.3 ERP 同 MRP 的区别

世界经济形势、管理思想和信息技术都是在不断发展的。随着全球化经济的形成,以面向企业内部信息集成为主的 MRP 系统已不能满足企业多元化、多行业、跨地区、多供应和销售渠道的全球化经营管理模式的要求。

进入 90 年代,随着网络通信技术迅速发展和广泛应用,一些跨国经营的制造企业开始朝着更高的管理信息系统层次——ERP 迈进。需要再次指出的是——MRP 不是"过时了",而是"不够了",不能满足新形势的需求了。

ERP 是由美国加特纳公司(Gartner Group Inc.)在 90 年代初首先提出的,那时的 ERP 概念的报告,还只是根据计算机技术的发展和供应链管理,推论各类制造业在信息时代管理信息系统的发展趋势和变革;当时,Internet 的应用还没有广泛普及。随着实践和发展,ERP 至今已有了更深的内涵,概括起来主要有三方面特点,也是 ERP 同 MRP 的主要区别:

1. 二者在资源管理方面的差别

MRPⅡ系统主要侧重对企业内部人、财、物等资源的管理；ERP系统则提出了供应链（Supply Chain）的概念，即把客户需求和企业内部的制造活动以及供应商的制造资源整合在一起，并对供应链上的所有环节进行有效管理，这些环节包括订单、采购、库存、计划、生产制造、质量控制、运输、分销、服务与维护、财务管理、人事管理、项目管理、实验室管理等。

2. 二者在生产管理方面的差别

MRPⅡ系统把企业归类为几种典型的生产方式来进行管理，如重复制造、批量生产、按订单生产、按订单装配、按库存生产等，针对每一种类型都有一套管理标准。而在20世纪80年代末90年代初，企业为了紧跟市场的变化，多品种、小批量生产以及看板生产成为企业主要采用的生产方式，而ERP系统则能很好的支持和管理这种混合型制造环境，满足了企业多元化的经营需求。

3. 二者在管理功能方面的差别

ERP系统除MRPⅡ系统的制造、分销、财务管理功能外，还增加了支持整个供应链上物料流通体系中供、产、需各个环节之间的运输管理和仓库管理；支持生产保障体系的质量管理、实验室管理、设备维修和备品备件管理；支持对工作流（业务处理流程）的管理。

4. 二者在事物处理方面的差别

MRPⅡ系统是通过计划的及时滚动来控制整个生产过程，它的实时性较差，一般只能实现事中控制。而ERP系统支持在线分析处理OLAP（Online Analytical Processing）、售后服务及质量反馈，强调企业的事前控制能力，它可以将设计、制造、销售、运输等通过集成进行各种相关的作业，为企业提供了对质量、适应变化、客户满意、绩效等关键问题的实时分析能力。

此外，MRPⅡ系统中，财务系统只是一个信息的归结者，它的功能是将供、产、销中的数量信息转变为价值信息，是物流的价值反映。而ERP系统则将财务功能和价值控制功能集成到整个供应链上，如在生产计划系统中，除了保留原有的主生产计划，物料需求计划和能力计划外，还扩展了销售执行计划和利润计划。

5. 二者在跨国或跨地区经营事务处理方面的差别

电子商务的发展使得企业内部各个组织单元之间、企业与外部的业务单元之间的协调变得越来越多和越来越重要，ERP系统运用完善的组织架构，从而可以支持跨国经营的多国家、多地区、多工厂、多语种、多币制应用需求。

6. 二者在计算机信息处理技术方面的差别

随着IT技术的飞速发展，网络通信技术的应用，使得ERP系统得以实现对整个供应链信息进行集成管理。ERP系统除了已经普遍采用的诸如图形用户界面技术（GUI）、SQL结构化查询语言、关系数据库管理系统（RDBMS）、面向对象技术（OOT）、第四代语言/计算机辅助软件工程、客户机/服务器和分布式数据处理系统等技术之外，还要实现更为开放的不同平台互操作，采用适用于网络技术的编程软件，加强用户自定义的灵活性和可配置性功能，以适应不同行业用户的需要。网络通信技术的应用，使 ERP 系统得以实现供应链管理的信息集成。

此外，ERP 系统同企业业务流程重组（Business Process Reengineering，简称 BPR）是密切相关的。信息技术的发展加快了信息传递速度和实时性，扩大了业务的覆盖面和信息的交换量，为企业进行信息的实时处理、作出相应的决策提供了极其有利的条件。为了使企业的业务流程能够预见并反映环境的变化，企业的内外业务流程必须保持信息的敏捷通畅。正如局限于企业内部的信息系统是不可能实时掌握瞬息万变的全球市场动态一样，多层次臃肿的组织机构也必然无法迅速实时地对市场动态变化作出有效的反应。因此，为了提高企业供应链管理的竞争优势，必然会带来企业业务流程、信息流程和组织机构的改革。这个改革，已不限于企业内部，而是把供应链上的供需双方合作伙伴包罗进来，系统考虑整个供应链的业务流程。ERP 系统应用程序使用的技术和操作必须能够随着企业业务流程的变化而相应地调整。只有这样，才能把传统 MRP 系统对环境变化的"应变性（Active）"上升为 ERP 系统通过网络信息对内外环境变化的"能动性（Proactive）"。BPR 的概念和应用已经从企业内部扩展到企业与需求市场和供应市场整个供应链的业务流程和组织机构的重组。

10.4.4　ERP 的核心管理思想

ERP 的核心管理思想是供应链管理。供应链按原文 Supply Chain 直译是"供应链"，但实质上链上的每一个环节都含有"供"与"需"两方面的双重含义，供与需总是相对而言、相伴而生的；国外也称 Demand/Supply Chain。在市场经济下，供应总是因为有了需求才发生的，没有需求，何谈供应？因此有学者译为"供需链"，本书仍沿用供应链的提法。作为供应系统，通常是指 Logistics（后勤体系）的内容，后勤体系是"从采购到销售"，而供应链是"从需求市场到供应市场"。

以集成管理技术和信息技术著称的美国生产与库存管理协会（APICS）从 1997 年起，将生产与库存管理资格（CPIM）考试增加了供应链管理的内容，并在 7 个主题中列为第一（其余主题依次为：库存管理，JIT，主计划，物料需求计划，生产作业控制，系统与技术），说明其重要性。供应链管理的考试内容有四个方面：

（1）经营范围的概念：供应链的要素；运作环境；财务基础；制造资源计划（MRP）；准时制生产（JIT）；全面质量管理（TQM）；MRP、JIT 及 TQM 之间的关系。

（2）需求计划：市场驱动；客户期望与价值的定义；客户关系；需求管理。

（3）需求与供应的转换：设计；能力管理；计划；执行与控制；业绩评价。

（4）供应：库存；采购；物资分销配送系统。

从以上考试内容可以看出供应链管理思想的重点，它兼顾"供"与"需"两方面的环境。

ERP 系统的核心管理思想就是实现对整个供应链的有效管理，主要体现在以下三个方面：

1．体现对整个供应链资源进行管理的思想

在电子商务时代仅靠企业自身的资源不可能有效地参与市场的竞争，还必须把经营过程中的有关各方如供应商、制造工厂、分销网络、客户等纳入一个紧密的供应链中，才能有效地安排企业的产、供、销活动，满足企业利用全社会一切资源快速高效地进行生产经营的需求，以期进一步提高效率和在市场上获得竞争的优势。换句话说，现代企业竞争不是单一

企业与单一企业的竞争，而是一个企业的供应链与另一个企业供应链之间的竞争。ERP 系统实现了对整个企业供应链的管理，适应了企业在电子商务时代市场竞争的需要。

2. 体现精益生产、同步工程和敏捷制造的思想

ERP 系统支持对混合型生产方式的管理，其管理思想表现在两个方面：一是"精益生产 LP（Lean Production）"思想，它是由美国麻省理工学院提出的一种企业经营战略体系，即企业按照大批量生产方式组织生产时，把客户、销售代理商、供应商、协作单位纳入生产体系，企业同其销售代理、客户和供应商的关系，已不再是简单的业务往来关系，而是利益共享的合作伙伴关系，这种合作伙伴关系组成了企业的一个供应链，这是"精益生产"的核心思想。二是"敏捷制造（Agile Manufacturing）"思想。当市场发生变化，企业遇有特定的市场和产品需求时，企业的基本合作伙伴不一定能满足新产品开发生产的要求，这时，企业就会组织一个由特定的供应商和销售渠道组成的短期或一次性供应链，形成"虚拟工厂"，把供应和协作单位看成是企业的一个组成部分，运用"同步工程 SE（Simultaneous Engineering）"组织生产，用最短的时间将新产品打入市场，时刻保持产品的高质量、多样化和灵活性，这就是"敏捷制造"的核心思想。

3. 体现事先计划与事中控制的思想

ERP 系统中的计划体系主要包括：主生产计划、物料需求计划、能力计划、采购计划、销售执行计划、利润计划、财务预算和人力资源计划等，且这些计划功能与价值控制功能已完全集成到整个供应链系统当中。

另一方面，ERP 系统通过定义事物处理（Transaction）相关的会计核算科目与核算方式，以便在事物处理发生时同时自动生成会计核算分录，保证了资金流与物流的同步处理和数据的一致性。从而实现了根据财务资金现状，可以追溯资金的来龙去脉，并可以进一步追溯所发生的相关业务活动，改变了资金信息滞后于物料信息的状况，便于实现事中控制和实时做出决策。

此外，计划、事物处理、控制与决策功能都在整个供应链的业务处理过程中实现，要求在每个业务流程处理过程中最大限度地发挥每个人的工作潜力与责任心，流程与流程之间则强调人与人之间的合作精神，以便在组织中充分发挥个人的主观能动性与潜能，实现企业管理从"金字塔式"组织结构向"扁平式"结构的转变，提高企业对市场动态变化的反应速度。

在供应链上除了人们已经熟悉的"物流"、"资金流"、"信息流"外，还有容易为人们所忽略的"增值流"和"工作流"。就是说，供应链上有 5 种基本"流"在流动。

从形式上看，客户是在购买商品或服务，但实质上，客户是在购买商品或服务提供的能带来效益的价值。各种物料在供应链上移动，是一个不断增加其技术含量或附加值的增值过程，在此过程中，还要注意消除一切无效劳动与浪费。因此，供应链还有增值链（Value-Added Chain）的含义。不言而喻，只有当产品能够售出，增值才有意义。企业单靠成本、生产率或生产规模的优势打价格战是不够的，要靠价值的优势打创新战，这才是企业竞争的真正出路，而 ERP 系统要提供企业分析增值过程的功能。

信息、物料、资金都不会自己流动，物料的价值也不会自动增值，要靠人的劳动来实现，要靠企业的业务活动——工作流（Work Flow）或业务流程（Business Process），它们才能流动起来。工作流决定了各种流的流速和流量，是企业业务流程重组（BPR）研究的对

象。ERP 系统提供各种行业的行之有效的业务流程，而且可以按照竞争形势的发展，随着企业工作流(业务流程)的改革在应用程序的操作上作出相应的调整。

总之，ERP 所包含的管理思想是非常广泛和深刻的，这些先进的管理思想之所以能够实现，又同信息技术的发展和应用分不开。ERP 不仅面向供应链，体现精益生产、敏捷制造、同步工程的精神，而且必然要结合全面质量管理（TQM）以保证质量和客户满意度；结合准时制生产（JIT）以消除一切无效劳动与浪费、降低库存和缩短交货期；它还要结合约束理论（TOC，Theory of Constraint，是优化生产技术 OPT 的发展）来定义供应链上的瓶颈环节、消除制约因素来扩大企业供应链的有效产出。

随着信息技术和现代管理思想的发展，ERP 的内容还会不断扩展。让我们共同探讨 ERP 系统具有跨世纪意义的深刻内涵，为提高我国企业在全球市场的竞争力、提供全面的企业管理解决方案作出贡献。

10.5 思 考 题

1. 什么是快速反应？
2. 什么是有效客户反应？
3. 简述 ECR 的四大要素。
4. 简述电子订货系统的构成。
5. ERP 与 MRPⅡ 的区别是什么？
6. ERP 系统的功能组成是什么？

参 考 文 献

1. 王之泰．现代物流学．北京：中国物资出版社，1995
2. 吴清一．物流基础．北京：清华大学出版社，2000
3. 王莉．物流学导论．北京：中国铁道出版社，1997
4. 赵林度、钱瑛．开放的物流管理信息系统．北京：中国石化出版社，2000
5. 张铎、张耀平．国际物流学．北京：清华大学出版社，2000
6. 姜旭平．电子商贸与网络营销．北京：清华大学出版社，1998
7. 周广声等．信息系统工程原理方法及应用．北京：清华大学出版社，1998
8. 李振．物流学．北京：中国铁道出版社，1996
9. 丁立信．物流管理．北京：清华大学出版社，2000
10. 关觉．流通：商流物流信息流．北京：海洋出版社，1996
11. 张铎、王耀球．条码技术与电子数据交换．北京：中国铁道出版社，1998
12. 朱稼兴．电子数据交换与信息高速公路．北京：北京航空航天大学出版社，1995
13. 陈淑仪．EDI 技术．北京：人民邮电出版社，1997
14. 张铎．电子商务与物流．北京：清华大学出版社，2000
15. 岳剑波．信息管理基础．北京：清华大学出版社，1999
16. 成栋．连锁商店计算机管理系统（第二版）．北京：中国人民大学出版社，1999
17. 矫云起、张成海．二维条码技术．北京：中国物价出版社，1996
18. 庞林、李明树、张承堂．商业自动化技术与工程．北京：电子工业出版社，1996
19. 张绪昌、丁俊发主编．流通经济学．北京：人民出版社，1995
20. 包健民主编．物流现代化．上海：上海交通大学出版社，1997
21. 金若南、张文杰．现代综合物流管理．北京：中国铁道出版社，1994
22. 闫培金、王成．企业物流内控精要．北京：中国经济出版社，2000
23. 张铎、周建勤．电子商务物流管理．北京：高等教育出版社，2000
24. 杨千里、王育民．电子商务技术与应用．北京：电子工业出版社，1999
25. 全国电子信息系统推广办公室．EDI 与电子商务．北京：清华大学出版社，1999
26. 李京文、徐寿波主编．物流学及其应用．北京：经济科学出版社，1987 年版
27. 矫云起、张铎等．电子商务．北京：中国铁道出版社，1999
28. 牛东来、张铎等．电子商务理论与实践．北京：北京理工大学出版社，2000
29. 绎明宗、苏彦生．物流企业管理．北京：北京理工大学出版社，2000
30. 张成海．供应链管理技术与方法．北京：清华大学出版社，2001
31. 鲁晓春．仓储自动化．北京：清华大学出版社，2001